COMENTÁRIOS AO
ESTATUTO DO IDOSO

www.editorasaraiva.com.br/direito
Visite nossa página

MARIA GARCIA,
FLÁVIA PIVA ALMEIDA LEITE,
CARLA MATUCK BORBA SERAPHIM

Coordenadoras

COMENTÁRIOS AO
ESTATUTO DO IDOSO

Lauro Luiz Gomes Ribeiro, Greice Patrícia Fuller,
Miguel Horvath Júnior, Juliana do Val Ribeiro

2016

Rua Henrique Schaumann, 270, Cerqueira César — São Paulo — SP
CEP 05413-909
PABX: (11) 3613 3000
SAC: 0800 011 7875
De 2ª a 6ª, das 8:30 às 19:30
www.editorasaraiva.com.br/contato

Direção editorial *Luiz Roberto Curia*
Gerência editorial *Thaís de Camargo Rodrigues*
Assistência editorial *Daniel Pavani Naveira*

Coordenação geral *Clarissa Boraschi Maria*
Preparação de originais *Maria Izabel Barreiros Bitencourt Bressan e Ana Cristina Garcia (coords.)*
Arte e diagramação *Perfekta Soluções Editoriais*
Revisão de provas *Amélia Kassis Ward e Ana Beatriz Fraga Moreira (coords.) Paula Brito*
Serviços editoriais *Elaine Cristina da Silva Kelli Priscila Pinto Guilherme Henrique M. Salvador*
Capa *Aero Comunicação/Luiz Braga*

Produção gráfica *Marli Rampim*
Impressão *Gráfica Paym*
Acabamento *Gráfica Paym*

ISBN 978-85-02-63442-8

Dados Internacionais de Catalogação na Publicação (CIP)
(Câmara Brasileira do Livro, SP, Brasil)

Comentários ao Estatuto do Idoso / Lauro Luiz Gomes Ribeiro... [et al.]; coordenadoras Maria Garcia, Flávia Piva Almeida Leite, Carla Matuck Borba Seraphim. — São Paulo : Saraiva, 2016.

Outros autores: Greice Patrícia Fuller, Miguel Horvath Júnior, Juliana do Val Ribeiro

1. Idosos - Estatuto legal, leis etc. - Brasil I. Ribeiro, Lauro Luiz Gomes. II. Fuller, Greice Patrícia. III. Horvath Júnior, Miguel. IV. Ribeiro, Juliana do Val. V. Garcia, Maria. VI. Leite, Flávia Piva Almeida. VII. Seraphim, Carla Matuck Borba.

15-04462   CDU-34:362.6(81)(094.46)

Índice para catálogo sistemático:

1. Brasil : Estatuto do Idoso : Comentários : Direito   34:362.6(81)(094.46)

Data de fechamento da edição: 27-11-2015

Dúvidas?
Acesse www.editorasaraiva.com.br/direito

Nenhuma parte desta publicação poderá ser reproduzida por qualquer meio ou forma sem a prévia autorização da Editora Saraiva.
A violação dos direitos autorais é crime estabelecido na Lei n. 9.610/98 e punido pelo artigo 184 do Código Penal.

140.583.001.001

"O envelhecimento tem, sobretudo, uma dimensão existencial e, como todas as situações humanas, modifica a relação do homem com o tempo, com o mundo e com sua própria história, revestindo-se não só de características biopsíquicas, como também sociais e culturais."

Simone de Beauvoir

Sobre as coordenadoras e os comentaristas

Coordenadoras

Maria Garcia: Bacharel em Ciências Jurídicas (USP). Professora Associada Livre-Docente e Coordenadora do Programa de Direito Constitucional da Pós--Graduação da Pontifícia Universidade Católica de São Paulo (PUCSP). Professora de Direito Constitucional, Direito Educacional e Biodireito Constitucional. Professora de Biodireito/Bioética do Centro Universitário Assunção (UNIFAI). Membro da Comissão de Bioética (CoBi) do HCFMUSP. Membro do Instituto dos Advogados de São Paulo (IASP). Diretora do Núcleo de Pesquisas do IASP (2013-2015). Procuradora do Estado de São Paulo (IPESP). Ex-Assistente Jurídico da Reitoria da Universidade de São Paulo (USP). Membro-fundador e atual Diretora Geral do Instituto Brasileiro de Direito Constitucional (IBDC). Coordenadora da *Revista de Direito*.

Flávia Piva Almeida Leite: Doutora em Direito Urbanístico pela Pontifícia Universidade Católica (PUCSP). Mestre em Direito Constitucional pela Instituição Toledo de Ensino (ITE – Bauru/SP). Pós-graduada em Gerente de Cidades pela Fundação Armando Álvares Penteado (FAAP – São Paulo/SP). Professora do Programa de Mestrado em Direito da Sociedade da Informação da UniFMU e da Graduação no Curso de Direito. Pesquisadora da UniFMU e UERJ. Membro da Comissão de Infraestrutura, Logística e Desenvolvimento Sustentável da OAB/SP. Avaliadora do CONPEDI. Advogada, professora e palestrante.

Carla Matuck Borba Seraphim: Doutora e Mestre em Direito pela Pontifícia Universidade Católica de São Paulo (PUCSP). Bacharel em Direito pela Universidade Presbiteriana Mackenzie. Membro do Instituto Brasileiro de Direito Constitucional e do Instituto Brasileiro de Direito de Família. Membro do Tribunal de Ética – 20ª Turma da OAB/SP. Presidente da Comissão de Direito Processual Civil da Seccional Santo Amaro – OAB/SP. Pesquisadora da PUCSP e da Universidade de Santo Amaro. Professora da UNISA e UNIP. Advogada.

Comentaristas

Lauro Luiz Gomes Ribeiro: Doutor e Mestre em Direito pela Pontifícia Universidade Católica de São Paulo (PUCSP). Especialista em Direitos Difusos e Coletivos pela Escola Superior do Ministério Público de São Paulo. Professor universitário. Promotor de Justiça de Direitos Humanos – área das pessoas com deficiência – de São Paulo/SP.

Greice Patrícia Fuller: Pós-Doutoranda em Direito Ambiental na Universidad de Navarra (Espanha). Doutora e Mestre em Direito das Relações Sociais, subárea de Direito Ambiental, pela Pontifícia Universidade Católica de São Paulo (PUCSP). Professora dos Cursos de Graduação das Faculdades de Direito e de Economia e Pós-Graduação *Lato Sensu* de Direitos Difusos e Coletivos e Direito Contratual da Pontifícia Universidade Católica de São Paulo (PUCSP). Professora dos Cursos de Graduação da Faculdade de Direito FMU. Professora do Programa de Mestrado em Direito da Sociedade da Informação da FMU e Pós-Graduação Lato Sensu de Direito Ambiental Empresarial da FMU. Professora da Escola Paulista da Magistratura de São Paulo (EPM). Coordenadora do Grupo de Trabalho de Direito Ambiental Criminal da Comissão Permanente do Meio Ambiente da OAB/SP e membro efetiva da Comissão Permanente do Meio Ambiente da OAB/SP. Avaliadora externa do Conselho Nacional de Pesquisa e Pós-Graduação em Direito (Conpedi) e da *Revista Quaestio Iuris*.

Miguel Horvath Júnior: Doutor e Mestre em Direito pela Pontifícia Universidade Católica de São Paulo (PUCSP). Especialista em Processo Civil pela UniFMU. Procurador Federal. Professor Assistente Doutor da PUCSP.

Juliana do Val Ribeiro: Mestre em Direito Constitucional pela Pontifícia Universidade Católica de São Paulo (PUCSP). Especialista em Direitos Fundamentais pelo Instituto Brasileiro de Ciências Criminais (IBCCRIM). Especialista em Direito Público pela Escola Superior do Ministério Público do Estado de São Paulo. Defensora Pública do Estado de São Paulo.

Sumário

Sobre as coordenadoras e os comentaristas 7
Um breve prefácio 17
Introdução 21

Lei n. 10.741, de 1º de outubro de 2003

Título I
Disposições preliminares

Art. 1º 32
Art. 2º 33
Art. 3º 38
Art. 4º 48
Art. 5º 50
Art. 6º 51
Art. 7º 52

Título II
Dos direitos fundamentais

Capítulo I
Do direito à vida

Art. 8º 54
Art. 9º 56

Capítulo II
Do direito à liberdade, ao respeito e à dignidade

Art. 10 58

Capítulo III
Dos alimentos

Art. 11	63
Art. 12	65
Art. 13	70
Art. 14	71

Capítulo IV
Do direito à saúde

Art. 15	73
Art. 16	87
Art. 17	87
Art. 18	90
Art. 19	91

Capítulo V
Da educação, cultura, esporte e lazer

Art. 20	96
Art. 21	99
Art. 22	101
Art. 23	103
Art. 24	104
Art. 25	104

Capítulo VI
Da profissionalização e do trabalho

Art. 26	105
Art. 27	109
Art. 28	115

Capítulo VII
Da Previdência Social

Art. 29	118
Art. 30	121
Art. 31	121
Art. 32	122

Capítulo VIII
Da assistência social

Art. 33	122
Art. 34	126
Art. 35	131
Art. 36	133

Capítulo IX
Da habitação

Art. 37	133
Art. 38	144

Capítulo X
Do transporte

Art. 39	147
Art. 40	153
Art. 41	158
Art. 42	161

Título III
Das medidas de proteção

Capítulo I
Das disposições gerais

Art. 43	161

Capítulo II
Das medidas específicas de proteção

Art. 44	165
Art. 45	166

Título IV
Da política de atendimento ao idoso

Capítulo I
Disposições Gerais

Art. 46	176

Art. 47 178

Capítulo II
Das entidades de atendimento ao idoso

Art. 48 184
Art. 49 186
Art. 50 187
Art. 51 188

Capítulo III
Da fiscalização das entidades de atendimento

Art. 52 189
Art. 53 191
Art. 54 191
Art. 55 192

Capítulo IV
Das infrações administrativas

Art. 56 195
Art. 57 196
Art. 58 197

Capítulo V
Da apuração administrativa de infração às normas de proteção ao idoso

Art. 59 198
Art. 60 199
Art. 61 200
Art. 62 201
Art. 63 202

Capítulo VI
Da apuração judicial de irregularidades em entidades de atendimento

Art. 64 202
Art. 65 203

SUMÁRIO 13

Art. 66	204
Art. 67	204
Art. 68	205

TÍTULO V
DO ACESSO À JUSTIÇA

CAPÍTULO I
DISPOSIÇÕES GERAIS

Art. 69	206
Art. 70	207
Art. 71	208

CAPÍTULO II
DO MINISTÉRIO PÚBLICO

Art. 72	212
Art. 73	212
Art. 74	215
Art. 75	249
Art. 76	252
Art. 77	253

CAPÍTULO III
DA PROTEÇÃO JUDICIAL DOS INTERESSES DIFUSOS, COLETIVOS E INDIVIDUAIS INDISPONÍVEIS OU HOMOGÊNEOS

Art. 78	253
Art. 79	254
Art. 80	259
Art. 81	260
Art. 82	266
Art. 83	268
Art. 84	281
Art. 85	283
Art. 86	284
Art. 87	285
Art. 88	285
Art. 89	288

Art. 90	288
Art. 91	289
Art. 92	291

Título VI
Dos Crimes

Capítulo I
Disposições Gerais

Art. 93	298
Art. 94	298

Capítulo II
Dos Crimes em Espécie

Art. 95	305
Art. 96	308
Art. 97	317
Art. 98	325
Art. 99	327
Art. 100	335
Art. 101	343
Art. 102	345
Art. 103	349
Art. 104	350
Art. 105	352
Art. 106	354
Art. 107	356
Art. 108	357

Título VII
Disposições Finais e Transitórias

Art. 109	358
Art. 110	359
Art. 111	367
Art. 112	367
Art. 113	368
Art. 114	369

Art. 115 369
Art. 116 370
Art. 117 371
Art. 118 372

Referências 373

Um breve prefácio

Honra-me terem, os eminentes juristas que redigiram esta obra, sob a coordenação irreprochável de Maria Garcia, Flávia Piva Almeida Leite e Carla Matuck Borba Seraphim, convidado um idoso advogado para prefaciá-la.

A introdução de Maria Garcia, repleta de sabedoria e impregnada pela poesia, faz-me lembrar soneto que escrevi e que mereceu de Carlos Nejar estas palavras: "vejam os leitores como as imagens se entrelaçam e completam em nodosa maranha".

Maria Garcia encerrou com a beleza de Cecília Meirelles sua apresentação.

Começo, com a timidez e modéstia de meu soneto:

UM VELHO SONETO

O velho dimensiona um novo tempo,
Sem espaço, sem vida, sem mais nada.
Quem pensa nele ver sombra e relento
Encontra uma saudade desfraldada.

O velho mais não sabe o que apascenta
Nem nuvens, nem cordeiros, cada passo
É como um nó que grita e que arrebenta
Um outro nó que faço e que desfaço.

O velho sou eu mesmo. Ou não serei?
Fundamento de sempre. Sempre e sempre,
Quem ama só descobre amor de rei,
Por estepes de lua e de serpente.

O velho dimensiona um novo tempo.
Um tempo temperado no destempo.

(*Poesia Completa*, p. 256, Ed. Resistência Cultural, 2014.)

Com efeito, a velhice traz a necessidade de o ser humano conhecer um novo tempo e adaptar-se à preparação para a eternidade. É época de esquecimento, de dores físicas e, não poucas vezes, morais e psíquicas. O seu mundo passado não mais retorna e tem dificuldade de adaptar-se ao mundo presente. A velocidade dos acontecimentos e das inovações já não consegue acompanhar.

E, constantemente, afunda-se na solidão, mormente se a viuvez, o abandono da família, a internação nas clínicas de repouso, as moléstias crônicas, as limitações no andar, falar, pensar se fazem presentes.

A preparação para a velhice deveria começar nas escolas, para que o impacto de sua chegada não fosse doloroso.

A humanidade, todavia, considera os velhos um peso a ser tolerado, politicamente indesejável, embora não possa prescindir de auxiliá-los.

As empresas rejeitam-nos e as aposentadorias são insuficientes para atender a todos os achaques de saúde que a "idosidade" acarreta.

O velho vive em tempo de destempo. Sabe que a morte está muito mais próxima e, não poucas vezes, amedronta-se.

Neste livro, todavia, eminentes juristas procuram amenizar a realidade que conforma a velhice, buscando a melhor interpretação dos textos legais. O Estatuto do Idoso foi conformado para reduzir os problemas que a idade acarreta, regulando a assistência possível, mas devida, aos que ultrapassam o tempo da madureza.

São trabalhos excelentemente escritos pelos seguintes doutrinadores: Juliana do Val Ribeiro, Lauro Luiz Gomes Ribeiro, Greice Patrícia Fuller e Miguel Horvath Júnior, sob a superior coordenação de Maria Garcia, Flávia Piva Almeida Leite e Carla Matuck Borba Seraphim.

Uma exegese jurídica, plena do sentido de humanidade necessária para compreendê-la, eis a tônica dominante do presente livro. Oferecem, pois, os eminentes autores, valiosa contribuição aos operadores do direito, para apreenderem o conteúdo finalístico do direito posto.

Em boa hora, portanto, surge a presente obra, que espero tenha uma carreira editorial digna da qualidade dos escritos nela constantes e sirva para dar um sentido "jurídico-humanístico" ao Estatuto do Idoso. Parabéns às coordenadoras, autores e editora.

Ives Gandra da Silva Martins

Professor Emérito das Universidades Mackenzie, UNIP, UNIFIEO, UNIFMU, do CIEE/O ESTADO DE SÃO PAULO, das Escolas de Comando e

Estado-Maior do Exército – ECEME, Superior de Guerra – ESG e da Magistratura do Tribunal Regional Federal – 1ª Região; Professor Honorário das Universidades Austral (Argentina), San Martin de Porres (Peru) e Vasili Goldis (Romênia); Doutor Honoris Causa das Universidades de Craiova (Romênia) e da PUC-Paraná, e Catedrático da Universidade do Minho (Portugal); Presidente do Conselho Superior de Direito da FECOMERCIO/SP; Fundador e Presidente Honorário do Centro de Extensão Universitária – CEU/Instituto Internacional de Ciências Sociais – IICS.

Introdução

Explicita, fundadamente, Celso Campilongo[1] que a efetivação dos direitos humanos encontra séria resistência nas sociedades complexas, tais como as sociedades atuais. Observe-se, contudo, que ao seu tempo todas as sociedades apresentam complexidades aos seus integrantes pela impossibilidade de compreensão da totalidade, do todo do qual fazem parte. Assim a sociedade atual, que apresenta, também, suas características próprias e específicas, difíceis a uma compreensão ampla, abrangente, da parte de seus integrantes.

Todavia, expõe Campilongo o problema crucial da efetividade dos direitos humanos, pois sua efetivação, enquanto rol de direitos fundamentais, depende, em larga medida, da distinção, da afirmação da separação, da possibilidade de que o Direito possa se afirmar independentemente de injunções de natureza política.

Ora, por isso alguns dizem que, entre nós, a sociedade foi suficientemente organizada para conquistar significativas garantias legislativas, a sociedade brasileira mobilizou-se, nos últimos anos, não apenas para obter uma Constituição avançada, mas uma legislação no campo ambiental, no campo do consumidor, no campo da saúde, no campo da ação civil pública, das estratégias de acesso à Justiça, enfim, uma legislação extremamente refinada. Mas, ainda que tenha sido organizada para estas conquistas, parece que falta à sociedade brasileira o passo para transformar as garantias legislativas em direitos eficazes ou direitos jurisdicionalizáveis, direitos passíveis de garantia judicial.

Com referência a certos grupos de pessoas verifica-se, então, uma situação especialmente diferenciada pelas questões dela decorrentes, aos olhos da sociedade atual, quais sejam a questão da produtividade e dos custos pessoais dos denominados "idosos".

---

[1] CAMPILONGO, Celso Fernandes. *O direito na sociedade complexa*. São Paulo: Max Limonad, 2000, p. 109-110.

Charles Taylor[2] aponta como um dos males da modernidade a primazia da razão instrumental, "a racionalidade que utilizamos quando avaliamos os meios mais simples de atingir determinado objetivo", por exemplo, tomar decisões na planificação social, em domínios críticos como a avaliação de riscos, "submetida aos cálculos grotescos da relação entre custos e benefícios, os quais afetam de um valor monetário a vida humana".

A respeito, especificamente, dos idosos, dois fatos são apontados, não obstante algumas medidas tenham se verificado[3]: "Após 10 anos, o Estatuto do Idoso pouco avança", noticia o jornal *O Estado de S. Paulo*[4], em 1º de janeiro de 2014, e o *Jornal do Advogado*, julho/2014, registrando o Dia Internacional de Combate à Violência contra a Pessoa Idosa (15/junho), informa que "A OAB-SP tem trabalhado no sentido de apresentar sugestões e provocar as três esferas de governo (federal, estadual e municipal) no sentido de implementar políticas públicas que atendam aos interesses dos idosos brasileiros e os preservem de todos os tipos de violência".

"Conspiração do silêncio" refere Mirian Goldenberg[5] a respeito da "violência cotidiana, praticada contra os idosos (que) não é denunciada, muito menos punida", ressaltando:

> Não é possível culpar somente as famílias por essa trágica realidade. É preciso denunciar a escandalosa omissão do Estado e a total ausência de serviços públicos que ofereçam cuidado, proteção e assistência aos velhos.

---

[2] *Le malaise de la modernité*. Paris: Éditions du Cerf, 1994, p. 12-13. Tradução livre.

[3] Leis determinando gratuidade no transporte, algumas de 2013, o que vem estipulado na Constituição Federal de 1988, no § 2º do art. 230. O Decreto federal n. 8.114, de 30 de setembro de 2013, prevê ações em defesa de direitos, informação e formação aos brasileiros maiores de 60 anos.

[4] 1º janeiro, 2014, p. A10, apontando: "*Proteção*. Surgiram delegacias especializadas e o disque-denúncia. Apesar das queixas anônimas, o total de registros é baixo e faltam dados sobre punição dos agressores. *Regulamentação*. O Estatuto é uma Lei Federal, mas depende de normas estaduais e municipais para ter efeito prático. Há, por isso, diferentes níveis de implementação pelo País. *Benefícios*. Atendimento preferencial e meia entrada são os avanços mais visíveis. Essas medidas têm implementação mais simples por não precisarem de recursos. *Equipamentos públicos*. Embora fixe as obrigações da família, a lei não prevê responsabilização do Estado pela escassez de hospitais ou abrigos. *Financiamento*. Programas voltados aos idosos sofrem com pouca verba". "Idoso se endivida mais e sofre com abusos. Violência financeira representa 21% das denúncias de abusos contra idosos", segundo pesquisa do governo. *Folha de S.Paulo*, 22-6-2014, p. B1.

[5] *Folha de S.Paulo*, 25-3-2014, p. C8.

INTRODUÇÃO 23

E acrescenta:

A escritora francesa Simone de Beauvoir escreveu que existe uma verdadeira conspiração do silêncio cercando a velhice.

Paremos de trapacear: o sentido de nossa vida está em questão no futuro que nos espera. Não sabemos quem somos se ignorarmos quem seremos: aquele velho, aquela velha, reconheçamo-nos neles. Para começar, não aceitaremos mais com indiferença a infelicidade da idade avançada, mas sentiremos que é algo que nos diz respeito. Somos nós os interessados.

"A ditadura dos jovens" intitula-se a entrevista do filósofo Frank Schirrmacher[6], que afirma: "Nosso envelhecimento pessoal, não apenas o envelhecimento abstrato das estatísticas oficiais, já está sendo tratado como uma catástrofe natural" e pergunta: "O que as pessoas que estão tendo dificuldade para enfrentar o envelhecimento deveriam dizer a si mesmas?". Responde:

Essas pessoas deveriam pensar que o medo do envelhecimento é apenas instintivo e que a ciência nos deu um grande presente: uma vida mais longa.

Devem-se convencer, também, de que fazem parte de uma vanguarda que vai conquistar uma nova realidade. A de um mundo dominado pelos anciãos[7].

Paulo Roberto B. Ramos[8] refere-se ao direito do idoso destacando que "O envelhecimento populacional transformou-se em uma questão social relevante, uma vez que impacta marcantemente nos destinos da própria sociedade". E ressalta:

o Estado brasileiro não se preparou para tanto, especificamente com referência aos sistemas previdenciário e de saúde e assim, a ausência de

---

[6] Revista *Veja*, 18-8-2004, p. 11 e s.
[7] "Em 99,99% da história da humanidade as pessoas nunca viveram mais que trinta ou 35 anos. A experiência de ficar velho, de viver sessenta anos ou mais, é muito nova. Nossa sociedade foi construída com base na expectativa de vida do Séc. XIX. Nossas instituições, o casamento, o Estado, as empresas e o sistema de previdência, como conhecemos hoje, vêm de uma época em que apenas 3% das pessoas ultrapassavam a barreira dos 65 anos. É como uma roupa que ficou muito curta. Não estamos adaptados a essa nova realidade. O resultado é que desperdiçamos o maior recurso que temos: tempo de vida."
[8] Jornal *O Estado de Direito*, n. 42/2014, p. 16. Autor do livro *Curso de direito do idoso* (São Paulo: Saraiva).

serviços e ações específicas para a garantia dos direitos das pessoas idosas contribui para o descrédito da efetividade dos seus direitos, os quais estão declarados, de forma direta ou indireta, em convenções, acordos e tratados internacionais, além das previsões constitucionais e legais em relação a esse segmento, destacando-se o Estatuto do Idoso (Lei n. 10.741/03).

A condição humana: o envelhecer

Mas o que é a velhice? Registra o Dicionário[9]:

1. Estado ou condição de velho. 2. Idade avançada. 3. Antiguidade, vetustez. 4. As pessoas velhas. 5. Rabugice ou disparate próprio de velho.

Na Introdução à obra de Bobbio *De senectude*, Celso Lafer sublinha a afirmativa de que "a velhice não é uma cisão em relação à vida precedente. É uma continuação da adolescência, da juventude, da maturidade que podem ter sido vividas de diversas maneiras".

E refere-se à produção intelectual de Bobbio: "A pergunta instigadora que me move é a aspiração de desvendar como Bobbio foi se convertendo, no correr de sua vida, em um ponto de referência do debate público na Itália, mas também fora desse espaço geográfico – intelectual – político em que basicamente se moveu".

Verifica-se, então, que a existência de Bobbio, falecido aos 95 anos, não confirma qualquer das acepções da linguagem comum vistas no Dicionário. *Primeira anotação.*

O *Editorial do Boletim* n. 47/2009 do Instituto de Saúde do Estado, sobre "Envelhecimento e Saúde", destaca o desfile "São Paulo *Fashion Week*", um dos eventos mais importantes da moda latino-americana, em que o estilista Ronaldo Fraga colocou na passarela idosos de 65 a 90 anos como modelos, cada um com seu estilo, seu andar e sua dignidade[10].

"Em que pese tratar-se de uma estratégia mercadológica, não deixa de ser importante o reconhecimento do Idoso como modelo de beleza, de 'sua' própria beleza, com cabelos grisalhos e marcas de expressão no rosto, sem a preocupação de apagar os sinais do tempo vivido. O Idoso como protagonista da sociedade, já vinha sendo percebido", refere, citando a reserva de assentos nos

---

[9] *Dicionário Básico da Língua Portuguesa*. Rio de Janeiro: Nova Fronteira, 1988.
[10] *Bis*, n. 47, abril/2009.

INTRODUÇÃO 25

transportes públicos, as universidades da Terceira Idade, os serviços públicos especiais e outros.

Contudo, ressalva:

> Em oposição a esse panorama otimista, o entendimento daVelhice, como uma etapa da vida onde se destaca o caráter de decadência física e ausência de papéis sociais, vem sendo assumido pelas sociedades modernas desde os meados do século XIX, sustentado pela ideologia produtivista.
>
> Nesse sentido, o avanço de idade como um processo contínuo de perdas e de aumento da dependência, responsável por um conjunto de imagens negativas associadas à velhice, ainda permanece relativamente forte no imaginário social, até os dias atuais.

Conclui o referido Editorial na sua pretensão de "contribuir para ampliar o leque de perspectivas de análise e de propostas inovadoras e alternativas de ação, componentes de um projeto ético-político, capaz de agregar saúde, dignidade e felicidade às pessoas em processo de envelhecimento". *Segunda anotação.*

Este também é o objetivo destes *Comentários ao Estatuto do Idoso*: uma contribuição ao reconhecimento e respeito à pessoa idosa, confirmando-se o princípio estatuído na Constituição, art. 1º, III, como fundamento do Estado brasileiro: "a dignidade da pessoa humana".

Então, o que *é*, efetivamente, *envelhecer*?

Trata-se de um processo natural, como a própria vida: inicia-se com o óvulo fecundado desenvolvendo-se com o tempo, nas várias fases da existência humana.

Como *processo* é, também, um fluir, uma renovação: assim a árvore que envelhece e morre de pé e até então espalhou flores, oxigênio, sombra, refrigério, frutos, beleza, alegria até integrar-se novamente, num ciclo natural e constante.

Efetivamente, diz Bobbio em *De senectude*[11] que "a velhice não está separada do resto da vida que a precede: é a continuação da nossa adolescência, juventude, maturidade". E se ele chama a velhice "o tempo da memória", deve-se lembrar que somente o passado existe, efetivamente."Somos sempre... memória."

Assim, todas as fases da vida humana, compondo uma única existência, estão previstas na Constituição: no art. 5º, *caput*, garantindo "a inviolabilidade

---

[11] BOBBIO, Norberto. *O tempo da memória.* Rio de Janeiro: Campus, 1997, p. 29.

do direito à vida"; portanto, desde antes do nascimento; no art. 227 a criança, o adolescente, o jovem ("É dever da família, da sociedade e do Estado assegurar à criança, ao adolescente e ao jovem, com absoluta prioridade, o direito à vida, à saúde, à alimentação, à educação, ao lazer, à profissionalização, à cultura, à dignidade, ao respeito, à liberdade e à convivência familiar e comunitária, além de colocá-los a salvo de toda forma de negligência, discriminação, exploração, violência, crueldade e opressão"); e, no art. 230, os idosos ("A família, a sociedade e o Estado têm o dever de amparar as pessoas idosas, assegurando sua participação na comunidade, defendendo sua dignidade e bem-estar e garantindo-lhes o direito à vida")[12].

Envelhecer trata-se, portanto, de uma continuidade, de um *continuum*: a vida, e o valor da vida – que é única – permanecem, e isso deve ser prestigiado como o aspecto mais importante e valorado como tal.

O sentido da vida é... viver, quanto possível plena e satisfatoriamente, daí os cuidados necessários – para o que concorrerão o autoconhecimento, a conscientização de si mesmo e da realidade e de suas possibilidades, e Estado/Sociedade deverão estar atentos a essa circunstância específica do segmento social composto de pessoas idosas.

Como as demais fases, aliás, conforme visto: assim a infância, a puberdade, a adolescência, a maturidade dos seres humanos, todas importando em cuidados próprios. Por que cessariam tais cuidados na chamada "velhice"? E cessam, como se tivesse ocorrido uma ruptura nessa continuidade. Daí as acepções populares dos Dicionários, com referência aos idosos.

No entanto, ressaltando a questão do "cuidado de si mesmo", Foucault[13] refere-se a uma preparação de toda a vida para alcançar "a velhice, o momento positivo, o momento de completude:

---

[12] A partir desses pressupostos constitucionais, desenvolve-se a legislação ordinária: Lei n. 10.741, de 1º de outubro de 2003 (Estatuto do Idoso); Decreto n. 6.214/2007 (Regulamenta o benefício de prestação continuada da assistência social devido à pessoa com deficiência e ao idoso de que trata a Lei n. 8.742, de 7 de dezembro de 1993, e a Lei n. 10.741/2003, acresce parágrafo ao art. 162 do Decreto n. 3.048, de 6 de maio de 1999). O art. 4º, § 1º, da Lei n. 7.116/83, regulamentado pelo Decreto n. 89.250/83, alterado pelo Decreto n. 98.963/1990, refere-se ao § 2º do art. 230 (gratuidade de transportes coletivos urbanos). A Lei n. 10.173/2001 concede prioridade de tramitação aos procedimentos judiciais em que figure como parte pessoa com idade igual ou superior a 65 anos.
[13] FOUCAULT, Michel. *A hermenêutica do sujeito*. São Paulo: Martins Fontes, 2004, p. 133 e s. (Aula de 20-1-1982).

Liberado de todos os desejos físicos, livre de todas as ambições políticas a que agora renunciou, tendo adquirido toda a experiência possível, o idoso será soberano de si mesmo e pode satisfazer-se inteiramente consigo.

[...] Por conseguinte, se a velhice for realmente isto – este ponto desejável –, há que se compreender (1ª consequência) que ela não seja considerada simplesmente como um termo da vida, nem percebida como uma fase em que a vida definha. A velhice deve ser considerada, ao contrário, como uma meta, e uma meta positiva da existência. Deve-se tender para a velhice e não resignar-se a ter que um dia afrontá-la. É ela, com suas formas próprias e seus valores próprios, que deve polarizar todo o curso da vida.

[...] Segunda consequência, não se trata simplesmente desta velhice cronológica de sessenta anos. É também uma velhice ideal, uma velhice que, de certo modo, fabricamos; uma velhice para a qual nos preparamos. Devemos, por assim dizer, e nisto consiste o ponto central desta nova ética da velhice, nos colocar em relação à vida, num estado tal que a vivamos como se já a tivéssemos consumado. *Terceira anotação.*

Em suma, importante é: *viver* – numa preparação para a velhice, nessa extraordinária visão de Foucault sobre "o privilégio da velhice (meta positiva e ponto ideal da existência)".

A partir daí podemos gravar as palavras de Cecília Meireles[14]:

Renova-te.
Renasce em ti mesmo.
Multiplica os teus olhos,
para verem mais.
Multiplica os teus braços
para semearem tudo.
Destrói os olhos que tiverem visto.
Cria outros, para visões novas.
Destrói os braços que tiverem semeado,
Para se esquecerem de colher.
Sê sempre o mesmo.
Sempre outro.

---

[14] *Cânticos*. São Paulo: Moderna, 1982, Canto XIII.

Mas sempre alto.
Sempre longe.
E dentro de tudo.

Lei n. 10.741, de 1º de outubro de 2003

Dispõe sobre o Estatuto do Idoso e dá outras providências.

O PRESIDENTE DA REPÚBLICA. Faço saber que o Congresso Nacional decreta e eu sanciono a seguinte Lei:

Título I
Disposições preliminares[*]

Como já sabemos, o envelhecimento não é um fenômeno novo. Afinal, pela lógica natural da existência, os homens nascem, crescem, amadurecem, vivem e morrem. "Entretanto, essas fases da vida não eram, até a consolidação do modelo capitalista, objeto de saberes. Sobre a velhice não incidia nenhum valor, nenhum discurso, nenhum saber, nenhuma preocupação. Não era tema de relevância"[1].

A partir do século XIX, na medida em que o processo de industrialização avança, há a exigência de mão de obra mais qualificada, a qual requeria tempo e gastos para sua preparação. Dentro desse contexto, passa a ser conveniente que os trabalhadores também vivessem mais para recompensar os recursos gastos com a sua capacitação. Aliado a esse fator, em virtude do aumento da expectativa de vida, reflexo do desenvolvimento e progresso das sociedades, o idoso passa a usufruir de melhores condições psicológicas e físicas. Assim, como resultado dessa sociedade cada vez mais complexa, que exigia uma nova postura diante da existência, especialmente de sua duração como condição essencial para a própria sobrevivência do sistema em fase de afirmação, "a velhice passou a se apresentar como fenômeno não somente biológico, mas fundamentalmente social"[2].

---

[*] Por Flávia Piva Almeida Leite.
[1] RAMOS, Paulo Roberto Barbosa. *Curso de direito do idoso*. São Paulo: Saraiva, 2014, p. 23.
[2] RAMOS, Paulo Roberto Barbosa, op. cit., p. 23.

A questão do envelhecimento não se tornou uma questão social relevante apenas pela quantidade de idosos cada vez maior em nossas sociedades[3], mas, especialmente, pelo motivo dessas pessoas e demais grupos vulneráveis, tais como pessoas com deficiência, crianças e adolescentes dentre outros e demais grupos sociais a eles solidários, terem se mobilizado no sentido de exigir que direitos essenciais lhes fossem reconhecidos.

A preocupação em assegurar os direitos das pessoas idosas[4], no âmbito internacional e interno, deu-se recentemente. Cabe esclarecer que, diferentemente de outros grupos vulneráveis, como o das pessoas com deficiência, o grupo de idosos não possui ainda um instrumento jurídico internacional, de caráter vinculante, para a defesa dos seus direitos humanos[5].

No Brasil, a Constituição Federal de 1988 inaugura uma nova fisionomia ao Estado brasileiro, uma vez que não somente o consagrou democrático, mas também ressaltou o seu caráter essencialmente social, ao fundá-lo em valores

---

[3] Conforme podemos constatar no Capítulo 1, "Do Envelhecimento global: triunfo ou desafio", no tópico "A revolução demográfica": "em todo o mundo, a proporção de pessoas com 60 anos ou mais está crescendo mais rapidamente que a de qualquer outra faixa etária. Entre 1970 e 2025, espera-se um crescimento de 223%, ou em torno de 694 milhões, no número de pessoas mais velhas. Em 2025, existirá um total de aproximadamente 1,2 bilhões de pessoas com mais de 60 anos. Até 2050 haverá dois bilhões, sendo 80% nos países em desenvolvimento" (*Envelhecimento ativo*: uma política de saúde/World Health Organization; tradução Suzana Gontijo. Brasília: Organização Pan-Americana da Saúde, 2005. Disponível em: <http://bvsms.saude.gov.br/bvs/publicacoes/envelhecimento_ativo.pdf>. Acesso em: 10-7-2014).
E, no Brasil, segundo dados da Pesquisa de Amostra por Domicílio, referente ao ano de 2011, divulgado em 2012, as pessoas com mais de 60 anos já são mais de 23,5 milhões (BRASIL. *Síntese de indicadores sociais. Uma análise das condições de vida da população*. Rio de Janeiro: IBGE, 2012, p. 40 e 41).

[4] Inúmeros termos e expressões são utilizados para designar quem são essas pessoas, marcados muitas vezes pela impropriedade e outras tantas dando uma conotação negativa: "pessoa da terceira idade", "pessoa da melhor idade", "velhos", "pessoa de meia-idade", "melhor idade", "idade avançada", "pessoa idosa", entre outras. A Constituição Federal de 1988 utilizou em seu art. 230 a expressão cunhada pela Organização Mundial de Saúde, em 1957, *pessoa idosa*. Diante disso, a Lei n. 10.741/2003 foi impulsionada a adotar parte dessa expressão: *idoso*.

[5] A Convenção sobre os Direitos das Pessoas com Deficiência e seu Protocolo facultativo promulgado pela Organização das Nações Unidas em Nova Iorque em 2007. O Brasil, em 30 de março de 2007, assina essa Convenção e seu Protocolo Facultativo e, em julho de 2008, edita o Decreto-legislativo n. 186, que aprova o texto dessa Convenção e de seu protocolo facultativo.

como a dignidade humana e a cidadania, que irradiarão sobre todo o ordenamento. Esse novo modelo de Estado tem a tarefa fundamental de superar as desigualdades, não apenas econômicas e sociais, mas também aquelas ocasionadas em razão de raça, cor, sexo, condições físicas e de idade[6]. Ao tratar dessas desigualdades, a Constituição inseriu proteção constitucional às pessoas idosas, assegurando de forma direta o amparo à velhice em seus arts. 229 e 230.

No plano infraconstitucional, foi promulgada a Lei n. 8.842/94, que dispõe sobre a Política Nacional do Idoso, com objetivo de assegurar os direitos sociais ao idoso, criando condições para promover sua autonomia, participação efetiva e integração na sociedade. Na sequência, é instituído o Decreto n. 4.227/2002, que cria o Conselho Nacional dos Direitos dos Idosos, órgão vinculado ao Ministério da Justiça, com competência para supervisionar e avaliar a Política Nacional do Idoso, entre outras funções relacionadas à matéria. E, após 10 anos da edição da lei sobre a política nacional do idoso, em janeiro de 2004, entra em vigor a Lei n. 10.741/2003, denominada Estatuto do Idoso, estabelecendo regras de direitos para proteção às pessoas com idade igual ou superior a 60 anos.

Trata-se de uma legislação moderna, na mesma linha do Estatuto da Criança e do Adolescente e do Código do Consumidor. É um verdadeiro microssistema jurídico, regulamentando todas as questões que envolvem a pessoa idosa, tanto no aspecto material quanto processual[7]. O Estatuto do Idoso está estruturado em sete Títulos, a saber: Título I – Das Disposições Preliminares; Título II – Dos Direitos Fundamentais, este composto de dez Capítulos; Título III – Das Medidas de Proteção, subdividido em dois Capítulos; Título IV – Da política de atendimento ao idoso, com seis Capítulos; Título V – Do acesso à Justiça, disciplinado em três Capítulos; Título VI – Dos Crimes, com dois Capítulos; e Título VII – Das Disposições Finais e transitórias, enfeixando 118 artigos.

Cabe esclarecer que o Estatuto do Idoso incorporou e reafirmou em seu texto a doutrina da *proteção integral*, antes já utilizada no Estatuto da Criança e do Adolescente. Encontraremos ao longo do texto legal dispositivos que vêm para suprir as deficiências sofridas pelos idosos no âmbito político e social.

Enfim, a Lei n. 10.741/2003 vem para consolidar a matéria jurídica relativa a direitos e garantias do cidadão idoso. Afinal, o Brasil não é mais um país

---

[6] LEITE, Flávia Piva Almeida. *Cidades acessíveis*. São Paulo: SRS, 2012, p. 52 e 53.
[7] FREITAS JÚNIOR, Roberto Mendes de. *Direitos e garantias do idoso*: doutrina, jurisprudência e legislação. 2. ed. São Paulo: Atlas, 2011, p. 3.

de jovens, mas um país em acelerado processo de envelhecimento. Esse perfil populacional exigirá do Estado e de toda a sociedade ações efetivas para garantia dos direitos fundamentais das pessoas envelhecidas[8].

Art. 1º *É instituído o Estatuto do Idoso, destinado a regular os direitos assegurados às pessoas com idade igual ou superior a 60 (sessenta) anos.*

O envelhecimento deveria ter sido considerado pelo legislador como um processo tipicamente individual, existencial e subjetivo, afinal cada existência humana é única, cada ser humano envelhece de maneira particular. Haveria necessidade de levar em consideração que cada indivíduo tem um tempo próprio para se sentir velho. Não há velhice, e sim velhices[9].

Portanto, para desenvolver um conceito preciso seria necessário considerar inúmeros fatores, uma vez que a velhice é um fenômeno complexo. A condição econômica dessas pessoas, seu grau de instrução, qual o tipo de alimento ingerido por elas e como são suas relações familiares, entre outros fatores. Nesse sentido, Paulo Roberto Barbosa Ramos, com base nas lições de Norberto Bobbio, Leonard Hayflick e Elida Séguin, afirma que para melhor entendimento do conceito de velhice é necessário compreendê-la na perspectiva cronológica ou censitária, burocrática, fisiológica e psicológica ou subjetiva. A cronológica é aquela meramente formal. Parte de um patamar que, sendo alcançado, identifica a quem o alcançou como velho. A velhice burocrática corresponde àquela idade em que, sendo alcançada, a pessoa terá direito a uma aposentadoria. A fisiológica pode ser identificada como a fragilização da pessoa em virtude do passar dos anos; aquela que diz respeito ao enfraquecimento do organismo. Já a subjetiva é a mais complexa, já que não dispõe de parâmetros. Depende de cada pessoa. Acrescenta também a velhice excluída (personificada por aqueles velhos que sobrevivem nos meios rurais, suburbanos ou após as migrações), a pseudovelhice (pessoas de 40 anos ou menos, desempregadas) e a precoce (pessoas que, em razão de condições altamente adversas de existência, envelhecem muito cedo).

Todavia, o conceito eleito pelo legislador baseou-se no critério cronológico para definir quem é considerado idoso para os efeitos da presente lei: pessoa com idade igual ou superior a 60 anos de idade, homem ou mulher, nacional ou es-

---

[8] RAMOS, Paulo Roberto Barbosa. *Curso de direito do idoso*. São Paulo: Saraiva, 2014, p. 159.
[9] BRAGA, Pérola Melissa Vianna. *Curso de direito do idoso*. São Paulo: Atlas, 2011, p. 3.

ART. 2º 33

trangeiro, urbano ou rural, trabalhador da iniciativa privada ou do serviço público, livre ou recluso, exercendo atividades ou aposentado, incluindo o pensionista e qualquer que seja a sua condição social[10]. Porém, na prática, a maioria dos benefícios tem início aos 65 anos. Essa indefinição traz uma série de prejuízos em áreas importantes, cabendo destacar o direito à gratuidade no transporte coletivo, que exige a idade mínima de 65 anos, segundo dispõe o art. 230, § 2º, da CF/88 e o art. 39, *caput*, do Estatuto. Essa é também a idade exigida para obter prioridade na tramitação de processos judiciais, de acordo com a Lei n. 10.173, de 9 de janeiro de 2001. E também o do benefício da prestação continuada, nos termos do art. 34, *caput*, da Lei de Organização da Assistência Social – LOAS.

De qualquer modo, não podemos deixar de destacar que o Estatuto reconheceu o acesso das pessoas com 60 anos ou mais ao pleno gozo de seus direitos, bem como a uma efetiva inclusão nos diversos segmentos da comunidade e o bem-estar delas, garantindo o respeito e a preservação de sua dignidade.

***Art. 2º** O idoso goza de todos os direitos fundamentais inerentes à pessoa humana, sem prejuízo da proteção integral de que trata esta Lei, assegurando-se-lhe, por lei ou por outros meios, todas as oportunidades e facilidades, para preservação de sua saúde física e mental e seu aperfeiçoamento moral, intelectual, espiritual e social, em condições de liberdade e dignidade.*

Esse artigo vem assegurar aos idosos todos os direitos fundamentais inerentes à pessoa humana[11]. Mas o que são direitos fundamentais?

---

[10] MARTINEZ, Wladimir Novaes. *Comentários ao Estatuto do Idoso.* 2. ed. São Paulo: LTr, 2005, p. 20.

[11] Os doutrinadores constitucionalistas utilizam inúmeras expressões para nomear os direitos essenciais à pessoa humana, tais como: *direitos do homem, direitos naturais, direitos individuais, liberdades públicas, direitos subjetivos públicos, direitos humanos* e *direitos fundamentais*. Segundo nos ensina José Afonso da Silva em sua obra *Curso de direito constitucional positivo*, p. 175, a ampliação e transformação dos direitos fundamentais do homem são as grandes responsáveis pela dificuldade de obter-se um conceito sintético e preciso a respeito dessa espécie. Até porque, segundo Alexandre de Moraes, em *Direitos humanos fundamentais*, p. 1, os direitos humanos fundamentais, em sua concepção atualmente conhecida, surgiram como produto da fusão de várias fontes, desde a conjugação de pensamentos filosófico-jurídicos até as ideias surgidas com o cristianismo e com o direito natural. Direitos fundamentais, segundo a maior parte da moderna doutrina constitucional, são aqueles reconhecidos e

Segundo nos ensina Norberto Bobbio[12], os direitos do homem "são direitos históricos, ou seja, nascidos em certas circunstâncias, caracterizados por lutas em defesa de novas liberdades contra velhos poderes, e nascidos de modo gradual, não todos de uma vez e nem de uma vez por todas".

No mesmo sentido, tais direitos devem ser compreendidos como aqueles inerentes a qualquer ser humano, no sentido de que todos "têm direito a serem igualmente respeitados, pelo simples fato de sua humanidade"[13]. De acordo com Pérez Luño, "derechos humanos aparecen como un conjunto de facultades e instituciones que, en cada momento histórico, concretan las exigencias de la dignidad, ordenamientos jurídicos a nível nacional e internacional"[14].

Segundo nos ensina Leonardo Martins e Dimitri Demoulis, os direitos fundamentais podem ser definidos como

> direitos público-subjetivos de pessoas (físicas ou jurídicas) contidos em dispositivos constitucionais e, portanto, encerram caráter normativo supremo dentro do Estado, tendo como finalidade limitar o exercício do poder estatal em face de liberdades individuais[15].

Esses direitos não nasceram todos de uma vez, nem de uma vez por todas[16]. Tanto é assim que os direitos humanos não são um dado, mas um construído, uma invenção humana, em constante processo de construção e reconstrução[17].

---

vinculados à esfera do direito constitucional de determinado Estado, enquanto os direitos humanos estão firmados pelas posições jurídicas de âmbito internacional. Como nosso legislador constituinte de 1988 utilizou no texto de nossa Constituição de 1988, em seu Título II "Dos Direitos e Garantias Fundamentais", utilizaremos a terminologia "direitos fundamentais" por entender ser essa expressão mais adequada no sentido de abranger as várias dimensões/gerações dos direitos que iremos estudar tanto na Constituição Federal como no Estatuto do Idoso.

[12] BOBBIO, Norberto. *A era dos direitos*. Trad. Carlos Nelson Coutinho. Rio de Janeiro: Campus, 1992, p. 5.

[13] COMPARATO, Fábio Konder. *A afirmação histórica dos direitos humanos*. 3. ed. rev. e ampl. São Paulo: Saraiva, 2003, p. 12.

[14] PÉREZ LUÑO, Antonio Enrique. *Derechos humanos, estado de derecho y constitución*. 8. ed. Madrid: Tecnos, 2003, p. 48: "os direitos humanos aparecem como um conjunto de faculdades e instituições que, em cada momento histórico, devem ser reconhecidas positivamente pelos ordenamentos jurídicos em nível nacional e internacional" (tradução livre da autora).

[15] DIMOULIS, Dimitri; MARTINS, Leonardo. *Teoria geral dos direitos fundamentais*. São Paulo: Revista dos Tribunais, 2011, p. 49.

[16] BOBBIO, Norberto, op. cit., p. 32.

[17] LAFER, Celso. *A reconstrução dos direitos humanos*: um diálogo com o pensamento de Hannah Arendt. São Paulo: Cia. das Letras, 1998, p. 134.

ART. 2º 35

O conteúdo desses direitos é fruto de uma evolução histórica. Nesses anos de história da humanidade tem-se testemunhado a luta de muitas pessoas pela completa implantação e pelo reconhecimento desses direitos considerados fundamentais. Assim, alguns marcos históricos foram evidentes nessa trajetória. A Magna Carta de 1215, de certa forma, é considerada um registro de direitos a serem opostos ao Monarca. Ainda na Inglaterra, tivemos outras referências importantes: a Petição de Direitos de 1628; o *Habeas Corpus Act*, de 1679, e a Declaração de Direitos de 1689. Em 1789, a Declaração de Direitos do Homem e do Cidadão e, alguns anos antes, a Declaração de Direitos da Virgínia deram mostras de que a consagração dos direitos fundamentais continuava em marcha, que avançou, de forma mais significativa, no século XX, com a Declaração Universal dos Direitos do Homem em 1948. Em razão dessa evolução lenta e gradual, doutrinadores costumam dividi-los em gerações ou dimensões[18], conforme foram sendo positivados nas Constituições.

Desde a Revolução de 1789 o regime constitucional é associado à garantia dos direitos fundamentais. Cabe lembrar aqui o célebre art. 16 da Declaração dos Direitos do Homem e do Cidadão, que condicionou à proteção dos direitos individuais a própria existência da Constituição. "De modo que não há praticamente constituições que não tenham dedicado espaço aos direitos ou liberdades fundamentais"[19].

---

[18] O termo *gerações* foi prenunciado por Karen Vasak, em 1979. Para ele, "a primeira, surgida com as revoluções burguesas dos Séculos XVII e XVII, valorizava a *liberdade*; a segunda, decorrente dos movimentos sociais democratas e da Revolução Russa, dava ênfase à *igualdade* e, finalmente, a terceira geração se nutre das duas experiências passadas pela humanidade durante a Segunda Guerra Mundial e da onda de descolonização que a seguiu, refletirá os valores da *fraternidade*" (grifos nossos) (VASAK, Karen apud SAMPAIO, José Adércio Leite. *Direitos fundamentais*: retórica e historicidade. Belo Horizonte: Del Rey, 2004, p. 259). Cabe esclarecer que essa terminologia *geração* é bastante criticada na doutrina, tendo em vista que ela dá a impressão de que uma *geração* sucede a outra, quando na verdade o reconhecimento de novos direitos tem o caráter de um processo cumulativo, de complementaridade. Daí muitos doutrinadores adotarem a expressão *dimensão* com a finalidade de afastar o equivocado entendimento de que uma geração sucede a anterior, visto que, na verdade, uma surge para complementar a outra. Sobre essa divergência, Ingo Wolfgang Sarlet conclui que "a discordância reside essencialmente na esfera terminológica, havendo, em princípio, consenso no que diz com o conteúdo das respectivas dimensões e *gerações* de direitos, já se cogitando de uma quarta". Portanto, para nós, tais expressões nesse tema são tratadas como sinônimas. *A eficácia dos direitos fundamentais*. 3. ed. rev., atual. e ampl. Porto Alegre: Livraria do Advogado, 2003, p. 50.
[19] ANDRADE, José Carlos Vieira de. *Os direitos fundamentais na Constituição Portuguesa de 1976*. Coimbra: Almedina, 1998, p. 27 e 28.

Com o final da Segunda Grande Guerra Mundial deu-se início a internacionalização dos direitos humanos, que nascem como respostas às atrocidades e às monstruosas violações cometidas pelo nazismo da era de Hitler. A partir de então, a luta pela conscientização material de um mínimo de direitos relacionados ao homem transpassa o campo reservado de um único Estado, e passa a ser encarado como um direito de domínio de toda a comunidade.

O Brasil não ficou alheio ao que se refere ao sistema internacional de proteção aos direitos humanos. Com o advento da Constituição Federal de 1988, importantes tratados internacionais voltados à valorização dos direitos humanos foram ratificados pelo Governo Brasileiro.

Dentro desse contexto, introduz a Constituição Federal de 1988 um avanço extraordinário na consolidação dos direitos e garantias fundamentais. De forma inédita, são elevados a cláusulas pétreas, e passam a compor o núcleo material intangível da Constituição (art. 60, § 4º). Cria-se uma nova ordem constitucional, em que a dignidade da pessoa humana e os direitos fundamentais tornam-se o ponto central dessa ordem jurídica. Tanto que, em seu preâmbulo, anunciou-se o propósito de construir um Estado Democrático pautado em uma sociedade fraterna, pluralista e sem preconceitos, na qual esteja assegurada a igualdade, entre os fundamentos que alicerçam o Estado Democrático de Direito. Elevou em seu art. 1º, III, o valor da dignidade da pessoa humana como princípio fundamental desse novo Estado[20]. Consagrou como objetivos fundamentais construir uma sociedade livre, justa e solidária, erradicar a pobreza e a marginalização e reduzir as desigualdades sociais e promover o bem de todos, sem preconceitos de origem, raça, sexo, idade e quaisquer outras formas de discriminação (art. 3º e incisos).

E em seu Título II, a Constituição Federal definiu os "Direitos e Garantias Fundamentais", os quais abrangem: direitos individuais e coletivos, direitos sociais, direitos da nacionalidade, direitos políticos, direitos relacionados à existência, organização e participação em partidos políticos. O elenco de tais direitos deu-se através do *caput* e § 1º do seu art. 5º, que assegurou o princípio da

---

[20] Nesse sentido afirma Flávia Piovesan que a dignidade da pessoa humana "está erigida como princípio matriz da Constituição, imprimindo-lhe unidade de sentido, condicionando a interpretação das suas normas e revelando-se, ao lado dos Direitos e Garantias Fundamentais, como cânone constitucional que incorpora 'as exigências de justiça e dos valores éticos, conferindo suporte axiológico a todo o sistema jurídico brasileiro'" (*Direitos humanos e o direito constitucional internacional*. 4. ed. São Paulo: Max Limonad, 2000, p. 54 e s.).

igualdade, que passa a ser considerado dentro desse novo enfoque introduzido pela Lei Maior o valor mais alto dos direitos fundamentais, funcionando como regra mestra de toda a hermenêutica constitucional e infraconstitucional. Assim, ao garantir a igualdade formal, o art. 5º cuidou, desde logo, de impedir que determinadas situações fossem prestigiadas sem qualquer correlação lógica. Portanto, o que verificamos é que a Constituição aproximou a igualdade formal da igualdade material, na medida em que não se limitou ao simples enunciado da igualdade perante a lei. "O princípio não pode ser entendido no sentido individualista, que não leve em conta as diferenças entre grupos."[21] Tal proteção é justificada, afinal se torna necessária a recomposição de natural desigualdade, quer decorrente de um longo processo de exclusão, quer decorrente de raça, sexo, religião e idade, no caso dos idosos.

Além dessas normas voltadas a uma proteção genérica a todas as pessoas, inclusive aos idosos, a Constituição Federal, reconhecendo a necessidade de uma descrição específica do idoso enquanto categoria diferenciada, avançou e, a exemplo do que realizou em relação à criança e ao adolescente, aos índios e ao meio ambiente, assegurou, nos arts. 203, 229 e 230 uma proteção especial à velhice. Tais normas de cunho protetivo irão balizar a atuação do legislador infraconstitucional, e as diretrizes da atuação do Estado enquanto implementador de políticas públicas. Vejamos: a assistência social será prestada a quem dela necessitar, independentemente de contribuição à seguridade social, e tem por objetivo a proteção à velhice. Os filhos maiores têm o dever de ajudar e amparar os pais na velhice, carência ou enfermidade. E para fechar o conjunto de normas protetivas, foi determinado no art. 230 que a família, a sociedade e o Estado têm o dever de amparar as pessoas idosas, assegurando sua participação na comunidade, defendendo sua dignidade e bem-estar e garantindo-lhes o direito à vida.

Percebe-se que o constituinte destacou a responsabilidade do Poder Público sem, contudo, desconsiderar o elemento da família e sociedade no amparo à população idosa, consagrando, assim, o princípio da solidariedade.

Seguindo a determinação constitucional, bem como a preocupação internacional, houve a edição da Lei n. 8.842/94 – Lei da Política Nacional –, que tem por objetivo assegurar os direitos sociais aos idosos, criando condições para promover sua autonomia, integração e participação efetiva na sociedade.

---

[21] LEITE, Flávia Piva Almeida. *Cidades acessíveis*, cit., p. 225.

Para dar maior proteção e concretização aos direitos desse segmento da população, o legislador ordinário elaborou o Estatuto do Idoso, que, além de reafirmar o direito à vida, à segurança, à liberdade, à propriedade, à saúde, à educação, ao lazer, ao trabalho, entre outros que foram assegurados às demais pessoas, confere em seu art. 2º, de forma inédita, direitos específicos e diferenciados aos idosos. Dessa forma, o idoso é titular de todos os direitos fundamentais, *sem prejuízo da proteção integral*[22] *que o estatuto confere*.

Todavia, segundo aponta Paulo Roberto Barbosa Ramos, os comandos registrados no Estatuto do Idoso, assegurando às pessoas com idade igual ou superior a 60 anos direito à vida, à liberdade, ao respeito, à dignidade, aos alimentos, à saúde, à assistência social, à habitação, ao transporte, não são suficientes para garantir concretamente esses direitos. As pessoas idosas precisam se conscientizar de que esses direitos existem, autoridade e demais cidadãos devem agir no sentido de afirmá-los senão de nada terá adiantado todo o esforço para sua elaboração e vigência". A lei, por si só, como se tem visto, não é capaz de mudar a realidade. Ela necessita da disposição de todos no sentido de cumpri-la"[23].

Assim, para uma maior efetivação de todos os direitos fundamentais das pessoas idosas, faz-se necessário que tanto a sociedade quanto a família e o Poder Público implementem políticas públicas a fim de se conferir a efetiva inclusão dessas pessoas em nossa comunidade.

***Art. 3º** É obrigação da família, da comunidade, da sociedade e do Poder Público assegurar ao idoso, com absoluta prioridade, a efetivação do direito à vida, à saúde, à alimentação, à educação, à cultura, ao esporte,*

---

[22] Decisões assegurando a proteção integral: "DIREITO CONSTITUCIONAL. REEXAME NECESSÁRIO. APELAÇÃO CÍVEL. DIREITO À SAÚDE. IDOSO. LEGITIMIDADE PASSIVA DO ESTADO DE MINAS GERAIS. REALIZAÇÃO DE TRATAMENTO. LEI FEDERAL N. 10.741/03. PROTEÇÃO INTEGRAL E ESPECIALIZADA" (TJMG, Ap Cível/Reex. Necessário 10362120093632001, *DJ* 16-6-2014); "DIREITO CONSTITUCIONAL. REEXAME NECESSÁRIO. APELAÇÃO CÍVEL. AÇÃO CIVIL PÚBLICA. DIREITO À SAÚDE. IDOSO. LEGITIMIDADE DO MINISTÉRIO PÚBLICO. REALIZAÇÃO DE TRATAMENTO CIRÚRGICO. LEI FEDERAL N. 10.741/03. PROTEÇÃO INTEGRAL E ESPECIALIZADA. PROCEDÊNCIA DO PEDIDO" (TJMG, Ap Cível/Reex. Necessário 10701100334112001, *DJ* 28-2-2014). Ver também: TJMG, Reex. Necessário-Cv 10607120047875001, *DJ* 17-7-2013; TJRJ, Ap. 00128677920128190202, *DJ* 5-12-2013.
[23] RAMOS, Paulo Roberto Barbosa. *Curso de direito do idoso*, cit., p. 161.

ao lazer, ao trabalho, à cidadania, à liberdade, à dignidade, ao respeito e
à convivência familiar e comunitária.

Referido dispositivo vai ao encontro do disposto no art. 230 da Constituição Federal de 1988[24] para assegurar o dever de amparo às pessoas idosas, visando com tal determinação evitar que essas pessoas fiquem desprotegidas. Tanto a Constituição Federal como o Estatuto do Idoso atribuíram à família, à comunidade, à sociedade e ao Poder Público a responsabilidade solidária nessa proteção.

Assim, referido dispositivo institui o princípio da solidariedade no dever de cumprir todas as disposições estatutárias, cabendo à família, à comunidade, à sociedade e ao Poder Público o dever legal de proteção às pessoas idosas, com absoluta prioridade, conforme estabelecido nessa lei e no texto constitucional.

Etimologicamente *família* é um "termo proveniente do latim *famulus*, que significa o conjunto de servos e dependentes de um chefe ou senhor"[25]. Inicialmente, o conceito de família esteve ligado a um conjunto e à relação de subordinação, para justificar o poder de um ser humano em relação a outro. Nos dias atuais, esse conceito foi modificando sua essência e passou a eleger a cooperação e a democracia como elementos dessa nova relação. Dentro dessa concepção, a Constituição Federal, em seu art. 229, dispõe que os filhos maiores têm o dever de ajudar e amparar os pais na velhice, carência ou enfermidade. Com isso, a família desempenhará um relevante papel material e moral na proteção constitucional da pessoa idosa. Tanto que caso algum membro do núcleo familiar venha a abandonar o idoso ou se omitir quanto à sua subsistência, deixando este de ser provido de suas necessidades básicas, tal conduta importará no crime descrito no art. 98 desse mesmo diploma, que será analisado posteriormente.

É importante observar que a lei infraconstitucional acrescentou ao rol disposto na Constituição a *comunidade*. Com isso, o legislador buscou dar maior efetivida-

---

[24] Art. 230: "A família, a sociedade e o Estado têm o dever de amparar as pessoas idosas, assegurando sua participação na comunidade, defendendo sua dignidade e bem-estar e garantindo-lhes o direito à vida".

[25] ROCHA COUTINHO, Maria Lúcia. Transmissão geracional e família na contemporaneidade. In: BARROS, Myriam Lins de (Org.). *Família e gerações*. Rio de Janeiro: FGV, 2006, p. 91.

de à norma, incumbindo o dever de amparo às relações mais estreitas do idoso, isto é,"àqueles que mais proximamente convivem e conhecem seus problemas"[26].

A sociedade também deverá desempenhar o seu papel, pois é dever de todos combater o preconceito, a discriminação, o abandono e a violência ao idoso, com isso desempenhará não só uma obrigação legal, mas, principalmente, moral.

Do mesmo modo que à família e à sociedade, o texto conferiu em último lugar as atribuições de amparo aos idosos ao Poder Público. Caberá ao Estado a obrigação alimentar através do Sistema Geral da Previdência Social, ou de verbas dos serviços de assistência social.

Portanto, o Estatuto do Idoso traz a afirmação da responsabilidade da família, da sociedade, da comunidade e do Estado para garantir direitos dos idosos, quais sejam o direito à vida, à saúde, à alimentação, à educação, à cultura, ao lazer, à dignidade, entre outros. Esses direitos, segundo dispõe a Lei, devem ser assegurados com *absoluta prioridade*.

Essa garantia de prioridade tem uma analogia com as metas da Política Nacional do Idoso, erigida sob a Lei n. 8.842/94. Nela, encontra-se a existência de nove pontos: viabilização de formas alternativas de participação, ocupação e convívio do idoso, que proporcionem sua integração às demais gerações; participação do idoso por meio de suas organizações representativas, na formulação, na implementação e na avaliação de políticas, planos, programas e projetos a serem desenvolvidos; priorização do atendimento ao idoso através de suas próprias famílias, em detrimento do atendimento asilar, à exceção dos idosos que não possuam condições que garantam sua própria sobrevivência; descentralização político-administrativa; captação e reciclagem dos recursos humanos nas áreas de geriatria e gerontologia e na prestação de serviços; implementação de sistema de informações que permita a divulgação da política dos serviços oferecidos, dos planos, programas e projetos em cada nível de governo; estabelecimento de mecanismos que favoreçam a divulgação de informações de caráter educativo sobre os aspectos biopsicossociais do envelhecimento; priorização do atendimento do idoso em órgãos públicos e privados prestadores de serviços, quando desabrigados e sem família e apoio a estudos e pesquisas sobre as questões relativas ao envelhecimento. Todavia, o Estatuto do Idoso não só reproduziu

---

[26] PONTES, Patrícia Albino Galvão. Comentário ao artigo 3º da Lei n. 10.741/2003. In: NAIDE, Maria Pinheiro. *Estatuto do Idoso comentado*. 3. ed. rev., atual. e ampl. Campinas: Servanda, 2012, p. 49.

grande parte do texto da Lei n. 8.842/94, mas foi mais preciso e abrangente ao traçar suas diretrizes.

Para tanto, o Estatuto enumerou de forma exemplificativa algumas ações indispensáveis para a garantia da prioridade absoluta, entre elas as seguintes:

Parágrafo único. *A garantia de prioridade compreende:*

I – atendimento preferencial imediato e individualizado junto aos órgãos públicos e privados prestadores de serviços à população;

A Lei n. 10.048, de 14 de novembro de 2000, assegura tratamento prioritário às pessoas com deficiência, aos idosos, às gestantes, às lactantes e às pessoas acompanhadas por crianças de colo. Essa lei obriga as repartições públicas, empresas concessionárias de serviço público e instituições financeiras a dispensar tratamento prioritário, por meio de serviços individualizados a essas pessoas.

O que podemos perceber é que o Estatuto do Idoso não veio apenas repetir a garantia que já era assegurada pela referida lei, pois, conforme se vê, a lei beneficiava as pessoas com idade igual ou superior a 65 anos, enquanto esse inciso do Estatuto do Idoso regula os direitos às pessoas com idade igual ou superior a 60 anos, tendo o benefício sido estendido para essas pessoas.

O atendimento prioritário é, conforme a Lei n. 10.048/2000, dispensado nas repartições públicas, empresas concessionárias de serviços públicos e instituições financeiras. Com o advento do Estatuto do Idoso, essa garantia foi assegurada também junto aos órgãos privados prestadores de serviços públicos.

Passados quatro anos, foi publicado o Decreto n. 5.296, de 2 de dezembro de 2004, que regulamentou as Leis n. 10.048/2000 e n. 10.098/2000, que estabelece normas gerais e critérios básicos para a promoção de acessibilidade das pessoas portadoras de deficiência ou com mobilidade reduzida, vindo assegurar, em seu art. 6º, § 2º, c/c art. 5º, § 2º, que se estende por imediato o atendimento prestado às pessoas referidas no art. 5º (pessoas com deficiência ou mobilidade reduzida, idosos, gestantes, lactantes e pessoas com crianças de colo), antes de qualquer outra, depois de concluído o atendimento que estiver em andamento, observado o disposto no inciso I do parágrafo único do art. 3º da Lei n. 10.741/2003.

II – preferência na formulação e na execução de políticas sociais públicas específicas;

Um dos grandes dilemas atuais na área do direito administrativo é a definição de políticas públicas. Segundo aponta Maria Paula Dallari Bucci, políticas públicas são instrumentos de ação dos governos visando coordenar os meios à disposição do Estado e as atividades privadas, para a realização de objetivos socialmente relevantes e politicamente determinados. "Políticas públicas são metas coletivas conscientes e, como tais, um problema de direito público, em sentido lato."[27]

Tais políticas públicas frequentemente se exteriorizam através de planos (embora com eles não se confundam), uma vez que a política é mais ampla que o plano e define-se como o processo de escolha dos meios para a realização dos objetivos do governo com a participação dos agentes públicos e privados. Portanto, para a compreensão das políticas públicas é necessário compreender o regime das finanças públicas. E para compreender estas é preciso inseri-las nos princípios constitucionais que estão além dos limites ao poder de tributar. Assim, o Estado não só deve planejar seu orçamento anual, mas também suas despesas e programas de duração continuada. "Trata-se de função eminentemente técnica, voltada à realização de valores sociais."[28]

Dentro desse contexto, insere-se o inciso II do art. 3º do Estatuto do Idoso, que assegura a preferência para o idoso na formulação e execução de políticas públicas que busquem a promoção e proteção dos direitos fundamentais dessas pessoas.

Os Centros de Convivência (CECON) constituem ótimo exemplo de execução de política social ao idoso. Na cidade de São Paulo, a Secretaria Municipal de Assistência e Desenvolvimento Social mantém uma rede de proteção aos idosos que atende pessoas com mais de 60 anos. Dentre os serviços e programas há os Núcleos de Convivência do Idoso, que contam com 96 unidades que atendem cerca de 12.610 idosos. A Prefeitura de Santos, visando à inclusão da pessoa idosa, criou centros de convivência gerenciados pela Secretaria de Assistência Social onde são desenvolvidas atividades focadas no fortalecimento dos vínculos sociais. Neles os idosos evitam o isolamento participando de atividades culturais, artísticas e esportivas. E o governo do Estado de São Paulo, preocupado com os idosos, instituiu o Programa São Paulo Amigo do Idoso,

---

[27] BUCCI, Maria Paula Dallari. *Direito administrativo e políticas públicas*. 1. ed., 2. tir. São Paulo: Saraiva: 2006, p. 241.
[28] Cf. BUCCI, Maria Paula Dallari, op. cit., p. 259.

através do Decreto n. 58.047, de 15 de maio de 2012, complementado pelo Decreto n. 58.417, de 1º de outubro de 2012. Na área da Assistência Social estão sendo construídos equipamentos de atendimento à população idosa, no âmbito da Proteção Social Básica e Proteção Social Especial, os Centros Dia e de Convivência do Idoso.

Assim, percebe-se que esses grupos de convivência funcionam como mecanismo de interação, inclusão social e uma maneira de resgatar a autonomia, de viver com dignidade e dentro do âmbito de ser e estar saudável.

III – destinação privilegiada de recursos públicos nas áreas relacionadas com a proteção ao idoso;

Esse dispositivo assegurou que no momento da elaboração da lei orçamentária recursos públicos sejam reservados prioritariamente às pessoas idosas nas áreas relacionadas à sua proteção. O intuito desse preceito legal é claro: evitar que o Poder Público venha alegar falta de recursos públicos para serem utilizados para o desenvolvimento de ações em favor do idoso. Assim, mesmo que os recursos públicos sejam escassos, na sua destinação deverá ser observada a prioridade exigida por esta lei.

Como se observa, essa determinação legal possui grande alcance, já que as autoridades públicas, em todos os níveis, devem atentar, quando da elaboração dos seus projetos de governo e notadamente dos orçamentos, para a necessidade de verbas suficientes para implementação de toda uma rede de amparo às pessoas idosas, como centros de convivência, hospitais-dia, casas-lares, oficinas abrigadas de trabalho, atendimento domiciliar com equipe multiprofissional, devidamente capacitada nas áreas de geriatria e gerontologia, capacitação de conselheiros, instalação de Promotorias de Justiça, Defensorias, Varas e Delegacias do Idoso, isso porque o acelerado processo de envelhecimento populacional provoca toda peculiar demanda de serviços públicos[29].

IV – viabilização de formas alternativas de participação, ocupação e convívio do idoso com as demais gerações;

---

[29] RAMOS, Paulo Roberto Barbosa. O Estatuto do Idoso: primeiras notas para um debate. *Revista de Políticas Públicas*. Disponível em: <http://www.revistapoliticaspublicas.ufma.br/site/download.php?id_publicacao=102>. Acesso em: 24 jul. 2014.

Visando estimular a interação do idoso com o mais jovem, este inciso nada mais fez do que repetir a primeira diretriz traçada na Política Nacional do Idoso (Lei n. 8.842/94), contida em seu art. 4º, I.

O resultado prático dessa norma é possibilitar a troca de experiências entre os idosos com as demais gerações. Como exemplo, podemos mencionar o Parque Municipal do Idoso, criado em Manaus, que atende 1,2 mil pessoas com mais de 60 anos e oferece lazer, assistência médica, artesanato e educação. Oferece gratuitamente aulas de hidroginástica, natação, vôlei, caminhada orientada, ioga, alongamento, caratê, tai chi chuan, teatro, artesanato, dança coreográfica, dança de salão, dança do ventre, aulas de alfabetização, de inglês e de espanhol para idosos. A integração dos idosos com as outras gerações também acontece dentro do parque. Embora as atividades sejam restritas aos maiores de 60, a comunidade local pode frequentar o parque para fazer caminhada, em determinados horários, ou usar a lanchonete e o restaurante. *Os resultados da troca de experiência são positivos para os dois lados.* Segundo relata um idoso, depois que começou a frequentar o parque, mudou a maneira de se relacionar com os mais jovens. "Antes, eu agia como se fosse dono da verdade. Depois, ao conviver com os mais jovens também vi que a gente tem de aceitar que não sabe tudo e procurar aprender", conta[30].

Outro exemplo é a Universidade da Maturidade – UMA – vinculada à Universidade Federal do Tocantins. Essa Universidade possui uma proposta pedagógica com objetivo de conhecer o processo de envelhecimento do ser humano para oferecer a promoção do sujeito que envelhece, estabelecendo transformações sociais da conquista de uma velhice ativa e digna embasada no Estatuto do Idoso. A Universidade propõe a integração dos universitários com os alunos de graduação, identificando o papel e a responsabilidade da Universidade em relação às pessoas de terceira idade. É um projeto inovador. É um espaço de convivência social de aquisição de novos conhecimentos voltados para o envelhecer sadio e digno, sobretudo na tomada de consciência da importância de participação do idoso na sociedade enquanto sujeito histórico[31].

---

[30] Vida boa para os idosos. 2005. Ano 2. Edição 11, de 1º-6-2005. *Revista de Informação e debates do IPEA*. Disponível em: <http://www.ipea.gov.br/desafios/index.php?option=com_content&view=article&id=1416:catid=28&Itemid=23>. Acesso em: 24 jul. 2014.

[31] Dados retirados do site: <http://www.fapto.org.br/component/content/article/11-galeria-de-projetos/29-universidade-da-maturidade-uma>.

Portanto, além de difundir na sociedade a necessidade de respeitar e assegurar os direitos dos idosos, esses tipos de programas sem dúvida são formas de viabilizar e valorizar a troca de experiências do idoso com outras idades. Afinal, ninguém pode viver sem somar, dividir e multiplicar!

V – priorização do atendimento do idoso por sua própria família, em detrimento do atendimento asilar, exceto dos que não a possuam ou careçam de condições de manutenção da própria sobrevivência;

Esse dispositivo legal inserido no Estatuto do Idoso vai ao encontro do que dispôs a Constituição Federal em seu art. 230, § 1º, que *os programas de amparo aos idosos serão executados preferencialmente em seus lares.*

A Constituição Federal bem como o Estatuto do Idoso priorizam o vínculo afetivo da pessoa mais velha, seu direito ao convívio familiar, como forma também de preservação da estrutura familiar. Portanto, sua colocação e a manutenção em seu seio familiar serão efetuadas prioritariamente na entidade familiar, deixando o atendimento asilar com o caráter excepcional.

No mesmo sentido, o Decreto n. 1.948/96, que regulamenta a Lei de Política Nacional do Idoso, estabelece que este somente será encaminhado ao asilo se inexistir grupo familiar que o ampare, ou por carência de recursos financeiros.

Assim, veremos mais adiante, no estudo das medidas de proteção aos idosos, que a permanência dessas pessoas no núcleo familiar é sempre preferível ao abrigamento em entidade de longa permanência, exceto quando tal convivência se mostre inviável.

VI – capacitação e reciclagem dos recursos humanos nas áreas de geriatria e gerontologia e na prestação de serviços aos idosos;

De acordo com o *Dicionário brasileiro da língua portuguesa*[32], a *Geriatria* é um ramo da Medicina que se ocupa das doenças e das condições gerais dos velhos. E a Gerontologia trata do estudo do processo de envelhecimento.

---

[32] *Dicionário brasileiro da língua portuguesa.* 9. ed. São Paulo: Enciclopédia Britânica do Brasil, 1987, p. 864 e 865.

O envelhecimento é um processo físico natural marcado por alterações fisiológicas que levam ao declínio das potencialidades do indivíduo; assim, é natural que passem a requerer assistência de serviços especializados.

Portanto, da mesma forma que crianças e adolescentes são atendidos por pediatras, os idosos terão direito de ser atendidos por uma equipe de geriatra e gerontólogos.

Dentro desse contexto é que se insere o Estatuto do Idoso, objetivando que o atendimento à pessoa idosa seja prestado de maneira satisfatória; para tanto, impõe que haja um treinamento com profissionais que lidam diretamente com o idoso, seja no setor público ou privado. Portanto, "a Geriatria e a Gerontologia são meios científicos que o Poder Público terá que oferecer nas suas diversas esferas administrativa, com aparelhamento de ponta, e reciclagem constante do seu pessoal"[33].

VII – *estabelecimento de mecanismos que favoreçam a divulgação de informações de caráter educativo sobre os aspectos biopsicossociais de envelhecimento;*

É fundamental que a sociedade se conscientize dos aspectos biopsicossociais que envolvem o envelhecimento, para que se tenha ciência da condição peculiar que envolve as pessoas idosas.

Para combater as diversas formas de violência e exclusão que a pessoa idosa ainda sofre no seu dia a dia, o Estatuto do Idoso estabelece mecanismos que favoreçam a divulgação de informações de caráter educativo sobre todos os aspectos que envolvem o envelhecimento. Entre esses mecanismos, o Poder Público deverá promover continuamente campanhas educativas visando à conscientização e sensibilização da sociedade em respeitar e assegurar os direitos das pessoas idosas.

VIII – *garantia de acesso à rede de serviços de saúde e de assistência social locais;*

---

[33] TAVARES, José de Freitas. *Estatuto do Idoso*. Rio de Janeiro: Forense, 2006, p. 26.

O direito à saúde está previsto no art. 6º da Constituição Federal como um direito social, mas em seu art. 196 o constituinte o assegurou como um direito comum a todos e cuja efetivação é obrigação do Estado. Dessa forma, o direito à saúde é de competência concorrente da União, dos Estados, Municípios e do Distrito Federal.

Assim, além de estabelecer o direito à saúde como direito social (art. 6º), e defini-lo como um "direito de todos e obrigação do Estado", a Constituição Federal estabeleceu os princípios da *universalidade do atendimento público de saúde* (art. 194, I); do *atendimento integral* (art. 198, I); da *participação complementar* das instituições privadas (art. 199); e disciplina no art. 230 que: "A família, a sociedade e o Estado têm o dever de amparar as pessoas idosas, [...] defendendo sua dignidade e bem-estar e garantindo-lhes a vida". Para regulamentar esses dispositivos, foram editadas as Leis n. 8.080/90 e 8.142/90, que estabelecem o Sistema Único de Saúde – SUS –, e, posteriormente, a Lei n. 10.741/2003, o Estatuto do Idoso, que dispõe sobre a proteção dos idosos, a fim de garantir o efetivo cumprimento das políticas públicas de saúde pública dos idosos.

A garantia do acesso à rede de serviços de saúde e assistência social é dever da União, dos Estados-membros, do Distrito Federal e dos Municípios. Todavia, é o Município o principal responsável pela garantia de uma melhor prestação desses serviços. É o Poder Público municipal a esfera de governo mais próxima do cidadão, e, assim, da vida de todos. A proteção e a adoção de medidas efetivas por parte do Município em assegurar a inclusão social das pessoas idosas são, pois, seu dever indeclinável diante da preponderância do seu interesse. Cabe ao Município envidar esforços para oferecer uma rede de atendimento local para que o acesso à saúde e à assistência social seja garantido.

IX – *prioridade no recebimento da restituição do Imposto de Renda.*

A Lei n. 11.765, de 5 de agosto de 2008, acrescentou o inciso IX ao parágrafo único do art. 3º do Estatuto do Idoso, determinando que o idoso tenha prioridade no recebimento da restituição do Imposto de Renda.

Cabe registrar que o descumprimento de quaisquer das determinações legais previstas neste artigo sobre a prioridade de atendimento ao idoso configura a infração administrativa prevista no art. 58 desta lei, que analisaremos oportunamente.

Art. 4º *Nenhum idoso será objeto de qualquer tipo de negligência, discriminação, violência, crueldade ou opressão, e todo atentado aos seus direitos, por ação ou omissão, será punido na forma da lei.*

§ 1º É dever de todos prevenir a ameaça ou violação aos direitos do idoso.

§ 2º As obrigações previstas nesta Lei não excluem da prevenção outras decorrentes dos princípios por ela adotados.

Vivemos em um mundo onde impera a violência, segundo aponta Nelson García Araneda, produto de uma crise geral, política, social e econômica que afeta todos os setores da vida social. Nesse contexto está incluído um grande número de seres humanos pertencem às camadas mais vulneráveis da população: crianças, jovens, pessoas com deficiência, mulheres e pessoas idosas. Esses grupos são os que mais sofrem a violência social em suas múltiplas facetas[34].

Portanto, a violência contra os idosos é um fenômeno mundial e é silenciosa. Nesse sentido, revela que os diversos abusos e os maus-tratos às pessoas idosas representam um grave problema. A sociedade e muitos dos idosos consideram que as condutas são normais da idade. Há resistência e dificuldade nos idosos, nos profissionais e na sociedade em falar sobre o tema e consequentemente a sua negação. É preciso romper com esse silêncio[35].

Aqui no Brasil, essa realidade não é diferente. Apesar de possuirmos um Plano de Ação para o Enfrentamento da Violência contra a Pessoa Idosa[36], a violência persiste. Essa grave violação dos direitos humanos fez com que a Organização das Nações Unidas (ONU) e a Rede Internacional de Prevenção à Violência à Pessoa Idosa (INPEA) instituíssem o dia 15 de junho como o Dia Mundial de Conscientização da Violência contra a Pessoa Idosa com o principal

---

[34] ARANEDA, Nelson García. Violência contra pessoas idosas: uma realidade oculta. *Caderno de Violência Contra a Pessoa Idosa*. Série Cadernos Violência e Saúde. Volume 3 – Violência contra a Pessoa Idosa. Secretaria Municipal de Saúde de São Paulo, 2007, p. 21. Disponível em: <http://midia.pgr.mpf.gov.br/pfdc/15dejunho/caderno_violencia_idoso_atualizado_19jun.pdf>.

[35] ARANEDA, Nelson García. *Violência contra pessoas idosas:* uma realidade oculta, cit., p. 23.

[36] Brasil. Presidência da República. Subsecretaria de Direitos Humanos. Plano de Ação para o Enfrentamento de Violência contra a Pessoa Idosa. Brasília: Subsecretaria de Direitos Humanos, 2005, p. 24.

objetivo de criar uma conscientização mundial, social e política da existência de violência contra a pessoa idosa e, assim, sensibilizar a sociedade para lutar contra as diversas formas de crueldade e discriminação à pessoa idosa.

Quando se refere à violência contra as pessoas idosas, pensa-se apenas e tão somente na violência física, mas esta não é a única, pois há inúmeras formas de violência, veladas e mascaradas. São inúmeras as terminologias utilizadas para definir a violência contra a pessoa idosa: negligência, discriminação, crueldade opressão, maus-tratos, abuso, abandono etc. Cada um desses termos possui significados distintos, dependendo da situação em que é utilizado e existem diferentes percepções sociais, culturais e étnicas sobre o que eles podem definir. Daí podemos concluir que a violência também pode manifestar-se como psicológica, econômica, moral, sexual, familiar, social, institucional, estrutural e pode resultar de atos de omissão e negligência[37].

Assim, segundo definição da Organização Mundial de Saúde, violência é o uso intencional da força física ou do poder, real ou em ameaça, contra si próprio, contra outra pessoa ou contra um grupo ou uma comunidade que resulte ou tenha grande possibilidade de resultar em lesão, morte, dano psicológico, deficiência de desenvolvimento ou privação[38]. Para melhorar a compreensão do conceito, Maria Cecília Minayo conceitua a violência ao idoso como uma noção referente aos processos e às relações sociais interpessoais, de grupos, de classes, de genro, ou objetivadas em instituições, quando empregam diferentes formas, métodos e meios de aniquilamento de outrem, ou de sua coação direta ou indireta, causando-lhes danos físicos, mentais e morais[39].

Para coibir que as pessoas idosas sofram algum tipo de violência, o art. 4º do Estatuto assegura que a qualquer tipo de negligência, discriminação, violência, crueldade ou opressão, quer por ação ou omissão, ou ainda, todo atentado aos seus direitos, caberá punição na forma da lei.

Referido dispositivo vai ao encontro da proteção dos direitos e garantias fundamentais dos cidadãos, previstos pela Constituição Federal de 1988, espe-

---

[37] MINAYO, Maria Cecília. *Violência contra idosos*: o avesso do respeito à experiência e sabedoria. 2. ed. Brasília: Secretaria Especial de Direitos Humanos, 2005, p. 15.
[38] PASINATO, Maria Tereza; CAMARANO, Ana Amélia e MACHADO, Laura. *Idosos vítimas de maus-tratos domésticos*: estudo exploratório das informações levantadas nos serviços de denúncia. Rio de Janeiro: IPEA, 2006, p. 8.
[39] MINAYO, Maria Cecília. *Violência contra idosos*: o avesso do respeito à experiência e à sabedoria, cit., p. 13.

cialmente em seus arts. 5º e 230, esse último relacionado ao dever de amparo aos idosos.

Conforme verificaremos mais adiante, no Título VI, no Capítulo II – Dos Crimes em Espécie do Estatuto do Idoso, em seus arts. 97 a 99, define-se como crime a negligência verificada na ausência de assistência ao idoso, no abandono do idoso em hospitais, casas de saúde ou congêneres e na exposição a perigo da integridade e da saúde física ou psíquica dele. E nos arts. 96 e 100 elencaram-se algumas condutas que caracterizam perfeitamente formas de discriminação, tipificando-as como delitos.

Os parágrafos do art. 4º abordam situações que levarão à prevenção aos direitos dos idosos.

No § 1º impõe-se a todos o dever de evitar ameaça ou violação aos direitos do idoso. Assim, Estado, sociedade e família possuem o indeclinável dever de zelarem, com absoluta prioridade, não só na prevenção, mas, principalmente, na concretização dos direitos fundamentais da população idosa.

E o disposto no § 2º tem a finalidade única e exclusiva de não deixar que qualquer outro direito relacionado ao idoso fique fora do alcance de resguardo pela prevenção.

> **Art. 5º** A inobservância das normas de prevenção importará em responsabilidade à pessoa física ou jurídica nos termos da lei.

Cabe esclarecer que referido dispositivo repetiu o já estabelecido no art. 73 da Lei n. 8.069/90 – Estatuto da Criança e Adolescente –, com a única diferença de que enquanto este dispôs que a "inobservância das normas de proteção importará responsabilidade da pessoa física ou jurídica, nos termos da Lei", o dispositivo em questão utilizou a expressão "nos termos da Lei", o que leva à conclusão de que pretendeu o legislador do Estatuto do Idoso abranger a responsabilidade da pessoa física ou jurídica que desrespeitar as regras de prevenção aos direitos do idoso impostas também em quaisquer outros diplomas legais.

A Lei estatutária traz uma conotação de advertência, de precaução, um aviso destinado às pessoas, físicas e jurídicas, à família, à comunidade, às entidades, ao Poder Público, enfim, à sociedade em geral, para que evitem (por precaução, para prevenir) que idosos venham a sofrer qualquer tipo de negligência, discriminação, violência, crueldade ou opressão, ou qualquer violação aos seus direitos.

ART. 6º 51

O termo "prevenção" deriva do latim *praeventio*, de *praevenire*, que significa dispor antes, preparar antecipadamente, precaver, portanto, teoricamente, a prevenção deve ocorrer em três níveis: primário, secundário e terciário. Segundo aponta Adriana Melo Diniz, a prevenção primária se materializa através da adoção de medidas que tenham por fim garantir os direitos fundamentais ao idoso. Pode ser traduzida como a preocupação com a promoção geral do bem-estar da população idosa (saúde, educação, convivência familiar, trabalho e outros). A prevenção secundária está relacionada a programas de atendimento, auxílio e orientação, que evitarão a marginalização e discriminação das pessoas idosas. E, por fim, no momento em que há desrespeito a um direito do idoso, ou seja, quando o que se tentava evitar já aconteceu, a prevenção se exterioriza pela punição àquele que infringiu as normas de proteção. É aqui que reside a prevenção terciária, aplicada àquelas situações em que o mal já se realizou, servindo a repreenda de exemplo para que terceiros não venham a incorrer no mesmo erro[40].

Este artigo vem reforçar o anterior, impondo às pessoas comuns e grupos de pessoas envolvidas no atendimento aos idosos a responsabilidade civil e criminal. E para tanto, estabeleceu em seu art. 55 as penalidades a que estão sujeitas as entidades de atendimento ao idoso e, nos arts. 56 a 58, definiu as infrações administrativas com as respectivas sanções. Disciplinou ainda, em seus arts. 59 a 63, o procedimento para apuração administrativa de infrações às normas de proteção ao idoso, e, nos arts. 64 a 68, tratou do procedimento de apuração judicial de irregularidades em entidades de atendimento.

E em seus arts. 96 a 108 tipificou os crimes praticados contra o idoso e as suas correspondentes penas, o que será analisado nos comentários referentes ao tema.

Art. 6º *Todo cidadão tem o dever de comunicar à autoridade competente qualquer forma de violação a esta Lei que tenha testemunhado ou de que tenha conhecimento.*

A sociedade, assim como o Estado, encontra-se regrada por uma série de valores conquistados ao longo da história ocidental, que hoje encontramos in-

---

[40] DINIZ, Adriana Melo. Comentário ao artigo 5º. In: PINHEIRO, Naide Maria (Coord.). *Estatuto do Idoso comentado.* 3. ed. rev., atual. e ampl. Campinas: Servanda, 2012, p. 68.

seridos em nossa Constituição. Claro que a sociedade diferencia-se do Estado por diversas razões. Tanto que as pessoas e os grupos que não fazem parte da estrutura estatal, embora estejam vinculados aos valores absorvidos pelas normas constitucionais, agem de modo autônomo."A dinâmica social possui limites aos quais não pode transpor. E esses limites são os direitos humanos fundamentais."[41] Daí o constituinte de 1988 ter atribuído não somente ao Estado, mas também à sociedade, o dever indeclinável de amparar e proteger as pessoas idosas, assegurando sua participação na comunidade, defendendo sua dignidade e garantindo-lhes o bem-estar e o direito à vida.

Assim, indo ao encontro desse desejo, referido dispositivo impôs a todo indivíduo a obrigação de cientificar à autoridade competente qualquer abuso ou desrespeito aos direitos do idoso que tenha presenciado ou do qual tenha tido conhecimento.

Todavia, apesar da importância da referida norma, não foi instituída nenhuma punição correspondente, o que tornou a norma ineficaz. Inexistindo, pois, sanção para o descumprimento desse dever àquele que presenciar ou tomar conhecimento de alguma ação danosa contra o idoso e não vier a comunicar tal ato, nada lhe acontecerá.

Nesse sentido, discorre Adriana Melo Diniz que:"inexistindo, pois, sanção para o descumprimento do que reza o artigo, melhor interpretá-lo como uma *faculdade* atribuída a qualquer do povo de cientificar à autoridade acerca de qualquer violação aos direitos dos idosos..."[42] (grifo nosso).

Art. 7º Os Conselhos Nacional, Estaduais, do Distrito Federal e Municipais do Idoso, previstos na Lei n. 8.842, de 4 de janeiro de 1994, zelarão pelo cumprimento dos direitos do idoso, definidos nesta Lei.

A Lei n. 8.842/94, que dispõe sobre a Política Nacional do Idoso, criou o Conselho Nacional do Idoso, definindo os procedimentos a serem adotados para a organização, gestão e competência dos Conselhos Nacional e Estaduais, do Distrito Federal e Municipais do idoso, que serão órgãos permanentes, paritários e deliberativos, compostos por igual número de representantes dos órgãos

---

[41] RAMOS, Paulo Roberto Barbosa, op. cit., 2014, p. 185.
[42] DINIZ, Adriana Melo, op. cit., p. 70.

ART. 7º 53

e das entidades públicas e de organizações representativas da sociedade civil ligadas à área.

Referido diploma legal definiu o que são os Conselhos e estabeleceu também as suas competências quando determinou em seu art. 6º que "os conselhos nacional, estaduais, do Distrito Federal e municipais do idoso serão órgãos permanentes, paritários e deliberativos, compostos por igual número de representantes dos órgãos e entidades públicas e de organizações representativas da sociedade civil ligadas à área", e dispôs no art. 7º, com redação dada pela Lei n. 10.741/2003, que "compete aos Conselhos de que trata o art. 6º desta Lei a supervisão, o acompanhamento, a fiscalização e a avaliação da política nacional do idoso, no âmbito das respectivas instâncias político-administrativas".

Nesse sentido, esclarecem Márcia R. S. S. Barbosa Mendes, Josiane Lima de Gusmão e outras que a Lei n. 8.842/94 criou o Conselho Nacional do Idoso:

> Responsável pela viabilização do convívio, integração e ocupação do idoso na sociedade, através, inclusive, da sua participação na formulação de políticas públicas, projetos e planos destinados à sua faixa etária. Suas diretrizes priorizam o atendimento domiciliar; o estímulo à capacitação dos médicos na área da Gerontologia; a descentralização político-administrativa e a divulgação de estudos e pesquisas sobre aspectos relacionados à terceira idade e ao envelhecimento. As políticas públicas governamentais têm procurado implementar modalidades de atendimento aos idosos tais como, Centros de Convivência – espaço destinado à prática de atividade física, cultural, educativa, social e de lazer, como forma de estimular sua participação no contexto social que se está inserido[43].

Assim, já estando os Conselhos legalmente conceituados e com competência determinada, o Estatuto do Idoso – Lei n. 10.741/2003 – trouxe a inovação ao atribuir a eles mais uma função, qual seja a de *zelarem pelo cumprimento dos direitos do idoso definidos nesta Lei.*

Apesar de quase todos os Estados e capitais brasileiras terem criado os Conselhos do Idoso, por meio de Leis estaduais e municipais, respectivamente, que dispõem sobre a política de atendimento à pessoa idosa, cabe ressaltar que, com a nova atribuição conferida aos Conselhos do Idoso prevista pela Lei n.

---

[43] MENDES, Márcia R. S. S. Barbosa et al. A situação social do idoso no Brasil: uma breve consideração. *Acta Paul Enfem.*: 18(4): 2005, p. 422-426, p. 425.

10.741/2003, não se retirou a responsabilidade da sociedade, do Estado e também da família da obrigação de amparar o idoso e zelar pelo efetivo cumprimento de seus direitos e garantias fundamentais. Portanto, o Conselho do Idoso se insere como mais um mecanismo que irá contribuir para a efetiva execução da política de atendimento à população idosa.

Título II
Dos Direitos Fundamentais

Capítulo I
Do direito à vida*

Art. 8º *O envelhecimento é um direito personalíssimo e a sua proteção um direito social, nos temos desta Lei e da legislação vigente.*

Finch, explicita Francisco Mora[44], refere-se a três envelhecimentos (que é um processo universal e ocorre com todos os seres vivos), apresentando três categorias: o envelhecimento rápido, o envelhecimento insignificante e, por último, o envelhecimento gradual, como exemplo o relacionado ao ser humano.

O envelhecimento rápido acompanha-se da morte rápida e ocorre com algumas espécies de peixes, em situações de fome ou de estresse e isso gera um processo de senescência e morte súbita. O envelhecimento insignificante ou pouco aparente ocorre igualmente com peixes e muitos invertebrados.

O envelhecimento gradual ou lento encontra-se na maioria dos vertebrados e, desde logo, de todos os mamíferos, incluído o ser humano.

Assinala o autor "a dificuldade em definir e graduar o processo de envelhecimento" devido, em boa medida, ao desconhecimento desse processo, no sentido de quando se inicia e suas características essenciais:

> Os estudos longitudinais (o estudo de um mesmo indivíduo ou série de indivíduos ao longo do tempo) mostram que, como parâmetro, a idade não tem muito valor como medida do processo. [...] Daí considerar este

---

* Por Maria Garcia.
[44] *El sueño de la inmortalidad.* Madrid: Alianza, 2008, p. 21 e s. Tradução livre.

processo sob outros conceitos, como são os da idade funcional ou biológica. Com estes últimos procurou-se considerar o envelhecimento além da idade, com a relação desta com o estado das artérias, o coração, os músculos ou as capacidades mentais[45].

O autor reflete, em seguida, sobre o conceito de envelhecer de modo exitoso, satisfatório,"realmente difícil de estabelecer porque cada indivíduo tem características próprias ou habilidades nas quais pode sentir-se bem e exitoso e nem tanto em outras", e conclui por considerar que"o *status* ou situação socioeconômica e outras condições psicológicas mais gerais desempenham papel muito importante no influenciar a mudança no estado funcional do indivíduo ao largo do tempo".

O envelhecimento – esse processo biológico e vital, inerente ao ser humano (conforme ocorre na Natureza) – é considerado, nos termos legais, um *direito personalíssimo*, afeto aos direitos da personalidade, isto é, que se revestem da qualidade de intransmissibilidade. Explicita de Cupis[46]:

> Os direitos da personalidade, enquanto intransmissíveis são também indisponíveis, não podendo, pela natureza do próprio objecto, mudar de sujeito, nem mesmo pela vontade de seu titular.

A condição de jovem ou de idoso acompanha, portanto, a personalidade que compõe, com todas as suas implicações e consequências.

O Estatuto considera a proteção ao envelhecimento um *direito social*.

A Constituição, em seu art. 6º, estabelece que são direitos sociais"a educação, a saúde, a alimentação, o trabalho, a moradia, o lazer, a segurança, a previdência social, a proteção à maternidade à infância, a assistência aos desamparados", – não constando, portanto, referência à"proteção ao envelhecimento".

Todavia, o art. 230 determina que"a família, a sociedade e o Estado têm o dever de amparar as pessoas idosas, assegurando a sua participação na comunidade, defendendo sua dignidade e bem-estar e garantindo-lhes o direito à vida".

---

[45] "O envelhecimento começa aos 30 anos. [...] Aos 30 anos há uma clara diminuição da secreção de certos hormônios. [...] Nos seres humanos começa um câmbio importante de fisionomia de maneira relativamente mais acelerada e diminuição da taxa de metabolismo basal. [...] mudanças subjetivamente imperceptíveis de atenção, facilidade para o cálculo matemático e raciocínio em geral. E, finalmente, a partir dos 25 a 30 anos, clara mudança nos padrões de sono"(p. 61-62).
[46] CUPIS, Adriano de. *Os direitos da personalidade*. Lisboa: Morais, 1961, p. 51.

Da incorreta redação do supracitado art. 8º do Estatuto não se poderá inferir qualquer prejuízo ao idoso (que, ademais, também se configura detentor dos direitos sociais arrolados no art. 6º) senão que o art. 230, citado, estabelece plenamente a sua titularidade de direitos constitucionalmente assegurados.

Art. 9º *É obrigação do Estado garantir à pessoa idosa a proteção à vida e à saúde, mediante efetivação de políticas sociais públicas que permitam um envelhecimento saudável e em condições de dignidade.*

Vida, refere José Afonso da Silva[47], é "um processo (processo vital) que se instaura com a concepção (ou germinação vegetal), transforma-se, progride, mantendo sua identidade, até que muda de qualidade, deixando, então, de ser vida para ser morte". E acrescenta: "Tudo que interfere em prejuízo deste fluir espontâneo e incessante contraria a vida".

Há outros modos de considerar a vida: "organização miraculosa do organismo vivo e de microcosmos do espírito que abrange o universo físico", descreve o biólogo Ludwig von Bertalanffy[48].

Ou ainda, segundo o Dicionário[49]:

> Conjunto de propriedades e qualidades graças às quais animais e plantas (ao contrário dos organismos mortos ou da matéria bruta) se mantêm em contínua atividade, manifestada em funções orgânicas tais como: o metabolismo, o crescimento, a reação a estímulos, a adaptação ao meio, a reprodução e outras.
>
> Existência; estado ou condição dos organismos que se mantêm nessa atividade desde o nascimento até a morte; a vida humana; vida latente: a do órgão vegetal que, estando vivo, não apresenta sintoma de vida (as sementes maduras são órgãos com vida latente).

O art. 5º da Constituição já consagra direitos fundamentais básicos, e determina: "Todos são iguais perante a lei, sem distinção de qualquer natureza, garantindo-se aos brasileiros e aos estrangeiros residentes no País a inviolabilidade do direito à vida, à liberdade, à igualdade, a segurança e à propriedade".

---

[47] *Curso de direito constitucional positivo*. São Paulo: Malheiros, 2006, p. 197.
[48] *Teoria geral dos sistemas*. Petrópolis: Vozes, 1975, p. 247.
[49] *Dicionário básico da língua portuguesa Folha/Aurélio*. Rio de Janeiro: Nova Fronteira, 1988.

Vida, na Constituição, envolve também o direito à "sadia qualidade de vida" (relacionada ao meio ambiente ecologicamente equilibrado, art. 225), o que implica verificar-se a questão da *saúde física e mental*.

"Pela Constituição Federal de 1988 (arts. 196 a 200)", refere Maria Helena Diniz[50]:

> a saúde é direito de todos e dever do Estado [...]. O acesso aos serviços de saúde é um direito fundamental do ser humano e ao Estado caberá dar assistência à preservação da saúde física e mental de todos. [...] A saúde requer equidade horizontal, isto é, tratamento igual a todos os pacientes iguais, e vertical, ou seja, tratamento desigual aos desiguais, incluindo os desfavorecidos social, cultural ou economicamente.

E acrescenta:

> Se a Constituição deu ao direito à saúde uma dimensão pública, situando-o no âmbito da seguridade social e constituindo-o como um dever do Estado, o direito sanitário terá a difícil tarefa de resguardar ao povo brasileiro o respeito à saúde, à previdência e à assistência social (Constituição Federal, art. 194), com base no princípio da universalidade da cobertura e do atendimento garantindo, mediante políticas sociais e econômicas, que visem a redução do risco de doença e outros agravos, o universal e igualitário acesso às ações e serviços para promoção, proteção e recuperação da saúde (Constituição Federal, art. 196).

"Mediante efetivação de políticas sociais públicas", diz o art. 9º do Estatuto.

"Políticas sociais públicas" ou políticas públicas, na acepção de Maria Paula Dallari Bucci:"São programas de ação governamental visando coordenar os meios à disposição do Estado e as atividades privadas, para a realização de objetivos socialmente relevantes e politicamente determinados"[51].

Em *Políticas públicas*: reflexão sobre o conceito jurídico[52], sublinha a mesma autora:

> A necessidade de compreensão das políticas públicas como categoria jurídica se apresenta à medida que se buscam formas de concretização dos direitos humanos, em particular os direitos sociais.

---

[50] *O estado atual do biodireito*. São Paulo: Saraiva, 2001, p. 150, 151, 153.
[51] *Direito administrativo e políticas públicas*. São Paulo: Saraiva, 2002, p. 241.
[52] São Paulo: Saraiva, 2006, p. 3.

[...] Típicos do século XX que aparecem nos textos normativos a partir da Constituição mexicana de 1917 e da Constituição de Weimar, de 1919 (entre nós, com a Constituição de 1934) são, se assim se pode dizer, direitos-meio, isto é, direitos cuja principal função é assegurar que toda pessoa tenha condições de gozar os direitos individuais de primeira geração.

Isto é, o que se denomina "direitos de liberdade", precisamente direitos cujo exercício pelos indivíduos demanda que o Estado e os demais indivíduos "se abstenham de turbar" e que a Constituição enumera, a partir do *caput* do art. 5º, já citado hoje sob a égide do princípio da dignidade da pessoa humana (art. 1º, III), cujo conteúdo jurídico, social e político amplia-se "à medida que novos direitos vão sendo reconhecidos e agregados ao rol dos direitos fundamentais".

Assim, portanto, políticas públicas e direitos designados ao idoso, conforme estabelece o art. 9º, parte final, "que permitam um envelhecimento saudável e em condições de dignidade".

De acordo com um relatório do United States Institute of Medicine (Rowe e Kahn, 1998), refere C. David Jenkins, os elementos-chave para o envelhecimento sadio são:
- manter o corpo ativo;
- manter o cérebro ativo;
- manter e aumentar a rede social[53].

A meta dos programas de promoção de saúde para pessoas mais velhas não é prolongar indefinidamente a vida, mas sim colocar tanta vida quanto for possível nos anos que restam para cada pessoa.

Capítulo II
Do direito à liberdade, ao respeito e à dignidade*

Art. 10. *É obrigação do Estado e da sociedade, assegurar à pessoa idosa a liberdade, o respeito e a dignidade, como pessoa humana e sujeito de direitos civis, políticos, individuais e sociais, garantidos na Constituição e nas leis.*

---

[53] *Construindo uma saúde melhor*: um guia para mudança de comportamento. Porto Alegre: Artmed, 2003, p. 132 e 141.
* Por Maria Garcia.

Estado, cabe especificar, "é a ordem jurídica soberana que tem por fim o bem comum de um povo situado em determinado território", conforme Dalmo A. Dallari[54], e *bem comum*, "o conjunto de todas as condições de vida social que consintam e favoreçam o desenvolvimento integral da personalidade humana".

Personalidade, esclarece Giselle C. Groeninga[55], "é a condição ou maneira de ser da pessoa. É a organização, mais ou menos estável, que a pessoa imprime à multiplicidade de relações que a constituem. O aspecto físico e o psíquico como a vontade, a emoção, a inteligência são aspectos da personalidade".

Sociedade, esclarece Dalmo A. Dallari[56], compreende três elementos: (a) uma finalidade ou valor social (um conjunto de condições propiciadoras do desenvolvimento integral da personalidade humana); (b) manifestações de conjunto ordenadas (ordem social e ordem jurídica); e (c) o poder social (poder legítimo), sujeito a "permanente consentimento".

A partir desses pressupostos, o art. 10 determina a garantia, à pessoa idosa, da liberdade, respeito e dignidade "como pessoa humana e sujeito de direitos civis, políticos, individuais e sociais", conforme a Constituição e as leis.

Liberdade, diz a poetisa Cecília Meirelles[57], "essa palavra que o sonho humano alimenta: que não há ninguém que explique e ninguém que não entenda" representa, efetivamente, uma ideia de significados diversos, multifacetada, mítica, seja no sentido de liberdade positiva de autorrealização, seja no sentido negativo da não interferência.

Montesquieu chama de *liberdade política* a "tranquilidade de espírito que provêm da convicção que cada um tem da sua segurança"[58].

Hannah Arendt[59] explicita: "Os homens *são* livres – diferentemente de possuírem o dom da liberdade – enquanto agem, nem antes, nem depois, pois *ser* livre e agir são uma mesma coisa".

---

[54] *Elementos de teoria geral do estado*. São Paulo: Saraiva, 2012, p. 122 e 112.
[55] Os direitos da personalidade e o direito a ter uma personalidade. In: *Aspectos psicológicos na prática jurídica*. Campinas: Millennium, 2008, p. 109.
[56] Op. cit., p. 31-32, 35-36, 54-55.
[57] *O romanceiro da Inconfidência*, Romance XXIV.
[58] *O espírito das leis*. São Paulo: Saraiva, 1987, p. 165.
[59] *Entre o passado e o futuro*. São Paulo: Perspectiva, 1979, p. 199.

Respeito, entre as várias acepções comuns[60], significa reverência, deferência, consideração, importância. John Rawls[61] insere, entre os bens primários, devidos a todo ser humano, o autorrespeito (*self-respect*) e a autoestima (*self-steem*), acompanhados das liberdades básicas, rendas e direitos a recursos sociais como a educação e a saúde.

Dignidade, refere, ainda, o art. 10 e, entre outros significados, também autoridade moral, honra, respeitabilidade, respeito a si mesmo.

Alexandre de Moraes apresenta a *dignidade da pessoa humana,* fundamento do Estado (art. 1º, III, da Constituição), como "um valor espiritual e moral inerente à pessoa, que se manifesta singularmente na autodeterminação consciente e responsável da própria vida e que traz consigo a pretensão ao respeito por parte das demais pessoas, constituindo-se em um mínimo invulnerável que todo estatuto jurídico deve assegurar, de modo que apenas excepcionalmente possam ser feitas limitações ao exercício dos direitos fundamentais, mas, sempre sem menosprezar a necessária estima que merecem todas as pessoas enquanto seres humanos".

O art. 10 elenca, ademais, toda a série de "direitos civis, políticos, individuais e sociais, garantidos na Constituição e nas Leis" atribuíveis à pessoa idosa.

O mesmo dispositivo legal estende-se, ainda, a esclarecer o âmbito de incidência do direito à liberdade na condição do idoso, determinando, em caráter exemplificativo:

> *§ 1º O direito à liberdade compreende, entre outros, os seguintes aspectos:*
> *I – faculdade de ir, vir e estar nos logradouros públicos e espaços comunitários, ressalvadas as restrições legais;*
> *II – opinião e expressão;*
> *III – crença e culto religioso;*
> *IV – prática de esportes e de diversões;*
> *V – participação na vida familiar e comunitária;*
> *VI – participação na vida política, na forma da lei;*
> *VII – faculdade de buscar refúgio, auxílio e orientação.*

---

[60] *Novo dicionário básico da língua portuguesa Folha/Aurélio,* op. cit.
[61] Apud OLIVEIRA, Nythamar de. *Rawls.* Rio de Janeiro: Jorge Zahar Editor, 2003, p. 17.

ART. 10   61

Trata-se aqui de uma cláusula aberta que permite, em interpretação extensiva, a garantia de direitos correlatos, em formação na sociedade.

"Participação na vida familiar e comunitária", sublinha o inciso V.

Estado e sociedade buscam cumprir a sua parte, porém é da família que se deve partir o exemplo de dignidade, de não discriminação, de amor e de carinho com a pessoa idosa.

"A importância da família para o direito dos idosos", refere Lilian C. Gondim destacando"a necessidade de uma maior consolidação da proteção à pessoa do idoso no meio social".

A proteção ao idoso torna-se uma questão relevante de proteção familiar, pois é nela que ele encontra sua origem, o seu *habitat*, a sua segurança vital, e a sociedade nada mais é do que a junção de várias famílias. Dessa forma, é bom salientar que se o idoso não for respeitado e valorizado dentro de sua própria família, desencadeará, assim, um desequilíbrio, quanto à efetivação dos princípios morais e da cidadania entre os homens impossibilitando-os de uma convivência melhor entre diferentes gerações[62].

Observa-se nesta parte, em especial, a incidência dos fatores educação e cultura na formação das sociedades relativamente ao cuidado de suas crianças e de seus idosos – os dois polos que extremam o delinear da existência humana e as leis.

Revelam essa circunstância das sociedades humanas, do desvelo e do cuidado, ou não, em relação às crianças e às pessoas mais velhas:

"A lei é a educadora do povo", ensina Platão."Daí seu projeto de que suas leis fossem lidas e compreendidas pela juventude de sua cidade nas escolas e especialmente por todos seus futuros educadores", comenta Werner Jaeger[63].

Assim, é sintomático que a Constituição de 1988 estabeleça:

Art. 229. Os pais têm o dever de assistir, criar e educar os filhos menores, e os filhos maiores têm o dever de ajudar e amparar os pais na velhice, carência ou enfermidade.

---

[62] GONDIM, Lillian Virginia Carneiro. Sociedade em debate. *MPMG – Jurídico* n. 19/2010, p. 62-63.
[63] Alabanza de la ley. *Centro de Estudios Constitucionales*, Madrid, 1982, p. 64. Tradução livre.

E o mencionado art. 230: "A família, a sociedade e o Estado têm o dever [...]".

Lamentável que a própria Constituição tenha de determinar atitudes em prol da condição de idoso que, emocional e racionalmente, deveriam decorrer da convivência humana.

§ 2º *O direito ao respeito consiste na inviolabilidade da integridade física, psíquica e moral, abrangendo a preservação da imagem, da identidade, da autonomia, de valores, ideais e crenças, dos espaços e dos objetos pessoais.*

Prossegue a Lei esclarecendo a abrangência do direito ao respeito, pormenorizando as circunstâncias que cercam a condição de idoso, para incluir "espaços e objetos pessoais", atendimento ao mandamento constitucional do art. 5º, "X – são invioláveis a intimidade, a vida privada, a honra e a imagem das pessoas [...]" e "XI – a casa é asilo inviolável do indivíduo [...]".

§ 3º *É dever de todos zelar pela dignidade do idoso, colocando-o a salvo de qualquer tratamento desumano, violento, aterrorizante, vexatório ou constrangedor.*

Vem a propósito lembrar a imagem fixada pela imprensa[64] sob o título: "Idosa é abandonada em estrada".

> A idosa Isaura Ribeiro de Moraes, de 80 anos, foi abandonada anteontem em uma estrada vicinal, em Piratininga (SP). Ela foi deixada em matagal às margens da estrada, próximo a uma clínica de recuperação de dependentes químicos. A mulher, que não anda e tem dificuldade para falar, foi socorrida por funcionários da clínica, que ouviram seus gritos.
>
> Uma enfermeira e seu marido, donos de um asilo em Bauru, onde a paciente vivia, são acusados de abandonar a idosa por falta de pagamento das mensalidades.

---

[64] Jornal *O Estado de S. Paulo*, 19-6-2014, p. A15.

Capítulo III
Dos alimentos*

Art. 11. *Os alimentos serão prestados ao idoso na forma da lei civil.*

O art. 1º, III, da Constituição Federal estabelece como um dos fundamentos do Estado Democrático de Direito a dignidade da pessoa humana. Nesse sentido, tem-se por dignidade da pessoa humana "a qualidade intrínseca e distintiva reconhecida em cada ser humano que o faz *merecedor do mesmo respeito e consideração por parte do Estado e da comunidade*, implicando neste sentido um complexo de direitos e deveres fundamentais que assegurem a pessoa tanto contra todo e qualquer ato de cunho degradante e desumano, como venham a lhe *garantir as condições existenciais mínimas para uma vida saudável*, além de propiciar e promover sua participação ativa e corresponsável nos destinos da própria existência e da vida em comunhão com os demais seres humanos"[65] (grifos nossos).

Imediatamente no art. 3º, I, da Constituição Federal estabeleceu-se como objetivo fundamental da República Federativa do Brasil a constituição de uma sociedade livre, justa e *solidária*[66].

Dessa forma, "o dever de prestar alimentos funda-se na solidariedade humana e econômica que deve existir entre os membros da família e os parentes"[67], operacionalizando a dignidade da pessoa humana, como fundamento do Estado Democrático de Direito.

---

* Por Carla Matuck Borba Seraphim.
[65] SARLET, Ingo Wolfgang. *Dimensões da dignidade*: ensaios de filosofia do direito e direito constitucional. Porto Alegre: Livraria do Advogado, 2005, p. 37.
[66] "Solidariedade (in. *Solidarity*; fr. *Solidarité*; al. *Solidaritat*; it. *Solidarietà*). Termo de origem jurídica que, na linguagem comum e na filosófica, significa: 1º. Inter-relação ou interdependência; 2º. Assistência recíproca entre os membros de um mesmo grupo (por exemplo: S. familiar, S. humana etc.). Neste sentido, fala-se de solidarismo para indicar a doutrina moral e jurídica fundamentada na S. (Cf. L. Bourgeouis, *La Solidarité*, 1897)" (ABBAGNANO, Nicola. *Dicionário de filosofia*. São Paulo: Martins Fontes, 1999, p. 918).
[67] GONÇALVES, Carlos Roberto. *Direito civil brasileiro*. 11. ed. São Paulo: Saraiva, 2014, v. 6, p. 504.

A prestação alimentar é ínsita à incapacidade que o sujeito de direito apresenta de ser responsável pela sua própria subsistência, e como decorrência dessa incapacidade terá que buscar na solidariedade familiar as garantias mínimas existenciais. Impossibilitadas estas, o auxílio deverá ocorrer por parte do Estado.

Pode-se afirmar que a prestação alimentar é necessária e imprescindível ao ser humano em formação e que tal situação cessa com a idade adulta, em regra. Contudo, em caráter excepcionalíssimo, "certas circunstâncias, sejam momentâneas, sejam permanentes, como a *idade avançada*, doenças, inabilitação para o trabalho ou incapacidade de qualquer outra espécie, podem colocar o adulto diante de uma impossibilidade de granjear os meios de que necessita para sua subsistência; daí, então, o problema da proteção que passa a ser-lhe devida"[68].

A Lei n. 10.741/2003, com base na 1ª Assembleia Mundial do Envelhecimento da Organização das Nações Unidas (ONU) em 1982 – a qual se utilizou do critério cronológico do calendário ocidental, definindo como idosa a pessoa com idade de 60 anos ou mais, nos países em desenvolvimento, entre eles o Brasil, e para os países desenvolvidos considera-se a pessoa idosa com idade igual ou superior a 65 anos –, disciplinou o direito à prestação alimentícia para os idosos que dela necessitarem.

Os critérios para a fixação da prestação alimentícia estão contidos nos arts. 1.694 e 1.710 do Código Civil, bem como na Lei n. 5.478/68, isso porque a parte final do art. 11 da Lei n. 10.741/2003 dispõe que "[...] serão prestados na forma da lei civil".

O art. 1.694 do Código Civil disciplina: "Podem os parentes, os cônjuges ou companheiros pedir uns aos outros os alimentos de que necessitem para viver de modo compatível com a sua condição social, inclusive para atender às necessidades de sua educação".

No caso da obrigação alimentar do Estatuto do Idoso, o fundamento encontra-se no vínculo de parentesco, decorrente da solidariedade familiar, que materializa a dignidade humana. Dessa forma, se o pedido de alimentos decorre do parentesco em linha reta, não haverá limitação, fato esse diverso se o pedido decorre de parentesco colateral, quando há limitação para parentes colaterais até segundo grau de acordo com o art. 1.697 do Código Civil[69].

---

[68] CAHALI, Yussef Said. *Dos alimentos*. 4. ed. São Paulo: Revista dos Tribunais, 2002, p. 30.
[69] Art. 1.697: "Na falta dos ascendentes cabe a obrigação aos descendentes, guardada a ordem de sucessão e, faltando estes, aos irmãos, assim germanos como unilaterais".

No entanto, há posicionamento diverso no que concerne à limitação do pedido de alimentos no parentesco colateral, no sentido de que a obrigação alimentar na linha transversal deverá atingir até os parentes em quarto grau, tendo por embasamento doutrinário o fato de tais parentes integrarem a ordem de vocação hereditária estabelecida no art. 1.829 do Código Civil, na ausência de descendentes, ascendentes ou cônjuge supérstite[70]. A interpretação teleológica do dispositivo legal da prestação alimentar, no sentido de que se a sucessão colateral atinge o parentesco de quarto grau, decorre do entendimento de que essa como o direito das sucessões são classificadas como direito patrimonial.

Na impossibilidade de o idoso obter a prestação alimentar junto aos parentes, o Estado supletivamente há de conceder o benefício da prestação continuada, que será tratado no art. 14.

Art. 12. *A obrigação alimentar é solidária, podendo o idoso optar entre os prestadores.*

A obrigação alimentar, originária da solidariedade familiar, não deve ser confundida com o dever de sustento, uma vez que este está adstrito ao poder familiar, podendo vir a ser extinto quando as causas de sua fixação se findarem.

A obrigação alimentar atinente ao idoso é regra jurídica e não foi estabelecida pela Lei n. 10.741/2003, visto que antes mesmo do Código Civil de 2002, ou seja, na vigência do Código Civil de 1916, aqueles membros de uma família que necessitassem de amparo material poderiam socorrer-se dos demais membros da família que tivessem recursos para suportar a obrigação.

O art. 229 da Constituição Federal estabelece: "Os pais têm o dever de assistir, criar e educar os filhos menores, e os filhos maiores têm o dever de ajudar e amparar os pais na velhice, carência e enfermidade".

Nesse ínterim, em termos de direito material e direito processual, respectivamente, as indagações convergem: a uma, se a obrigação alimentar do Estatuto do Idoso é obrigação solidária, e a duas, se há necessidade de litisconsórcio passivo necessário entre os supostos alimentandos. Senão vejamos.

---

[70] DIAS, Maria Berenice. *Manual de direito das famílias*. 7. ed. São Paulo: Revista dos Tribunais, 2010, p. 531.

No âmbito do direito material, em que pese ter o Estatuto do Idoso disposto de modo expresso que "a obrigação alimentar é solidária, podendo o idoso optar entre os prestadores", muito se tem discutido ao longo do tempo se tal determinação legal teria o condão de alterar a posição consolidada na doutrina e jurisprudência de que "a obrigação alimentar não é solidária. Pode acontecer que haja diversos devedores postos no mesmo plano como, por exemplo, vários filhos obrigados à prestação alimentícia em benefício do genitor comum; ou de neto necessitado perante dois avós em condições de fornecer-lhe alimentos; ou pode acontecer que os vários obrigados pertençam a categorias ou graus diferentes, como no caso da esposa diante de seu cônjuge, seu filho ou seu genitor"[71].

Num primeiro momento, foi defendido e prevaleceu o entendimento de que a "obrigação alimentar, mesmo para o idoso, não é solidária, e, sim, divisível entre todos os eventuais coobrigados, na proporção da possibilidade de cada um deles, até o suprimento das necessidades do primeiro"[72].

Rejeitando a especificidade da norma como fundamento para a aplicação do critério solidário do Estatuto do Idoso, nesse sentido: "matéria típica de teoria geral do direito privado e, portanto, objeto de regulamento pelo Código Civil, a que a lei especial de proteção integral da criança e do adolescente (ECA) deve-se subordinar"[73].

Nesse sentido é o voto do Des. Luiz Felipe Brasil Santos:

INTELIGÊNCIA DO ART. 12 DO ESTATUTO DO IDOSO. A Lei n. 10.741, de 1º de outubro de 2003, prevê, em seu art. 12, que "a obrigação alimentar é solidária, podendo o idoso optar entre os prestadores". Trata-se, à evidência, de regra que, ao conferir à obrigação alimentar a característica da solidariedade, contraria a própria essência da obrigação, que, consoante dispõe o art. 1694, parágrafo 1º, do Código Civil, deve ser fixada na proporção da necessidade de quem pede e da possibilidade de quem é chamado a prestar. Logo, por natureza, trata-se de obrigação divisível e, por consequência, não solidária, mostrando-se como total-

---

[71] CAHALI, Yussef Said. *Dos alimentos*, cit., p. 141.
[72] RODRIGUES, Oswaldo Peregrina. Estatuto do Idoso: aspectos teóricos, práticos e polêmicos e o direito de família. In: PEREIRA, Rodrigo da Cunha (Coord.). *Anais do V Congresso Brasileiro de Direito de Família*. São Paulo: IOB Thomson, 2006, p. 781.
[73] NERY JR., Nelson; MACHADO, Martha de Toledo. O Estatuto da Criança e do Adolescente e o novo Código Civil à luz da Constituição Federal: princípio da especialidade e direito intertemporal. *Revista de Direito Privado*. São Paulo, Revista dos Tribunais, n. 12, out./dez. 2002, p. 34.

mente equivocada, e à parte do sistema jurídico nacional, a dicção da novel regra estatutária[74].

De outro modo, compreendendo a especificidade da norma em comento reconhece-se que "a divisibilidade do dever de alimentos não desconfigura a natureza solidária da obrigação, deste modo, por o Código Civil reconhecer a subsidiariedade da obrigação concorrente em seus arts. 1.696 e 1.697, não exclui a solidariedade posto que se tem a possibilidade de chamar os demais parentes obrigados a prestar os alimentos. Estando obrigados, os cônjuges, companheiros, pais, filhos, parentes e também o próprio Estado"[75].

O Recurso Especial 775.565/SP, julgado pela 3ª Turma do Superior Tribunal de Justiça, da relatoria da Ministra Nancy Andrighi manifestou-se no sentido do prevalecimento de lei especial[76], no caso em tela o Estatuto do Idoso, em detrimento da norma geral, qual seja o Código Civil, arts. 1.696 a 1.698. Nesse sentido, tem-se:

> Direito civil e processo civil. Ação de alimentos proposta pelos pais idosos em face de um dos filhos. Chamamento da outra filha para integrar a lide. Definição da natureza solidária da obrigação de prestar alimentos à luz do Estatuto do Idoso. A doutrina é uníssona, sob o prisma do Código Civil, em afirmar que o dever de prestar alimentos recíprocos entre pais e filhos não tem natureza solidária, porque é conjunta. A Lei 10.741/2003, atribuiu natureza solidária à obrigação de prestar alimentos quando os credores forem idosos, que por força da sua natureza especial prevalece sobre as disposições específicas do Código Civil. O Estatuto do Idoso, cumprindo política pública (art. 3º), assegura celeridade no processo, impedindo intervenção de outros eventuais devedores de alimentos. A solidariedade da obrigação alimentar devida ao idoso lhe garante a opção entre os prestadores (art. 12). Recurso especial não conhecido[77].

---

[74] TJRS, Ap. Cível 70.006.634.414, 7ª Câm. Cível, julgamento em 22-10-2003.
[75] DIAS, Maria Berenice, op. cit., p. 506.
[76] "A norma especial acresce um elemento próprio à descrição legal do tipo previsto na norma geral, tendo prevalência sobre esta, afastando-se assim o *bis in idem*, pois o comportamento só se enquadrará na norma especial, embora também esteja previsto na geral (*RJTJSP*, 29:303). O tipo geral está contido no tipo especial. A norma geral só não se aplica ante a maior relevância jurídica dos elementos contidos na norma especial, a tornam mais suscetível de atendimento do que a norma genérica" (DINIZ, Maria Helena. *Conflito de normas*. 3. ed. rev. São Paulo: Saraiva, 1998, p. 39).
[77] "O Estatuto do Idoso (Lei n. 10.741, 1º-10-03), disciplina, especificamente, no Capítulo III, a partir do art. 11, os alimentos devidos aos idosos, atribuindo-lhes, expressamente,

O reconhecimento da natureza jurídica solidária da obrigação alimentar senil decorre da doutrina da proteção integral do Estatuto do Idoso."A exemplo do que já havia sido feito na área da infância e juventude, ou seja, deixa claro que o idoso, por sua particular condição de hipossuficiente diante da dinâmica social – marcada, no regime capitalista, pela competição e pela qualificação pessoal, profissional e econômica, como delimitadores do *status* social –, é reconhecido como juridicamente em situação de desigualdade, devendo ter suas carências supridas pela família, pela sociedade e pelo Estado como forma de garantir a isonomia constitucional e assim garantir-lhe a dignidade da sobrevivência."[78]

Encontrando-se o fundamento da excepcionalidade da natureza jurídica da obrigação alimentar na vulnerabilidade da pessoa idosa, tal como acontece na Lei n. 8069/90, uma vez reconhecidos como "vulneráveis", seria necessária a extensão, por analogia, da natureza jurídica solidária para a obrigação alimentar das crianças e adolescentes[79].

No âmbito do direito processual, relativo à parte final do disposto no art. 12, "[...], podendo o idoso optar entre os prestadores", os questionamentos encontram-se: a uma, na obrigatoriedade do litisconsórcio passivo, e a duas, no cabimento de intervenção de terceiros.

Há divergência acerca do reconhecimento da obrigatoriedade do litisconsórcio passivo. Na primeira situação, é obrigatória a presença de todos os alimentantes no polo passivo da ação de alimentos, sob pena de extinção, litiscon-

---

natureza solidária. Assim, por força da lei especial, é incontestável que o Estatuto do Idoso disciplinou de forma contrária à Lei Civil de 1916 e 2002, adotando como política pública (art. 3º), a obrigação da família, da comunidade, da sociedade e do Poder Público assegurar ao idoso, com absoluta prioridade a efetivação do direito à alimentação. Para tanto, mudou a natureza da obrigação alimentícia de conjunta para solidária, com o objetivo de beneficiar sobremaneira a celeridade do processo, evitando discussões acerca do ingresso dos demais devedores, não escolhidos pelo credor-idoso para figurarem no polo passivo. [...] Por conseguinte e em conclusão, não há violação ao art. 46 do CPC, por inaplicável na espécie de dívida solidária de alimentos. Forte nestas razões, e obediente a natureza solidária dos alimentos, ditada pelo art. 12 do Estatuto do Idoso, mantenho o dispositivo do acórdão recorrido, para limitar o polo passivo da ação ao filho-devedor de alimentos indicado, porém, com fundamento diverso" (REsp 775.565/SP, 3ª T., Rel. Min. Nancy Andrighi, julgamento em 12-6-2006, *DJ* 26-6-2006).

[78] INDALENCIO, Maristela Nascimento. O Termo de Acordo Extrajudicial de alimentos em prol da pessoa idosa, seu referendo pelo Ministério Público e aspectos de sua executividade: a possibilidade de prisão civil. *Revista Brasileira de Direito das Famílias e Sucessões*. Ed. Magister, Belo Horizonte, ago./set. 2008, p. 53.

[79] DIAS, Maria Berenice. *Manual de direito das famílias*, cit., p. 314.

sórcio passivo necessário[80]. Em sentido contrário, de acordo com o art. 1.698 do Código Civil, desnecessário o litisconsórcio passivo, podendo o alimentando optar por propor a demanda contra um dos coobrigados ou contra todos, sendo certo que arcará com as consequências da sua opção, tratando-se de litisconsórcio passivo facultativo[81].

Preponderante a tese do litisconsórcio passivo facultativo, no sentido de que "identificar-se-ia, no caso, mais propriamente, uma forma especiosa de litisconsórcio facultativo, em que 'os litisconsortes serão considerados, em suas relações com a parte adversa, como litigantes distintos', sem que se prejudiquem ou se beneficiem reciprocamente (art. 48 do CPC)[82]; com a peculiaridade de que, não pedido na inicial pelo alimentário, só se instaura por instância do devedor único demandado; e, ainda, assim, a benefício do próprio autor, a fim de possibilitar a este exigir conjuntamente de todas as pessoas obrigadas a prestar alimentos o cumprimento da totalidade do encargo alimentar, concorrendo cada qual na proporção dos respectivos recursos. Portanto, à falta de outros critérios, melhor seria qualificar-se a hipótese como litisconsórcio facultativo *sui generis*"[83].

Por decorrência da natureza jurídica solidária da prestação alimentar, bem como da facultatividade do litisconsórcio passivo entre os alimentantes, não se admite a intervenção de terceiros na ação de alimentos proposta com base na Lei n. 10.741/2003. Outro fator a ser considerado está adstrito ao rito especial da ação de alimentos, Lei n. 5.478/90.

---

[80] "Alimentos. Ação de alimentos proposta pela mãe contra um de seus filhos – Comprovado o 'cerceamento de defesa', indiscutivelmente havido é de ser anulada a sentença, bem como a audiência, impondo-se, também, a citação dos outros filhos da autora, como litisconsortes passivos necessários, já que, coexistindo vários filhos, todos sujeitos à obrigação alimentar para com sua genitora, eis que não se trata de obrigação solidária, em que qualquer dos codevedores responde pela dívida toda (CC, art. 904), cumpre sejam todos eles citados. Acolhimento da alegação do 'cerceamento de defesa', anulando-se a sentença e a respectiva audiência" (TJRJ, Ap. 5.501/89, Rel. Des. Francisco Faria, julgamento em 4-9-1990).

[81] "Embora não se tratando de obrigação solidária, o credor não estaria impedido de ajuizar ação de alimentos apenas contra um dos coobrigados; sendo certo, porém, que, não se propondo à instauração do litisconsórcio facultativo impróprio entre devedores eventuais, sujeitar-se-ia o autor às consequências de sua omissão" (CAHALI, Yussef Said. *Dos alimentos*, cit., p. 129).

[82] O art. 48 do CPC encontra correspondência no art. 117 do CPC/2015, no qual manteve o princípio da autonomia dos litisconsortes. Outrossim, tal posição ganhou relevo especial, no que concerne a coisa julgada, que nunca poderá prejudicar, até mesmo terceiros, de acordo com o art. 506 do CPC/2015.

[83] CAHALI, Yussef Said. *Dos alimentos*, cit., p. 136.

Por oportuno expor que o art. 12 prima pela aplicação do princípio da celeridade processual. Assim, na hipótese de o filho chamado à lide se sentir injustiçado, caberá a ele, após ser compelido de forma exclusiva ao pagamento, em ação regressiva proposta contra os demais irmãos desobrigados, cobrar de cada um dos demais a quota-parte que lhe caberia na ação alimentos.

> **Art. 13.** As transações relativas a alimentos poderão ser celebradas perante o Promotor de Justiça ou Defensor Público, que as referendará, e passarão a ter efeito de título executivo nos termos da lei processual civil.

A ação de alimentos tem por escopo o auxílio ao idoso que se encontra em condições precárias de sobrevivência e, por conseguinte, com a propositura da presente demanda, esse idoso alcança os meios necessários, adequados e rápidos ao suprimento de suas necessidades vitais, assegurando acima de tudo a sua dignidade como pessoa humana.

Assim, o idoso que não tiver condições de prover a sua própria subsistência poderá optar entre o procedimento judicial ou extrajudicial. No procedimento judicial serão aplicáveis as normas de direito processual, bem como a Lei n. 5.487/69, sendo certo que no procedimento extrajudicial presumir-se-á que o idoso e os coobrigados, alimentando e alimentante, respectivamente, estão acordes com os termos da transação realizada extrajudicialmente, e a chancela do representante do Ministério Público ou do Defensor Público, são alçadas à condição de título executivo extrajudicial[84], sem qualquer interpretação extensiva[85].

---

[84] "Ainda sobre os alimentos, significativas as novidades introduzidas. A obrigação alimentar estipulada, mediante acordo referendado pelo Ministério Público, constitui título executivo (EI 13) a autorizar o uso do processo de execução. A explicitação vem em boa hora. Apesar da clareza da norma processual (CPC 585), resiste a jurisprudência em outorgar aos títulos assim constituídos força executória para uso da ação pelo rito da prisão. Esta postura apresenta-se absolutamente contrária à lei, e não faz qualquer ressalva quanto ao meio executório. Em se tratando de obrigação alimentar, constituída por título executivo extrajudicial, possível o uso de qualquer dos meios executórios (CPC 732 a 735), sem nenhuma distinção quanto à natureza do título. Portanto, é possível fazer uso da execução pelo rito da coação pessoal (CPC 733) quando a obrigação alimentar de acordo referendado pelo Ministério Público, Defensoria Pública e advogados das partes" (DIAS, Maria Berenice. Manual de direito das famílias, cit., p. 412).

[85] O art. 1.072, V, do CPC/2015 revogou expressamente os arts. 16 a 18 da Lei n. 5.478/68. Houve a unificação dos regimes de execução das verbas alimentares.
O art. 528 do CPC/2015 – Do Cumprimento de Sentença que Reconheça a Exigibilidade de Obrigação de Prestar Alimentos – dispõe sobre a possibilidade de o juiz deter-

Cumpre ressaltar que o direito a alimentos é indisponível, admitindo transação somente no que se refere ao *quantum debeatur*[86], o qual poderá ser revisto a qualquer momento, desde que haja alteração do binômio necessidade-possibilidade.

A transação referendada pelo Ministério Público ou pela Defensoria Pública prima pela aplicação do princípio da proteção integral, no qual o idoso, estando desobrigado de demandar contra seu descendente, tende a obter os efeitos desse pedido de forma célere e econômica.

Assim, cumpre esclarecer que se houver constatação de que o idoso possui necessidade de prestação alimentar, será o Ministério Público informado acerca da situação e poderá enviar notificação ao alimentante, a fim de que compareça na presença desse representante, para se aferir a possibilidade de acordo relativo à verba alimentar.

Poderá o idoso dirigir-se a um cartório judicial e manifestar sua vontade de propor a ação de alimentos, a qual será reduzida a termo pelo escrivão, e o defensor público, nesse caso, será chamado a atuar na defesa do idoso desamparado.

No que concerne à competência, de acordo com o art. 80 do Estatuto do Idoso, as ações alimentares deverão tramitar, havendo vara especializada, na Vara do Idoso, e, em caso negativo, a competência pertencerá às Varas de Família.

Pode ser realizado acordo extrajudicial perante o Promotor de Justiça ou Defensor Público, enquanto substitutos processuais extraordinários e por se tratar de direitos indisponíveis.

Outro fator de tensão encontra-se na tutela do credor alimentar *versus* a possibilidade de prisão civil do devedor de alimentos, preponderando o direito à vida digna do idoso, interesse maior da prestação alimentar. Por isso, prevalente o direito à vida, possível a prisão civil.

Art. 14. *Se o idoso ou seus familiares não possuírem condições econômicas de prover o seu sustento, impõe-se ao Poder Público esse provimento, no âmbito da assistência social.*

---

minar o protesto da "sentença que condene ao pagamento de prestação alimentícia" e a "decisão interlocutória que fixe alimentos", bem como a possibilidade de decretação da prisão civil pelo prazo de um a três meses, em regime fechado, do devedor de alimentos que deixar de justificar o inadimplemento.

[86] JESUS, Damásio de. *Estatuto do Idoso anotado*: Lei n. 10.741/2003: aspectos civis e administrativos. São Paulo: Damásio de Jesus, 2005, p. 61.

O princípio da dignidade da pessoa humana impõe ao Poder Público a efetivação dos direitos humanos e fundamentais, incluindo o direito dos idosos e em especial o direito à alimentação.

A Lei n. 8.742, de 7 de dezembro de 1993, dispõe sobre a organização da Assistência Social – LOAS –, a qual dá aplicação ao art. 203, V, da Constituição Federal, quando assegura a assistência social à velhice e garante um salário mínimo mensal ao idoso com 70 anos que comprove não possuir meios de prover a própria manutenção nem de tê-la provida por sua família, e com o Estatuto do Idoso a idade foi reduzida para 65 anos.

Se o benefício não for concedido de forma administrativa, caberá ao Poder Judiciário a decisão da concessão ou não dele, sendo certo que tal análise encontra como requisito o critério econômico, qual seja *renda familiar mensal* per capita *inferior a ¼ do salário mínimo*[87].

Capítulo IV
Do direito à saúde*

Cabe destacar que o direito ao envelhecimento é um direito personalíssimo, e a sua proteção, um direito social. Conforme ensinamento de Foucault, chegar à velhice é um privilégio.

Para Foucault[88], deve-se viver para ser velho. A velhice é entendida como o abrigo, um lugar seguro à espera do sujeito. Visando à garantia desse lugar seguro, atua o direito com suas ferramentas.

Cícero entende que conquanto o idoso não tenha o vigor da juventude está plenamente habilitado a exercitar qualquer atividade com maestria e se sobrepondo em face de sua sabedoria acumulada ao longo dos anos. Colaciono excerto do filósofo, que produzia aos 84 anos de idade:

> Em todo o caso, o velho respeitoso expressa-se de modo pausado e brando. Com frequência, só o discurso bem-estruturado e atraente basta para captar a audiência. Se não cheguei a tanto, pelo menos pude dar lições a Cipião e a Lélio. Com efeito, que há de mais gratificante para a velhice do que estar rodeada de jovens ávidos de aprendizagem? Reconheçamos que o velho também dispõe de suficiente vigor para ensinar

---

[87] ADI 1.232/DF, Rel. Min. Nelson Jobim, *DJ* 1º-6-2001.
* Por Miguel Horvath Júnior.
[88] FOUCAULT, Michel. *A hermenêutica do sujeito*. 2. ed. São Paulo: Martins Fontes, 2006.

ao jovem, instruir e prepará-lo para os deveres de qualquer encargo. E que missão mais realizante do que essa?! [...] Jamais deveríamos desprestigiar os mestres que difundem a ciência da honestidade, ainda que a velhice possa desfalcá-los de suas forças[89].

O processo de envelhecimento da população é tema discutido em todo o mundo em face do impacto direto nas áreas de saúde, previdência social e assistência social; no mercado de trabalho e no mercado consumidor.

O direito à saúde é fundamental para todos os seres humanos, com maior intensidade com o avanço da idade.

Destacamos que envelhecer é um processo que se inicia no momento do nascimento. Costuma-se dizer que não há idoso teimoso ou alegre, o decurso do tempo apenas acentua algumas características. Envelhecemos como vivemos. Daí a importância da prevenção em todas as áreas de interação do ser humano. Não se fica velho, mas se envelhece.

No art. 6º do plano de Madrid para envelhecimento saudável está disposto que o envelhecimento deve ser com saúde, de forma ativa, livre de qualquer tipo de dependência funcional, o que exige necessariamente a promoção da saúde em todas as idades. A atuação preventiva é muito mais eficaz e econômica.

Art. 15. É assegurada a atenção integral à saúde do idoso, por intermédio do Sistema Único de Saúde – SUS, garantindo-lhe o acesso universal e igualitário, em conjunto articulado e contínuo das ações e serviços, para a prevenção, promoção, proteção e recuperação da saúde, incluindo a atenção especial às doenças que afetam preferencialmente os idosos.

Este artigo vem efetivar o princípio[90] fundante da seguridade social, a saber: o princípio da universalidade da cobertura e do atendimento, que visa atender a

---

[89] CÍCERO. *A velhice saudável*. Título original latino: *De senectude*. São Paulo: Escala, 2006, p. 39-40.
[90] Os princípios que regem a seguridade social estão arrolados nos incisos do art. 194 da Constituição Federal de 1988, a saber: princípio da universalidade da cobertura e do atendimento, princípio da uniformidade e equivalência dos benefícios e serviços às populações urbanas e rurais, princípio da seletividade e distributividade na prestação de benefícios e serviços, princípio da irredutibilidade no valor dos benefícios, princípio da equidade na forma de participação no custeio, princípio da diversidade da base de financiamento, princípio do caráter democrático e descentralizado da ad-

todas as pessoas que venham a se encontrar em situação de necessidade social, seja no tocante à área de saúde, da assistência social ou da previdência social, desde que atendidos os requisitos constitucionais e infraconstitucionais estabelecidos.

A previsão de atendimento integral à saúde dos idosos denota que o direito à saúde integra o rol de direitos fundamentais, que consistem em obrigações de prestações positivas, cuja satisfação implica um *facere*, ou seja, uma ação positiva por parte dos poderes públicos. É sinônimo de direito a ações iguais, entendidos como direitos a prestações derivadas do princípio da igualdade em face de garantia dos deveres de prestação do Estado.

Este artigo vem efetivar o princípio fundante da seguridade social, a saber: o princípio da universalidade da cobertura e do atendimento, que visa atender a todas as pessoas que venham a se encontrar em situação de necessidade social, seja no tocante à área de saúde, da assistência social ou da previdência social, desde que atendidos os requisitos constitucionais e infraconstitucionais estabelecidos.

Para a Organização Mundial de Saúde (OMS), equidade em saúde implica receber atenção, segundo suas necessidades. O princípio da equidade reconhece que os indivíduos são diferentes entre si e merecem tratamento diferenciado na medida de sua necessidade. Conquanto a Constituição expressamente não assegure a equidade no acesso à saúde, garante o acesso universal e igualitário. E a igualdade assegurada possibilita a chamada "discriminação positiva", ou seja, garantir a quem tiver mais necessidades maior acesso às prestações, de tal forma a amparar e garantir as prestações também a quem estiver em menor estado de necessidade. O princípio do acesso universal e igualitário pode ser traduzido pela expressão SAÚDE PARA TODOS.

O Estatuto do Idoso pormenoriza o acesso universal e igualitário às ações e serviços públicos de saúde à população idosa efetivando política pública de proteção ao idoso, e funciona como instrumento promotor da equidade no sistema de saúde, uma vez que como primeiro pressuposto de efetividade do direito constitucional do direito à saúde temos a garantia do direito à vida. Por sua vez, a previsão de acesso universal e igualitário de maneira geral já estava determinada no art. 2º, § 1º, da Lei n. 8.080/90 – Lei do Sistema Único de Saúde.

---

ministração mediante gestão quadripartite com participação dos trabalhadores, dos empregadores, dos aposentados e do governo nos órgãos colegiados.

O modelo adotado pela República Federativa do Brasil na Constituição de 1988 foi o do Sistema Único de Saúde (SUS). A SAÚDE enquanto serviço de relevância pública será executada diretamente pelo Poder Público ou por intermédio de terceiros (pessoa física ou jurídica de direito privado). A atuação da iniciativa privada será complementar e utilizada quando insuficiente a execução dos serviços pelo Poder Público. A participação complementar dar-se-á por contrato ou convênio administrativo, precedida de licitação e preferencialmente por entidades beneficentes e sem fins lucrativos.

O direito à saúde ainda pode ser entendido como o direito à vida, qualificado como direito às condições mínimas necessárias para uma existência digna, ou ainda como direito inclusivo ou compreensivo de saúde, tais como *a alimentação, a moradia, o saneamento básico, o meio ambiente, o trabalho, a renda, a educação, o transporte, o lazer e o acesso aos bens e serviços essenciais.* O art. 196 da Constituição determina que saúde é direito de todos e dever do Estado, garantido mediante *políticas sociais*[91] e econômicas que visem à redução do risco de doenças e de outros agravos, e ao acesso universal igualitário às ações e serviços para sua promoção, proteção e recuperação.

Os idosos têm necessidades de saúde específicas, e visando atendê-las foi criada a Política Nacional de Saúde do Idoso (PNSI), que permite um envelhecimento saudável de forma a preservar a sua capacidade funcional, autonomia e a manutenção da qualidade de vida. A atuação na forma determinada constitucionalmente há de ser preventiva e reparadora ou curativa.

A Política Nacional de Saúde do Idoso foi instituída pela Portaria GM/MS n. 1.395, de 10 de dezembro de 1999, que estabelece as diretrizes essenciais que norteiam a definição ou a redefinição dos programas, planos, projetos e atividades do setor na atenção integral às pessoas em processo de envelhecimento e à população idosa, e foi revisada pela Portaria GM/MS n. 2.528/2006.

A política nacional do idoso foi positivada com a edição da Lei n. 8.842/94, que no seu art. 1º dispõe como objetivo assegurar os direitos sociais do idoso, criando condições para promover sua autonomia, integração e participação efetiva na sociedade.

---

[91] Política social – é complexo de preceitos e programas que visam ao bem-estar e ao desenvolvimento da população, assim como à promoção de suas aspirações de progresso social (art. 1º da Convenção n. 117 da Organização Internacional do Trabalho [OIT], de 28 de junho de 1962, ratificada pelo Brasil pelo Decreto legislativo n. 66.496, de 27-4-1970).

A efetivação de políticas preventivas é de fundamental importância. É necessário dar mais eficiência aos gastos de saúde com os idosos, que são de 7 a 8 vezes maiores do que os gastos com uma criança. Os dados do envelhecimento populacional brasileiro impressionam. No Brasil, a fatia da população com mais de 65 anos será duplicada em duas décadas, de 2011 a 2032. Hoje, os idosos correspondem a 11% da população em idade de trabalhar. Em 2050 serão praticamente a metade (49%[92]).

Segundo matéria relacionada à demografia da Revista *Veja* de 10 de setembro de 2014 – Fofinhos, mas em baixa – várias maternidades ou alas de atendimento maternal vêm sendo fechadas para ampliar o atendimento às doenças típicas da velhice. Segundo dados estatísticos do IBGE em 2010 o Brasil já tinha 20 milhões de idosos, devendo chegar a 2020 com uma população de 29 milhões de idosos, contra um total de 14 milhões de crianças de zero a quatro anos de idade.

A Política Nacional de Saúde do Idoso foi instituída pela Portaria GM/MS n. 1.395, de 10 de dezembro de 1999, que estabelece as diretrizes essenciais que norteiam a definição ou a redefinição dos programas, planos, projetos e atividades do setor na atenção integral às pessoas em processo de envelhecimento e à população idosa, e foi revisada pela Portaria GM/MS n. 2.528/2006.

§ 1º *A prevenção e a manutenção da saúde do idoso serão efetivadas por meio de:*

I – *cadastramento da população idosa em base territorial;*

O cadastramento da população idosa não deve ter finalidade apenas estatística; deve ser utilizado como mapa para identificar as principais características e problemas dessa população de acordo com o local onde está inserida. Devemos lembrar que o Brasil é um país continental e que isso representa significativas mudanças e impactos inclusive na questão da prevenção no tocante à população idosa.

II – *atendimento geriátrico e gerontológico em ambulatórios;*

---

[92] Artigo Desafios do envelhecimento, publicado no Jornal *O Estado de São Paulo*, de 10-4-2011.

Há que se fazer uma distinção entre geriatria e gerontololgia.

Segundo a Wikipédia[93] (enciclopédia livre), "Medicina geriátrica ou Geriatria" é o ramo da medicina que foca o estudo, a prevenção e o tratamento de doenças e da incapacidade em idades avançadas. O termo deve ser distinto de "gerontologia", que é o estudo do envelhecimento em si.

Geriatras são médicos especializados no cuidado com o idoso e têm a sua formação variável em diferentes países, mas geralmente esta passa por uma formação generalista (medicina interna, medicina de família etc.) e a seguir são treinados nos aspectos específicos da saúde do idoso.

Quanto à formação em geral, os geriatras têm de passar por um exame de qualificação para a especialização a fim de obter um título ou certificado de especialistas.

No Brasil ainda temos carência de profissionais de saúde com especialização na área de geriatria e gerontologia. Urge a formação de profissionais, inserção na grade curricular das universidades, de residências médicas.

Como a geriatria está focada na prevenção e no tratamento de doenças, a ênfase e sua efetivação podem ser feitas e cumpridas em ambulatórios ou mesmo no domicílio onde os idosos residem, no caso do programa médico de família.

A Lei n. 8.842/94, no seu art. 10, II, *c, d* e *e*, estabelece que ações governamentais na implementação da política nacional do idoso são competências dos órgãos públicos e entidades públicas:

- adotar e aplicar normas de funcionamento às instituições geriátricas e similares, com fiscalização pelos gestores do Sistema Único de Saúde;
- elaborar normas de serviços geriátricos hospitalares;
- desenvolver formas de cooperação entre as Secretarias de Saúde dos Estados, do Distrito Federal e dos Municípios e entre os Centros de Referência em Geriatria e Gerontologia para treinamento de equipes interprofissionais.

***III** – unidades geriátricas de referência, com pessoal especializado nas áreas de geriatria e gerontologia social;*

---

[93] Consulta aos termos "geriatria" e "gerontologia", em 16-9-2014, disponível em: <http://pt.wikipedia.org/wiki/Geriatria>.

A inclusão da geriatria como especialidade clínica é ação governamental a ser seguida pelos órgãos e entidades públicas. Que nos editais de concursos públicos nas esferas federal, estadual e municipal sejam previstas tais vagas.

IV – atendimento domiciliar, incluindo a internação, para a população que dele necessitar e esteja impossibilitada de se locomover, inclusive para idosos abrigados e acolhidos por instituições públicas, filantrópicas ou sem fins lucrativos e eventualmente conveniadas com o Poder Público, nos meios urbano e rural;

Na política nacional do idoso está prevista a criação de serviços alternativos de saúde para o idoso, que passa pela criação de serviço de atendimento domiciliar, incluindo a internação.

V – reabilitação orientada pela geriatria e gerontologia, para redução das sequelas decorrentes do agravo da saúde.

Reabilitação pode ser definida como o conjunto de ações de diagnóstico, recuperação ou adaptação de funções biopsicossociais que são influenciadas pelas características pessoais de cada paciente, pela cultura e pelo ambiente onde este está inserido. Por sua vez, a reabilitação do idoso é um conjunto de ações integradas e executadas por uma equipe interprofissional cujo *objetivo principal é evitar o escalonamento de incapacidades funcionais que geram perda de independência e autonomia.*

A reabilitação do idoso tem como objetivo a identificação das habilidades dos idosos que podem ser restauradas ou adaptadas e promover intervenções terapêuticas maximizando a independência e a autonomia dos idosos dentro de parâmetros custos-efetivos.

A reabilitação do idoso requer equipe multiprofissional: geriatras, enfermeiros especializados, assistentes sociais, psicólogos, terapeutas, entre outros.

Pode ser efetivada a reabilitação o idoso em hospitais, clínicas, consultórios, ambulatórios, instituições de longa permanência e no domicílio do idoso[94].

---

[94] Conceitos extraídos da apresentação da Dra. Maria de Mello, integrante do CIAPE, sobre fundamentos da reabilitação com ênfase na reabilitação do idoso. O CIAPE é uma organização de defesa e promoção dos direitos das pessoas idosas, sem fins lucrativos, em funcionamento contínuo desde 2002 em Belo Horizonte/Minas Gerais.

§ 2º *Incumbe ao Poder Público fornecer aos idosos, gratuitamente, medicamentos, especialmente os de uso continuado, assim como próteses, órteses e outros recursos relativos ao tratamento, habilitação ou reabilitação.*

A política nacional de medicamentos como parte integrante da política nacional de saúde constitui um dos elementos fundamentais para a efetiva implementação de ações capazes de promover a melhora das condições da assistência à saúde da população, em especial dos idosos.

Materializa-se com os programas de vacinação dos idosos, programa de valorização e saúde dos idosos; mutirão de cirurgia de cataratas; distribuição de medicamentos para doenças prevalentes.

A política nacional de medicamentos tem como propósito específico garantir a necessária segurança, eficácia e qualidade dos medicamentos, bem como o uso racional e o acesso da população à medicação considerada essencial.

§ 3º *É vedada a discriminação do idoso nos planos de saúde pela cobrança de valores diferenciados em razão da idade.*

A vedação da proibição da discriminação do idoso nos planos de saúde pela cobrança de valores diferenciados (a maior) em razão da idade é uma das medidas mais salutares para que se assegure o acesso à saúde complementar pelos idosos.

A discriminação em face da cobrança de valores exorbitantes fazia com que muitas vezes o idoso, após pagar por décadas seu plano de saúde, acabasse por ter que abandoná-lo em face da falta de recursos financeiros para pagá-lo, o que se mostrava uma iniquidade e perversidade com os idosos. Urge a necessidade de divulgação das decisões judiciais assegurando a não discriminação mesmo em relação a contratos anteriores à edição do Estatuto do Idoso.

Para melhor entendermos essa previsão, há necessidade de se interagir com outros instrumentos legislativos, notadamente com a Lei dos Planos de Saúde (Lei n. 10.741/2003, em especial a previsão dos arts. 15 e 16, XI) e o Código de Defesa do Consumidor (Lei n. 8.078/90).

No âmbito infralegal cabe à ANS – Agência Nacional de Saúde Suplementar – enquanto órgão regulador e fiscalizador de saúde suplementar no Brasil estabelecer limitação do reajustamento dos planos de saúde, sejam individuais ou coletivos.

Na regulamentação foi previsto reajustamento em decorrência da faixa etária até o limite máximo de 59 anos. As faixas etárias variarão observando-se a data da contratação do plano e os percentuais de variação na forma do que foi expresso no contrato.

Para identificação do reajustamento há de se observar a data do contrato e a faixa etária.

Para planos assinados até 2 de janeiro de 1999, não se aplica a faixa etária da regulamentação; deve-se seguir o que estiver escrito no contrato.

Para planos assinados entre 2 de janeiro de 1999 e 1º de janeiro de 2004, observar-se-á a seguinte escala de faixa etária:

- 0 a 17 anos;
- 18 a 29 anos;
- 30 a 39 anos;
- 40 a 49 anos;
- 50 a 59 anos;
- 60 a 69 anos;
- 70 anos ou mais.

A CONSU n. 6/98 determina, também, que o preço da última faixa (70 anos ou mais) poderá ser, no máximo, seis vezes maior que o preço da faixa inicial (0 a 17 anos). Contratos de consumidores com 60 anos ou mais e dez anos ou mais de plano não podem sofrer a variação por mudança de faixa etária.

Para contratos assinados após 1º de janeiro de 2004, ou seja, após a edição do Estatuto do Idoso, observar-se-ão os seguintes intervalos de faixa etária:

- 0 a 18 anos;
- 19 a 23 anos;
- 24 a 28 anos;
- 29 a 33 anos;
- 34 a 38 anos;
- 39 a 43 anos;
- 44 a 48 anos;
- 49 a 53 anos;
- 54 a 58 anos;
- 59 anos ou mais.

A Resolução Normativa (RN n. 63), publicada pela ANS em dezembro de 2003, determina que o valor fixado para a última faixa etária (59 anos ou mais) não pode ser superior a seis vezes o valor da primeira faixa (0 a 18). Dispõe também que a variação acumulada entre a sétima e a décima faixas não pode ser superior à variação acumulada entre a primeira e a sétima faixas.

Destacamos que a garantia dos idosos é não sofrer um reajuste maior do que o autorizado pela ANS em face de a sua idade ser superior a 60 anos. No entanto, estão submetidos aos reajustamentos determinados e permitidos legalmente.

O estabelecimento de reajuste acima do autorizado em lei, ainda que constante em cláusula do contrato de saúde, implicaria o reconhecimento por parte do Poder Judiciário de cláusula abusiva. O prazo para ajuizar ação visando declaração e nulidade da cláusula e restituição dos valores pagos a maior é de dez anos.

Para o período de maio de 2013 a abril de 2014, o percentual de reajustamento aprovado pelo Ministério da Fazenda é de 9,04%, sendo vedado o reajustamento maior para os consumidores que tenham acima de 60 anos.

Nos termos do art. 35-E da Lei n. 9.656/98, qualquer variação na contraprestação pecuniária para consumidores com mais de 60 anos de idade está sujeita à autorização prévia da ANS, mesmo para os consumidores que já haviam contratado o plano de saúde antes da vigência da Lei dos Planos de Saúde.

Vale a pena conferir decisão sobre o tema:

> PLANO DE SAÚDE. Beneficiário idoso que teve a mensalidade reajustada em 115% em razão da alteração da faixa etária. Não obstante previsão de cláusula contratual é evidente o abuso praticado pelo plano de saúde. Inteligência do art. 15, parágrafo único, da Lei n. 9.656/98 c/c art. 15, § 3º, da Lei 10.741/03. Antecipação da tutela para o fim de permitir o consumidor pagar o valor da mensalidade sem incidência de reajuste abusivo durante o decorrer da lide. Recurso provido (TJSP, AI 5943674700, 7ª Câmara de Direito Privado, Rel. José Carlos Ferreira Alves, julgamento em 11-2-2009).

Como os litígios dessa natureza se repetem, o Tribunal de Justiça do Estado de São Paulo editou duas súmulas[95] sobre a temática, a saber, as Súmulas 91 e 100.

---

[95] Súmula é o conjunto de acórdãos de um mesmo tribunal, adotando-se a mesma interpretação de preceito jurídico em tese. As súmulas editadas pelo TJSP servem como

Súmula 91 do TJSP: Ainda que a avença tenha sido firmada antes da sua vigência, é descabido, nos termos do disposto no art. 15, § 3º, do Estatuto do Idoso, o reajuste da mensalidade de plano de saúde por mudança de faixa etária.

Súmula 100 do TJSP: O contrato de plano/seguro saúde submete-se aos ditames do Código de Defesa do Consumidor e da Lei n. 9.656/98 ainda que a avença tenha sido celebrada antes da vigência desses diplomas legais.

Sobre o tema, colacionamos ainda decisão do Tribunal de Justiça do Rio de Janeiro:

Rito sumário. Ação revisional c/c indenizatória por danos morais com pedido de gratuidade de justiça, inversão do ônus da prova e antecipação de tutela. Plano de saúde. Idoso. Reajuste em razão de mudança na faixa etária. Sentença julgando procedente em parte a pretensão autoral. Sucumbência recíproca. Inconformismo da empresa ré. Entendimento desta Relatora quanto à manutenção da sentença vergastada. Preliminarmente, conheço e rejeito o agravo retido interposto pela empresa Ré. Deferimento da inversão do ônus da prova com previsão expressa no CDC. Súmula 469 do STJ. Rejeito, ainda, a prescrição arguida pela Apelante. Relação jurídica de trato sucessivo com prestação continuada. A saúde ser um direito fundamental de todos e dever do Estado. Artigos 6º e 196 da Carta Constitucional. É certo que o referido diploma em seu artigo 197 preconiza competir ao Poder Público dispor sobre a regulamentação, fiscalização e controle das ações e serviços de saúde. Incidência dos ditames do Código de Defesa do Consumidor à espécie em razão de o plano de assistência médica se amoldar fielmente ao conceito de serviço definido no artigo 3º, § 2º, da Lei n. 8.078/90. Portanto, não há que se falar em prescrição ânua. Aplicação do prazo quinquenal do artigo 27 do CDC tão somente às prestações vencidas antes do quinquênio anterior à data do ajuizamento da ação. Da aplicação dos ditames da Lei n. 8.078/90 decorre que a empresa Ré, ora 2ª Apelante, está obrigada ao fornecimento de serviço adequado, eficiente, seguro e contínuo, na forma do artigo 22, do Estatuto Consumerista. O presente feito questiona a validade de cláusula contratual, invocando a responsabilidade civil da Ré pelas cobranças abusivas, o que configura evidente hipótese de defeito na prestação do

---

orientação para os juízes em primeira instância e representam o pensamento reiterado das Câmaras julgadoras daquele Tribunal.

serviço. Neste diapasão, deve ser considerada nula, por abusiva, a cláusula que estabelece a majoração da mensalidade em razão da mudança de faixa etária. Artigo 51, IV e § 1º, II, do CDC. Estatuto do Idoso (Lei n. 10.741/2003). Incidência do artigo 15, § 3º, *in verbis*: "É VEDADA A DISCRIMINAÇÃO DO IDOSO NOS PLANOS DE SAÚDE PELA COBRANÇA DE VALORES DIFERENCIADOS EM RAZÃO DA IDADE.", que alcança contratos anteriores à sua vigência, por se tratar de relação jurídica de natureza continuativa. Súmula n. 214 do TJERJ. Precedentes do STJ e do TJERJ. Compensação dos honorários advocatícios mantida. Artigo 21 do CPC. Apelo manifestamente improcedente e confrontante com a jurisprudência dominante do STJ e deste Egrégio Tribunal de Justiça. RECURSO A QUE SE NEGA SEGUIMENTO, na forma do artigo 557, *caput*, do CPC (TJRJ, Ap. 0312420-10.2010.8.19.0001, 20ª Câmara Cível, Rel. Des. Conceição Mousnier, julgamento em 1º-8-2013).

DIREITO DO CONSUMIDOR. PLANO DE SAÚDE. REAJUSTE POR FAIXA ETÁRIA. ONEROSIDADE EXCESSIVA. VEDAÇÃO AO TRATAMENTO DISCRIMINATÓRIO AOS IDOSOS. PADRÃO DE REAJUSTE INSTITUÍDO PELA ANS. DEVOLUÇÃO EM DOBRO. AUSENTE O ENGANO JUSTIFICÁVEL. 1. Recurso contra sentença em demanda na qual pleiteia o autor a declaração de nulidade de cláusula de reajuste por faixa etária, constante do contrato de seguro saúde firmado com a sociedade ré, assim como a condenação desta a restituir-lhe em dobro os valores pagos a maior. 2. Aplicabilidade do Código de Defesa do Consumidor frente à natureza da relação jurídica existente entre as partes. 3. Liberdade de contratar que não se põe como princípio absoluto a autorizar a instituição de aumentos abusivos, frente à disciplina do artigo 421 do Código Civil. 4. Estabelecimento de forma unilateral de prestações desproporcionais, implicando em onerosidade excessiva, permitindo, assim, a revisão das cláusulas contratuais. 5. Vedação de qualquer tratamento discriminatório aos idosos na cobrança das mensalidades de plano de saúde, na forma que disciplina o artigo 15 do Estatuto do Idoso, dispositivo que se aplica imediatamente aos contratos de prestação continuada, sendo devida a adoção apenas do padrão de reajuste instituído pela ANS. 6. Devolução em dobro dos valores cobrados a maior, já que ausente o engano justificável. 7. Recurso ao qual nego seguimento (TJRJ, Ap. 0210589-45.2012.8.19.0001, 9ª Câmara Cível, Des. Adolpho Andrade Mello, julgamento em 12-8-2013).

A orientação jurisprudencial do Superior Tribunal de Justiça (STJ) é firme no sentido de que é abusiva a cláusula contratual que prevê o reajuste da mensalidade de plano de saúde com base exclusivamente em mudança de faixa etária, sendo irrelevante que o contrato tenha sido celebrado antes da vigência do Estatuto do Idoso, da Lei n. 9.656/98 ou do Código de Defesa do Consumidor.

A alteração no contrato de plano de saúde consistente na majoração das prestações para o equilíbrio contratual é viável desde que efetuada de maneira gradual e com a prévia cientificação do segurado.

Não é possível o reajuste de mensalidade de plano de saúde em virtude de a segurada ter atingido a idade de 70 anos. Isso porque, segundo o entendimento do STJ, a cláusula contratual que prevê o reajuste da mensalidade de plano de saúde com base exclusivamente em mudança de faixa etária é abusiva, configurando discriminação especialmente em se tratando de pessoa idosa. Nos termos do art. 51, IV, do Código de Defesa do Consumidor é permitido reconhecer a abusividade da cláusula, por constituir obstáculo à continuidade da contratação pelo beneficiário, devendo a administradora do plano de saúde demonstrar a proporcionalidade entre a nova mensalidade e o potencial aumento de utilização dos serviços, ou seja, provar a ocorrência de desequilíbrio ao contrato de maneira a justificar o reajuste.

Entende ainda o STJ que mesmo no caso de contrato de plano de saúde firmado antes da vigência do Estatuto do Idoso, este tem aplicação imediata, não havendo falar em retroatividade da norma, mas em vedação à discriminação do idoso. Assim já se posicionou o STJ no Agravo Regimental no Recurso Especial (REsp) 1.324.344/SP.

> § 4º Os idosos portadores de deficiência ou com limitação incapacitante terão atendimento especializado, nos termos da lei.

Esta previsão legal trata do atendimento diferenciado junto às instituições hospitalares. É de grande importância na medida em que o idoso muitas vezes se encontra em uma situação fragilizada não só do ponto de vista físico, mas por vezes também há uma fragilidade psicológica.

> § 5º É vedado exigir o comparecimento do idoso enfermo perante os órgãos públicos, hipótese na qual será admitido o seguinte procedimento: (Incluído pela Lei n. 12.896, de 2013)
> I – quando de interesse do poder público, o agente promoverá o contato necessário com o idoso em sua residência; ou (Incluído pela Lei n. 12.896, de 2013)

Visando eliminar dificuldades e problemas quando há necessidade de renovação de base cadastral de interesse público, cabe ao Poder Público entrar em contato com o idoso e ajustar a forma de validação da renovação cadastral. Por exemplo, os segurados da autarquia previdenciária (INSS) precisam periodicamente fazer a comprovação de vida e renovar a senha bancária, sob pena de bloqueio do pagamento do benefício.

A renovação de senha/fé de vida é realizada para dar mais segurança ao cidadão e ao Estado brasileiro, evitando pagamento de benefícios indevidos e fraudes. A última realizada foi efetivada até o dia 31-12-2014. Para fazer a renovação não foi necessário o segurado ir a uma Agência da Previdência Social, bastando ir diretamente ao banco em que recebe. Para a renovação o segurado ou seu procurador previamente cadastrado junto ao INSS deve comparecer à agência com algum documento de identificação com foto (Carteira de Identidade, Carteira de Trabalho e Previdência Social, CNH etc.).

Para se cadastrar no INSS, o procurador deverá comparecer a uma Agência da Previdência Social (APS), acompanhado pelo beneficiário que passará a representar. Em caso de impossibilidade de comparecimento do segurado, o Procurador deverá apresentar Procuração devidamente assinada, conforme modelo disponível (<http://www.previdencia.gov.br/forms/formularios/form011.html>) na página da Previdência Social na internet (<www.previdencia.gov.br>), ou registrada em Cartório (se o beneficiário for não alfabetizado) e o atestado médico (emitido nos últimos 30 dias) que comprove a impossibilidade de locomoção do beneficiário, além dos documentos de identificação do procurador.

Nas instituições bancárias que se utilizam da biometria, a renovação poderá ser utilizada. Caso o segurado esteja no exterior, a renovação deve ser efetivada por meio de procurador. Caso o segurado esteja em país que tenha acordo previdenciário com o Brasil, ele será convocado e deverá preencher formulário na embaixada ou consulado que enviará esse documento por meio do banco em que recebe ou diretamente para o INSS.

II – quando de interesse do próprio idoso, este se fará representar por procurador legalmente constituído. (Incluído pela Lei n. 12.896, de 2013)

Caso esteja impedido de se locomover, o segurado pode fazer a prova de vida por procuração, desde que o procurador seja devidamente cadastrado no

INSS. Em caso de impossibilidade do beneficiário, o procedimento poderá ser realizado por procurador devidamente cadastrado no INSS ou representante legal. Nesse caso, o procurador deverá comparecer a uma Agência da Previdência Social (APS), munido de Procuração registrada em Cartório (caso o beneficiário não possa comparecer), e apresentar o atestado médico que comprove a impossibilidade de locomoção do beneficiário, além dos documentos de identificação do procurador.

> § 6º *É assegurado ao idoso enfermo o atendimento domiciliar pela perícia médica do Instituto Nacional do Seguro Social – INSS, pelo serviço público de saúde ou pelo serviço privado de saúde, contratado ou conveniado, que integre o Sistema Único de Saúde – SUS, para expedição do laudo de saúde necessário ao exercício de seus direitos sociais e de isenção tributária. (Incluído pela Lei n. 12.896, de 2013)*

Cabe destacar que a perícia domiciliar já existia. Apenas houve a explicitação no tocante ao direito do idoso enfermo à perícia domiciliar para o exercício de seus direitos previdenciários e/ou assistenciais ou tributários (isenção do pagamento de Imposto de Renda Pessoa Física nos termos da Lei n. 7.713, de 22 de dezembro de 1988 – art. 6º, XIV e XV).

> Art. 6º [...]
>
> XIV – os proventos de aposentadoria ou reforma motivada por acidente em serviço e os percebidos pelos portadores de moléstia profissional, tuberculose ativa, alienação mental, esclerose múltipla, neoplasia maligna, cegueira, hanseníase, paralisia irreversível e incapacitante, cardiopatia grave, doença de Parkinson, espondiloartrose anquilosante, nefropatia grave, hepatopatia grave, estados avançados da doença de Paget (osteíte deformante), contaminação por radiação, síndrome da imunodeficiência adquirida, com base em conclusão da medicina especializada, mesmo que a doença tenha sido contraída depois da aposentadoria ou reforma;
>
> XV – os rendimentos provenientes de aposentadoria e pensão, de transferência para a reserva remunerada ou de reforma pagos pela Previdência Social da União, dos Estados, do Distrito Federal e dos Municípios, por qualquer pessoa jurídica de direito público interno ou por entidade de previdência privada, a partir do mês em que o contribuinte completar 65 (sessenta e cinco) anos de idade, sem prejuízo da parcela isenta prevista na tabela de incidência mensal do imposto, até o valor de: [...].

Para requerer a perícia domiciliar, o representante do segurado deve levar um atestado médico informando a situação do paciente, número do benefício (se for o caso de pedido de prorrogação (PP) ou pedido de reconsideração (PR).

Art. 16. *Ao idoso internado ou em observação é assegurado o direito a acompanhante, devendo o órgão de saúde proporcionar as condições adequadas para a sua permanência em tempo integral, segundo o critério médico.*

Parágrafo único. *Caberá ao profissional de saúde responsável pelo tratamento conceder autorização para o acompanhamento do idoso ou, no caso de impossibilidade, justificá-la por escrito.*

Esta previsão legal está conectada ao atendimento diferenciado nas instituições hospitalares. É de grande importância na medida em que o idoso muitas vezes se encontra em uma situação fragilizada não só do ponto de vista físico, mas por vezes também há uma fragilidade psicológica.

Cabe ao profissional de saúde avaliar a necessidade do acompanhamento do idoso, justificando a negativa, se for o caso.

Destacamos que acompanhante nem sempre é membro da família. Há muita dúvida no tocante à obrigação do médico de emitir atestado de acompanhamento. Pela previsão legal há necessidade de o médico afirmar se o paciente autoriza a pessoa que irá acompanhar o idoso ou no caso de impossibilidade de justificar por escrito. Mas não há determinação legal de emissão de atestado de acompanhamento.

O *Atestado para Acompanhante* está previsto e catalogado como CID 10 Z76.3 (pessoa em boa saúde acompanhando pessoa doente). Mas não há imposição legal que determine a sua emissão pelo médico.

Art. 17. *Ao idoso que esteja no domínio de suas faculdades mentais é assegurado o direito de optar pelo tratamento de saúde que lhe for reputado mais favorável.*

Aqui encontramos a garantia do idoso em escolher qual o tratamento de saúde que entenda o mais favorável à sua situação. Decorre da previsão legal o direito de escolha em não se submeter a tratamentos que apenas implicariam prolongamento da vida, mas muitas vezes com perda da qualidade de vida. Em cumprimento desta previsão legal, os estabelecimentos que prestem tratamento de saúde ao idoso, desde que estejam no domínio de suas faculdades mentais, têm que colher sua assinatura com a aquiescência de submissão a tal tipo de tratamento.

Essa previsão passa pela questão de se disponibilizar a escolha pelo cuidado paliativo. Deve-se entender por cuidados paliativos o conjunto de ações calcadas em método científico e em sólidos preceitos éticos, voltados para a assistência integral e multiprofissional a indivíduos portadores de doenças e sem possibilidades terapêuticas curativas em suas diversas fases de evolução. Têm como objetivo proporcionar qualidade de vida no período final de sua vida. Os cuidados paliativos devem permitir que a pessoa se mantenha livre dos sintomas desconfortáveis e confiante na qualidade da atenção recebida. Isso implica a preservação ao máximo de sua capacidade cognitiva, condição para que sua autonomia seja exercitada e respeitada em todas as situações e condições.

Atualmente tem-se discutido bastante a questão do cuidado paliativo. Destacamos que a primeira definição oficial de cuidados paliativos foi divulgada pela Organização Mundial de Saúde (OMS) em 1990 em um documento que recomendava a implantação dos cuidados em todos os programas oficiais de combate ao câncer. Em 2002, a OMS faz a revisão do conceito de cuidados paliativos para contemplar toda patologia ativa e progressiva que ameace a continuidade da vida. Aos princípios foi acrescentado que para utilização dos cuidados paliativos o tratamento deve ser iniciado o mais precocemente possível, não se devendo esperar a definição da fase terminal da doença ou o esgotamento dos recursos técnicos disponíveis para o alívio dos sintomas. No Brasil cada vez mais tem ganhado importância a medicinal paliativa. Inclusive tramita no Congresso Nacional projeto de lei que prevê a criação de programa oficial e cuidados paliativos[96].

Parágrafo único. *Não estando o idoso em condições de proceder à opção, esta será feita:*

I – pelo curador, quando o idoso for interditado;

---

[96] Cuidado Paliativo. *Cadernos CREMESP* (Conselho Regional de Medicina do Estado de São Paulo). Coordenação Institucional de Reinaldo Ayer. São Paulo: Conselho Regional de Medicina do Estado de São Paulo, 2008, p. 644-646.

II – pelos familiares, quando o idoso não tiver curador ou este não puder ser contactado em tempo hábil;

III – pelo médico, quando ocorrer iminente risco de vida e não houver tempo hábil para consulta a curador ou familiar;

IV – pelo próprio médico, quando não houver curador ou familiar conhecido, caso em que deverá comunicar o fato ao Ministério Público.

As pessoas autorizadas subsidiariamente a manifestar vontade são as descritas no parágrafo único e incisos.

O art. 3º, II, do Código Civil Brasileiro determina que são absolutamente incapazes de exercer pessoalmente os atos da vida civil os que, por enfermidade ou deficiência mental, não tiveram o necessário discernimento para a prática desses atos.

A impossibilidade de ter discernimento para a prática da vida civil pode decorrer de enfermidade ou pelo próprio decurso da idade (senilidade). Com isso não estamos afirmando que todo idoso é senil, jamais, em hipótese alguma.

Por força de não poderem praticar os atos da vida civil, tais atos serão efetivados por seu representante, que agirá em seu nome e por conta do representado.

O art. 115 do Código Civil prevê que os poderes da representação são conferidos por lei ou pelo interessado.

No caso do Idoso, o poder de representação é dado por lei (Estatuto do Idoso). A representação legal tem como objetivo amparar determinadas situações de representação, como o caso da curatela, tutela, do poder familiar, do representante da massa falida, do inventariante, entre outros. Para nós, interessa a previsão da representação por curador.

O Estatuto do Idoso determina que o direito de optar pelo tratamento de saúde que se reputar mais favorável cabe primeiramente aos curadores, caso o idoso esteja já interditado; depois aos familiares, quando o idoso não tiver curador ou quando não houver tempo hábil para consultar o curador (que pode ser pessoa estranha à família); ao médico no caso de risco iminente de vida e pela exiguidade de tempo para adoção de uma opção de tratamento não for possível consultar seja o curador ou os familiares; e por fim ao próprio médico na hipótese de não haver curador ou familiar. Nessa última hipótese a lei determina que o Ministério Público em qualquer situação seja comunicado. Até para que investigue se não ocorreu algum crime relativo à proteção do idoso.

De forma sinótica, a ordem de preferência das pessoas autorizadas a optar pelo tratamento de saúde do idoso, caso este não se encontre em momento de pleno gozo das faculdades mentais:

- curador (no caso de idoso interditado);
- familiares (na ausência de curador);
- médico (no caso de o paciente se encontrar em risco de vida ou no caso de não haver curador ou familiar, deve o médico comunicar o fato ao Ministério Público).

Art. 18. *As instituições de saúde devem atender aos critérios mínimos para o atendimento às necessidades do idoso, promovendo o treinamento e a capacitação dos profissionais, assim como orientação a cuidadores familiares e grupos de autoajuda.*

As políticas públicas de treinamento específico dos profissionais de saúde passam a ser direito dos idosos e familiares e dever do Estado. Paradigmas hão de ser mudados e se construir um tratamento humanizado no qual as queixas, os desconfortos físicos e emocionais deverão ser considerados não mais como ranzinzice, mas como elemento de interação na busca do tratamento mais eficaz. Afinal, na busca e efetivação da saúde há de se perseguir a busca do bem-estar biopsicossocial do paciente em qualquer faixa etária que se encontre. Capacitação é o verbo essencial para o cumprimento dessa política pública. Nesse sentido devem ser incluídas como matérias obrigatórias a gerontologia e geriatria nos moldes determinados pelo Plano Nacional do Idoso veiculado através da Lei n. 8.842/94. O cuidado com o idoso há de ser multidimensional e interdisciplinar considerando-se o ambiente familiar, pessoal e fatos sociais, psicológicos e físicos. Destaca que para garantir a autonomia e a independência do envelhecente é necessário capacitar os profissionais da saúde, visando o estímulo ao autocuidado e à autoajuda e rompendo o paradigma assistencial. Sendo assim, e como o envelhecimento é processo vital, cabe ao Estado efetivar as políticas públicas que rompam com os preconceitos existentes infelizmente ainda mesmo entre os profissionais de saúde. O Brasil ainda carece de dados e pesquisas para saber, por exemplo, por que alguns envelhecem bem e outros não, mesmo sabendo da interferência de diversos fatores como processo gestacional, alimentação e nutrição, meio ambiente pessoal, familiar, natural e do trabalho, entre tantos outros que interferem no processo do envelhecimento.

A crítica que se faz a essa previsão é que ela não é dotada de contrapartida. Nesse sentido pode ser entendida como mais uma exigência que se faz às instituições de saúde sem a determinação de fiscalização efetiva e sem uma contrapartida, o que muitas vezes colabora para a sensação de esvaziamento da determinação legal.

Art. 19. *Os casos de suspeita ou confirmação de violência praticada contra idosos serão objeto de notificação compulsória pelos serviços de saúde públicos e privados à autoridade sanitária, bem como serão obrigatoriamente comunicados por eles a quaisquer dos seguintes órgãos: (Redação dada pela Lei n. 12.461, de 2011)*

I – autoridade policial;

Cabe destacar que qualquer suspeita ou efetiva prática de violência física ou psicológica contra idosos deve ser comunicada à autoridade policial. Após a vigência do Estatuto do Idoso foram criadas várias Delegacias Especializadas no atendimento ao Idoso. Essas delegacias recebem e apuram denúncias de maus--tratos a pessoas com 60 anos de idade ou mais. Há de se destacar a importância dessas delegacias em face de os idosos que sofrem violência estarem em uma situação de fragilização psicológica, emocional e física, exigindo um tratamento apropriado e acolhedor.

II – Ministério Público;

O Ministério Público como instituição permanente essencial à função jurisdicional do Estado tem por incumbência a defesa da ordem jurídica, do regime democrático e dos interesses sociais e individuais indisponíveis, na forma do art. 127, *caput*, da Constituição Federal. Cabe a atuação do Ministério Público em defesa do hipossuficiente, razão pela qual deve ser comunicado obrigatoriamente nos casos de suspeita ou confirmação de violência contra idosos, ocasião em que terá incidência a previsão do art. 43 do Estatuto do Idoso, que determina a instrumentalização de medidas de proteção do idoso sempre que os direitos reconhecidos no Estatuto forem ameaçados ou violados. Cabe ao Ministério Público atuar visando à retirada do idoso da situação de risco, promovendo as medidas judiciais e extrajudiciais necessárias à efetivação dos direitos e garantias legais asseguradas ao idoso.

O Ministério Público atuará como fiscal da lei oficiando em todos os casos em que se discutam os direitos dos idosos em situação de risco. As situações de risco são as que decorrem de violência ou ameaça aos direitos reconhecidos no Estatuto do Idoso, na forma do art. 43.

Sobre o tema, colacionamos a seguinte decisão:

APELAÇÃO CÍVEL. DIREITO PÚBLICO NÃO ESPECIFICADO. AÇÃO CIVIL PÚBLICA. PROTEÇÃO DE IDOSO. COMPETÊNCIA DO JUÍZO. EQUÍVOCO ARGUMENTATIVO. O argumento preliminar não se presta à análise da competência do juízo, mas do cabimento ou não da presente ação. Assim, embora equivocadamente batizada de preliminar de incompetência, a arguição diz com a possibilidade e legitimidade à presente demanda. Nesse sentido, além da previsão constitucional, que assegura ao Ministério Público a promoção de ação civil pública para a proteção de interesses difusos e coletivos, o art. 74, inciso I, da Lei n. 10.741 /03 (Estatuto do Idoso) atribui ao *Parquet* o dever de instauração de inquérito e ação civil pública para a proteção dos direitos e interesses difusos ou coletivos, individuais indisponíveis e individuais homogêneos do idoso. Lei Orgânica do Ministério Público Estadual n. 7.669/82 que também confere legitimidade ao *Parquet* para proteger os idosos. No Caso concreto em que a situação a que exposta a idosa enseja a providência civil para a conservação de sua dignidade, sem prejuízo de medidas da seara penal. MÉRITO. Situação de periculosidade em que se encontra a idosa estampada no estudo social. Prova oral produzida perante o juízo que não deixa dúvida de que a anciã sofria violência física, verbal e psíquica por parte do réu. NEGARAM PROVIMENTO AO RECURSO. UNÂNIME (TJRS, Ap. cível 70.055.864.672, 2ª Câm. Cível, Rel. Laura Louzada Jaccottet, julgamento em 6-11-2013, *DJ* 14-11-2013).

Cabe destacar que não tem o Ministério Público legitimidade para ajuizamento de ações individuais visando à defesa de interesse individual.

O Ministério Público intervirá obrigatoriamente nas causas de qualquer natureza na forma do art. 178, II, do novo Código de Processo Civil (Lei n. 13.105, de 16-3-2015).

Art. 178. O Ministério Público será intimado para, no prazo de trinta (30) dias, intervir como fiscal da ordem jurídica nas hipóteses previstas em lei ou na Constituição Federal e nos processos que envolvam:
I – (...)
II – interesse de incapaz;
III – (...)

IV – *Conselho Estadual do Idoso;*

A principal missão do Conselho Estadual do Idoso "é garantir que os direitos das pessoas idosas sejam cumpridos e respeitados, de acordo com o Estatuto do Idoso (Lei n. 10.741/2003) [...] É dever da sociedade e do poder público assegurar ao idoso a efetivação do direito à saúde, à alimentação, à cultura, à educação, ao esporte, ao lazer, ao trabalho, à liberdade, à dignidade, ao respeito e à convivência familiar e comunitária"[97].

O Conselho Estadual do Idoso (CEI), integrado por representantes de secretarias estaduais e de organizações da sociedade civil, tem como função articular projetos e atividades que possam contribuir para a solução de problemas que afetam essa parcela da população. Sua finalidade é articular, mobilizar, estimular, apoiar e deliberar sobre questões relativas à Política Estadual do Idoso em todas as suas instâncias e em consonância com a Política Nacional do Idoso. Entre suas atribuições incluem-se ainda: a organização de campanhas de conscientização e programas educativos com vistas à valorização dos idosos, a mobilização das comunidades interessadas na problemática dos idosos e o incentivo ao desenvolvimento de projetos que incrementem a participação dos idosos nos diversos setores da atividade social.

V – *Conselho Nacional do Idoso.*

O Conselho Nacional dos Direitos do Idoso (CNDI) é um órgão superior de natureza e deliberação colegiada, permanente, paritário e deliberativo, integrante da estrutura regimental da Secretaria de Direitos Humanos da Presidência da República – SDH/PR. Cabe a ele elaborar as diretrizes para a formulação e implementação da Política Nacional do Idoso. Criado em 13 de maio de 2002, o CNDI contabilizou avanços importantes na política de promoção dos direitos das pessoas idosas no país. Entre eles destaca-se a criação do Estatuto do Idoso, instrumento que assegura direitos especiais e institui programas de promoção da qualidade de vida dessa parcela da população. O conselho teve ainda um papel fundamental na articulação do Compromisso Nacional para o Envelhecimento Ativo, em 2013. Coordenado pela SDH/PR, o Compromisso será im-

---

[97] Extraído do site do Conselho Estadual do Idoso em São Paulo. Disponível em: <http://www.conselhodoidoso.sp.gov.br/portal.php/hist>. Acesso em: 16 ago. 2014.

plementado a partir de ações de 17 ministérios, além de Estados, Distrito Federal e Municípios para a valorização, promoção e defesa dos direitos das pessoas idosas. As ações implementadas no âmbito do Compromisso são desenvolvidas a partir de três diretrizes: 1) emancipação e protagonismo; 2) promoção e defesa de direitos; e 3) informação e formação. Entre as ações específicas estão a formação continuada de cuidadores e o fortalecimento das redes de proteção e defesa dos direitos da pessoa idosa. O objetivo é reverter o quadro de violações de direitos e assegurar os direitos das pessoas idosas. Dados do Disque Direitos Humanos mostram que no primeiro semestre de 2013 foram registradas 22.754 denúncias de violação dos direitos das pessoas idosas – em 2012, no mesmo período, houve 9.468 registros. Os tipos de violações mais recorrentes são negligência, violência psicológica, abuso financeiro e violência física. As atribuições do Conselho Nacional dos Direitos do Idoso (CNDI) foram definidas pelo Decreto n. 5.109, de 17 de junho de 2004, que dispõe sobre sua composição, estruturação, competências e funcionamento.

Conforme o Decreto, o CNDI tem por finalidade elaborar as diretrizes para a formulação e implementação da Política Nacional do Idoso, observadas as linhas de ação e as diretrizes, conforme dispõe a Lei n. 10.741, de 1º de outubro de 2003 (Estatuto do Idoso), bem como acompanhar e avaliar a sua execução. Ao CNDI compete:

1 – elaborar diretrizes, instrumentos, normas e prioridades da política nacional do idoso, bem como controlar e fiscalizar as ações de execução;

2 – zelar pela aplicação da política nacional de atendimento ao idoso;

3 – dar apoio aos Conselhos Estaduais, do Distrito Federal e Municipais dos Direitos do Idoso, aos órgãos estaduais, municipais e entidades não governamentais, para tornar efetivos os princípios, as diretrizes e os direitos estabelecidos pelo Estatuto do Idoso;

4 – avaliar a política desenvolvida nas esferas estadual, distrital e municipal e a atuação dos conselhos do idoso instituídos nessas áreas de governo;

5 – acompanhar o reordenamento institucional, propondo, sempre que necessário, as modificações nas estruturas públicas e privadas destinadas ao atendimento do idoso;

6 – apoiar a promoção de campanhas educativas sobre os direitos do idoso, com a indicação das medidas a serem adotadas nos casos de atentados ou violação desses direitos;

7 – acompanhar a elaboração e a execução da proposta orçamentária da União, indicando modificações necessárias à consecução da política formulada para a promoção dos direitos do idoso; e

ART. 19 95

8 – elaborar o regimento interno, que será aprovado pelo voto de, no mínimo, dois terços de seus membros, nele definindo a forma de indicação do seu Presidente e Vice-Presidente.

Ao CNDI compete, ainda:

1 – acompanhar e avaliar a expedição de orientações e recomendações sobre a aplicação da Lei n. 10.741, de 2003, e dos demais atos normativos relacionados ao atendimento do idoso;

2 – promover a cooperação entre os governos da União, dos Estados, do Distrito Federal e dos Municípios e a sociedade civil organizada na formulação e execução da política nacional de atendimento dos direitos do idoso;

3 – promover, em parceria com organismos governamentais e não governamentais, nacionais e internacionais, a identificação de sistemas de indicadores, no sentido de estabelecer metas e procedimentos com base nesses índices, para monitorar a aplicação das atividades relacionadas com o atendimento ao idoso;

4 – promover a realização de estudos, debates e pesquisas sobre a aplicação e os resultados estratégicos alcançados pelos programas e projetos de atendimento ao idoso, desenvolvidos pela Secretaria Especial dos Direitos Humanos da Presidência da República; e

5 – estimular a ampliação e o aperfeiçoamento dos mecanismos de participação e controle social, por intermédio de rede nacional de órgãos colegiados estaduais, regionais, territoriais e municipais, visando fortalecer o atendimento dos direitos do idoso[98].

§ 1º *Para os efeitos desta Lei, considera-se violência contra o idoso qualquer ação ou omissão praticada em local público ou privado que lhe cause morte, dano ou sofrimento físico ou psicológico. (Incluído pela Lei n. 12.461, de 2011)*

Entre as variadas formas de violência praticada contra o idoso, encontramos:

a) o abuso físico, maus-tratos físicos ou violência física são expressões que se referem ao uso da força física para compelir os idosos a fazerem o que não desejam;

---

[98] Extraído do site <http://www.sdh.gov.br/sobre/participacao-social/>. Acesso em: 11 nov. 2014.

b) violência psicológica corresponde a agressões verbais ou gestuais com o objetivo de aterrorizar os idosos, humilhá-los, restringir sua liberdade ou isolá-los do convívio social;

c) abuso sexual e violência sexual são práticas eróticas por meio de aliciamento, violência física ou ameaças;

d) abandono é ausência ou omissões por parte dos responsáveis de prestarem socorro a uma pessoa idosa que necessite de proteção. Negligência é a omissão de cuidados devidos e necessários aos idosos por parte dos responsáveis;

e) abuso financeiro e econômico consiste na exploração imprópria não consentida pelo idoso de seus recursos financeiros e patrimoniais;

f) autonegligência diz respeito à conduta da pessoa idosa que ameaça sua própria saúde ou segurança, pela recusa de prover cuidados necessários a si mesma.

§ *2º Aplica-se, no que couber, à notificação compulsória prevista no* caput *deste artigo, o disposto na Lei n. 6.259, de 30 de outubro de 1975. (Incluído pela Lei n. 12.461, de 2011)*

A Lei n. 6.259, de 30 de outubro de 1975, dispõe sobre a organização das ações de vigilância epidemiológica sobre o programa nacional de imunizações, e estabelece normas relativas à notificação compulsória de doenças e dá outras providências. A referência e remissão a essa lei se dá para o fim de obter dados para a elaboração de estatísticas relacionadas a maus-tratos com o idoso. Nos termos da Lei n. 6.259/75, é dever de todo cidadão a comunicação à autoridade competente.

Destacamos ainda que a notificação compulsória tem caráter sigiloso, obrigando nesse sentido as autoridades que a tenham recebido.

Capítulo V
Da educação, cultura, esporte e lazer*

Art. 20. O idoso tem direito à educação, cultura, esporte, lazer, diver-

---

* Por Maria Garcia.

sões, espetáculos, produtos e serviços que respeitem sua peculiar condição de idade.

Também neste dispositivo o Estatuto particulariza os direitos sociais estabelecidos no art. 6º da Constituição, ampliando os significados do *direito ao lazer* (diversões, espetáculos) com o que enfatiza que o idoso permanece com as mesmas necessidades intrínsecas do ser humano, não obstante o processo do envelhecimento apresente causas naturais determinantes da "condição de idade".

§ *1º Os cursos especiais para idosos incluirão conteúdo relativo às técnicas de comunicação, computação e demais avanços tecnológicos, para sua integração à vida moderna.*

Sobre a educação (do verbo latino *ducare:* conduzir, orientar), o art. 205 da Constituição já estabelece:

> A educação, direito de todos e dever do Estado e da família, será promovida e incentivada com a colaboração da sociedade, visando ao pleno desenvolvimento da pessoa, seu preparo para o exercício da cidadania e sua qualificação para o trabalho.

O "desenvolvimento da pessoa", abrangidos os âmbitos físico e psíquico, não cessa enquanto o indivíduo voltar-se para as possibilidades sem fim do acesso ao conhecimento, de si mesmo (no pensamento socrático do "conhece-te" a ti mesmo) e do mundo (no pensamento heraclitiano da mutação: "Não é possível entrar duas vezes no mesmo rio").

Sobre a educação, ainda, as palavras de Sampaio Dória e, na área educacional o idoso, como *cidadão*:

> A educação, base da democracia
>
> Duas são as formas extremas dos regimes políticos: ou o poder é a vontade dos governantes imposta aos governados, ou o poder é a vontade dos governados delegada aos governantes, para o exercerem em nome deles. Ou autocracia, ou democracia.
>
> Nas autocracias, quanto mais afundar-se o povo na ignorância, melhor. Quando muito, monopolizar o governo a educação, para fanatizar as massas, e silenciá-las no trabalho.

Nas democracias, quanto mais educado o povo na escola da liberdade, melhor. Quando muito intervenha o Estado, para suprir as deficiências individuais em educação.

Tendo proclamado, no art. 1º da Constituição, para si, o regime democrático, o que cumpre em consequência ao País, é tudo fazer por que o povo se eduque na escola da liberdade, na consciência de seu destino, na capacidade para o trabalho.

Sem educação popular intensa e extensa, o voto com que se constitua o poder, será antes flagelo que providência.

A educação é o problema básico da democracia.

> § *2º Os idosos participarão das comemorações de caráter cívico ou cultural, para transmissão de conhecimentos e vivências às demais gerações, no sentido de preservação da memória e da identidade culturais.*

Jacques Soustelle[99]: "Chamo *cultura* o conjunto de comportamentos, técnicas, crenças, ritos, instituições que caracterizam o homem e as sociedades humanas – por contraste com os animais e as sociedades animais – e que se opõem, por isso, à 'natureza'. Não existe homem sem cultura, homem em estado de natureza".

Contudo, distingue: "Chamo *civilização* o estado ao qual chegaram certas culturas no curso da história humana. Enquanto existiram e existem grande número de culturas, não conhecemos no passado e em nossos dias senão um número restrito de civilizações".

E acrescenta: "O homem não foi ao princípio mais do que uma variação sobre um tema entre muitos outros. Foi o passo da natureza à cultura que fez dele o que entendemos por 'homem', permitindo-lhe multiplicar em enormes proporções suas forças e sua capacidade de sobrevivência pela técnica e a organização social"[100].

Nesse contexto, o idoso – ser humano – como tal considerado, em toda sua abrangência e circunstância.

---

[99] *Los cuatro soles. Origen y ocaso de las culturas.* Madrid: Guadarrama, 1969, p. 91, 93 e 222. Tradução livre.
[100] Idem, p. 222.

Art. 21. *O Poder Público criará oportunidades de acesso do idoso à educação, adequando currículos, metodologias e material didático aos programas educacionais a ele destinados.*

A Constituição Federal, em seu art. 5º, determina que "Todos são iguais perante a lei [...]", o que impede toda espécie de discriminação prejudicial ao exercício do "direito à vida, à liberdade, à igualdade, à segurança e à propriedade", nos termos estabelecidos pela própria Constituição.

Celso Antônio Bandeira de Mello adverte que, "ao se cumprir uma lei, todos os abrangidos por ela hão de receber tratamento parificado, sendo certo, ainda, que ao próprio ditame legal é interdito deferir disciplinas diversas para situações equivalentes".

Equivalente corresponde a "igual valor"[101] e, na hipótese, há que considerar, com especial cuidado, em que consistirá a nomeada "adequação" de currículos, metodologias e material didático" referidos no art. 21.

Com efeito, "as leis nada mais fazem senão discriminar situações para submetê-las à regência de tais ou quais regras – sendo esta mesma sua característica funcional", daí indagar "quais as discriminações juridicamente intoleráveis".

Ou juridicamente toleráveis – e a fórmula consiste "na existência ou não de correlação lógica entre o fator erigido em critério de discrímen e a discriminação legal decidida em função dele".

> [...] Esclarecendo melhor: tem-se que investigar, de um lado, aquilo que é erigido em critério discriminatório e, de outro lado, se há justificativa racional para, à vista do traço desigualador adotado, atribuir o específico tratamento jurídico construído em função da desigualdade afirmada[102].

Em outras palavras, atender-se à formulação: *discrímen/finalidade da norma*, não vá o fator discriminador (mais idade) transformar-se, precisamente, em discriminação prejudicial à pessoa na condição de idoso.

Sublinha Jean Morange[103] que não se saberia falar de liberdades públicas – os direitos fundamentais – "sem se perguntar se eles são efetivos", isto é, se

---

[101] *Novo dicionário básico da língua portuguesa*, op. cit.
[102] *O conteúdo jurídico do princípio da igualdade*. São Paulo: Revista dos Tribunais, 1978, p. 14, 16, 47-48.
[103] *Les libertés publiques*. Paris: Puf, 1993, p. 11. Tradução livre.

realmente são exercidos como tais em determinada sociedade, o que exige um caminho de duas direções, não predeterminadas.

> *§ 1º Os cursos especiais para idosos incluirão conteúdo relativo às técnicas de comunicação, computação e demais avanços tecnológicos, para sua integração à vida moderna.*

Os avanços da tecnologia devem ser acompanhados pelo idoso, na medida da sua autonomia, atendendo, sempre, à prescrição do citado art. 230 da Constituição: assegurar às pessoas idosas a "sua participação na comunidade" – incluídos os meios de comunicação eletrônica, na atualidade com excepcional incidência no relacionamento entre as pessoas, admitamos, ou não, as críticas de Bauman aos atuais meios de comunicação[104].

> *§ 2º Os idosos participarão das comemorações de caráter cívico ou cultural, para transmissão de conhecimentos e vivências às demais gerações, no sentido da preservação da memória e da identidade culturais.*

O dispositivo sob exame faz referência à "memória e identidade culturais".

Conforme exposto, segundo Soustelle[105] cultura é "o conjunto de condutas, técnicas, crenças, ritos e instituições que caracterizam o homem e as sociedades humanas".

---

[104] BAUMAN, Zygmund. *La sociedad sitiada*. México: Fondo de Cultura Económica, 2004, p. 199-200. "Velocidade frente à lentidão. Na sua apaixonada crítica da televisão e suas obras, Pierre Bourdieu assinala que 'um dos principais problemas que apresenta a televisão é a relação entre o pensamento e a velocidade. O problema não se reduz à dificuldade do pensar rápido, ao tempo que se necessita para processar as ideias, para refletir e sopesar os argumentos'. Há mais: num intercâmbio veloz, no qual não há tempo para fazer uma pausa e pensar duas vezes antes de emitir um juízo, outorga-se um privilégio inadvertido às 'ideias recebidas, ideias triviais, compartilhadas por todos, que não exigem nem necessitam reflexão porque se consideram óbvias e que, como os axiomas, não precisam ser submetidas à prova'. Questionar o que se supõe 'óbvio', examinar o que não se costuma discutir, chamar a atenção sobre os aspectos que normalmente não se consideram ou ficam em silêncio, isso é o que requer tempo'. [...] O tempo é o recurso que escasseia notoriamente na televisão." Tradução livre.

[105] SOUSTELLE, Jacques. *Los cuatro soles. Origen y ocaso de las culturas*, op. cit.

Destaca, a propósito, o art. 215 da Constituição: "O Estado garantirá a todos o pleno exercício dos direitos culturais e acesso às fontes da cultura nacional, e apoiará e incentivará a valorização e a difusão das manifestações culturais".

O § 1º do art. 216 dispõe que "O Poder Público, com a colaboração da comunidade, promoverá e protegerá o patrimônio cultural brasileiro".

Destaque-se, portanto: *as fontes da cultura nacional e o patrimônio cultural brasileiro*, com vistas à formação de uma *identidade nacional* e de uma *comunidade* que, juntamente ao Poder Público, "promoverá e protegerá patrimônio cultural brasileiro" (§ 1º do art. 216), e, nesse processo, a participação do idoso, como pessoa e exercente da cidadania plena, com a responsabilidade constitucional de transmitir "conhecimentos e vivências às demais gerações".

Art. 22. Nos currículos mínimos dos diversos níveis de ensino formal serão inseridos conteúdos voltados ao processo de envelhecimento, ao respeito e à valorização do idoso, de forma a eliminar o preconceito e a produzir conhecimentos sobre a matéria.

Trata-se aqui do conhecimento, extensivo às crianças e aos jovens, adequadamente às respectivas fases de sua vivência, de que todo ser humano encontra-se no *processo de envelhecimento* como uma dinâmica natural da existência humana, conforme ocorre na própria natureza.

O que deve, portanto, ser estudado, analisado e conscientizado como um estímulo ao "cuidado de si" de que fala Foucault[106]: "Com este termo tento traduzir, bem ou mal, uma noção grega, bastante complexa e rica, muito frequente também, e que perdurou longamente em toda a cultura grega: a de *epimeleia heautoû* que os latinos traduziram [...] por algo assim como *cura sui*. *Epimeleia heautôu* é o cuidado de si mesmo, o fato de ocupar-se consigo etc.".

> [...] A *epimeleia heautôu* (cuidado de si) designa precisamente o conjunto das condições de espiritualidade, o conjunto das transformações de si, que constituem a condição necessária para que se possa ter acesso à verdade.

Acena Foucault com o que seria, assim, a finalidade do viver: espiritualidade, satisfação, vida plena.

---

[106] *A hermenêutica do sujeito*, op. cit., p. 4 e 21.

Dentro desse quadro de referenciais, certamente "o respeito e a valorização do idoso", conforme refere o art. 20, supracitado, possibilitam que a criança e o jovem se vejam, como tais, na pessoa do idoso, como algo próximo, ainda que separados pelo tempo.

A discriminação negativa e o preconceito advêm, certamente, da falta de "conhecimentos sobre a matéria".

Explica Francisco Mora[107]:

> (Um programa aberto)
> Não há um programa genético que controle e dirija o envelhecimento conforme ocorre desde o momento da fecundação até 30 anos (aproximadamente). O longo processo que se segue desde então ao longo de 50 ou 60 anos é um processo incerto, dependente somente em parte dos genes (25 a 30%) e dependente, em muito (75%), do meio ambiente e o estilo de vida que escolha cada indivíduo.
>
> O extraordinário, porém, é conhecer, como nos demonstram dados recentes, a existência de outra série de genes com um programa aberto, capazes de trabalhar positivamente durante o envelhecimento se nós "conscientemente" demandamos seu funcionamento. São genes ocultos e que se põem em marcha se se lhes chamam à ordem.
>
> Se for assim, como parece, o indivíduo humano, dentro do marco de longevidade da sua espécie (controlada pela reserva de energia acumulada no momento da maturidade e o início desse envelhecimento), faz-se livre e responsável por seu próprio envelhecimento[108].

E conclui:

> É durante o envelhecimento quando existe a oportunidade de começar um programa novo, um processo diferente, talvez único, na história da biologia[109].

---

[107] *El sueño de la inmortalidad*, op. cit., p. 80-81. Tradução livre.

[108] "De seu estilo e forma consciente de desenvolver sua vida a partir desse momento, os 30 anos, depende, pois, que certos genes respondam de uma ou outra forma, fazendo desta maneira ao organismo, o que inclui o cérebro, mais longevo e mais ou menos suscetível de desenvolver enfermidades" (p. 81).

[109] "A chave que abre este novo programa está na adoção de novos estilos de vida que incluam atividade constante e exercício físico moderado, ingestão de alimentos, mudanças no meio e hábitos sociais (como são a moderação de tabaco, álcool e café), estresse controlado, viagens e aprendizagem e memória perseverante). E aprender, ademais, um novo idioma?" (p. 81).

ART. 23 103

Referem Tânia Keinert e Tereza da Costa Rosa[110]: "O termo *envelhecimento ativo* foi adotado pela Organização Mundial de Saúde no final dos anos 1990. Ele procura transmitir uma mensagem mais abrangente do que 'envelhecimento saudável' e reconhecer, além dos cuidados com a saúde, outros fatores que afetam o modo como os indivíduos e as populações envelhecem".

Depreende-se do exposto a necessidade de que o conhecimento da condição do idoso venha a tornar-se abrangente e amplo na sociedade brasileira, de modo a abolir o preconceito reconhecidamente existente, sendo a educação, desde os "currículos mínimos dos diversos níveis de ensino formal", o instrumento a possibilitar a mudança desse aspecto negativo de nossa cultura.

Art. 23. A participação dos idosos em atividades culturais e de lazer será proporcionada mediante descontos de, pelo menos, 50% (cinquenta por cento) nos ingressos para eventos artísticos, culturais, expositivos e de lazer, bem como o acesso preferencial aos respectivos locais.

Cuida-se de atender aos preceitos orientadores constantes do art. 230 da Constituição ("A família, a sociedade e o Estado têm o dever de amparar as pessoas idosas") no sentido de prestigiar as pessoas mais velhas, inclusive garantindo-lhes "a gratuidade dos transportes coletivos urbanos".

Considerando-se, entretanto, conforme referido, certos traços da cultura brasileira com referência aos idosos, pode-se visualizar ou sentir, em determinadas atitudes, a tentativa de acobertamento desses traços ou de ensinar, por

---

[110] KEINERT, Tânia Margarete Mezzomo; ROSA, Tereza Etsuko da Costa. Direitos Humanos, envelhecimento ativo e saúde da pessoa idosa: marco legal e institucional, *Bis – Boletim Instituto de Saúde*, n. 47, 2009, p. 4 e s. "A abordagem do envelhecimento ativo é baseada no reconhecimento dos direitos humanos das pessoas mais velhas e nos princípios de independência, participação, dignidade, assistência e autorrealização estabelecidos pela Organização das Nações Unidas. Com esta abordagem, o planejamento estratégico deixa de ter um enfoque baseado nas necessidades biológicas ou de cuidados (que considera as pessoas mais velhas alvos passivos) e passa a ter um enfoque baseado nos direitos, o que permite o reconhecimento dos direitos dos mais velhos à igualdade de oportunidades e tratamento em todos os aspectos da vida à medida que envelhecem. Esta abordagem apoia a responsabilidade dos mais velhos no exercício de sua participação nos processos políticos e nos outros aspectos da vida em comunidade. No Brasil, considera-se idosa a pessoa com 60 anos ou mais (Leis n. 8.842/94 e 10.741/03), seguindo-se os padrões da Organização Mundial de Saúde (OMS)" (p. 4).

essa via, que não seria a ideal, o respeito ao idoso, valorizando-o socialmente, dado que, para assegurar "sua participação na comunidade, defendendo seu bem-estar e garantindo-lhe o direito à vida" (art. 230), necessita o idoso, efetivamente — ou qualquer indivíduo – ter assegurados, sim, os meios de trabalho e manutenção condigna (direitos sociais) ou seu substitutivo, os proventos de aposentadoria, que propiciem a efetiva autonomia do ser humano.

Daí a necessidade de políticas públicas efetivas de participação das pessoas mais velhas na comunidade para que suas reais necessidades sejam analisadas e atendidas.

Art. 24. *Os meios de comunicação manterão espaços ou horários especiais voltados aos idosos, com finalidade informativa, educativa, artística e cultural, e ao público sobre o processo de envelhecimento.*

Como instrumento da educação, os meios de comunicação social, arts. 220 e seguintes da Constituição, poderão significar poderoso modo do acesso ao conhecimento, com referência aos idosos e ao público em geral, especialmente no que diz respeito ao *processo de envelhecimento*.

Vale ressaltar, nesta parte, o que dispõe o art. 221 da Constituição, de observância obrigatória na "produção e programação das emissoras de rádio e televisão" e de qualquer "meio de comunicação eletrônica independentemente da tecnologia utilizada para a prestação do serviço" (§ 3º do art. 222) destacando-se o princípio enunciado no citado art. 221, IV: "respeito aos valores éticos e sociais da pessoa e da família". O que envolve, certamente, implicações importantes à condição do idoso.

Art. 25. *O Poder Público apoiará a criação de universidade aberta para as pessoas idosas e incentivará a publicação de livros e periódicos, de conteúdo e padrão editorial adequados ao idoso, que facilitem a leitura, considerada a natural redução da capacidade visual.*

Nesse dispositivo legal mostra-se, de certa forma, a desconsideração das capacidades da condição do idoso: o que seria *"conteúdo adequado"* de livros e periódicos que lhe sejam destinados? *Quem* determinaria a respeito?

Reconhece-se no texto a possibilidade de conflito com os arts. 1º, III, e 230 da Constituição, em termos de arguição de inconstitucionalidade.

Com efeito, submeter pessoas – ainda que alegada sua condição de idoso – aos critérios de educação e cultura determinados pelo Estado – ainda que na sua finalidade do Bem-Estar e da Justiça Sociais (art. 193) ou Bem Comum – afigura-se claro enfrentamento à sua capacidade de autodeterminação, precisamente o que define a dignidade da pessoa humana[111].

Por final: a Lei prevê a implantação"de universidade aberta para as pessoas idosas", certamente da maior importância no atendimento às condições necessárias, como visto, a um envelhecimento ativo e propiciador, por sua vez, do cuidado de si, ainda nessa fase da existência humana, permitindo à pessoa na condição de idoso manter a dignidade inerente ao ser humano.

Capítulo VI
Da profissionalização e do trabalho*

Art. 26. *O idoso tem direito ao exercício de atividade profissional, respeitadas suas condições físicas, intelectuais e psíquicas.*

A Constituição Federal de 1988 simboliza o marco jurídico da transição democrática e da institucionalização dos direitos humanos fundamentais no país. Tanto que seu texto acolheu a ideia da universalidade dos direitos humanos na medida em que consagrou como um dos fundamentos do Estado Democrático de Direito, em seu art. 1º, III, o valor da dignidade da pessoa humana. Nesse passo, além de realçar os direitos humanos como tema de relevância da comunidade internacional, ao prever, de forma inédita, entre os princípios a regerem o Brasil nas relações internacionais, o da prevalência dos direitos humanos, afirmou, também, pela primeira vez, que os direitos sociais são direitos fundamentais, tendo aplicabilidade imediata.

---

[111] "*A dignidade da pessoa humana* é um valor espiritual e moral inerente à pessoa, que se manifesta singularmente na autodeterminação consciente e responsável da própria vida e que traz consigo a pretensão ao respeito por parte das demais pessoas, constituindo-se em um mínimo invulnerável que todo estatuto jurídico deve assegurar, de modo que apenas excepcionalmente possam ser feitas limitações ao exercício dos direitos fundamentais, mas, sempre sem menosprezar a necessária estima que merecem todas as pessoas enquanto seres humanos" (MORAES, Alexandre de. *Constituição do Brasil interpretada*. São Paulo: Atlas, 2002, p. 128-129).
* Por Flávia Piva Almeida Leite.

Nesse contexto, o Texto Constitucional de 1988, além de estabelecer no art. 6º que são direitos sociais a educação, a saúde, o trabalho, a moradia, o lazer, a segurança, a previdência social, a maternidade e a infância, a assistência aos desamparados, o transporte[112], ainda materializou no Título VIII uma ordem social com um amplo universo de normas que enunciam programas, diretrizes, tarefas e fins a serem perseguidos pelo Estado e pela Sociedade. Nos termos do art. 193, a ordem social tem como base o primado do trabalho e como objetivo o bem-estar e a justiça social.

Segundo José Afonso da Silva, "ter como objetivo o bem-estar e a justiça sociais quer dizer que as relações econômicas e sociais do país, para gerarem o bem-estar, hão de propiciar trabalho e condições de vida, material, espiritual e intelectual, adequada ao trabalhador e sua família, e que a riqueza produzida no país, para gerar justiça social, há de ser equanimemente distribuída"[113].

O idoso, como cidadão, conforme dispõe nossa Constituição Federal, já se encontra protegido pelo princípio da dignidade da pessoa humana. Logo, deve ser contemplado por todos os instrumentos asseguradores da dignidade humana aos brasileiros, sem distinção. Bastaria essa consideração. Todavia, como é sabido, muitas vezes o idoso é visto pela sociedade como um indivíduo "inútil" e "fraco" para compor a força de trabalho, que por valores sociais impede sua inclusão em vários segmentos da sociedade. Diante dessa triste realidade, o constituinte de 1988 estabeleceu de forma expressa os meios legais para que o idoso deixe de ser discriminado e receba o tratamento que lhe é devido.

A Constituição Federal de 1988 dispõe acerca do trabalho como um direito social e fundamental:

> Art. 1º a República Federativa do Brasil, formada pela união indissolúvel dos Estados e Municípios e do Distrito Federal, constitui-se em Estado Democrático de Direito e tem como fundamento:
> [...]
> IV – os valores sociais do trabalho e da livre-iniciativa.

Dispõe ainda com relação à pessoa idosa[114]:

---

[112] Acrescentado pela Emenda Constitucional n. 90, de 15-9-2015, que deu nova redação ao art. 6º da Constituição Federal, para introduzir o transporte como direito social.

[113] SILVA, José Afonso da. *Comentário contextual à Constituição*. 6. ed. São Paulo: Malheiros, 2009, p. 758.

[114] A definição da idade-limite dessa condição, como foi analisada anteriormente, foi dada pelo art. 1º do Estatuto do Idoso, com a fixação de 60 anos.

Art. 230. a família, a sociedade e o Estado têm o dever de amparar as pessoas idosas, assegurando sua participação na comunidade, defendendo sua dignidade e bem-estar e garantindo-lhes direito à vida.

§ 1º Os programas de amparo aos idosos serão executados preferencialmente em seus lares.

§ 2º Aos maiores de 65 é garantida a gratuidade dos transportes coletivos urbanos.

O direito ao trabalho e à profissionalização é um direito social e fundamental do idoso, e como tal deve ser garantido. Entretanto, nem sempre ele é respeitado ou conhecido, até mesmo pelos idosos. Referido dispositivo vem reforçar e reconhecer esse direito fundamental, ao dispor no Capítulo VI de forma expressa o direito do idoso ao trabalho e à profissionalização.

Cabe ressaltar que a amplitude da expressão *atividade profissional* mencionada nesse art. 26 do Estatuto deve alcançar quaisquer modalidades de *trabalho*, independentemente da sua natureza pública ou particular, subordinado, autônomo, urbano, rural, avulso, intelectual, técnico, temporário, parcial, integral, religioso ou voluntário.

É claro que a intenção do legislador foi proteger a atividade profissional desenvolvida pelo idoso, já que ele pode contribuir com suas diversas experiências adquiridas em anos de vivência e de trabalho. Esses cidadãos ainda podem e devem exercer atividades profissionais. Nesse sentido, é o que aponta a matéria intitulada "Idosos voltam ao mercado", publicada pelo jornal *Estado de São Paulo*, em seu caderno de Economia:

> Falta de mão de obra qualificada e amplo conhecimento técnico na sua área de atuação vem tornando esse público mais atrativo. Os idosos estão voltando ao mercado de trabalho com tudo. Pesquisa feita pela consultoria de recursos humanos Hays aponta que 20% das companhias contratam profissionais aposentados. Desse total, 75% para cargos técnicos, 33% para diretoria e 28% para gerência. O motivo: falta de mão de obra qualificada, redução de custos e, principalmente, amplo conteúdo técnico [...].
> [...] Durante o processo seletivo, observaram que os idosos tinham desempenho melhor do que os candidatos com menos de 30. "As empresas começaram a perceber que eles traziam mais resultados no atendimento do ponto de vendas e nas áreas técnicas."[115]

---

[115] RODRIGUES, Márcia. Idosos voltam ao mercado de trabalho. *O Estado de São Paulo*. Caderno Economia. 18-3-2012. Disponível em: <http://economia.estadao.com.br/

Porém, essa garantia legal ao exercício do trabalho exige compatibilização entre as tarefas e atividades a serem desenvolvidas e as condições físicas, intelectuais e psíquicas próprias do idoso. Assim, independentemente do trabalho a ser realizado pelo idoso, tais atividades, além de serem desenvolvidas com dignidade, deverão observar o requisito justificado pela condição especial da pessoa idosa. Nesse sentido esclarece Xisto Tiago de Medeiros Neto que as condições físicas são aquelas que impedem a designação de tarefas que imponham carga desproporcional de esforço e movimentos. Também as condições intelectuais, as que proíbem serviços que impliquem conhecimentos ou técnicas de complexidade incompatível com a capacidade pessoal. E, finalmente, as condições psíquicas são as que proíbem atividades que ocasionem inadequada pressão psicológica ou intensas situações que envolvam alta carga emocional[116].

Daí, podemos concluir que o trabalhador idoso deve ser protegido de trabalhos penosos, insalubres, ou que sejam desempenhados em ambientes com alta carga de pressão psicológica, sob pena de serem considerados atos atentatórios aos direitos ao trabalho e à igualdade do idoso.

Todavia, não basta que a lei estabeleça, nos termos do referido dispositivo, que o idoso deverá ter o direito ao exercício de atividade profissional, pois sabemos que em nossa sociedade isso ainda não é levado a sério. Assim, para que referida norma não caia no vazio e no descrédito, transformando-se em mera enunciação gramatical de uma regra sem consequências práticas ou implicações favoráveis, é necessário que tanto o Estado quanto a sociedade adotem medidas e condutas positivas visando estabelecer garantias concretas para que o idoso seja realmente inserido no mercado de trabalho.

Segundo relata Márcia Regina Negrisoli Fernandez Polettini, atualmente grandes empresas já estão modificando suas políticas de recursos humanos para se adaptar às consequências do envelhecimento geral da população e às vantagens que os idosos oferecem. A rede *fast food* Bob's implementou o programa Melhor Idade, onde recruta funcionários aposentados para exercerem a função de anfitrião da loja e prestar atendimento personalizado ao consumidor. A rede de supermercados Sendas, o Grupo Pão de Açúcar e o Banco Santander recen-

---

noticias/geral,idosos-voltam-ao-mercado-de-trabalho-imp-,850072>. Acesso em: 17 ago. 2014.

[116] MEDEIROS NETO, Xisto Tiago de. Comentário ao artigo 26 do Estatuto do Idoso. In: PINHEIRO, Naide Maria (Coord.). *Estatuto do Idoso comentado*. Campinas: Servanda, 2012, p. 242.

temente contrataram funcionários com idade mais avançada, para o pré-atendimento dos servidores da Prefeitura que chegam às agências bancárias. "Claro que ainda há muito a ser feito e concretizado nessa área, e estamos longe de atingir um patamar ideal para garantia desse direito fundamental inerente a todo cidadão e, especialmente ao idoso."[117]

Art. 27. Na admissão do idoso em qualquer trabalho ou emprego, é vedada a discriminação e a fixação de limite máximo de idade, inclusive para concursos, ressalvados os casos em que a natureza do cargo o exigir.

No âmbito de toda relação de trabalho, nosso constituinte de 1988 vedou qualquer manifestação de natureza discriminatória motivada por critérios injustos ou abusivos, conforme está disposto no art. 7º, XXX, que proíbe diferenças de salários, de exercícios de funções e de critérios de admissão por motivo de sexo, idade, cor ou estado civil.

Assim, o exercício do trabalho exige compatibilização entre as tarefas e atividades a serem desenvolvidas e as condições físicas, intelectuais e psíquicas próprias do idoso; isso reforça o dispositivo em questão, que proíbe a discriminação de maneira infundada, arbitrária, preconceituosa, prejudicial ou negativa, em que não há razão ou justificativa aceitável para legitimar a conduta.

A idade somente será impedimento do ingresso em cargos, carreiras ou funções que, pela natureza de suas atividades, exigirem dispêndio de energias só encontráveis, via de regra, em certas e determinadas faixas etárias assim definidas expressamente em lei. Fora dessa situação, não se pode vedar o acesso ao trabalho a alguém em face de sua condição de idoso[118].

Apesar de o dispositivo em questão restringir a discriminação só no momento da admissão do idoso ao trabalho ou emprego, essa norma não deve ser interpretada de forma isolada. A proibição de discriminação infundada por motivo de idade com relação ao idoso não se dá apenas e tão somente no momento de sua admissão, mas também durante o desenvolvimento e a execução da atividade laboral e ainda ao término dessa relação trabalhista.

---

[117] POLETTINI, Márcia Regina Negrisoli Fernandez. Idoso: proteção e discriminação no mercado de trabalho. Artigo aprovado e apresentado no CONPEDI. Disponível em: <http://www.conpedi.org.br/manaus/arquivos/anais/bh/marcia_regina_negrisoli_fernandez_polettini.pdf>.
[118] TAVARES, José de Farias. *Estatuto do Idoso*. Rio de Janeiro: Forense, 2006, p. 54.

Cabe relembrar que a ausência de menção expressa da lei aos momentos posteriores a contratação não resulta em qualquer comprometimento da tutela jurídica da proteção integral a ele garantida, uma vez que o art. 4º do próprio Estatuto do Idoso, de forma ampla, prescreve que "nenhum idoso será objeto de qualquer tipo de discriminação".

Faz-se necessário invocar o disposto na Convenção n. 111 da Organização Internacional do Trabalho – OIT –, incorporada ao nosso ordenamento pelo Decreto Legislativo n. 104/64 e ratificada pelo Decreto n. 62.150/68. Essa Convenção define em seu art. 1º, itens 1 e 2, o que se entende por discriminação em matéria de emprego ou ocupação.

> Art. 1º [...]
> 1. Para os fins da presente convenção o termo *discriminação* compreende:
> a) toda distinção, exclusão ou preferência fundada na raça, cor, sexo, religião, opinião pública, ascendência nacional ou origem social que tenha por efeito destruir ou alterar a igualdade de oportunidade ou de tratamento em matéria de emprego ou profissão;
> b) qualquer outra distinção, exclusão ou preferência que tenha por efeito destruir ou alterar a igualdade de oportunidades ou tratamento em matéria de emprego ou profissão [...]
> 2. As distinções, exclusões ou preferências fundadas em qualificações exigidas para um determinado emprego não são consideradas discriminação.

Não obstante o art. 27, *caput*, do Estatuto do Idoso indicar a proibição de discriminação na admissão do idoso a qualquer trabalho ou emprego, evidencia-se, diante do nosso ordenamento jurídico, que a vedação se estende a todas as demais fases da contratação.

Caso o idoso sofra discriminação relacionada ao fator idade, caberá a ele utilizar os mecanismos legais para reverter tal situação. Assim, configurada, pois, a dispensa do trabalho com feição discriminatória, enseja-se, primeiramente, a anulação do próprio ato, possibilitando a lei, desde que se trate de uma relação de emprego subordinado, optar-se pela reintegração no serviço ou por uma indenização a título de compensação[119].

---

[119] Se for uma discriminação em relação ao trabalho subordinado regido pela CLT, verificar o disposto no art. 4º, I e II, da Lei n. 9.029/95. Caso seja relação de trabalho sem vínculo empregatício, de natureza autônoma, aplicar-se-ão as normas do direito civil.

ART. 27 **III**

Eis o que o Tribunal Superior do Trabalho decidiu no Recurso de Revista: DISPENSA DISCRIMINATÓRIA POR IDADE. NULIDADE. ABUSO DE DIREITO. REINTEGRAÇÃO. Se das premissas fáticas emergiu que a empresa se utiliza da prática de dispensar seus funcionários quando estes completam 60 anos, imperioso se impõe ao julgador coibir tais procedimentos irregulares, efetivados sob o manto do "poder potestativo", para que as dispensas não se efetivem sob a pecha discriminatória da maior idade. Embora o caso vertente não tivesse à época de sua ocorrência previsão legal especial (a Lei 9.029 que trata da proibição de práticas discriminatórias foi editada em 13.04.1995 e a dispensa do reclamante ocorreu anteriormente), cabe ao prolator da decisão o dever de valer-se dos princípios gerais do direito, da analogia e dos costumes, para solucionar os conflitos a ele impostos, sendo esse, aliás, o entendimento consagrado pelo art. 8º, da CLT, que admite que a aplicação da norma jurídica em cada caso concreto, não desenvolve apenas o dispositivo imediatamente específico para o caso, ou o vazio de que se ressente, mas sim, todo o universo de normas vigentes, os precedentes, a evolução da sociedade, os princípios, ainda que não haja omissão na norma. Se a realidade do ordenamento jurídico trabalhista contempla o direito potestativo da resilição unilateral do contrato de trabalho, é verdade que o exercício deste direito guarda parâmetros éticos e sociais como forma de preservar a dignidade do cidadão trabalhador. A despedida levada a efeito pela reclamada, embora cunhada no seu direito potestativo de resilição contratual, estava prenhe de mácula pelo seu conteúdo discriminatório, sendo nula de pleno direito, em face da expressa disposição do art. 9º da CLT, não gerando qualquer efeito, tendo como consequência jurídica a continuidade da relação de emprego, que se efetiva através da reintegração. Efetivamente, é a aplicação da regra do § 1º do art. 5º da Constituição Federal, que impõe a aplicação imediata das normas definidoras dos direitos e garantias fundamentais, pois, como apontando pelo v. acórdão, a prática da dispensa discriminatória por idade confrontou o princípio da igualdade contemplado no *caput* do art. 5º da Constituição Federal. Inocorrência de vulneração ao princípio da legalidade e não configurada divergência jurisprudencial. Recurso de Revista não conhecido relativamente ao tema (TST, ED-RR 462888-56.1998.5.09.5555, 5ª T., Rel. Juiz Convocado André Luís Moraes de Oliveira, julgamento em 10-9-2003, *DJ* 26-9-2003).

Para um estudo mais aprofundado sobre a matéria, ver a obra de Sérgio Torres Teixeira: *Proteção à relação de emprego*. São Paulo: LTr, 1998.

No mesmo sentido os Tribunais Regionais do Trabalho da 9ª e 21ª Região, versando especificamente sobre a matéria em questão, têm decidido que:

DISCRIMINAÇÃO EM RAZÃO DA IDADE. Violação à Lei n. 9.029/95 e dano moral. Sanções aplicáveis. Reintegração e indenização. Quando o autor é discriminado em razão de sua idade e é vítima de abalo moral em vista de haver recebido alcunha no trabalho, em razão de sua faixa etária, viola o empregador a Lei n. 9.029/95 e é responsável pelo dano moral, sendo sancionado com a reintegração do empregado e a indenização por dano moral (TRT-9ª Região, RO 05749-2001-014-09-00-6, Rel. Juiz Célio Horst Waldraff, *DJ* 7-11-2003).

RESCISÃO ARBITRÁRIA. Garantia no emprego. O direito potestativo de despedir não pode ser exercido de forma abusiva. Constato o abuso desse direito, correta a decisão que determina a reintegração dos obreiros, injustamente demitidos. A hipótese vertente se esquadra no disposto no artigo 1º da Lei n. 9.096/95, que proíbe a despedida movida por discriminação, espezinhando um dos princípios basilares do Direito do Trabalho, o da proteção ao hisspossuficiente (21ª Região, Rio Grande do Sul, Proc. RO 27-5786-99, Rel. Juíza Maria de Lourdes Alves Leite, *DJ*, RN 5-2-2003).

Outro aspecto mencionado expressamente no *caput* do art. 27 do Estatuto do Idoso é a proibição relativa à "fixação de limite máximo de idade, inclusive para concursos públicos, ressalvados os casos em que a natureza do cargo o exigir".

Aqui, faz-se necessário abrir um parêntese e, ainda que de forma sucinta, tratar do princípio da igualdade. O princípio da igualdade, indubitavelmente, é o centro medular do Estado social e de todos os direitos de sua origem jurídica, e constitui o eixo ao redor do qual gira toda a concepção estrutural do Estado Democrático contemporâneo.

Tanto que nossa Constituição Federal de 1988, por sua vez, através do *caput* do seu art. 5º, procurou assegurar, de maneira ampla, dispondo que todos são iguais perante a lei, sem distinção de qualquer natureza, garantindo-se aos brasileiros e aos estrangeiros residentes no país a inviolabilidade do direito à vida, à liberdade, à igualdade, nos termos seguintes. Assim, de todos os direitos fundamentais, o direito à igualdade é aquele que mais tem subido de importância no direito constitucional atual, sendo, como não poderia deixar de ser, o direito-chave do Estado social.

Só que nossa Constituição Federal atual não se restringiu a assegurar apenas e tão somente a igualdade formal[120]. Percebe-se que a Lei Maior aproximou a igualdade formal da igualdade material, na medida em que não se limitou ao simples enunciado da igualdade perante a lei. O princípio não pode ser entendido em sentido individualista, que não leve em conta as diferenças entre grupos. Mas quem são os iguais e quem são os desiguais? Qual será o critério de tolerância que autoriza distinguir pessoas e grupos jurídicos apartados e, então, conferir-lhes tratamentos jurídicos distintos, sem ofensa ao princípio da igualdade? Que espécie de igualdade é vedada e que tipo de desigualdade faculta a discriminação sem quebra e agressão aos objetivos transfundidos no princípio constitucional da isonomia?

Para solucionar tais questões, não se pode ignorar o trabalho doutrinário de Celso Antônio Bandeira de Mello, que em sua obra *O conteúdo jurídico do princípio da igualdade* observa que as normas jurídicas nada mais fazem do que discriminar situações para submetê-las à regência de tais ou quais regras. Fica claro que para o alcance do conteúdo da igualdade faz-se necessário definir quais são os limites das práticas discriminatórias, sem agravos à isonomia, ou seja, estabelecer quais as discriminações juridicamente intoleráveis[121]. O mesmo autor resume a questão e propõe:"dês que se atine com a razão pela qual em um caso o discrímen é ilegítimo e em outro é legítimo, ter-se-ão franqueadas as portas que interditam a compreensão clara do conteúdo da isonomia"[122].

Assim, podemos ter discriminações justificáveis com base nos critérios, cor, sexo, raça, origem e idade. Por exemplo, é admitida a situação em que um concurso público para policial militar feminino, ou para guardas penitenciários de um presídio feminino, seja aberto e admitido apenas contemplando a inscrição de mulheres, entre outros. Nesse exemplo apontado, a pessoa foi discriminada em razão de sexo, sem, contudo, ocorrer, por tal circunstância, qualquer ofensa ao princípio isonômico que a Constituição Federal objetivou resguardar.

O mesmo acontecerá com o idoso, pois a idade para muitas atividades não será compatível e não ofenderá o princípio da igualdade. O que se veda, o que se

---

[120] Ver dispositivos da CF/88 que buscam a equalização dos desiguais pela outorga de direitos sociais substanciais: arts. 7º, XXX e XXXI, 170, 193, 196 e 205, entre outros.
[121] MELLO, Celso Antônio Bandeira de. *O conteúdo jurídico do princípio da igualdade*. 3. ed., 17. tir. São Paulo: Malheiros, 2009, p. 11.
[122] MELLO, Celso Antônio Bandeira de. *O conteúdo jurídico do princípio da igualdade*, cit., p. 12.

proíbe são as distinções arbitrárias e sem justificação fática e jurídica razoável, aquelas fundadas em aspectos pessoais não compatíveis com o interesse coletivo e com o restante do ordenamento.

Ressalvando as situações mencionadas, isto é, nas quais o fator discrímen é perfeitamente justificável, é proibido estabelecer discriminações infundadas e desproporcionais relativas à faixa etária, tanto no setor privado como no público, para seleção de candidatos ou para inscrição em concursos públicos. Dessa forma, decidiu o Supremo Tribunal Federal, no Mandado de Segurança n. 21.046, cujo relator foi o Ministro Sepúlveda Pertence:

> CONCURSO PÚBLICO. Indeferimento de inscrição fundada em impossibilidade legal de limite de idade, que configura, nas circunstâncias do caso, discriminação inconstitucional (CF, arts. 5º e 7º, XXX) é corolário, na esfera das relações do trabalho do princípio fundamental da igualdade (CF, art. 5º, *caput*), que se estende, à falta de exclusão constitucional inequívoca (como ocorre em relação aos militares – CF, art. 42, § 1º), a todo o sistema de pessoal civil. É ponderável, não obstante, a ressalva das hipóteses em que a limitação de idade se possa legitimar como imposição de natureza e das atribuições do cargo a preencher. Esse não é o caso, porém, quando, como se dá na espécie, a lei dispensa do limite os que já sejam servidores públicos, a evidenciar que não se cuida de discriminação ditada por exigências etárias das funções do cargo considerado.

Parágrafo único. *O primeiro critério de desempate em concurso público será a idade, dando-se preferência ao de idade mais elevada.*

Referido dispositivo demonstra uma preocupação em valorizar a idade mais avançada, tanto que colocou como critério de desempate em concurso público o fator idade. Referido critério é bastante praticado em nossa tradição administrativa.

Verifica-se que a lei condicionou, determinando que em editais de concursos públicos obrigatoriamente conste que, em caso de empate, o elemento maior idade será utilizado como critério principal para a classificação de candidatos que obtenham as mesmas notas. Por analogia, constatamos que na esfera eleitoral, para a assunção de cargos, é utilizado o mesmo critério para desempate, ou seja, a vitória do candidato com mais idade. E podemos encontrar tal critério de desempate também no art. 77, § 5º, da Constituição Federal.

Art. 28. *O Poder Público criará e estimulará programas de:*

Referido dispositivo impõe ao Poder Público de forma específica criar e estimular programas sociais em favor do idoso voltados para a *profissionalização, a assistência social e o incentivo à inserção no trabalho formal.* "São normas programáticas[123] de cunho evidentemente pedagógico, traçando caminhos de reorientação da sociedade brasileira no sentido do resgate dos valores laborais da velhice."[124] Vejamos:

I – profissionalização especializada para os idosos, aproveitando seus potenciais e habilidades para atividades regulares e remuneradas;

Empregar esforços no caminho da eliminação das práticas discriminatórias nas relações de trabalho é consagrar o interesse transindividual trabalhista próprio da consagração da igualdade prevista em nossa Constituição. Assim, traz o Estatuto nesse inciso o dever do Poder Público de criar e estimular programas de profissionalização especializada para os idosos, *aproveitando seus potenciais e habilidades para atividades regulares e remuneradas.*

A criação desses programas, como se observa, deverá ser promovida diretamente pelo Poder Público, mas também poderá haver o incentivo da iniciativa privada.

A criação de centros de educação permanente para os trabalhadores idosos, segundo apontam Lucia Helena França e Daizy Valmorbida Stepansky, tem como um dos objetivos criar ótimas condições para preparar e manter ativos os trabalhadores na sociedade, para disseminação da informação e do conhecimento e para evitar a centralização. A proposta de educação permanente para idosos deve estar vinculada às instituições municipais de trabalho e de ensino – Ministérios e Secretarias de Trabalho, Previdência Social, Educação e Saúde;

---

[123] "*Programáticas* são normas constitucionais através das quais o constituinte, em vez de regular direta e imediatamente, determinados interesses, limitou-se a traçar-lhes os princípios para serem cumpridos pelos seus órgãos (legislativos, executivos, jurisdicionais e administrativos), como programas das respectivas atividades, visando à realização dos fins sociais do Estado" (grifo nosso) (SILVA, José Afonso da. *Aplicabilidade das normas constitucionais*. São Paulo: Malheiros, p. 138).
[124] TAVARES, José de Farias. *Estatuto do Idoso*. Rio de Janeiro: Forense, 2006, p. 55.

escolas/universidades da rede municipal, estadual e federal –, às instituições de trabalho e de educação de adultos – Sebrae, Senac e Senai, UnATIs (universidades abertas para a terceira idade dentro das Universidades) – e aos Centros de Envelhecimento; às organizações não governamentais e empresas locais. O ideal seria que essas instituições organizassem um grande projeto em parceria, em função da busca pela qualidade, evitando assim a duplicidade de propostas[125].

II – preparação dos trabalhadores para a aposentadoria, com antecedência mínima de 1 (um) ano, por meio de estímulo a novos projetos sociais, conforme seus interesses, e de esclarecimento sobre os direitos sociais e de cidadania;

Esclarece Wladimir Novaes de Martinez que a preparação para a aposentadoria tem hoje escopo nitidamente delineado. A principal ideia é adequar o trabalhador à futura condição de inativo para as mudanças supervenientes com a cessação ou diversificação do trabalho e, em alguns casos, a principal causa do desajuste, administrar a perda do convívio com os amigos[126].

São muitos os inconvenientes, tanto sociológicos como médicos, da passagem brutal da vida ativa à inatividade. Frequentemente são enumerados: a redução brutal da renda, que impõe uma mudança considerável do modo de viver do segurado; o sentimento de isolamento e inutilidade; e a decrepitude física e mental acelerada. Na tentativa de reverter os impactos negativos da inatividade do trabalhador, motivada pelas aposentadorias (espontânea ou forçada), o legislador estabeleceu no inciso II do art. 28 da lei em comento a obrigação de o Poder Público também implementar e incentivar "*programas de preparação*, com antecedência mínima de 1 (um) ano, por meio de estímulo a novos projetos sociais" e "de esclarecimento sobre os direitos sociais de cidadania".

Cabe registrar que a redação inserida no Estatuto do Idoso não é idêntica à prevista no art. 10, IV, *c*, da Lei n. 8.842/94. Há duas diferenças. A primeira diz respeito ao tempo de preparação: pela referida norma, o prazo de preparação antes de efetivar-se a aposentadoria seria de 2 (dois) anos. No Estatuto, esse

---

[125] FRANÇA, Lucia Helena; STEPANSKY, Daizy Valmorbida. Educação permanente para trabalhadores idosos – o retorno à rede social. Disponível em: <http://www.senac.br/informativo/BTS/312/boltec312e.htm>.
[126] MARTINEZ, Wladimir Novaes de. *Direito dos idosos*. São Paulo: LTr, 1997, p. 97.

prazo foi reduzido para 1 (um) ano. O texto anterior indicava a "preparação para aposentadoria nos setores público e privado". No atual, destacam-se "[...] estímulos a projetos sociais, conforme seus interesses, e esclarecimento sobre os direitos sociais e de cidadania". O texto anterior trazia a vantagem do prazo maior para a preparação da saída da vida ativa à inatividade e também fazia referência à previdência do setor público. Assim, segundo afirma Germano Campos Silva, na redação atual, o Estatuto do Idoso preocupou-se em indicar algumas linhas de atuação para que se concretize esse processo de preparação de retiro programado, podendo materializar-se através de atividades sociais envolvendo o segurado, e de informações sobre os seus direitos voltados para a sua futura condição de aposentado[127].

III – estímulo às empresas privadas para admissão de idosos ao trabalho.

Preocupado com a discriminação e exclusão de muitas pessoas idosas no que tange às relações de emprego, o Estatuto do Idoso tornou imperativo para o Poder Público instituir e incentivar programas geradores de *estímulo às empresas privadas para admissão de idoso trabalhador.*

Além de inconstitucional e ilegal, revela-se grande equívoco pensar que o trabalhador idoso é improdutivo, que tem menor força física e maior lentidão intelectual.

Várias empresas sinalizaram que essa realidade não é assim, sendo importante citar, apenas para ilustração do raciocínio, o caso do Grupo Pão de Açúcar, que acredita ser um dos maiores desafios da atual geração romper as barreiras e agregar as diversas experiências das diferentes gerações. Criou o programa Terceira Idade, que oferece oportunidade de trabalho para profissionais a partir de 55 anos de idade e valoriza a enorme contribuição desse público em toda abrangência do nosso negócio.

Como medidas a serem adotadas pelas empresas, a Desembargadora do Tribunal Regional do Trabalho da 3ª Região, Maria Lúcia Cardoso de Magalhães, em seu artigo "A discriminação do trabalhador idoso – responsabilidade social

---

[127] SILVA, Germano Campos. Da aposentadoria parcial: uma medida de preparação para a saída da vida ativa à inatividade. *Âmbito Jurídico*, Rio Grande, XI, n. 54, jun. 2008. Disponível em: <http://www.ambito-juridico.com.br/site/index.php?n_link=revista_artigos_leitura&artigo_id=2807>. Acesso em: 30 jul. 2014.

das empresas e do Estado", sugere que algumas empresas utilizem o trabalho do idoso por tempo parcial, o que possibilitaria, além da utilização da mão de obra idosa, a renovação do quadro funcional, assim como permitiria o compartilhamento de experiência entre os mais velhos com jovens que estão apenas começando no mercado de trabalho. Sugere ainda que as empresas promovam cursos de atualização, que poderiam propiciar a reciclagem dos trabalhadores e a revisão de funções. Além disso, a mencionada desembargadora propõe a implantação do Programa de Preparação para a Aposentadoria – PPA –, que surgiu nos Estados Unidos na década de 1950 e veio a ser implantado no Brasil a partir do SESC na década de 1970 em São Paulo. Esse programa é composto por dois módulos: no primeiro, discutem-se as questões relativas ao envelhecimento; no segundo, apresentam-se os recursos socioculturais e de serviços à comunidade propícios aos idosos. E propõe, também, a eminente desembargadora que a redução da contribuição previdenciária patronal sobre o rendimento pago aos empregados idosos seja outra medida adotada, pois "poderia servir de estímulo à contratação de pessoas nessa faixa etária, já que a diminuição dos encargos trabalhistas é uma das maiores demandas da classe empresarial"[128].

Portanto, proibir a exclusão do idoso como fez a Constituição não resultou automaticamente na sua inclusão, principalmente nas relações de emprego. Logo, não é suficiente proibir discriminação, mediante legislação repressiva (Estatuto do Idoso), quando o que se pretende é garantir a igualdade de fato, com a efetiva inclusão social dessas pessoas que sofreram e ainda sofrem um consistente padrão de violência e discriminação. Faz-se necessário combinar a proibição da discriminação com políticas compensatórias que acelerem a igualdade enquanto processo. São essenciais estratégias capazes de estimular a inserção dos idosos socialmente vulneráveis no mercado de trabalho.

Capítulo VII
Da Previdência Social*

Art. 29. *Os benefícios de aposentadoria e pensão do Regime Geral da*

---

[128] MAGALHÃES, Maria Lúcia Cardoso de. A discriminação do trabalhador idoso: responsabilidade social das empresas e do Estado. *Revista do Tribunal Regional do Trabalho da 3ª Região*, Belo Horizonte, v. 48, n. 78, p. 31-43, jul./dez. 2008. Disponível em: <http://www.trt3.jus.br/escola/download/revista/rev_78/maria_lucia_cardoso_magalhaes.pdf>.

* Por Miguel Horvath Júnior.

Previdência Social observarão, na sua concessão, critérios de cálculo que preservem o valor real dos salários sobre os quais incidiram contribuição, nos termos da legislação vigente.

Parágrafo único. *Os valores dos benefícios em manutenção serão reajustados na mesma data de reajuste do salário mínimo,* pro rata, *de acordo com suas respectivas datas de início ou do seu último reajustamento, com base em percentual definido em regulamento, observados os critérios estabelecidos pela Lei n. 8.213, de 24 de julho de 1991.*

A previdência social está inserida no sistema de proteção social maior, denominado seguridade social.

A seguridade social é parte integrante da ciência política que mediante a utilização de instrumentos próprios atenderá as necessidades de saúde, assistência social e previdência social, buscando a defesa e a constante busca da paz e do progresso da sociedade através do bem-estar individual dos seus membros. O Estado ao organizar a seguridade social deve se ocupar do estabelecimento da tutela de base. E na busca desta tutela de base deve estabelecer o mínimo social nacional. Deixando livre e facultada aos membros da sociedade a atuação visando à complementação da proteção de base que é dever do Estado[129].

Prossigo registrando em minha obra *Direito previdenciário* que:

A seguridade social enquanto sistema visa ao atingimento do bem-estar e justiça sociais. Por bem comum devemos entender o bem de todos e de suas partes. É um bem que subordina o Homem à sociedade, enquanto ser social, mas também um bem que respeita o Homem enquanto pessoa dotada de espiritualidade. A Justiça social deve ser entendida como expressão de erradicação da pobreza e da redução das desigualdades sociais e regionais na forma expressa no art. 3º, inciso III, da Constituição Federal. Para manter a entropia (equilíbrio) o sistema de seguridade social é dotado de valores e princípios constitucionais. A concepção moderna de seguridade social é fruto da conjunção da opinião nacional e das ações dos organismos internacionais. As raízes mais remotas da seguridade social lançam suas raízes na lei americana de 14 de outubro de 1935 após a grande crise e na lei Chilena de 1938 que adotou

---

[129] HORVATH JÚNIOR, Miguel. *Direito previdenciário*. 10. ed. São Paulo: Quartier Latin, p. 120-121.

o conceito de medicina social ao determinar o exame sistemático, periódico e obrigatório de todos os segurados. Na Nova Zelândia é implantado modelo que prevê proteção aos integrantes da sociedade com mecanismo exclusivo de financiamento por impostos. Abandonando o sistema de financiamento de dupla contribuição (empregados/trabalhador) e assegurando cobertura geral de todos os riscos. As novas concepções de seguridade social foram acolhidas na Carta do Atlântico de 1941 e em 1942 na Conferência Internacional de Seguridade Social. Até a consagração do conceito de seguridade social ocorrido em 1944 na Declaração de Filadélfia da OIT e o coroamento com a adoção do conceito na Declaração Universal dos Direitos do Homem de 10 de dezembro de 1948 (art. 22). Em junho de 1952 é aprovada a Convenção n. 102 da OIT conhecida como Norma Mínima de Seguridade Social. Na Declaração de Filadélfia encontramos que toda a ordem econômica se deve inclinar à realização do pleno emprego. Bem como que os fatos sociais e econômicos são interdependentes por uma recíproca e intensa repercussão das respectivas ocorrências em um e outro domínio[130].

A previdência social é forma de proteção social que tem por finalidade assegurar a manutenção dos beneficiários (segurados obrigatórios e segurados facultativos e dependentes) quando os riscos e as contingências sociais cobertas ocorrerem. Sob o ponto de vista semântico, "previdência" vem do latim *pre videre,* que significa ver com antecipação as contingências sociais e o preparo para o seu enfrentamento. A previdência social tem como objetivo a proteção contra os efeitos das contingências e dos riscos sociais selecionados no art. 201 da Constituição da República Federativa do Brasil, que determina ao Regime Geral de Previdência Social o caráter contributivo e de filiação obrigatória, bem como a observação de critérios que preservem o equilíbrio financeiro e atuarial. Por equilíbrio financeiro[131] devemos entender a garantia de equivalência entre as receitas auferidas e as obrigações dos regimes próprios em cada exercício fiscal. Por sua vez, devemos entender equilíbrio atuarial[132] como garantia de equivalência, a valor presente, entre fluxo das receitas estimadas e das obrigações projetadas apuradas atuarialmente, a longo prazo.

---

[130] HORVATH JÚNIOR, Miguel. *Direito previdenciário,* cit., p. 121-22.
[131] Conceito extraído da Portaria MPS n. 403/2008, art. 2º.
[132] Conceito extraído da Portaria MPS n. 403/2008, art. 2º.

Cabe destacar que tanto a aposentadoria quanto a pensão por morte são prestações previdenciárias na modalidade benefício. Benefício é a prestação previdenciária paga em pecúnia. Como a função dessas prestações é substituir a renda do trabalhador, a Constituição Federal estabeleceu mecanismo de reajustamento visando à manutenção do valor real de compra.

O art. 201 da Constituição Federal assegura o princípio da irredutibilidade do valor dos benefícios, determinando a preservação do valor real de compra dos salários.

Art. 30. *A perda da condição de segurado não será considerada para a concessão da aposentadoria por idade, desde que a pessoa conte com, no mínimo, o tempo de contribuição correspondente ao exigido para efeito de carência na data de requerimento do benefício.*

Parágrafo único. *O cálculo do valor do benefício previsto no* caput *observará o disposto no* caput *e § 2º do art. 3º da Lei n. 9.876, de 26 de novembro de 1999, ou, não havendo salários de contribuição recolhidos a partir da competência de julho de 1994, o disposto no art. 35 da Lei n. 8.213, de 1991.*

A dispensa da qualidade de segurado para a concessão da aposentadoria por idade foi um avanço imenso efetivado pela Lei n. 10.666/2003. O Estatuto do Idoso repete a previsão no art. 30.

Sendo assim, para a concessão da aposentadoria por idade passou a bastar apenas o cumprimento da carência (número mínimo de contribuições que para a aposentadoria equivale a 180 contribuições mensais) e o preenchimento do requisito etário. Para a concessão da aposentadoria por idade a Constituição Federal exige 65 anos de idade para mulheres e 70 anos de idade para homens no caso de trabalhadores urbanos, ou 60 anos de idade para homens e 55 anos de idade para mulheres, no caso de trabalhadores rurais.

Art. 31. *O pagamento de parcelas relativas a benefícios, efetuado com atraso por responsabilidade da Previdência Social, será atualizado pelo mesmo índice utilizado para os reajustamentos dos benefícios do Regime Geral de Previdência Social, verificado no período compreendido entre o mês que deveria ter sido pago e o mês do efetivo pagamento.*

Esta previsão visa à efetivação da proteção, mantendo-se o valor real de compra, ainda que paga fora da data prevista para adimplemento. Por obrigatoriedade legal há de se atualizar o valor pelo mesmo índice de reajustamento dos benefícios do Regime Geral de Previdência Social, atualmente o INPC – Índice Nacional de Preços ao Consumidor – IBGE.

Art. 32. *O Dia Mundial do Trabalho, 1º de Maio, é a data-base dos aposentados e pensionistas.*

Com as mudanças na legislação brasileira, a data-base do reajustamento dos benefícios previdenciários passou a ser o dia 1º de janeiro. Nesse ponto o Estatuto do Idoso deve se adaptar à nova realidade no tocante à data-base do reajustamento dos benefícios previdenciários.

Capítulo VIII
Da assistência social*

Art. 33. *A assistência social aos idosos será prestada, de forma articulada, conforme os princípios e diretrizes previstos na Lei Orgânica da Assistência Social, na Política Nacional do Idoso, no Sistema Único de Saúde e demais normas pertinentes.*

A assistência social é direito do cidadão e dever do Estado, sendo política de seguridade social não contributiva que provê os mínimos sociais. É realizada através de um conjunto integrado de ações de iniciativa dos poderes públicos e da sociedade para garantir o atendimento às necessidades básicas.

Essa assistência é parte integrante do sistema de proteção social maior denominado seguridade social. A expressão "seguridade social" tem significado mais amplo em alguns países do que em outros, mas no essencial pode-se conceituá-la como a proteção que a sociedade proporciona a seus membros, mediante uma série de medidas públicas.

Tais medidas destinam-se a evitar privações econômicas e sociais e à proteção social na forma de assistência social, saúde e previdência em razão de

---

* Por Miguel Horvath Júnior.

doença, maternidade, acidente do trabalho ou doença profissional, desemprego involuntário e invalidez.

O conceito de seguridade social, como hoje é concebido, lança suas raízes no Relatório Beveridge, apresentado ao Parlamento Britânico em novembro de 1942 por Sir William Henry Beveridge. Tal conceito somente foi implantado no sistema jurídico brasileiro com a promulgação da Constituição Federal de 1988. Até então, era adotado o de seguro social. A inserção do novo conceito trouxe inúmeras mudanças e uma das mais relevantes diz respeito aos destinatários desse instrumento de política social. Antes da atual Carta Política, somente os trabalhadores tinham direito à proteção previdenciária. Após a Constituição Federal de 1988, a todos os integrantes da sociedade brasileira foi disponibilizada proteção social, desde que cumpridos os requisitos constitucionalmente exigidos. A seguridade social é tratada na Constituição Federal no Título VII, que cuida da Ordem Social. A Ordem Social tem como base o primado do trabalho e como objetivo o bem-estar e a justiça sociais. Por bem comum devemos entender o bem de todos e de suas partes. É um bem que subordina o Homem à sociedade, enquanto ser social, mas também um bem que respeita o Homem enquanto pessoa dotada de espiritualidade. A Justiça social deve ser entendida como expressão de erradicação da pobreza e da redução das desigualdades sociais e regionais na forma expressa no art. 3º, III, da Constituição Federal. Para manter a entropia (equilíbrio) o sistema de seguridade social é dotado de valores e princípios constitucionais.

A concepção moderna de seguridade social é fruto da conjunção da opinião nacional e das ações dos organismos internacionais. As raízes mais remotas da seguridade social remontam à americana de 14 de outubro de 1935 após a grande crise e à lei Chilena de 1938, que adotou o conceito de medicina social ao determinar o exame sistemático, periódico e obrigatório de todos os segurados. Na Nova Zelândia é implantado modelo que prevê proteção aos integrantes da sociedade com mecanismo exclusivo de financiamento por impostos, abandonando o sistema de financiamento de dupla contribuição (empregados/trabalhador) e assegurando cobertura geral de todos os riscos.

Em 1944 com a Declaração de Filadélfia da OIT houve a apresentação dessa concepção em nível mundial. A Declaração de Filadélfia dispõe que toda a ordem econômica se deve inclinar à realização do pleno emprego, bem como que os fatos sociais e econômicos são interdependentes por uma recíproca e intensa repercussão das respectivas ocorrências em um e outro domínio.

A Declaração Universal dos Direitos do Homem de 10 de dezembro de 1948 (art. 22) explicita o direito à seguridade social como direito humano. Em junho de 1952 é aprovada a Convenção n. 102 da OIT, conhecida como Norma Mínima de Seguridade Social.

A seguridade social enquanto instrumento de política econômico-social caracteriza-se como direito fundamental garantido por normas de índole constitucional, gerando uma vinculatividade normativa geral. Isso indica que se aplica a regra da interpretação conforme a Constituição. No caso de dúvida sobre o âmbito da seguridade social, deve ser seguida a interpretação mais conforme à realidade efetiva desses direitos, o que corresponde, na terminologia de Konrad Hesse, a uma efetivação ótima.

A seguridade social vem definida no art. 194 da Constituição Federal de 1988 como o "conjunto integrado de ações de iniciativa dos Poderes Públicos e da sociedade, destinadas a assegurar os direitos relativos à saúde, à previdência social e à assistência social". O objetivo do sistema é eliminar as necessidades sociais ou minimizar seus efeitos. Essas necessidades são previamente selecionadas, e a seguridade social permite que o Estado assegure aos seus integrantes cobertura em face das necessidades sociais determinadas e delimitadas pelo próprio Estado. O que justifica a existência da seguridade social é o fato de ela tutelar um interesse geral, conferindo aos seus titulares o direito de exigir a ação estatal. O sistema da seguridade social abrange a assistência social, a saúde e a previdência social.

A assistência social está organizada sob as diretrizes da descentralização político-administrativa e da participação popular (art. 204 da CF/88). A Lei n. 8.742/93 (Lei Orgânica da Assistência Social – LOAS) regulamentou as disposições constitucionais de assistência social.

A existência digna deve ser algo comum a todas as pessoas. Aqueles que não conseguem subsistir com seus próprios recursos e do seu núcleo familiar devem ter o amparo da coletividade e do Estado. A Constituição Federal tratou do direito à assistência social em seus arts. 203 e 204, garantindo prestações assistenciais a todos que necessitarem, independentemente de contribuição. Nesse sentido, pode ser feita a primeira distinção em relação aos subsistemas previdenciário e assistencial: a previdência social atende aqueles que contribuem, enquanto a assistência não requer participação contributiva.

As atividades de assistência social são prestadas a quem delas necessitar (visando primariamente à proteção aos idosos, às pessoas com deficiência e às crianças), independentemente de contribuição, tendo como objetivos:

I – a proteção social, que visa à garantia da vida, à redução de danos e à prevenção da incidência de riscos especialmente:

a) a proteção à família, à maternidade, à infância, à adolescência e à velhice (idade avançada);

b) o amparo às crianças e adolescentes carentes;

c) a promoção da integração ao mercado de trabalho;

d) a habilitação e reabilitação das pessoas com deficiência e a promoção de sua integração à vida comunitária;

e) a garantia de um salário mínimo de benefício mensal à pessoa portadora de deficiência e ao idoso que comprovem não possuir meios de prover à própria manutenção ou de tê-la provida por sua família, conforme dispuser a lei.

II – a vigilância socioassistencial que visa a analisar territorialmente a capacidade protetiva das famílias e nela a ocorrência de vulnerabilidade, de ameaças, de vitimizações e danos;

III – a defesa de direitos, que visa a garantir o pleno acesso aos direitos no conjunto das provisões socioassistenciais.

A gestão das ações na área de assistência social passa a ser feita pelo Sistema Único de Assistência Social – SUAS –, integrado pelos entes federativos, pelos respectivos conselhos de assistência social e pelas entidades e organizações de assistência social.

A Lei n. 12.435, de 6 de julho de 2011, deu nova redação ao art. 3º da LOAS determinando que se consideram entidades e organizações de assistência social aquelas sem fins lucrativos que, isolada ou cumulativamente, prestam atendimento e assessoramento aos beneficiários abrangidos por essa lei, bem como as que atuam na defesa e garantia de direitos.

As instâncias deliberativas do SUAS têm caráter permanente e composição paritária entre governo e sociedade civil.

A mesma Lei n. 12.435, de 6 de julho de 2011, deu nova definição da família para efeito de assistência social. Assim, a família assistencial é composta pelo requerente, o cônjuge ou companheiro, os pais e, na ausência de um deles, a madrasta ou o padrasto, os irmãos solteiros, os filhos e enteados solteiros e os menores tutelados, desde que vivam sob o mesmo teto.

Considera-se pessoa com deficiência: aquela que tem impedimentos de longo prazo de natureza física, intelectual ou sensorial, os quais, em interação com diversas barreiras, podem obstruir sua participação plena e efetiva na sociedade com as demais pessoas; e impedimentos de longo prazo: aqueles que incapacitam a pessoa com deficiência para a vida independente e para o trabalho pelo prazo mínimo de 2 (dois) anos.

A assistência social organiza-se pelos seguintes tipos de proteção:

I – proteção social básica: conjunto de serviços, programas, projetos e benefícios da assistência social que visa a prevenir situações de vulnerabilidade e risco social por meio do desenvolvimento de potencialidades e aquisições e do fortalecimento de vínculos familiares e comunitários;

II – proteção social especial: conjunto de serviços, programas e projetos que tem por objetivo contribuir para a reconstrução de vínculos familiares e comunitários, a defesa de direito, o fortalecimento das potencialidades e aquisições e a proteção de famílias e indivíduos para o enfrentamento das situações de violação de direitos.

A vigilância socioassistencial é um dos instrumentos de proteção da assistência social que identifica e previne as situações de risco e vulnerabilidade social e seus agravos no território.

No subsistema assistencial, os riscos representam a incapacidade das famílias em assegurar o necessário apoio às crianças, aos adolescentes, aos idosos, às pessoas com deficiência e às mães. As ações assistenciais, conforme preceitos constitucionais, serão realizadas com recursos do orçamento da seguridade social, que estão determinados no art. 195 da Constituição Federal, ressalvada a possibilidade de criação de outras fontes.

Art. 34. Aos idosos, a partir de 65 (sessenta e cinco) anos, que não possuam meios para prover sua subsistência, nem de tê-la provida por sua família, é assegurado o benefício mensal de 1 (um) salário mínimo, nos termos da Lei Orgânica da Assistência Social – LOAS. (Vide Decreto n. 6.214, de 2007)

O benefício a que se refere este artigo é o Benefício de Prestação Continuada (BPC), que substituiu a prestação denominada Renda Mensal Vitalícia, nos termos do art. 37 da Lei n. 8.742/93 (Lei Orgânica da Assistência Social – LOAS), e passou a ser requerido efetivamente a partir de 1º-1-1996.

O benefício de prestação continuada é previsto no art. 203 da Constituição Federal, estando regulamentado no art. 20 da Lei Orgânica de Assistência Social

(LOAS). Consiste na garantia de um salário mínimo mensal a pessoa com deficiência[133] e ao idoso com 65 anos ou mais que comprovem não possuir meios de prover a própria manutenção ou de tê-la provida por sua família. O benefício não tem caráter vitalício, podendo ser revisto a cada dois anos para avaliação da continuidade das condições que lhe deram origem. Haverá a cessação do pagamento do benefício: a) quando não existirem mais as condições de acessibilidade; b) em caso de morte.

Até a edição da Lei n. 12.470/2011 a legislação determinara a aplicação do conceito de "família previdenciária" (dependentes estabelecidos no art. 16 da Lei n. 8.213/91) como grupo no qual se iria observar o critério econômico. Após a edição da Lei n. 12.470/2011 houve alteração do § 1º do art. 20 da LOAS, que inseriu o conceito de "família assistencial". Tal mudança, em que pese traga uma ampliação da composição familiar, justifica-se na medida em que se mostra mais próxima e compatível com a realidade da composição do grupo familiar brasileiro na atualidade.

A Lei n. 12.435/2011 modificou o conceito de família para efeitos de concessão de prestação assistencial: a família é a composta pelo requerente, o cônjuge ou companheiro, os pais e, na ausência de um deles, a madrasta ou o padrasto, os irmãos solteiros, os filhos e enteados solteiros e os menores tutelados, desde que vivam sob o mesmo teto.

O critério de necessidade econômica ou da aferição da hipossuficiência determinado no § 3º do art. 20 da Lei n. 8.742/93 é mantido pela Lei n. 12.435/2011. Como critério objetivo legal para aferição do critério econômico, o grupo familiar não pode ter renda superior a 1/4 do salário mínimo *per capita*.

A Lei n. 12.435/2011 acresceu o § 9º ao art. 20 da LOAS para determinar que a remuneração da pessoa com deficiência na condição de aprendiz não seja

---

[133] Pessoa com deficiência é aquela que tem impedimento de longo prazo (superior a dois anos na dicção da Lei n. 12.435/2011) de natureza física, intelectual ou sensorial, os quais, em interação com diversas barreiras, podem obstruir sua participação plena e efetiva na sociedade com as demais. Para a concessão do benefício de prestação continuada (BPC) para a pessoa com deficiência aplica-se a Classificação Internacional de Funcionalidade (CIF) e não mais a Classificação Internacional de Doença (CID). Sendo assim, para a concessão do benefício deve-se avaliar a presença da deficiência e do grau de impedimento. Para verificação da condição de pessoa com deficiência, será feita perícia (médico perito) e avaliação social (assistente social).

considerada para fins do cálculo da renda *per capita* familiar. Desde o primeiro momento o critério de aferição da necessidade econômica foi questionado. Por intermédio da ADI 1.232/DF, o Supremo Tribunal Federal manifestara-se no sentido de entender constitucional tal critério, já que a Constituição delegara ao legislador infraconstitucional a competência para estabelecimento desse critério.

A ADI 1.232/DF decidira pela constitucionalidade da limitação objetiva dos beneficiários contida no § 3º do art. 20 da LOAS, segundo o qual na aferição da hipossuficiência financeira para fins de obtenção do benefício de prestação continuada considera-se como incapaz de prover a própria subsistência apenas o integrante do grupo familiar cuja renda seja inferior a 1/4 do salário mínimo. Tal ADI, enquanto instrumento de controle concentrado de constitucionalidade, transitou em julgado no sentido de afirmar a constitucionalidade do critério objetivo, afastando a aplicação do critério subjetivo de que para aferição da renda poder-se-ia abater do total dos rendimentos do grupo familiar as despesas com medicamentos, saúde, habitação, educação e outros, projetando efeitos gerais (*erga omnes*) e vinculantes em relação aos órgãos do Poder Judiciário e da Administração Pública Brasileira. Não podemos deixar de manifestar nossa surpresa com a decisão proferida pelo Supremo Tribunal Federal nos Recursos Extraordinários 567.985/MT e 580.963/PR, nos quais o Plenário por maioria negou provimento aos recursos extraordinários interpostos pelo INSS em que se discutia o critério de cálculo utilizado com o intuito de aferir-se a renda mensal familiar *per capita* para fins de concessão do benefício assistencial a idoso e a pessoa com deficiência.

Nessa decisão, o STF declarou a inconstitucionalidade *incidenter tantum* do § 3º do art. 20 da Lei n. 8.742/93 e do parágrafo único do art. 34 da Lei n. 10.741/2003 (Estatuto do Idoso). Verifica-se claramente a adoção do critério da "inconstitucionalidade circunstancial. Nesta, segundo Pedro Lenza, busca-se, diante de uma lei formalmente constitucional, identificar que, circunstancialmente, a sua aplicação caracterizaria uma inconstitucionalidade, que poderíamos chamar de axiológica. Destacou o Ministro Gilmar Mendes ser possível a mudança da alteração do paradigma da decisão do STF, porque houve o esvaziamento da decisão tomada na ADI 1.232/DF. Ainda segundo o Ministro Celso de Mello, conquanto excepcional a medida, seria legítima a possibilidade de intervenção jurisdicional dos juízes e tribunais na conformação de determinadas políticas públicas, quando o próprio Estado deixasse de adimplir suas obrigações constitucionais, sem que isso pudesse configurar transgressão ao postulado da separação de Poderes. Ocorre que no caso em testilha não temos situação de inadimplemento de obrigações constitucionais, mas do estabelecimento de limites para acesso e verificação da condição de necessitado economicamente (critério de hipossuficiência econômica), que cabe ao Legislativo fixar. Por sua vez, destacamos a opinião do Ministro Teori Zavascki no sentido de que a norma em comento teria sido declarada constitucional em controle concentrado e que juízo contrário dependeria da caracterização de pressuposto de inconstitucionalidade superveniente, inocorrente na espécie. Em que pese se tenha proposto modulação dos efeitos da decisão no sentido de que os preceitos impugnados tivessem validade até 31-12-2015, não se obteve o quórum de 2/3 para seu estabelecimento. Sendo assim, temos uma situação que gera insegurança jurídica no tocante ao preenchimento ou não do critério econômico para aferição da hipossuficiência econômica para concessão do benefício de prestação continuada. Como restou apreciada a questão, hoje temos um vazio legislativo sobre a aferição da hipossuficiência econômica do beneficiário das prestações assistenciais. Insegurança jurídica que se espraia no campo de aplicação do próprio Poder Judiciário, bem como no ambiente administrativo. Nesse aspecto reflito sobre a questão do ativismo judicial e da distinção do Estado Democrático e do Estado de Direito. Buscar-se-á refletir sobre o papel e os limites do Poder Judiciário (função judiciária), diante do fenômeno denominado ativismo judicial acerca da recente decisão em matéria assistencial.

Por ativismo judicial devemos entender a forma como parte dos integrantes do Poder Judiciário entende a atual função jurisdicional. Não mais como apenas aplicador e chancelador do direito positivo, mas como parte integrante do núcleo de formação do direito. Destacamos que não há consenso nem sequer com a terminologia do neologismo "ativismo judicial", muito menos quanto aos seus limites. Um dos problemas do ativismo judicial diz respeito ao estabelecimento do limite da atuação do Poder Judiciário, visto que mesmo entre os seus adeptos há consenso de que o fenômeno deve ser aceito com temperamentos, uma vez que a atividade judicial não é atividade exata, mecânica: "na medida em que lhes cabe atribuir sentido a expressões vagas, fluidas e indeterminadas, como dignidade da pessoa humana, direito de privacidade ou boa-fé objetiva, tornam-se, em muitas situações, coparticipantes do processo de criação do direito". Ocorre que ser coparticipante da criação do direito não significa necessariamente estabelecer e determinar os parâmetros das políticas públicas. A declaração de inconstitucionalidade *incidenter tantum* do § 3º do art. 20 da Lei n. 8.742/93 e do parágrafo único do art. 34 da

Lei n. 10.741/2003 (Estatuto do Idoso) gera uma situação de insegurança jurídica no tocante ao preenchimento ou não do critério econômico para aferição da hipossuficiência econômica para concessão do benefício de prestação continuada. Como restou apreciada a questão, hoje temos um vazio legislativo sobre a aferição da hipossuficiência econômica do beneficiário das prestações assistenciais. Insegurança jurídica que se espraia no campo de aplicação do próprio Poder Judiciário, bem como no ambiente administrativo. As novas funções assumidas pelo Poder Judiciário decorrentes do ativismo judicial provocam uma fissura no sistema de repartição dos poderes, dando início a uma crise entre os poderes, ainda que potencial. Dieter Grimm afirma que "a jurisdição constitucional opera na interface da legislação e aplicação do direito, direito e política. Aí reside um perigo não insignificante de decisões políticas em uma roupagem com forma de justiça". Por conta dessa decisão do STF, o Legislativo há de agir para fazer aprovar lei que estabeleça com urgência o novo critério para aferição do requisito de hipossuficiência, capaz de autorizar a concessão do benefício de prestação continuada, sob pena da geração de uma zona de insegurança jurídica.

> **Parágrafo único.** O benefício já concedido a qualquer membro da família nos termos do caput não será computado para os fins do cálculo da renda familiar per capita a que se refere a LOAS.

Cabe destacar que depois de anos de discussão judicial e tendo em RE 963-PR, cujo Relator foi o Ministro Gilmar Mendes, a decisão do plenário do Supremo Tribunal Federal (STF) a qual reconheceu a interpretação extensiva da aplicação do parágrafo único do art. 34 do Estatuto do Idoso (Lei n. 10.741/2003) no que tange à aplicação na relação jurídica de concessão de benefício previdenciário. Para tanto foi autorizada pela Advocacia-Geral da União (AGU) a desistência e a não interposição de recursos das decisões judiciais, que desde o primeiro momento de análise entendera acerca da possibilidade da extensão dessa previsão aos benefícios de caráter previdenciário, nas seguintes situações:

I) quando requerido por idoso com 65 (sessenta e cinco) anos ou mais, não for considerado na aferição da renda *per capita* prevista no art. 20, § 3º, da Lei n. 8.742/93:

a) o benefício assistencial, no valor de um salário mínimo, recebido por outro idoso com 65 anos ou mais, que faça parte do mesmo núcleo familiar;

b) o benefício assistencial, no valor de um salário mínimo, recebido por pessoa com deficiência que faça parte do mesmo núcleo familiar;

c) o benefício previdenciário consistente em aposentadoria ou pensão por morte instituída por idoso, no valor de um salário mínimo, recebido por outro idoso com 65 anos ou mais, que faça parte do mesmo núcleo familiar;

II) quando requerido por pessoa com deficiência, não for considerado na aferição da renda *per capita* prevista no art. 20, § 3º, da Lei n. 8.742/93 o benefício assistencial:

a) o benefício assistencial, no valor de um salário mínimo, recebido por idoso com 65 anos ou mais, que faça parte do mesmo núcleo familiar;

b) o benefício assistencial, no valor de um salário mínimo, recebido por pessoa com deficiência, que faça parte do mesmo núcleo familiar.

Tais parâmetros não impedem a atuação da AGU quanto à discussão de matéria fática, bem como não desobrigam o oferecimento de resposta e a arguição de matérias processuais, prescrição, decadência (na forma do art. 301 do Código de Processo Civil) e outras matérias de ordem pública.

Art. 35. Todas as entidades de longa permanência, ou casa-lar, são obrigadas a firmar contrato de prestação de serviços com a pessoa idosa abrigada.

§ 1º No caso de entidades filantrópicas, ou casa-lar, é facultada a cobrança de participação do idoso no custeio da entidade.

§ 2º O Conselho Municipal do Idoso ou o Conselho Municipal da Assistência Social estabelecerá a forma de participação prevista no § 1º, que não poderá exceder a 70% (setenta por cento) de qualquer benefício previdenciário ou de assistência social percebido pelo idoso.

§ 3º Se a pessoa idosa for incapaz, caberá a seu representante legal firmar o contrato a que se refere o caput *deste artigo.*

O art. 230 da Constituição da República Federativa do Brasil determina que os programas de amparo aos idosos sejam executados preferencialmente em seus lares. A responsabilidade primeira do cuidado e zelo dos idosos é da família, que tem o dever de amparar as pessoas idosas, assegurando a sua participação na sociedade e na comunidade, defendendo sua dignidade e bem-estar e garantindo-lhes o direito à vida.

Casa-lar é a residência em sistema participativo, cedida por instituições públicas ou privadas, destinada a idosos detentores de renda insuficiente para sua manutenção e sem família na dicção do art. 4º do Decreto n. 1.948, de 3 de julho de 1996, no inciso III.

É prevista a possibilidade de cobrança de participação do idoso no custeio da entidade. Para que não haja abuso, a fiscalização há de ser feita com muito rigor. Cabe aos conselhos municipais do idoso ou ao conselho municipal da assistência social fiscalizar a forma de participação do idoso residente no custeio da entidade de longa permanência na forma da previsão do Estatuto do Idoso, que determina cobrança não excedente/não superior a 70% de qualquer benefício previdenciário ou de assistência social recebido pelo idoso e aplicação dos recursos para a melhoria das condições da entidade.

A legislação, ao determinar a assinatura de contrato de prestação de serviços com a pessoa idosa abrigada ou por intermédio de seu representante legal, dá condições a essas entidades de efetivarem e melhorarem a qualidade dos serviços prestados, como também permite a sua fiscalização e sob o aspecto psicológico permite a manutenção da autoestima do idoso que lá se encontra.

De acordo com a Portaria n. 810/89 do Ministério da Saúde, as instituições para idosos devem prover: assistência médica, odontológica, nutricional, psicológica, farmacêutica, enfermagem, fisioterapia, terapia ocupacional e fonoaudiologia, serviço social, apoio jurídico e administrativo e serviços gerais.

Destacamos que o Estatuto autoriza a cobrança apenas em casa-lar e não em relação aos idosos que estejam em asilos. O Decreto n. 1.948, de 3 de julho de 1996, que regulamenta a Lei n. 8.842, de 4 de janeiro de 1994, determina no art. 3º o que se deve entender por modalidade asilar de atendimento ao idoso:

> Art. 3º Entende-se por modalidade asilar o atendimento, em regime de internato, ao idoso sem vínculo familiar ou sem condições de prover à própria subsistência de modo a satisfazer as suas necessidades de moradia, alimentação, saúde e convivência social.
>
> Parágrafo único. A assistência na modalidade asilar ocorre no caso da inexistência do grupo familiar, abandono, carência de recursos financeiros próprios ou da própria família.

Art. 36. *O acolhimento de idosos em situação de risco social, por adulto ou núcleo familiar, caracteriza a dependência econômica, para os efeitos legais.*

Necessário se faz neste ponto indagar se o idoso acolhido em situação de risco social passa a ser dependente econômico para fins de dependência econômica previdenciária. Como a expressão da lei é genérica (*para os efeitos legais*), não deve se sobrepor à relação de dependentes previdenciários, determinada na Lei de Benefícios (Lei n. 8.213/91), sob pena de operar exclusão ou pelo menos rateio entre os dependentes previdenciários (já que a regra quando há mais de um dependente na mesma classe é o rateio). Aqui, diante de conflito aparente de normas, este deve ser resolvido pelo critério da especialidade. E entendemos que a norma especial é a da lei de benefícios da previdência social, razão pela qual a dependência econômica previdenciária é especial em relação à previsão genérica do Estatuto do Idoso, sob pena de ferimento aos arts. 5º e 37, *caput*, da Constituição Federal.

Capítulo IX
Da habitação*

Art. 37. *O idoso tem direito a moradia digna, no seio da família natural ou substituta, ou desacompanhado de seus familiares, quando assim o desejar, ou, ainda, em instituição pública ou privada.*

§ 1º A assistência integral na modalidade de entidade de longa permanência será prestada quando verificada inexistência de grupo familiar, casa-lar, abandono ou carência de recursos financeiros próprios ou da família.

§ 2º Toda instituição dedicada ao atendimento ao idoso fica obrigada a manter identificação externa visível, sob pena de interdição, além de atender toda a legislação pertinente.

§ 3º As instituições que abrigarem idosos são obrigadas a manter padrões de habitação compatíveis com as necessidades deles, bem como

---

* Por Juliana do Val Ribeiro.

> *provê-los com alimentação regular e higiene indispensáveis às normas sanitárias e com estas condizentes, sob as penas da lei.*

Em consonância com as disposições constitucionais, o direito à moradia digna é direito social garantido a todos os seres humanos e, em especial, às pessoas idosas.

Tal direito é corolário do princípio da dignidade da pessoa humana, previsto inicialmente no art. 1º, III, da Constituição, representando um dos fundamentos da República Federativa do Brasil.

Por dignidade da pessoa humana entendemos, nas palavras de Ingo Wolfgang Sarlet:

> a qualidade intrínseca e distintiva reconhecida em cada ser humano o faz merecedor do mesmo respeito e consideração por parte do Estado e da comunidade, implicando, neste sentido, um complexo de direitos e deveres fundamentais que assegurem a pessoa tanto contra todo e qualquer ato de cunho degradante e desumano, como venham a lhe garantir as condições essenciais mínimas para uma vida saudável, além de propiciar e promover sua participação ativa e corresponsável nos destinos da própria existência e da vida em comunhão com os demais seres humanos[134].

A preocupação com a dignidade da pessoa humana está também presente no cenário internacional, de forma que o preâmbulo da Declaração Universal dos Direitos do Homem e do Cidadão de 1948 assim dispõe: "o reconhecimento da dignidade inerente a todos os membros da família humana e de seus direitos iguais e inalienáveis é o fundamento da liberdade, da justiça e da paz no mundo".

Oswaldo Peregrina Rodrigues, sobre dignidade da pessoa humana e em especial sua relação com os idosos, afirma: "respeito, liberdade e dignidade são ingredientes imprescindíveis para que a pessoa humana, mormente a idosa, tenha garantidos seus direitos à vida e ao envelhecimento dignos e saudáveis, com a integral proteção dos seus interesses (individuais e sociais), assegurada a aplicabilidade à sua plena cidadania"[135].

---

[134] *Dignidade da pessoa humana e direitos fundamentais*, p. 60.
[135] Direitos do idoso. In: *Manual de direitos difusos*, p. 455.

Em razão de ser a moradia uma condição essencial para a garantia da dignidade da pessoa humana e para uma vida saudável, que engloba além da saúde física a saúde psíquica, a Constituição a previu, de forma expressa, no art. 6º, reconhecendo-o como direito social. No mesmo sentido é o tratamento dedicado à moradia na jurisprudência:

PROCESSO CIVIL. DIREITO CIVIL. EXECUÇÃO. LEI 8.009/90. PENHORA DE BEM DE FAMÍLIA. DEVEDOR NÃO RESIDENTE EM VIRTUDE DE USUFRUTO VITALÍCIO DO IMÓVEL EM BENEFÍCIO DE SUA GENITORA. DIREITO À MORADIA COMO DIREITO FUNDAMENTAL. DIGNIDADE DA PESSOA HUMANA. ESTATUTO DO IDOSO. IMPENHORABILIDADE DO IMÓVEL. 1. A Lei 8.009/1990 institui a impenhorabilidade do bem de família como um dos instrumentos de tutela do direito constitucional fundamental à moradia e, portanto, indispensável à composição de um mínimo existencial para vida digna, sendo certo que o princípio da dignidade da pessoa humana constitui-se em um dos baluartes da República Federativa do Brasil (art. 1º da CF/1988), razão pela qual deve nortear a exegese das normas jurídicas, mormente aquelas relacionadas a direito fundamental. 2. A Carta Política, no Capítulo VII, intitulado "Da Família, da Criança, do Adolescente, do Jovem e do Idoso", preconizou especial proteção ao idoso, incumbindo desse mister a sociedade, o Estado e a própria família, o que foi regulamentado pela Lei 10.741/2003 (Estatuto do Idoso), que consagra ao idoso a condição de sujeito de todos os direitos fundamentais, conferindo-lhe expectativa de moradia digna no seio da família natural, e situando o idoso, por conseguinte, como parte integrante dessa família. 3. O caso sob análise encarta a peculiaridade de a genitora do proprietário residir no imóvel, na condição de usufrutuária vitalícia, e aquele, por tal razão, habita com sua família imóvel alugado. Forçoso concluir, então, que a Constituição Federal alçou o direito à moradia à condição de desdobramento da própria dignidade humana, razão pela qual, quer por considerar que a genitora do recorrido é membro dessa entidade familiar, quer por vislumbrar que o amparo à mãe idosa é razão mais do que suficiente para justificar o fato de que o nu-proprietário habita imóvel alugado com sua família direta, ressoa estreme de dúvidas que o seu único bem imóvel faz jus à proteção conferida pela Lei 8.009/1990. 4. Ademais, no caso ora sob análise, o Tribunal de origem, com ampla cognição fático-probatória, entendeu pela impenhorabilidade do bem litigioso, consignando a inexistência de propriedade sobre outros imóveis. Infirmar tal decisão implicaria o revolvimento de fatos e provas, o que é defeso a esta Corte ante o teor da Súmula 7 do STJ. 5. Recurso especial não provido (STJ, REsp 950.663/SC, 4ªT., Rel. Min. Luis Felipe Salomão, julgamento em 10-4-2012, *DJ* 23-4-2012).

É de se notar ainda que o art. 229 da Constituição prevê que os filhos devem ajudar e amparar os pais na velhice, de forma que a Constituição optou por priorizar que a moradia do idoso seja no seio de sua família.

Por família, considerada como base da sociedade e com especial proteção pelo Estado, define a Constituição, em seu art. 226, como a união estável entre o homem e a mulher, assim como a comunidade formada por qualquer dos pais e seus descendentes.

Já o art. 230 da Constituição confere à família, à sociedade e ao Estado, em observância ao princípio da solidariedade, o dever de amparar as pessoas idosas, assegurando sua dignidade na posteridade.

Imperioso observar nesse dispositivo constitucional que a família vem prevista em primeiro lugar, o que demonstra que a responsabilidade primária pelo idoso é de sua família.

O § 1º desse mesmo artigo, reafirmando a preferência constitucional, expõe, de forma expressa, que os programas de amparo aos idosos serão executados, preferencialmente, em seus lares, o que demonstra, mais uma vez, a preocupação do legislador constitucional em priorizar a convivência familiar.

O art. XXV, n. 1, da Declaração Universal dos Direitos do Homem e do Cidadão dispõe que:

> Toda pessoa tem direito a um padrão de vida capaz de assegurar a si e a sua família saúde e bem-estar, inclusive alimentação, vestuário, habitação, cuidados médicos e os serviços sociais indispensáveis, e direito à segurança em caso de desemprego, doença, invalidez, viuvez, velhice ou outros casos de perda dos meios de subsistência fora de seu controle.

No âmbito das Nações Unidas, durante a II Assembleia Mundial sobre o Envelhecimento, celebrada em Madri em 2002, foi adotado o Plano de Ação Internacional sobre o Envelhecimento para "responder às oportunidades que oferece e aos desafios feitos pelo envelhecimento da população no século XXI e para promover o desenvolvimento de uma sociedade para todas as idades", servindo de referencial para direcionar as políticas públicas.

Os representantes dos Governos que participaram desse Plano de Ação resolveram adotar medidas em todos os níveis, nacional e internacional, em três direções prioritárias: "idosos e desenvolvimento, promoção da saúde e bem-estar na velhice e, ainda, criação de um ambiente propício e favorável".

Especificamente em relação ao direito à moradia, reconhece o referido Plano que:

> Para os idosos, a moradia e o ambiente são particularmente importantes devido a fatores como a acessibilidade e a segurança, o ônus financeiro que supõe manter um lar e a importante segurança emocional e psicológica que o lar oferece. É fato reconhecido que uma moradia satisfatória pode trazer benefícios para a saúde e o bem-estar. É também importante que, sempre que seja possível, os idosos tenham a possibilidade de escolher devidamente o lugar onde queiram viver, fator que é preciso incorporar às políticas e programas[136].

Cite-se ainda o documento conhecido como Carta de Atenas, elaborado por Le Corbusier, como resultado do IV Congresso Internacional de Arquitetura Moderna, realizado em 1933, sob o tema da "cidade funcional".

No referido documento afirma-se que "a cidade deve assegurar, nos planos espiritual e material, a liberdade individual e o benefício da ação coletiva", entendendo que as chaves do urbanismo estão nas quatro funções da cidade: habitar, trabalhar, recrear-se e circular.

No Sistema Regional Americano, o Protocolo de Direitos Sociais Econômicos e Culturais, conhecido como Protocolo de San Salvador, o art. 17 possui disposições destinadas à proteção de pessoas idosas, com a seguinte redação:

> Toda pessoa tem direito à proteção especial na velhice. Nesse sentido, os Estados-Partes comprometem-se a adotar de maneira progressiva as medidas necessárias a fim de pôr em prática este direito e, especialmente, a: a. Proporcionar instalações adequadas, bem como alimentação e assistência médica especializada, às pessoas de idade avançada que ca-

---

[136] Disponível em: <http://portal.mj.gov.br/sedh/ct/cndi/idoso1.pdf>.

reçam delas e não estejam em condições de provê-las por seus próprios meios; b. Executar programas trabalhistas específicos destinados a dar a pessoas idosas a possibilidade de realizar atividade produtiva adequada às suas capacidades, respeitando sua vocação ou desejos; c. Promover a formação de organizações sociais destinadas a melhorar a qualidade de vida das pessoas idosas.

Dado esse contorno constitucional e internacional, tem-se que o art. 37 do Estatuto do Idoso explicita, na legislação infraconstitucional, o direito à moradia digna.

Segundo o Estatuto, nos seus primeiros artigos, o idoso goza de todos os direitos inerentes à pessoa humana, bem como dos direitos específicos a eles conferidos em razão da proteção integral a que estão sujeitos, que incluem, entre outros, o direito de prioridade do seu atendimento por sua própria família, em detrimento do atendimento asilar, salvo nos casos em que os idosos não a possuam ou careçam de condições de manutenção da própria sobrevivência.

Em seu art. 3º, o Estatuto consagra o direito à convivência familiar e comunitária, estando prevista no inciso V a prioridade no atendimento do idoso por sua família.

É por essa razão que o artigo em análise garante o direito à moradia, devendo esta ser digna e, preferencialmente, no seio de sua família, seja ela natural ou substituta.

O idoso também tem direito à moradia digna se decidir viver desacompanhado de seus familiares, viver por conta própria.

A última opção é a institucionalização em equipamento público ou privado.

Por família natural entende-se aquela decorrente de laços consanguíneos, a família biológica. Essa denominação está prevista no Estatuto da Criança e do Adolescente, art. 25, em que o legislador conceitua família natural como "a comunidade formada pelos pais ou qualquer deles e seus descendentes".

A família substituta, por sua vez, é aquela que acolheu o idoso independentemente dos laços biológicos.

A respeito das atuais configurações das famílias, Maria Berenice Dias esclarece:

> desde a Constituição Federal, as estruturas familiares adquiriram novos contornos. Nas codificações anteriores, somente o casamento merecia

reconhecimento e proteção. Os demais vínculos familiares eram condenados à invisibilidade. A partir do momento em que as uniões matrimonializadas deixaram de ser reconhecidas como a única base da sociedade, aumentou o espectro de família. O princípio do pluralismo das entidades familiares é encarado como o reconhecimento pelo Estado da existência de várias possibilidades de arranjos familiares[137].

Essa pluralidade de arranjos familiares deve abranger, ainda, a família homoafetiva, de forma que o idoso tem direito de permanecer no seio de sua família independentemente de sua orientação social ou de seus familiares. A jurisprudência do Supremo Tribunal Federal segue essa tendência:

TRATAMENTO CONSTITUCIONAL DA INSTITUIÇÃO DA FAMÍLIA. RECONHECIMENTO DE QUE A CONSTITUIÇÃO FEDERAL NÃO EMPRESTA AO SUBSTANTIVO "FAMÍLIA" NENHUM SIGNIFICADO ORTODOXO OU DA PRÓPRIA TÉCNICA JURÍDICA. A FAMÍLIA COMO CATEGORIA SOCIOCULTURAL E PRINCÍPIO ESPIRITUAL. DIREITO SUBJETIVO DE CONSTITUIR FAMÍLIA. INTERPRETAÇÃO NÃO REDUCIONISTA. O *caput* do art. 226 confere à família, base da sociedade, especial proteção do Estado. Ênfase constitucional à instituição da família. Família em seu coloquial ou proverbial significado de núcleo doméstico, pouco importando se formal ou informalmente constituída, ou se integrada por casais heteroafetivos ou por pares homoafetivos. A Constituição de 1988, ao utilizar-se da expressão "família", não limita sua formação a casais heteroafetivos nem a formalidade cartorária, celebração civil ou liturgia religiosa. Família como instituição privada que, voluntariamente constituída entre pessoas adultas, mantém com o Estado e a sociedade civil uma necessária relação tricotômica. Núcleo familiar que é o principal lócus institucional de concreção dos direitos fundamentais que a própria Constituição designa por "intimidade e vida privada" (inciso X do art. 5º). Isonomia entre casais heteroafetivos e pares homoafetivos que somente ganha plenitude de sentido se desembocar no igual direito subjetivo à formação de uma autonomizada família. Família como figura central ou continente, de que tudo o mais é conteúdo. Imperiosidade da interpretação não reducionista do conceito de família como instituição que também se forma por vias distintas do casa-

---

[137] *Manual do direito das famílias*, p. 66.

mento civil. Avanço da Constituição Federal de 1988 no plano dos costumes. Caminhada na direção do pluralismo como categoria sociopolítico-cultural. Competência do Supremo Tribunal Federal para manter, interpretativamente, o Texto Magno na posse do seu fundamental atributo da coerência, o que passa pela eliminação de preconceito quanto à orientação sexual das pessoas. 4. UNIÃO ESTÁVEL. NORMAÇÃO CONSTITUCIONAL REFERIDA A HOMEM E MULHER, MAS APENAS PARA ESPECIAL PROTEÇÃO DESTA ÚLTIMA. FOCADO PROPÓSITO CONSTITUCIONAL DE ESTABELECER RELAÇÕES JURÍDICAS HORIZONTAIS OU SEM HIERARQUIA ENTRE AS DUAS TIPOLOGIAS DO GÊNERO HUMANO. IDENTIDADE CONSTITUCIONAL DOS CONCEITOS DE "ENTIDADE FAMILIAR" E "FAMÍLIA". A referência constitucional à dualidade básica homem/mulher, no § 3º do seu art. 226, deve-se ao centrado intuito de não se perder a menor oportunidade para favorecer relações jurídicas horizontais ou sem hierarquia no âmbito das sociedades domésticas. Reforço normativo a um mais eficiente combate à renitência patriarcal dos costumes brasileiros. Impossibilidade de uso da letra da Constituição para ressuscitar o art. 175 da Carta de 1967/1969. Não há como fazer rolar a cabeça do art. 226 no patíbulo do seu parágrafo terceiro. Dispositivo que, ao utilizar da terminologia "entidade familiar", não pretendeu diferenciá-la da "família". Inexistência de hierarquia ou diferença de qualidade jurídica entre as duas formas de constituição de um novo e autonomizado núcleo doméstico. Emprego do fraseado "entidade familiar" como sinônimo perfeito de família. A Constituição não interdita a formação de família por pessoas do mesmo sexo. Consagração do juízo de que não se proíbe nada a ninguém senão em face de um direito ou de proteção de um legítimo interesse de outrem, ou de toda a sociedade, o que não se dá na hipótese *sub judice*. Inexistência do direito dos indivíduos heteroafetivos à sua não equiparação jurídica com os indivíduos homoafetivos. Aplicabilidade do § 2º do art. 5º da Constituição Federal, a evidenciar que outros direitos e garantias, não expressamente listados na Constituição, emergem "do regime e dos princípios por ela adotados", *verbis*: "Os direitos e garantias expressos nesta Constituição não excluem outros decorrentes do regime e dos princípios por ela adotados, ou dos tratados internacionais em que a República Federativa do Brasil seja parte". 5. DIVERGÊNCIAS LATERAIS QUANTO À FUNDAMENTAÇÃO DO ACÓRDÃO. Anotação de que os Ministros Ricardo Lewandowski, Gilmar Mendes e Cezar Peluso convergiram no particular entendimento da impossibilidade de ortodoxo enquadramento da união homoafetiva nas espécies de família constitucionalmente estabelecidas. Sem embargo, reconheceram a união entre parceiros do mesmo sexo como uma nova forma de entidade familiar. Matéria aberta à conformação legislativa, sem prejuízo do reconhecimento da imediata autoaplicabilidade da Constituição (STF, ADI 4.277, Tribunal Pleno, Rel. Min. Ayres Britto, julgamento em 5-5-2011).

Oswaldo Peregrina Rodrigues entende que a disposição prevista no art. 37 é considerada uma ordem:"preferencial, porém, não taxativa, porque a situação fática demonstrará qual a convivência adequada e necessária para a garantia do direito e proteção à pessoa idosa"[138].

Importante ressaltar, nesse sentido, que ao idoso deve ser preservada a sua capacidade de escolha e a sua autonomia, nos termos do que dispõe o art. 10, § 1º, II, e § 2º do Estatuto do Idoso, uma vez que a simples condição de idoso não lhe subtrai a autonomia, própria de sua condição humana.

A excepcionalidade da institucionalização está confirmada pelo § 1º, em que se dispõe de forma expressa que a inserção em entidade de longa permanência será uma opção quando inexistir grupo familiar, casa-lar, quando a situação do idoso for de abandono ou de carência de recursos financeiros.

Como forma de proteção aos idosos e para resguardar seus direitos, o art. 98 do Estatuto tipifica como crime a seguinte conduta:"Abandonar o idoso em hospitais, casas de saúde, entidades de longa permanência, ou congêneres, ou não prover suas necessidades básicas, quando obrigado por lei ou mandado".

A respeito do crime tipificado no art. 98 do Estatuto do Idoso, Guilherme de Souza Nucci afirma:

> não se pode falar em abandono ou provimento de afeto ou amor, pois seria uma invasão legal – nunca antes realizada – no íntimo do ser humano, envolvendo mais o desejo – querer passivo – do que propriamente a vontade – querer ativo. [...] No mais, se fosse o abandono afetivo ou sentimental, poder-se-ia incentivar ainda maior cizânia entre familiares, pois um parente iria visitar o idoso apenas para evitar uma acusação criminal. Que tipo de visita seria essa? Saudável, por certo, não haveria de se dar. Sentimentos positivos não se impõem legalmente[139].

---

[138] Idem, p. 487.
[139] *Leis penais e processuais penais comentadas*.

A diferença entre essas modalidades de institucionalização pode ser esclarecida por meio do Decreto n. 1.948/96, que regulamenta a Política Nacional do Idoso, Lei n. 8.842/94. Vejamos.

O art. 3º do referido Decreto define o sistema asilar de atendimento[140] como: o "regime de internato ao idoso sem vínculo familiar ou sem condições de prover à própria subsistência de modo a satisfazer as suas necessidades de moradia, alimentação, saúde e convivência social".

Essa modalidade de atendimento é dedicada aos casos de inexistência de grupo familiar, situação de abandono ou carência de recursos financeiros próprios ou da família.

A jurisprudência do Tribunal de Justiça do Estado de São Paulo reconhece o dever do Estado de garantir o acolhimento do idoso em situação de risco:

OBRIGAÇÃO DE FAZER. ASSISTÊNCIA SOCIAL. IDOSO. Acolhimento institucional de idoso, em situação de risco, em instituição adequada. Inexistência de grupo familiar e carência de recursos financeiros próprios. Dever de proteção integral ao idoso. Inteligência dos arts. 23, II, e 23, da CF e art. 37 do Estatuto do Idoso. Sentença de procedência reformada apenas para afastar a condenação nos honorários advocatícios em favor do Ministério Público. Reexame necessário acolhido em parte e apelo parcialmente provido (TJSP, Ap. 0004964-71.2013.8.26.0037, 8ª Câm. de Direito Público, Rel. João Carlos Garcia, julgamento em 13-11-2013).

LEGITIMIDADE ATIVA *AD CAUSAM*. Ação civil pública ajuizada pelo Ministério Público. Defesa de interesse de idoso. Possibilidade. Atribuição institucional. Exegese pautada no disposto no artigo 129, inciso II, da Constituição Federal e artigo 74, inciso III, do Estatuto do Idoso. Preliminar afastada. AÇÃO CIVIL PÚBLICA. Pedido de acolhimento e manutenção de idosa em Instituição de Longa Permanência para Idosos. Falta de condições financeiras para pagamento de instituição privada e ausência de suporte familiar para o amparo da idosa. Observância da especificação dos sujeitos de direito. Dever público de acolhimento em instituição adequada. Realização do desiderato constitucional, e das disposições previstas no Estatuto do Idoso. Impossibilidade de denegação de direitos com base na discricionariedade administrativa. Margem

---

[140] Resolução da Diretoria Colegiada – RDC/ANVISA n. 283, de 26 de setembro de 2005, que aprova o Regulamento Técnico que define normas de funcionamento para as Instituições de Longa Permanência para Idosos, de caráter residencial.

de liberdade que deve pautar-se pela razoabilidade. Plena e imediata aplicação dos direitos fundamentais, seja individuais ou sociais. Exegese do estatuído no artigo 5º, § 1º, da Constituição Federal. Implementação da força normativa da Constituição (Konrad Hesse). Apelação provida, para o fim de determinar a manutenção da idosa na Instituição indicada, às expensas do erário, com ressalva (TJSP, Apelação 0020269-08.2009.8.26.0564, 5ª Câm. de Direito Público, Rel. Fermino Magnani Filho, julgamento em 14-1-2013).

As modalidades não asilares de atendimento seriam, nos termos do art. 4º do Decreto:

• Centro de Convivência: local destinado à permanência diurna do idoso, onde são desenvolvidas atividades físicas, laborativas, recreativas, culturais, associativas e de educação para a cidadania;

• Centro de Cuidados Diurno: Hospital-Dia e Centro-Dia – local destinado à permanência diurna do idoso dependente ou que possua deficiência temporária e necessite de assistência médica ou de assistência multiprofissional;

• Casa-Lar: residência, em sistema participativo, cedida por instituições públicas ou privadas, destinada a idosos detentores de renda insuficiente para sua manutenção e sem família;

• Oficina Abrigada de Trabalho: local destinado ao desenvolvimento, pelo idoso, de atividades produtivas, proporcionando-lhe oportunidade de elevar sua renda, sendo regida por normas específicas;

• Atendimento domiciliar: é o serviço prestado ao idoso que viva só e seja dependente, a fim de suprir as suas necessidades da vida diária. Esse serviço é prestado em seu próprio lar, por profissionais da área de saúde ou por pessoas da própria comunidade;

• Outras formas de atendimento: iniciativas surgidas na própria comunidade, que visem à promoção e à integração da pessoa idosa na família e na sociedade.

É nítida, então, a excepcionalidade da institucionalização integral dos idosos, de forma que sua convivência familiar e comunitária deve ser buscada e preservada sempre que possível, já que é mandamento constitucional ser dever da família amparar as pessoas idosas e ser direito dos idosos sua participação comunitária.

O § 2º do art. 37 determina que as instituições destinadas ao atendimento aos idosos devem manter identificação externa e visível, sob pena de interdição. É uma forma de facilitar a fiscalização e evitar que idosos fiquem institucionalizados de forma oculta, às margens da lei.

O art. 4º do Estatuto do Idoso é claro ao afirmar que "nenhum idoso será objeto de qualquer tipo de negligência, discriminação, violência, crueldade ou opressão, e todo atentado aos seus direitos, por ação ou omissão, será punido na forma da lei", sendo "dever de todos prevenir a ameaça ou violação aos direitos do idoso".

Conclui-se que essa determinação serve a duas finalidades: a uma para ser facilmente identificável para os idosos que dela necessitarem, a duas para garantir a idoneidade da instituição e a deixar à disposição para inspeção pelos órgãos competentes.

O Estatuto, nos arts. 48 a 55, trata das entidades de atendimento aos idosos, de suas obrigações e formas de fiscalização.

O art. 49 estabelece os princípios que as entidades de institucionalização de longa permanência deverão adotar no desenvolvimento de seus programas, incluindo, por exemplo, a preservação dos vínculos familiares e a participação do idoso nas atividades comunitárias.

Já o art. 55 elenca as penalidades administrativas a que as entidades de atendimento estão sujeitas, independentemente das responsabilidades civis e criminais dos dirigentes, caso descumpram as exigências previstas no Estatuto. Nos arts. 56 a 58, o Estatuto estabelece as infrações administrativas em caso de violação aos deveres previstos na lei.

Em atenção ao disposto no art. 9º do Estatuto do Idoso, em que o legislador confere ao Estado a obrigação de "garantir à pessoa idosa a proteção à vida e à saúde, mediante efetivação de políticas sociais públicas que permitam um envelhecimento saudável e em condições de dignidade", bem como em observância aos direitos dos idosos elencados no art. 3º, em que se inclui o direito à alimentação, à saúde e à dignidade, é que se tem a exigência do art. 37, § 3º, no sentido de que as instituições de acolhimento dos idosos mantenham padrões dignos de habitação, compatíveis com as necessidades inerentes à idade, bem como provejam alimentação e higiene indispensáveis às normas sanitárias.

A inobservância desses direitos pode implicar a tipificação do crime previsto no art. 99 do Estatuto.

Art. 38. *Nos programas habitacionais, públicos ou subsidiados com recursos públicos, o idoso goza de prioridade na aquisição de imóvel para moradia própria, observado o seguinte:*

I – reserva de pelo menos 3% (três por cento) das unidades habitacionais residenciais para atendimento aos idosos;

II – implantação de equipamentos urbanos comunitários voltados ao idoso;

III – eliminação de barreiras arquitetônicas e urbanísticas, para garantia de acessibilidade ao idoso;

IV – critérios de financiamento compatíveis com os rendimentos de aposentadoria e pensão.

Parágrafo único. *As unidades residenciais reservadas para atendimento a idosos devem situar-se, preferencialmente, no pavimento térreo.*

Dando efetividade ao direito do idoso à moradia digna e considerando a prioridade na manutenção dos vínculos familiares e na autonomia do idoso, prevê o art. 38 medidas específicas de acesso do idoso à habitação[141].

Essa previsão está relacionada com a determinação legal de proteção integral instituída pelo próprio Estatuto do Idoso, por meio de seu art. 2º, que visa assegurar ao idoso todas as oportunidades e facilidades para preservação de seus direitos, bem como a absoluta prioridade na sua efetivação.

O art. 3º, parágrafo único, dispõe que a absoluta prioridade compreende, entre outros, o atendimento preferencial junto aos órgãos públicos e privados prestadores de serviços públicos, preferência na formulação e execução de políticas públicas específicas e a destinação privilegiada de recursos públicos.

A Política Nacional do Idoso já previa no art. 10 que:"Na implementação da política nacional do idoso, são competências dos órgãos e entidades públicas: V – na área de habitação e urbanismo: a) destinar, nos programas habitacionais, unidades em regime de comodato ao idoso, na modalidade de casas-lares; b) incluir nos programas de assistência ao idoso formas de melhoria de condições de habitabilidade e adaptação de moradia, considerando seu estado do físico e sua independência de locomoção; c) elaborar critérios que garantam o acesso da pessoa idosa à habitação popular; d) diminuir barreiras arquitetônicas e urbanas".

---

[141] Reserva de unidades para idosos no Programa Federal Minha Casa Minha Vida, por meio da Portaria n. 610, de 26 de dezembro de 2011. Experiência prática em SP: Vila dos Idosos. Disponível em: <http://www.prefeitura.sp.gov.br/cidade/secretarias/habitacao/noticias/?p=4101>.

Pode-se citar também a previsão contida no Estatuto da Cidade, Lei n. 10.257, de 10 de julho de 2001, que estabelece como objetivo da política urbana ordenar o pleno desenvolvimento das funções sociais da cidade e da propriedade urbana, mediante as seguintes diretrizes gerais: "art. 2º [...] I – garantia do direito a cidades sustentáveis, entendido como o direito à terra urbana, à moradia, ao saneamento ambiental, à infraestrutura urbana, ao transporte e aos serviços públicos, ao trabalho e ao lazer, para as presentes e futuras gerações".

O legislador infraconstitucional optou por prever medidas específicas, uma espécie de ação afirmativa, na qual se confere ao idoso condições concretas e preferenciais para que se possa usufruir o direito à habitação.

Essa opção por ações afirmativas encontra respaldo nos documentos internacionais, como, por exemplo, no art. 17 do Protocolo de São Salvador, o qual estabelece que os "Estados-Partes comprometem-se a adotar de maneira progressiva as medidas necessárias a fim de pôr em prática este direito".

A utilização do termo "progressiva" deve ser entendida como uma forma de adoção de políticas sociais para redução das desigualdades. São políticas promocionais, compensatórias, direcionadas à implementação da igualdade, reconhecendo os idosos como indivíduos com peculiaridades e particularidades.

Flávia Piovesan, nesse sentido, analisando as formas de enfrentamento da discriminação pelo direito internacional dos direitos humanos, destaca as estratégias repressivas punitivas e as promocionais, e afirma:

> faz-se necessário combinar a proibição da discriminação com políticas compensatórias que acelerem a igualdade enquanto processo. Isto é, para assegurar a igualdade não basta apenas proibir a discriminação, mediante legislação repressiva. São essenciais as estratégias promocionais capazes de estimular a inserção e inclusão de grupos socialmente vulneráveis nos espaços sociais[142].

O artigo em análise garante a acessibilidade do idoso através da eliminação de barreiras arquitetônicas e urbanísticas, para que seja concretizado o seu direito de locomoção previsto no art. 5º, XV, da Constituição.

Sobre acessibilidade, a Convenção Internacional sobre os Direitos das Pessoas com Deficiência e seu Protocolo Facultativo, assinados em Nova York, em 30 de março de 2007, incorporada no direito brasileiro como emenda constitucional pelo Decreto n. 6.949, de 25 de agosto de 2009, dispõe que:

---

[142] *Ações afirmativas da perspectiva dos direitos humanos*, p. 49.

a fim de possibilitar às pessoas com deficiência viver de forma independente e participar plenamente de todos os aspectos da vida, os Estados Partes tomarão as medidas apropriadas para assegurar às pessoas com deficiência o acesso, em igualdade de oportunidades com as demais pessoas, ao meio físico, ao transporte, à informação e comunicação, inclusive aos sistemas e tecnologias da informação e comunicação, bem como a outros serviços e instalações abertos ao público ou de uso público, tanto na zona urbana como na rural. Essas medidas, que incluirão a identificação e a eliminação de obstáculos e barreiras à acessibilidade, serão aplicadas, entre outros, a: a) Edifícios, rodovias, meios de transporte e outras instalações internas e externas, inclusive escolas, residências, instalações médicas e local de trabalho; b) Informações, comunicações e outros serviços, inclusive serviços eletrônicos e serviços de emergência.

A Lei n. 10.098, de 19 de dezembro de 2000, estabelece normas gerais e critérios básicos para promoção da acessibilidade das pessoas com deficiência ou com mobilidade reduzida, o que inclui os idosos, mediante a supressão de barreiras e de obstáculos nas vias e espaços públicos, no mobiliário urbano, na construção e reforma de edifícios e nos meios de transporte e de comunicação (art. 1º).

Referida lei define acessibilidade como "possibilidade e condição de alcance para utilização, com segurança e autonomia, dos espaços, mobiliários e equipamentos urbanos, das edificações, dos transportes e dos sistemas e meios de comunicação, por pessoa portadora de deficiência ou com mobilidade reduzida" (art. 2º, I). Por barreira, o inciso II a conceitua como "qualquer entrave ou obstáculo que limite ou impeça o acesso, a liberdade de movimento e a circulação com segurança das pessoas".

Por fim, o parágrafo único estabelece de forma enfática, como meio de conferir acessibilidade, que as unidades residenciais devem ser situadas preferencialmente no piso térreo, reconhecendo as limitações de mobilidade próprias dos idosos.

Capítulo X
Do transporte*

Art. 39. Aos maiores de 65 (sessenta e cinco) anos fica assegurada a gratuidade dos transportes coletivos públicos urbanos e semiurbanos,

---

* Por Juliana do Val Ribeiro.

> exceto nos serviços seletivos e especiais, quando prestados paralelamente aos serviços regulares.
>
> § 1º Para ter acesso à gratuidade, basta que o idoso apresente qualquer documento pessoal que faça prova de sua idade.
>
> § 2º Nos veículos de transporte coletivo de que trata este artigo, serão reservados 10% (dez por cento) dos assentos para os idosos, devidamente identificados com a placa de reservado preferencialmente para idosos.
>
> § 3º No caso das pessoas compreendidas na faixa etária entre 60 (sessenta) e 65 (sessenta e cinco) anos, ficará a critério da legislação local dispor sobre as condições para exercício da gratuidade nos meios de transporte previstos no caput deste artigo.

Relacionada com o direito de liberdade e de participação na comunidade, a gratuidade dos transportes públicos coletivos garante ao idoso a manutenção de sua autonomia, de seu direito de locomoção e de seu direito de ir e vir, consagrando o dever constitucional, destinado não só ao Estado, mas também à sociedade, de amparar os idosos na sua velhice.

É do Estatuto do Idoso que o Estado deve garantir, mediante políticas públicas, a proteção da vida e da saúde, a fim de que seja permitido um envelhecimento saudável e em condições de dignidade.

O Estatuto da Cidade, Lei n. 10.257, de 10 de julho de 2001, em seu art. 2º, dispõe que a política urbana deve ser desenvolvida com o objetivo de promover o desenvolvimento das funções sociais da cidade e da propriedade urbana, devendo ter como diretriz a oferta de equipamentos urbanos e comunitários, transporte e serviços públicos adequados aos interesses e às necessidades da população.

Essa obrigação do Estado de promover o desenvolvimento das funções sociais da cidade se fundamenta nos conceitos de urbanismo moderno, previstos na Carta de Atenas, elaborada por Le Corbusier, em 1933, em que se entende que as chaves do urbanismo estão nas quatro funções da cidade, que seriam: habitar, trabalhar, recrear-se e circular.

Tais funções devem servir para conferir à cidade uma organização funcional, a fim de que as necessidades do homem sejam contempladas.

Dispõe o Estatuto que é obrigação do Estado e da sociedade assegurar à pessoa idosa a faculdade de ir, vir e estar nos logradouros públicos e espaços comunitários, bem como participar da vida familiar e comunitária, assim como da vida política, conforme o art. 10, § 1º.

Na perspectiva constitucional, o art. 230, § 2º, da Constituição estabelece que: "aos maiores de 65 anos é garantida a gratuidade dos transportes coletivos urbanos".

Essa norma constitucional é de eficácia plena e de aplicabilidade imediata, independendo de atuação do legislador infraconstitucional para produção de seus efeitos.

O Supremo Tribunal Federal, a respeito do tema, reconheceu que:

AÇÃO DIRETA DE INCONSTITUCIONALIDADE. ART. 39 DA LEI N. 10.741, DE 1º DE OUTUBRO DE 2003 (ESTATUTO DO IDOSO), QUE ASSEGURA GRATUIDADE DOS TRANSPORTES PÚBLICOS URBANOS E SEMIURBANOS AOS QUE TÊM MAIS DE 65 (SESSENTA E CINCO) ANOS. DIREITO CONSTITUCIONAL. NORMA CONSTITUCIONAL DE EFICÁCIA PLENA E APLICABILIDADE IMEDIATA. NORMA LEGAL QUE REPETE A NORMA CONSTITUCIONAL GARANTIDORA DO DIREITO. IMPROCEDÊNCIA DA AÇÃO. 1. O art. 39 da Lei n. 10.741/2003 (Estatuto do Idoso) apenas repete o que dispõe o § 2º do art. 230 da Constituição do Brasil. A norma constitucional é de eficácia plena e aplicabilidade imediata, pelo que não há eiva de invalidade jurídica na norma legal que repete os seus termos e determina que se concretize o quanto constitucionalmente disposto. 2. Ação direta de inconstitucionalidade julgada improcedente (STF, ADI 3.768/DF, Rel. Min. Cármem Lúcia, julgamento em 19-9-1997).

A Ministra Cármem Lúcia, na fundamentação de seu voto no referido julgamento, explica que:

o direito ao transporte gratuito dos que têm mais de 65 anos não é um fim em si mesmo. A facilidade de deslocamento físico do idoso pelo uso de transporte coletivo haverá de ser assegurada, como afirmado constitucionalmente, como garantia da qualidade digna de vida para aquele que não pode pagar ou já colaborou com a sociedade em períodos pretéritos, de modo que lhe assiste, nesta fase da vida, direito a ser assumido pela sociedade quanto aos ônus decorrentes daquele uso.

E continua, afirmando que a dignidade e o bem-estar dos idosos estão fortemente relacionados com a sua integração na comunidade para que possa dar a sua participação na vida da sociedade. Não é aboletado e aquietado em razão de sua carência para pagar transportes por meio dos quais possam se locomover que se estará garantindo ao idoso o direito que a Constituição lhe assegura.

Em outro julgado, a Ministra Rosa Weber segue mesmo entendimento: DIREITO ADMINISTRATIVO. TRANSPORTE COLETIVO. GRATUIDADE PARA O IDOSO. MANDADO DE SEGURANÇA CONCEDIDO NA ORIGEM. DEVER DE FISCALIZAÇÃO E DE EXPEDIÇÃO DE NORMA PELO ESTADO. OFENSA À CONSTITUIÇÃO FEDERAL NÃO CONFIGURADA. Eficácia plena e aplicabilidade imediata do art. 230, § 2º, da Constituição Federal, que assegurou a gratuidade nos transportes coletivos urbanos aos maiores de 65 anos, reconhecida em precedente desta Corte (ADI 3.768/DF, rel. Min. Cármen Lúcia, Tribunal Pleno, DJe 26.10.2007). Possibilidade de o Poder Judiciário determinar, em casos excepcionais, que o Poder Executivo adote medidas que viabilizem o exercício de direitos constitucionalmente assegurados. Ofensa ao princípio da separação de poderes não configurada. Precedentes. Agravo regimental conhecido e não provido. Analisando o texto constitucional em comparação com a norma contida no Estatuto do Idoso, podemos identificar algumas contradições. Inicialmente, a primeira diferença é a respeito da idade considerada para configurar a pessoa idosa como pertencente ao grupo em que se faz jus à gratuidade (STF, Ag. Reg. no AI 707.810/RJ, Rel. Min. Rosa Weber, julgamento em 22-5-2012).

O Estatuto do Idoso, em que pese considerar idoso a pessoa maior de 60 anos (art. 1º), no art. 39, segue a disposição constitucional e assegura a gratuidade dos transportes coletivos urbanos aos maiores de 65 anos. Para os demais interesses e direitos, mantém-se a idade de 60 anos.

Para sanar essa divergência, o § 3º do art. 39 dispõe que a legislação local poderá dispor sobre as condições para o exercício da gratuidade para as pessoas entre 60 e 65 anos.

Apesar de o art. 22, XI, da Constituição estabelecer que é competência privativa da União legislar sobre trânsito e transporte, o Estatuto confere aos municípios a competência para legislar nesse sentido, com espeque no art. 30, I, da Constituição, que confere aos municípios a competência para legislar sobre assuntos locais, bem como a competência para organizar e prestar, diretamente ou sob o regime de permissão ou concessão, os serviços públicos de interesse local, incluindo o de transporte coletivo, que tem caráter essencial (inciso V).

A segunda divergência identificada recai sobre a restrição realizada pelo Estatuto do idoso a respeito dos serviços seletivos e especiais, quando prestados paralelamente aos serviços regulares.

Sobre essa restrição, Marco Antonio Vilas Boas, afirma que:

segundo se percebe na sua escrita, a Carta Constitucional garantiu a gratuidade dos transportes coletivos urbanos. Já o Estatuto do Idoso, por sua conta e risco, garantiu este mesmo transporte e depois o retirou dos serviços seletivos e especiais, quando prestados paralelamente aos serviços regulares. Assim procedendo, nada mais fez o Estatuto do que mudar o curso de uma Norma Maior, restringindo-a, em franca infração à hierarquia das leis[143].

A respeito da prova da idade, o Estatuto exige tão somente a apresentação de documento pessoal, sendo ilegal a conduta de empresas concessionárias de exigir cadastramento prévio ou qualquer outra exigência adicional.

Nesse sentido:

ADMINSTRATIVO. TRANSPORTE. PASSE LIVRE. IDOSO. DANO MORAL COLETIVO. DESNECESSIDADE DE COMPROVAÇÃO DA DOR E DE SOFRIMENTO. APLICAÇÃO EXCLUSIVA AO DANO MORAL INDIVIDUAL. CADASTRAMENTO DE IDOSO PARA USFRUTO DE DIREITO. ILEGALIDADE DA EXIGÊNCIA PELA EMPRESA DE TRANSPORTE. ART. 39, § 1º, DO ESTATUTO DO IDOSO. LEI 10.741/2003. VIAÇÃO NÃO PREQUESTIONADO. 1. O dano moral coletivo, assim entendido que é transidvidual e atinge uma classe específica ou não de pessoas, é passível de comprovação pela presença de prejuízo à imagem e à moral coletiva dos indivíduos enquanto síntese das individualidades percebidas com segmento, derivado e uma mesma relação jurídica-base. 2. O dano extrapatrimonial coletivo prescinde da comprovação de dor, de sofrimento e de abalo psicológico, suscetíveis de apreciação na esfera do indivíduo, mas inaplicável aos interesses difusos e coletivos. 3. Na espécie, o dano coletivo apontado foi a submissão dos idoso a procedimento de cadastramento para o gozo do benefício do passe livre, cujo deslocamento fica custeado pelos interessados, quando Estatuto do Idoso, art. 39, § 1º exige apenas a apresentação de documento de identidade. 4. Conduta da empresa de viação injurídica se considerado sistema normativo. 5. Afastada sanção pecuniária pelo Tribunal que considerou as circunstâncias fáticas e probatórias e restando sem prequestionamento Estatuto do Idoso, mantém-se a decisão. 6.

---

[143] *Estatuto do Idoso comentado*, p. 76.

Recurso especial parcialmente provido (STJ, REsp 1.057.274, Rel. Min. Eliana Calmon, julgamento em 1º-12-2009).

Há ainda discussão na jurisprudência a respeito da lacuna existente na legislação sobre a gratuidade nos transportes intermunicipais, uma vez que o Estatuto não se refere, de forma expressa, a esse tipo de transporte, causando divergências entre o interesse econômico das empresas prestadoras de serviços e o interesse social dos usuários.

Mas, em respeito ao princípio da unidade do ordenamento jurídico, as previsões deste artigo devem ser estendidas aos transportes intermunicipais, uma vez que a finalidade do Estatuto é conferir ao idoso a autonomia necessária para a manutenção de sua liberdade, de seu direito de locomoção, de sua inclusão social, do acesso aos direitos fundamentais, tais como lazer, cultura, bem como a convivência familiar e comunitária.

A norma é direcionada para a garantia dos direitos dos idosos, devendo ser analisada de forma a conferir maior efetividade aos direitos por ela protegidos, e não no sentido de preservar os interesses econômicos das empresas concessionárias de serviço público.

Sobre essa questão:

> Ação Civil Pública. Transporte coletivo intermunicipal. Pretensão em coibir desrespeito aos direitos dos idosos pela não observância da gratuidade aos maiores de 65 anos que utilizam o transporte coletivo. Exegese do artigo 230, § 2º, da Constituição Federal e artigo 39 do Estatuto do Idoso. Sentença de improcedência reformada. Recurso de apelação parcialmente provido (TJSP, Ap. Cível 0176527-94.2006, Rel. Des. Leonel Costa, julgamento em 23-8-2011).
>
> AÇÃO CIVIL PÚBLICA. Transporte coletivo suburbano. Objetivo de coibir desrespeito aos direitos de idosos e de pessoas portadoras de deficiência, pois a empresa requerida não observa a plena gratuidade aos idosos que se utilizam de transporte coletivo, no trecho suburbano (linhas Votuporanga-Tanabi-São José do Rio Preto e Tanabi e São José do Rio Preto). Limitação ao direito à gratuidade do transporte aos maiores de 65 anos garantido constitucionalmente, bem como previsão no art. 39 da Lei n. 10.741/03. Sentença de procedência parcial mantida. Recurso não provido (TJSP, Ap. Cível 9203330-53.2009, Rel. Des. Rebouças de Carvalho, julgamento em 14-4-2010).

Por fim, com o fito de coibir violações a esse direito, o Estatuto previu, no art. 96, como conduta tipificada "discriminar pessoa idosa, impedindo ou dificultando seu acesso a operações bancárias, aos meios de transporte, ao direito de contratar ou por qualquer outro meio ou instrumento necessário ao exercício da cidadania, por motivo de idade".

Art. 40. No sistema de transporte coletivo interestadual observar-se-á, nos termos da legislação específica:

I – a reserva de 2 (duas) vagas gratuitas por veículo para idosos com renda igual ou inferior a 2 (dois) salários mínimos;

II – desconto de 50% (cinquenta por cento), no mínimo, no valor das passagens, para os idosos que excederem as vagas gratuitas, com renda igual ou inferior a 2 (dois) salários mínimos.

Parágrafo único. Caberá aos órgãos competentes definir os mecanismos e os critérios para o exercício dos direitos previstos nos incisos I e II.

Para conferir ainda efetividade ao direito de ir e vir, agora em sede de transporte interestadual, o art. 40 do Estatuto do Idoso estabelece critérios específicos, tendo sido regulamentado pelo Decreto n. 5.934, de 18 de outubro de 2006.

O art. 3º do Decreto estabelece que:

> ao idoso com renda igual ou inferior a dois salários mínimos serão reservadas duas vagas gratuitas em cada veículo, comboio ferroviário ou embarcação do serviço convencional de transporte interestadual de passageiros e define serviço convencional como os serviços de transporte rodoviário interestadual convencional de passageiros, prestado com veículo de características básicas, com ou sem sanitários, em linhas regulares; os serviços de transporte ferroviário interestadual de passageiros, em linhas regulares; e os serviços de transporte aquaviário interestadual, abertos ao público, realizados nos rios, lagos, lagoas e baías, que operam linhas regulares, inclusive travessias.

Regulamentando o inciso II do art. 40, o art. 4º do Decreto dispõe que:

> além das vagas previstas no art. 3º, o idoso com renda igual ou inferior a dois salários mínimos terá direito ao desconto mínimo de cinquenta por cento do valor da passagem para os demais assentos do veículo, comboio ferroviário ou embarcação do serviço convencional de transporte interestadual de passageiros.

Para o desconto, o idoso deverá adquirir o bilhete de passagem obedecendo aos seguintes prazos: "I – para viagens com distância até 500 km, com, no máximo, seis horas de antecedência; e II – para viagens com distância acima de 500 km, com, no máximo, doze horas de antecedência".

A inobservância das disposições acima referidas pelas prestadoras de serviço de transporte pode ensejar a aplicação das sanções previstas no art. 78-A da Lei n. 10.233, de 5 de junho de 2001, nos seguintes termos:

Art. 78-A. A infração a esta Lei e o descumprimento dos deveres estabelecidos no contrato de concessão, no termo de permissão e na autorização sujeitará o responsável às seguintes sanções, aplicáveis pela ANTT e pela ANTAQ, sem prejuízo das de natureza civil e penal:

I – advertência;

II – multa;

III – suspensão;

IV – cassação;

V – declaração de inidoneidade;

VI – perdimento do veículo.

Sobre o tema:

A Agência Nacional de Transportes Terrestres – ANTT, com fundamento no art. 4º da Lei 4.348/64, requer a suspensão da execução da medida liminar concedida pelo relator do Mandado de Segurança n. 2006.01.00.043354-2, em trâmite no Tribunal Regional Federal da 1ª Região, que restabeleceu a decisão proferida pelo Juízo Federal da 14ª Vara da Seção Judiciária do Distrito Federal, nos autos da Ação Ordinária n. 2006.34.00.033067-1, a qual desobrigava as associadas da Associação Brasileira das Empresas de Transportes Terrestres de Passageiros – ABRATI da implicação dos benefícios relativos ao transporte de idosos, nos termos do art. 40 da Lei 10.741/2003. Na referida ação ordinária, a Associação Brasileira das Empresas de Transportes Terrestres de Passageiros – ABRATI pleiteia que suas associadas fiquem desobrigadas de realizar o transporte interestadual de passageiros idosos, até a efetiva regulamentação do art. 40, I e II, do Estatuto do Idoso, Lei 10.741/2003, bem como que as rés, União e ANTT, abstenham-se de qualquer ato tendente a punir as associadas da autora por descumprimento ao Decreto 5.934/2006 e à Resolução ANTT 1.692/2006. [...] Daí o presente pedido de suspensão de segurança. A requerente sustenta, mais, em síntese: [...] c) natureza tarifária, e não assistencial, do benefício previsto no art. 40 da Lei 10.741/2003, o que afasta qualquer alegação de inconstitucionalidade em face do art. 195, § 5º, da Constituição da República; d) ocorrência de grave lesão à ordem pública, dado que a decisão impugnada "suprimiu de todos os idosos com renda de até dois salários mínimos (universo indeterminado) o direito constante do art. 40 do Estatuto do Idoso, em nítido favorecimento aos interesses econômicos das empresas transportadoras, em detrimento dos interesses de todos os cidadãos idosos e carentes do país, que necessitam fazer uso do serviço público, delegado a terceiros, de transporte rodoviário interestadual de passageiros", em flagrante violação aos valores da solidariedade e da dignidade da pessoa humana e, especialmente, ao princípio do amparo às pessoas idosas, consagrado no art. 230 da Constituição da República [...]. Ademais, acrescenta que o pedido de contracautela ora requerido não trará qualquer prejuízo às empresas permissionárias, na medida em que a legislação pertinente lhes assegura mecanismos e critérios para repactuação do equilíbrio econômico-financeiro do contrato, no caso de eventuais prejuízos que venham a sofrer em decorrência da implementação do benefício previsto no art. 40 do Estatuto do Idoso. [...] Inicialmente, reconheço que a controvérsia instaurada no mandado de segurança em apreço evidencia a existência de matéria constitucional: alegação de inconstitucionalidade da exigência do art. 40 da Lei 10.741/2003 em face do art. 195, § 5º, da Constituição da República. Dessa forma, cumpre ter presente que a Presidência do Supremo Tribunal Federal dispõe de competência para examinar questão cujo fundamento jurídico é de natureza constitucional (art. 297 do RISTF, c/c art. 25 da Lei 8.038/90). O art. 40 da Lei 10.741/03 (Estatuto do Idoso) prevê, entre outros, a reserva de 2 (duas) vagas gratuitas por veículo para idosos com renda igual ou inferior a 2 (dois) salários mínimos, nos termos de Regulamento. Prevê-se também que desconto de 50% (cinquenta por cento), no mínimo, no valor das passagens, para os idosos que excederem as vagas gratuitas, e que comprovem ainda renda igual ou inferior a dois salários mínimos. O art. 9º do Decreto n. 5.934/06 consagra que "disponibilizado o benefício tarifário a ANTT e o concessionário ou permissionário adotarão providências as providências cabíveis para a manutenção do equilíbrio econômico-financeiro do contrato, nos termos do art. 35 da Lei n. 9.074/95. O que se tem, até o presente momento, é o disposto no art. 8º da Resolução ANTT n. 1.692/06, que diz que a referida agência regulamentadora em Resolução Específica estabelecerá a revisão da planilha tarifária para a recomposição do equilíbrio econômico-financeiro do contrato, adiando-se a providência determinada pelo art. 35 da Lei n.

9.074/95. É notório, portanto, que a questão exige providência administrativa, tendo em vista o disposto no art. 175 combinado com o art. 37, XXI, da CF 88. É certo, que a Constituição prevê em seu art. 230 que "a família, a sociedade e o Estado têm o dever de amparar as pessoas idosas, assegurando sua participação na comunidade, defendendo sua dignidade e bem-estar e garantindo-lhes o direito à vida". Afigura-se inequívoco que a Lei n. 10.741/03, que concede o benefício da gratuidade nos transportes coletivos para idosos com renda igual ou inferior a dois salários mínimos, confere parcial concretização à norma constitucional em apreço. É certo também que o modelo legal adotado tem reflexos no sistema de prestação de serviços públicos de transporte mediante concessão ou permissão. Não há dúvida, ademais, de que negar em sede cautelar aos idosos o benefício conferido pela lei questionada afigurar-se-ia sumamente injusto e, porque não dizê-lo, flagrantemente desproporcional. Supposto prejuízo ou desequilíbrio de custos na equação da prestação dos serviços concedidos pode ser eventualmente superado, a partir da atuação da própria Administração, ou desta em conjunto com as prestadoras do serviço. Talvez esse assunto possua maior relevo que a própria controvérsia desenvolvida em torno do art. 195, § 5º, da Constituição. Assim, dada a natureza do interesse que se pretende proteger, verifico que se encontra devidamente demonstrada a grave lesão à ordem pública, considerada a perspectiva da ordem jurídico-constitucional, ante o dever e a necessidade de concretização dos direitos e garantias fundamentais previstos na Constituição da República, notadamente o dever de o Estado amparar o idoso economicamente hipossuficiente. A Lei 4.348/64, em seu art. 4º, autoriza o deferimento do pedido de suspensão de segurança para evitar grave lesão à ordem, à saúde, à segurança e à economia públicas. Finalmente, assevere-se que a discussão acerca da regularidade do julgamento do mandado de segurança e da natureza jurídica do benefício do art. 40 do Estatuto do Idoso não pode ser aqui sopesada e apreciada. É que não cabe, em suspensão de segurança, a análise com profundidade e extensão da matéria de mérito analisada na origem (SS 1.918-AgR/DF, rel. Min. Maurício Corrêa, *DJ* 30.4.2004), domínio reservado ao juízo recursal. Ante o exposto, defiro o pedido para suspender a execução da medida liminar concedida no Mandado de Segurança n. 2006.01.00.043354-2, até o julgamento da Ação Ordinária n. 2006.34.00.033067-1. Comunique-se, com urgência. Publique-se. Brasília, 5 de janeiro de 2007. Ministro Gilmar Mendes Vice-Presidente (RISTF, art. 37, I, c/c art. 13, VIII) (STF, SS 3.052/DF, Rel. Min. Gilmar Mendes, julgamento em 5-1-2007).

ADMINISTRATIVO. RECURSO ESPECIAL. AÇÃO ORDINÁRIA. TRANSPORTE INTERESTADUAL DE PASSAGEIROS. ESTATUTO DO IDOSO. PLENA EFETIVIDADE DA NORMA QUE PREVÊ GRATUIDADE. 1. A Lei 10.741/2003 (Estatuto do Idoso) prevê a reserva de duas vagas gratuitas, por veículo, para idosos com renda igual ou inferior a dois salários mínimos, no sistema de transporte coletivo interestadual, bem como desconto de cinquenta por cento (50%), no mínimo, no valor das passagens, para os idosos que excederem as vagas gratuitas, com renda igual ou inferior a dois salários mínimos. 2. Com o ajuizamento da presente ação, a parte autora pretende desobrigar-se de conceder o referido benefício, enquanto não houver a necessária regulamentação da matéria e a criação da respectiva fonte de custeio, de modo a preservar o equilíbrio econômico-financeiro do contrato de concessão. 3. Com o objetivo de regulamentar o benefício em questão, foi editado, inicialmente, o Decreto 5.130/2004, que, embora tenha conferido amplo tratamento à matéria, foi omisso quanto à criação da mencionada fonte de custeio. 4. Mais recentemente, no entanto, foi editado o Decreto 5.934/2006, que estabelece mecanismos e critérios a serem adotados na aplicação do disposto no art. 40 da Lei 10.741/2003, passando a prever, em seu art. 9º, que, "disponibilizado o benefício tarifário, a ANTT, a ANTAQ e o concessionário ou permissionário adotarão as providências cabíveis para o atendimento ao disposto no *caput* do art. 35 da Lei n. 9.074, de 7 de julho de 1995". Dispôs, ainda, em seu parágrafo único, que "a concessionária ou permissionária deverá apresentar a documentação necessária para a comprovação do impacto do benefício no equilíbrio econômico-financeiro do contrato, observados os termos da legislação aplicável". 5. No intuito de conferir efetividade à norma em comento, a ANTT expediu a Resolução 1.692/2006, dispondo que "a ANTT, em Resolução específica, estabelecerá a revisão da planilha tarifária para recomposição do equilíbrio econômico-financeiro, em observância ao disposto no *caput* do art. 35 da Lei n. 9.074, de 7 de julho de 1995, referente às duas vagas de que trata o *caput* do art. 2º desta Resolução, caso o benefício concedido aos idosos resulte comprovadamente em desequilíbrio econômico-financeiro dos contratos". 6. Verifica-se, desse modo, que a legislação atual, a qual deve ser levada em consideração por força do disposto no art. 462 do CPC, prevê mecanismos adequados para a recomposição de prejuízos eventualmente suportados pelas concessionárias prestadoras do serviço de transporte interestadual de passageiro, dependendo somente da efetiva comprovação do impacto econômico-financeiro negativo em decorrência dos descontos concedidos. 7. Essa parece ser a solução mais adequada ao caso, pois, como bem ressaltado no acórdão recorrido, "os veículos que executam o transporte interestadual trafegam, normalmente, com substancial ociosidade de vagas, sendo certo que, diante dessa situação, o transporte gratuito de dois idosos e a concessão de descontos aos demais não traria prejuízos tão graves às concessionárias a ponto de representar risco ao equilíbrio econômico-financeiro dos seus contratos de concessão". 8. Registra-se, por oportuno, que o Supremo Tribunal Federal, ao apreciar a matéria em questão nos autos da Suspensão de Segurança 3.052/DF, já se manifestou, por intermédio de decisão proferida pelo eminente Ministro Gilmar Mendes, que "suposto prejuízo ou desequilíbrio de custos na equação da prestação dos serviços concedidos pode ser eventualmente superado, a partir da atuação da própria Administração, ou desta em conjunto com as prestadoras do serviço". 9. A questão envolvendo a necessidade da criação de uma fonte de custeio para a instituição ou majoração de benefício ou serviço da seguridade social, nos termos do que dispõe o § 5º do art. 195 da Constituição Federal, não pode ser analisada em sede de recurso especial, por envolver matéria de natureza constitucional. 10. Recurso especial desprovido (STJ, REsp 1.054.390/DF, Rel. Min. Denise Arruda, julgamento em 19-11-2009).

Evidencia-se que as disputas judiciais, em sua maioria, dirigem-se à discussão acerca da manutenção do equilíbrio econômico-financeiro nos contratos firmados entre os entes públicos e as prestadoras de serviço de transporte, ante a gratuidade prevista no Estatuto. Outra não poderia ser a inclinação da jurisprudência do que a priorização do direito fundamental do idoso em detrimento de qualquer interesse econômico quando se está em jogo a colisão de direitos.

Art. 41. É assegurada a reserva, para os idosos, nos termos da lei local, de 5% (cinco por cento) das vagas nos estacionamentos públicos e privados, as quais deverão ser posicionadas de forma a garantir a melhor comodidade ao idoso.

Esse dispositivo do Estatuto se parece com o art. 7º da Lei n. 10.098, de 19 de dezembro de 2000, que estabelece normas gerais e critérios básicos para a promoção da acessibilidade das pessoas portadoras de deficiência ou com mobilidade reduzida, assim disposto:

> Em todas as áreas de estacionamento de veículos, localizadas em vias ou em espaços públicos, deverão ser reservadas vagas próximas dos acessos de circulação de pedestres, devidamente sinalizadas, para veículos que

transportem pessoas portadoras de deficiência com dificuldade de locomoção. Parágrafo único. As vagas a que se refere o *caput* deste artigo deverão ser em número equivalente a dois por cento do total, garantida, no mínimo, uma vaga, devidamente sinalizada e com as especificações técnicas de desenho e traçado de acordo com as normas técnicas vigentes.

A determinação de reserva de vagas é um reconhecimento de que os idosos devem receber tratamento prioritário, e devem, em razão de sua condição peculiar, que resulta na maioria das vezes em dificuldades físicas e de de mobilidade, ter garantidas vagas nos estacionamentos, sejam eles públicos ou privados.

A previsão de reserva de vagas em estacionamentos privados encontra respaldo na teoria da eficácia dos direitos fundamentais nas relações de direito privado[144], é dizer, considerando que os direitos fundamentais são os alicerces do ordenamento jurídico, a irradiação de seus efeitos transcende a relação cidadão/poder público, refletindo nas relações privadas, por isso que se justifica a determinação legal no sentido de se reservar vagas, em estacionamentos privados, como garantia do livre exercício do direito de ir e vir conferido aos idosos.

Mister se faz recordar que o art. 5º, § 1º, da Constituição Federal dispõe que os direitos fundamentais têm aplicabilidade imediata, o que significa que as normas definidoras de direitos fundamentais devem ter eficácia direta e imediata, produzindo seus efeitos inclusive na relação entre particulares.

Exatamente nesse sentido, a Ministra Ellen Gracie, no bojo do julgamento do Recurso Extraordinário 201.819-8/RJ[145], reconheceu que:

> Eficácia dos direitos fundamentais nas relações privadas. As violações aos direitos fundamentais não ocorrem somente no âmbito das relações entre o cidadão e o Estado, mas igualmente nas relações travadas entre pessoas físicas e jurídicas de direito privado. Assim, os direitos funda-

---

[144] A doutrina costuma denominar essa incidência como eficácia horizontal dos direitos fundamentais, mas Ingo Wolfgang Sarlet aponta que essa expressão está sendo renunciada no cenário internacional, uma vez que considera que a incidência dos efeitos jurídicos das normas de direitos fundamentais não recai somente na relação entre atores privados, mas também influencia os atos dos agentes estatais (SARLET, Ingo Wolfgang. Neoconstitucionalismo e influência dos direitos fundamentais no direito privado: uma visão panorâmica sobre o caso brasileiro. In: *Neoconstitucionalismo*. Rio de Janeiro: Forense, 2009).
[145] STF, RE 201.819-8/RJ, Rel. Min. Ellen Gracie, julgamento em 11-10-2005.

mentais assegurados pela Constituição vinculam diretamente não apenas os poderes públicos, estando direcionados também à proteção dos particulares em face dos poderes privados.

Ingo Wolfgang Sarlet também entende que:

> justamente pelo fato de os direitos fundamentais estarem sujeitos a violações oriundas direitos uns dos outros (no mínimo é possível partir de um dever – juridicamente vinculativo – de respeito e não violação por parte dos sujeitos privados) é que o Estado, por estar vedado ao particular cuidar ele próprio da tutela dos seus direitos (salvo em casos excepcionais), possui um dever de proteção[146].

Sobre vagas destinadas a idosos:

> ADMINISTRATIVO E PROCESSUAL CIVIL. RECURSO ORDINÁRIO EM MANDADO DE SEGURANÇA. IDOSO. PRETENSÃO DE UTILIZAÇÃO DE VAGAS ESPECIAIS PARA IDOSOS EM ESTACIONAMENTO LOCALIZADO DENTRO DE BEM DE USO ESPECIAL (FÓRUM DE JUSTIÇA). ART. 41 DA LEI N. 10.741/2003. NÃO APLICAÇÃO. 1. Trata-se de recurso ordinário em mandado de segurança no qual se discute se o impetrante, na qualidade de idoso, tem direito de utilizar o estacionamento interno do Fórum Leal Fagundes, o qual é usado, privativamente, pelos servidores do órgão. 2. O art. 41 da Lei n. 10.741/2003 não pode ser objeto de interpretação literal para assegurar a pretensão do impetrante de utilizar as vagas reservadas para idosos no estacionamento do fórum, se esse estacionamento se encontra dentro da área territorial do imóvel em que se encontra o órgão. 3. Conquanto o estacionamento do fórum esteja localizado em área pública, deve-se atentar para o fato de essa área estar restrita ao uso especial daqueles que receberem autorização estatal para o seu uso, nos termos do art. 99, II, do Código Civil. Precedente: RMS 20043/SP, Rel. Ministro Teori Albino Zavascki, Primeira Turma, *DJ* 21/09/2006. 4. Nesse contexto, a previsão legal de reserva de 5% das vagas nos estacionamentos públicos estabelecida pelo art. 41 da Lei n. 10.741/2003 não impede que a administração do fórum restrinja o uso de determinada área de estacionamento somente às pessoas idosas que, de alguma forma, estão vinculadas às atividades desenvolvidas pelo órgão público. 5. Recurso ordinário não provido (STJ, RMS 32.340/DF, Rel. Min. Benedito Gonçalves, julgamento em 26-10-2010).

---

[146] Neoconstitucionalismo e influência dos direitos fundamentais no direito privado: uma visão panorâmica sobre o caso brasileiro, cit., p. 603.

Se o Estatuto do Idoso protege o direito à liberdade, à locomoção e à participação comunitária, a reserva de vagas é medida, é instrumento para conferir efetividade a esses direitos fundamentais, de forma que está justificada a incidência dos efeitos da normatividade dos direitos fundamentais nas relações privadas decorrentes, obrigando os particulares a reservarem vagas destinadas aos idosos em seus estabelecimentos privados.

Art. 42. *São asseguradas a prioridade e a segurança do idoso nos procedimentos de embarque e desembarque nos veículos do sistema de transporte coletivo.*

O Estatuto não diferenciou entre transportes interestadual, intermunicipal ou municipal. Todos devem assegurar a prioridade tanto no embarque quanto no desembarque, garantindo a segurança do idoso, uma vez que esta também é direito social previsto no art. 6º da Constituição.

A segurança do idoso no embarque decorre das dificuldades de mobilidade, portanto não garantir o embarque seguro do idoso no transporte coletivo é o mesmo que lhe negar acesso ao transporte, uma vez que se presume que o idoso não possui condição física para acompanhar o ritmo de embarque e desembarque dos demais passageiros.

A sua violação pode ensejar a tipificação da conduta aos termos do art. 96 do Estatuto, que dispõe ser crime impedir ou dificultar o acesso do idoso aos meios de transporte.

Título III
Das medidas de proteção

Capítulo I
Das disposições gerais*

Art. 43. *As medidas de proteção ao idoso são aplicáveis sempre que os direitos reconhecidos nesta Lei forem ameaçados ou violados:*

---

* Por Juliana do Val Ribeiro.

I – por ação ou omissão da sociedade ou do Estado;

II – por falta, omissão ou abuso da família, curador ou entidade de atendimento;

III – em razão de sua condição pessoal.

Considerando que o ordenamento jurídico confere aos idosos direitos inerentes à sistemática da proteção integral, optou o legislador por prever mecanismos de proteção para garantir a preservação ou a reparação dos direitos fundamentais em casos de violação ou ameaça a direitos por conta de ação ou omissão do Estado ou da sociedade, por falta, omissão ou abuso da família, curador ou entidade de atendimento ou em casos em que seus direitos são violados em razão da sua condição pessoal.

A Constituição, por meio de seus arts. 229 e 230, deixa claro o dever da família, do Estado e da sociedade em ajudar e amparar os idosos, que são considerados como pertencentes a uma classe vulnerável, em razão do avançar de sua idade e das limitações naturais decorrentes.

Esse artigo encontra correspondência no Estatuto da Criança e do Adolescente, em seu art. 98, que estabelece as mesmas condições para que medidas de proteção sejam aplicadas a crianças e adolescentes diante de violações ou ameaça a direitos.

Verifica-se que o Estatuto do Idoso em muito se parece com o Estatuto da Criança e do Adolescente, manifestando claro o propósito do legislador de proteger os dois extremos da humanidade.

A Política Nacional do Idoso já estabelecia como princípio norteador, em seu art. 3º, o dever da família, da sociedade e do Estado de assegurar ao idoso todos os direitos da cidadania, garantindo sua participação na comunidade, defendendo sua dignidade, bem-estar e o direito à vida, reconhecendo que o idoso não deve sofrer discriminação de qualquer natureza e que o processo de envelhecimento diz respeito à sociedade em geral.

O art. 6º do Estatuto determina que todo o cidadão tem o dever de comunicar à autoridade competente qualquer forma de violação aos dispositivos do Estatuto do Idoso que tenha testemunhado ou de que tenha conhecimento.

Por outro lado, é dever do Estado garantir ao idoso a proteção à vida e à saúde, conforme prevê o art. 9º, uma vez que se reconhece o envelhecimento como direito personalíssimo, bem como dever de todos zelar pela sua dignidade, colocando o idoso a salvo de qualquer tratamento desumano, violento, aterrorizante, vexatório ou constrangedor (art. 10, § 3º).

As situações de risco que justificam a aplicação de medidas de proteção são das mais diversas e dependem da análise do caso concreto.

Pode-se citar, entre outras, as situações de agressões físicas, psíquicas e de abandono material ou afetivo.

Sobre o abandono afetivo, interessante analisar seu alcance com fundamento na violação do princípio da solidariedade familiar. Maria Berenice Dias ensina que:

> solidariedade é o que cada um deve ao outro. Esse princípio, que tem origem nos vínculos afetivos, dispõe de conteúdo ético, pois contém em suas entranhas o próprio significado da expressão solidariedade, que compreende a fraternidade e a reciprocidade. A pessoa só existe quando coexiste. O princípio da solidariedade tem assento constitucional, tanto que seu preâmbulo assegura uma sociedade fraterna. Também, ao ser imposto aos pais o dever de assistência aos filhos (CF 229), consagra-se o princípio da solidariedade. O dever de amparo às pessoas idosas (CF 230) dispõe do mesmo conteúdo solidário[147].

E, ainda, tanto o art. 229 quanto o art. 230 da Constituição estabelecem que os filhos maiores e a família têm o dever de amparar os idosos.

O Dicionário *Larousse* conceitua amparar como: "dar amparo; proteger; suster". Por amparo entende-se: "ação de amparar. Esteiro, proteção, arrimo, auxílio. Refúgio, abrigo".

Não se está falando em dever de amar, mesmo porque o amor não se cobra, como bem entendeu a Ministra Nancy Andrighi, ao julgar REsp 1.159.242/SP:

> Aqui não se fala ou se discute o amor e, sim, a imposição biológica e legal de cuidar, que é dever jurídico, corolário da liberdade das pessoas de gerarem ou adotarem filhos. O amor diz respeito à motivação, questão que refoge os lindes legais, situando-se, pela sua subjetividade e impossibilidade de precisa materialização, no universo metajurídico da filosofia, da psicologia ou da religião. O cuidado, distintamente, é tisnado por elementos objetivos, distinguindo-se do amor pela possibilidade de verificação e comprovação de seu cumprimento, que exsurge da avaliação

---

[147] *Manual do direito das famílias*, p. 66.

de ações concretas: presença; contatos, mesmo que não presencias; ações voluntárias em favor da prole; comparações entre o tratamento dado aos demais filhos – quando existirem –, entre outras fórmulas possíveis que serão trazidas à apreciação do julgador, pelas partes. Em suma, amar é faculdade, cuidar é dever. A comprovação que essa imposição legal foi descumprida implica, por certo, a ocorrência de ilicitude civil, sob a forma de omissão, pois na hipótese do *non facere* que atinge um bem juridicamente tutelado, leia-se, o necessário dever de criação, educação e companhia – de cuidado – importa em vulneração da imposição legal.

Trata-se do dever de cuidado, de amparo, de zelo, de respeito aos laços familiares e à condição de pessoa idosa.

Considerando que a família tem o dever jurídico de amparar os idosos, mantendo-os a salvo de qualquer negligência, discriminação, violência, crueldade ou opressão, e considerando que a proteção integral do idoso abrange a preservação de sua saúde mental em condições de dignidade, a omissão desses deveres implica abandono material e/ou afetivo.

Se, no caso concreto, for possível identificar a existência de danos morais ao idoso em razão de abandono afetivo, a negligência daquele que era responsável pelo dever de cuidado e presente o nexo causal, possível seria reconhecer o direito a indenização.

Isso porque o art. 927 do Código Civil estabelece que: "aquele que, por ato ilícito causar dano a outrem, fica obrigado a repará-lo", e os arts. 186 e 187 definem atos ilícitos como a ação ou omissão voluntária, negligência ou imprudência, que viole direito e cause dano a outrem, ainda que exclusivamente moral. Também comete ato ilícito o titular de um direito que, ao exercê-lo, excede manifestamente os limites impostos pelo seu fim econômico ou social, pela boa-fé ou pelos bons costumes.

Cite-se ainda os idosos vítimas de maus-tratos, de diversos tipos de violência, idosos negligenciados nos cuidados de saúde, de higiene, falta de acesso aos serviços públicos assistenciais, políticas sociais insuficientes.

A omissão no dever de prestar alimentos também justifica a aplicação de medidas de proteção em razão da responsabilidade solidária da família, nos termos do art. 229 da Constituição e do art. 12 do Estatuto.

As violações aos direitos das pessoas idosas geram ao menos duas consequências jurídicas distintas: para a tutela da vítima, prevê o Estatuto as medidas de proteção para resguardar seus direitos básicos; por outro lado, gera o dever do Estado de repreender os autores das violações, uma vez que o Estatuto criminaliza condutas que violem os direitos por ele protegidos.

O art. 98 do Estatuto é claro no sentido de criminalizar as seguintes condutas: (i) abandonar o idoso em hospitais, casas de saúde, entidades de longa permanência, ou congêneres e (ii) não prover suas necessidades básicas, quando obrigado por lei ou mandado.

Capítulo II
Das medidas específicas de proteção*

Art. 44. *As medidas de proteção ao idoso previstas nesta Lei poderão ser aplicadas, isolada ou cumulativamente, e levarão em conta os fins sociais a que se destinam e o fortalecimento dos vínculos familiares e comunitários.*

Uma vez que se destina à preservação ou reparação de direitos, o Estatuto do Idoso autoriza que as medidas protetivas sejam aplicadas de forma isolada ou cumulativa, dependendo da violação ou da ameaça ao direito invocado, sendo necessária a análise do caso concreto.

Esse artigo também encontra correspondência no ECA, nos arts. 99 e 100, os quais estabelecem que as medidas protetivas podem ser aplicadas isolada ou cumulativamente, bem como substituídas a qualquer tempo e, na sua aplicação, devem ser levadas em conta as necessidades pedagógicas, dando preferência àquelas que visem ao fortalecimento dos vínculos familiares e comunitários.

No mesmo sentido, o art. 44 também busca a manutenção dos vínculos familiares, reafirmando a escolha assumida pelo ordenamento jurídico de prioridade de acolhimento do idoso no seio de sua família.

Essa escolha está explicitada na Política Nacional do Idoso, que tem como diretriz a priorização do atendimento ao idoso pela sua própria família, em detrimento do atendimento asilar, à exceção dos idosos que não possuam condições que garantam sua própria sobrevivência, viabilizando formas alternativas de participação, ocupação e convívio do idoso que proporcionem sua integração às demais gerações.

---

* Por Juliana do Val Ribeiro.

Note-se que o presente artigo foi inspirado no art. 5º da Lei de Introdução às Normas do Direito Brasileiro, que determina que o juiz, na aplicação da lei, deverá atender aos fins sociais a que ela se dirige e às exigências do bem comum.

Por fins sociais entende-se que a aplicação das medidas de proteção deve estar amparada e ser justificada dentro de toda a sistemática em torno do microssistema da pessoa idosa, não podendo ser analisada de forma isolada. O idoso deve ser analisado em seu direito individual, mas também em sua relação com a sociedade da qual faz parte.

As medidas de proteção devem buscar a preservação dos direitos dos idosos ou o seu restabelecimento ou reparação.

Art. 45. *Verificada qualquer das hipóteses previstas no art. 43, o Ministério Público ou o Poder Judiciário, a requerimento daquele, poderá determinar, dentre outras, as seguintes medidas:*

I – encaminhamento à família ou curador, mediante termo de responsabilidade;

II – orientação, apoio e acompanhamento temporários;

III – requisição para tratamento de sua saúde, em regime ambulatorial, hospitalar ou domiciliar;

IV – inclusão em programa oficial ou comunitário de auxílio, orientação e tratamento a usuários dependentes de drogas lícitas ou ilícitas, ao próprio idoso ou à pessoa de sua convivência que lhe cause perturbação;

V – abrigo em entidade;

VI – abrigo temporário.

O art. 45 prevê as medidas específicas, em rol exemplificativo, para proteção dos direitos dos idosos em caso de violações.

Prevê o Estatuto que o Ministério Público é a instituição responsável pela tutela dos direitos da pessoa idosa, devendo determinar ou requerer ao Judiciário que se determine a adoção das medidas protetivas.

PROCESSUAL CIVIL E ADMINISTRATIVO. AÇÃO CIVIL PÚBLICA. ATUAÇÃO DO MINISTÉRIO PÚBLICO. DIREITO INDIVIDUAL INDISPONÍVEL DE PESSOA IDOSA. FORNECIMENTO DE MEDICAMENTO. LEGITIMIDADE ATIVA DO MINISTÉRIO PÚBLICO. 1. A Jurisprudência mais recente das Turmas de Direito Público do STJ tem entendido que o Ministério Público tem legitimidade ativa *ad causam* para propor ação civil pública com o objetivo de proteger interesse individual de idoso, ante o disposto nos artigos 74, 15 e 79 do Estatuto do Idoso (Lei 10.741/03). Precedentes. 2. Embargos de divergência não providos (EREsp 695.665/RS, 1ª Seção, Rel. Min. Eliana Calmon, julgamento em 23-4-2008, *DJe* 12-5-2008).

Mais uma vez fica explícito que o Estatuto busca preservar os vínculos familiares, de modo que inicia o elenco de medidas protetivas específicas com a medida de encaminhamento do idoso à sua família, devendo esta ser entendida de forma ampla, abrangendo a família extensa e a substituta.

Em relação ao inciso II, tem-se que os programas de orientação, apoio e acompanhamento temporário dos idosos deverão ser desenvolvidos nos termos do art. 46, que dispõe que a política de atendimento ao idoso será realizada por meio de conjunto articulado de ações governamentais e não governamentais entre União, Estados, Distrito Federal e Municípios.

A política de atendimento, nos termos do art. 47, deve seguir as seguintes linhas de ação: políticas sociais básicas, políticas e programas de assistência social, serviços especiais de prevenção e atendimento às vítimas de negligência, maus-tratos, exploração, crueldade e opressão, serviços de identificação e localização de parentes ou responsáveis por idosos abandonados em hospitais e instituições de longa permanência, proteção jurídico-social por entidades de defesa dos direitos dos idosos e mobilização da opinião pública no sentido da participação dos diversos segmentos da sociedade no atendimento do idoso.

A Política Nacional do Idoso, no Capítulo destinado às ações governamentais, define que são competências dos órgãos e entidades públicos, entre outras: (i) na área de assistência social: prestar serviços e desenvolver ações voltadas para o atendimento das necessidades básicas do idoso, mediante a participação das famílias, da sociedade e de entidades governamentais e não governamentais, estimular a criação de incentivos e de alternativas de atendimento ao idoso, como centros de convivência, centros de cuidados diurnos, casas-lares, oficinas abrigadas de trabalho, atendimentos domiciliares e outros; (ii) na área de saúde: garantir ao idoso a assistência à saúde, nos diversos níveis de atendimento do Sistema Único de Saúde.

Em relação à saúde, a Lei n. 8.080, de 19 de setembro de 1990, que dispõe sobre as condições para a promoção, proteção e recuperação da saúde, bem como organiza os serviços correspondentes, estipula, em seu art. 4º, que o Sistema Único de Saúde engloba o conjunto de ações e serviços de saúde prestados por órgãos e instituições públicas federais, estaduais e municipais, da administração direta e indireta e das fundações mantidas pelo Poder Público.

A respeito do tema envolvendo o direito às medidas necessárias para atendimento integral da saúde do idoso:

> APELAÇÃO CÍVEL. OBRIGAÇÃO DE FAZER. FORNECIMENTO DE TRANSPORTE PARA PACIENTE QUE REALIZA TRATAMENTO DE SAÚDE EM HOSPITAL FORA DO LOCAL DE SEU DOMICÍLIO. CABIMENTO. Em atendimento a preceito constitucional (arts. 5º e 196 da CF) é direito do paciente que realiza tratamento de saúde em nosocômio fora de seu local de domicílio o acesso a transporte gratuito se desprovido de recursos financeiros para tanto. Paciente que conta com 80 anos de idade. Observância do Estatuto do Idoso (arts. 9º e 15, § 2º). Obrigação dos órgãos públicos de garantir atendimento salutar aos cidadãos. Decisão mantida. Recursos desprovidos (TJSP, Ap. com revisão 9101745-55.2009.8.26.0000, 1ª Câm. de Direito Público, Rel. Danilo Panizza, julgamento em 9-6-2009).

Importante também analisar as disposições da Lei n. 10.216, de 6 de abril de 2001, que trata da proteção e dos direitos das pessoas portadoras de transtornos mentais, redirecionando o modelo assistencial em saúde mental, conhecida como lei antimanicomial.

Referida lei determina que todas as internações devem preceder de indicação médica, mediante laudo médico circunstanciado que justifique os seus motivos.

É também estabelecido que a internação, em qualquer de suas modalidades, só será indicada quando os recursos extra-hospitalares se mostrarem insuficientes, devendo o tratamento visar à reinserção social do paciente em seu meio, de forma a oferecer assistência integral à pessoa portadora de transtornos mentais, incluindo serviços médicos, de assistência social, psicológicos, ocupacionais, de lazer e outros. A Lei veda, ainda, a internação de pacientes portadores de transtornos mentais em instituições com características asilares, ou seja, aquelas desprovidas dos recursos mencionados no § 2º e que não assegurem aos pacientes os direitos enumerados no parágrafo único do art. 2º.

Os serviços de acolhimento institucional são gerenciados pela rede de proteção social especial, que faz parte do Sistema Único de Assistência Social

(SUAS), nos termos da Lei n. 8.742, de 7 de dezembro de 1993, conhecida como a Lei Orgânica da Assistência Social.

A proteção social especial consiste no "conjunto de serviços, programas e projetos que tem por objetivo contribuir para a reconstrução de vínculos familiares e comunitários, a defesa de direito, o fortalecimento das potencialidades e aquisições e a proteção de famílias e indivíduos para o enfrentamento das situações de violação de direitos".

Esses serviços são prestados pelos Centros de Referência Especializados de Assistência Social[148] (CREAS), que são unidades públicas "de abrangência e gestão municipal, estadual ou regional, destinadas à prestação de serviços a indivíduos e famílias que se encontram em situação de risco pessoal ou social, por violação de direitos ou contingência, que demandam intervenções especializadas da proteção social especial".

A Portaria n. 2.854, de 19 de julho de 2000, da Secretaria de Estado de Assistência Social, instituiu modalidades de atendimento ao idoso, nos moldes a seguir expostos:

• Atendimento integral institucional: é aquele prestado em instituições acolhedoras conhecidas como: abrigo, asilo, lar e casa de repouso, durante o dia e a noite, às pessoas idosas em situação de abandono, sem família ou impossibilitadas de conviver com suas famílias. Essas instituições deverão garantir a oferta de serviços assistenciais, de higiene, alimentação e abrigo, saúde, fisioterapia, apoio psicológico, atividades ocupacionais, de lazer, cultura e outros, de acordo com as necessidades dos usuários. A instituição também é responsável pelo desenvolvimento de esforços constantes para reconstrução dos vínculos familiares que propiciem o retorno do idoso à família.

• Residência com família acolhedora: é um atendimento em famílias cadastradas e capacitadas para oferecer abrigo às pessoas idosas em situação de abandono, sem família ou impossibilitadas de conviver com suas famílias. Esse atendimento será continuamente supervisionado pelos órgãos gestores.

• Residência em casa-lar: é uma alternativa de residência para pequenos grupos, de no máximo oito idosos, com mobiliário adequado e pessoa habilita-

---

[148] "Os CRAS e os CREAS são unidades públicas estatais instituídas no âmbito do Suas, que possuem interface com as demais políticas públicas e articulam, coordenam e ofertam os serviços, programas, projetos e benefícios da assistência social" (art. 6º-C, § 3º).

da para apoio às necessidades diárias do idoso. Destina-se principalmente a idoso que apresente algum tipo de dependência.

• Residência em república: a república de idosos é uma importante alternativa de residência para idosos independentes, também organizada em pequenos grupos, conforme o número de usuários, e cofinanciada com recursos da aposentadoria, benefício de prestação continuada, renda mensal vitalícia e outras. Em alguns casos a República pode ser viabilizada em sistema de autogestão.

• Atendimento em centro-dia: é uma estratégia de atenção em instituições especializadas, onde o idoso permanece durante oito horas por dia, sendo prestados serviços de atenção à saúde, fisioterapia, apoio psicológico, atividades ocupacionais, lazer e outros, de acordo com as necessidades dos usuários. É importante pela possibilidade de a pessoa idosa ser atendida durante o dia e retornar à noite para sua residência e porque proporciona ao idoso manter seus vínculos familiares. A capacidade de atendimento do centro-dia é variável e deve estar sempre adequada à qualidade do serviço, conforme normas específicas.

• Atendimento domiciliar: é aquele prestado à pessoa idosa com algum nível de dependência, por cuidadores de idosos, em pelo menos duas visitas semanais ao próprio domicílio do idoso. Destina-se a apoiar idosos e sua família, nas atividades do seu dia a dia, com vistas à promoção, manutenção e/ou recuperação da autonomia, permanência no próprio domicílio, reforço dos vínculos familiares e de vizinhança e melhoria da qualidade de vida.

• Atendimento em centro de convivência: consiste em atividades realizadas em espaço específico destinado à frequência dos idosos e de suas famílias, no mínimo durante oito horas semanais. Tais atividades são planejadas e contribuem para a autonomia, o envelhecimento ativo e saudável, evitando o isolamento social. São exemplos dessas atividades: palestras informativas, cursos, atividades ocupacionais, culturais e de lazer, entre outras.

A aplicação das medidas de proteção deve observar os ditames e requisitos que circundam os serviços disponíveis para o acesso do idoso.

O Estatuto não previu medidas emergenciais aptas a tutelar os idosos em caso de risco iminente, ameaça ou violência a seus direitos, de forma que se pode defender a aplicação por analogia das medidas protetivas de urgência da Lei Maria da Penha, Lei n. 11.340, de 7 de agosto de 2006.

ART. 45 171

As medidas protetivas de urgência, nos termos do art. 19, § 2º, da Lei Maria da Penha, são cabíveis "sempre que os direitos reconhecidos nesta Lei forem ameaçados ou violados".

De acordo com a referida lei, em seu art. 22, constatada a prática de violência doméstica e familiar contra a mulher, o juiz poderá aplicar, de imediato, ao agressor, em conjunto ou separadamente, as seguintes medidas protetivas de urgência, entre outras:

I – suspensão da posse ou restrição do porte de armas, com comunicação ao órgão competente, nos termos da Lei n. 10.826, de 22 de dezembro de 2003;

II – afastamento do lar, domicílio ou local de convivência com a ofendida;

III – proibição de determinadas condutas, entre as quais:

a) aproximação da ofendida, de seus familiares e das testemunhas, fixando o limite mínimo de distância entre estes e o agressor;

b) contato com a ofendida, seus familiares e testemunhas por qualquer meio de comunicação;

c) frequentação de determinados lugares a fim de preservar a integridade física e psicológica da ofendida;

IV – restrição ou suspensão de visitas aos dependentes menores, ouvida a equipe de atendimento multidisciplinar ou serviço similar;

V – prestação de alimentos provisionais ou provisórios.

Considerando que a normativa do idoso e da mulher vítima de violência é tutelar e busca resguardar os direitos dos sujeitos reconhecidos como mais frágeis e dignos de tutela específica do Estado, que as medidas protetivas de urgência visam cessar a violência e proteger os direitos e considerando que a Lei Maria da Penha é posterior ao Estatuto do Idoso, não há óbice para a aplicação das medidas de urgência para casos de violações aos direitos dos idosos[149].

---

[149] "Em resposta a um pedido do Ministério Público do Distrito Federal e Territórios (MPDFT), uma decisão judicial permitiu que a Lei Maria da Penha fosse aplicada em favor de um idoso, morador de Planaltina. Com base no Estatuto do Idoso, na última quinta-feira, 9, a promotora de Justiça Raquel Tiveron requereu medidas protetivas de urgência, normalmente utilizada em casos de violência doméstica e familiar contra a mulher, para um homem de 69 anos de idade. A solicitação foi feita após o idoso registrar ocorrência na 31ª Delegacia de Polícia contra um jovem de 21 anos de idade, acusado de demonstrar agressividade, desrespeito, injúria e fazer ameaças de morte

Para corroborar tal entendimento, verifica-se que a alteração do Código de Processo Penal, de 2011, pela Lei n. 12.403, acrescentou como um dos motivos ensejadores do decreto da prisão preventiva, art. 313, a possibilidade de decreto de prisão preventiva quando se estiver diante de crime que envolva violência doméstica e familiar contra a mulher, criança, adolescente, idoso, enfermo ou pessoa com deficiência, como forma de garantir a execução das medidas protetivas de urgência. Tal lei não discriminou a violência em razão do gênero, mas sim em razão da vulnerabilidade própria dos grupos por ela protegidos.

Outra forma de resguardar o direito dos idosos seria aplicando as medidas cautelares diferentes da prisão, previstas no Código de Processo Penal, em seu art. 319:

> I – comparecimento periódico em juízo, no prazo e nas condições fixadas pelo juiz, para informar e justificar atividades;
>
> II – proibição de acesso ou frequência a determinados lugares quando, por circunstâncias relacionadas ao fato, deva o indiciado ou acusado permanecer distante desses locais para evitar o risco de novas infrações;
>
> III – proibição de manter contato com pessoa determinada quando, por circunstâncias relacionadas ao fato, deva o indiciado ou acusado dela permanecer distante;
>
> IV – proibição de ausentar-se da Comarca quando a permanência seja conveniente ou necessária para a investigação ou instrução;
>
> V – recolhimento domiciliar no período noturno e nos dias de folga quando o investigado ou acusado tenha residência e trabalho fixos;

---

contra a vítima. O agressor tem envolvimento com drogas. O pedido foi atendido integralmente e o juiz determinou a prisão preventiva do agressor, por ficar comprovado que o idoso estava machucado. A vítima, inclusive, apresentou uma maçaneta usada para ameaçá-lo de morte. Vítima e agressor não têm nenhum grau de parentesco, mas o jovem reside há três anos, de favor, na casa do idoso. A vítima já havia registrado ocorrência contra o jovem e, no dia 1º de dezembro de 2011, foi realizada uma audiência em que o rapaz se comprometeu a acabar com seu comportamento agressivo, o que motivou o idoso a encerrar o caso. Mesmo após o compromisso firmado em audiência, as agressões não cessaram, inclusive aumentaram a frequência. O jovem chegou a ameaçar o idoso com uma faca. Em depoimento, a vítima declarou que o jovem continuava fazendo uso de drogas e levava para a residência diversos celulares e objetos sem procedência, além de se recusar a sair do imóvel" (Disponível em: <http://www.mpdft.mp.br/>).

VI – suspensão do exercício de função pública ou de atividade de natureza econômica ou financeira quando houver justo receio de sua utilização para a prática de infrações penais;

VII – internação provisória do acusado nas hipóteses de crimes praticados com violência ou grave ameaça, quando os peritos concluírem ser inimputável ou semi-imputável (art. 26 do Código Penal) e houver risco de reiteração;

VIII – fiança, nas infrações que a admitem, para assegurar o comparecimento a atos do processo, evitar a obstrução do seu andamento ou em caso de resistência injustificada à ordem judicial;

IX – monitoração eletrônica.

Dispõe o art. 312, parágrafo único, que "a prisão preventiva também poderá ser decretada em caso de descumprimento de qualquer das obrigações impostas por força de outras medidas cautelares (art. 282, § 4º)".

Ou seja, caso não se entenda como cabível a normativa das medidas protetivas de urgência da Lei Maria da Penha, em razão de se reconhecer que a proteção nesse caso somente envolve a violência por conta da questão de gênero, é possível aplicar medidas cautelares previstas no CPP, sendo possível sua conversão em prisão preventiva do descumpridor.

No âmbito civil, pode-se citar a aplicação de medidas cautelares de urgência, com base no poder geral de cautela, previsto no art. 300 do Código de Processo Civil, de acordo com a Lei n. 13.105/2015: "A tutela de urgência será concedida quando houver elementos que evidenciem a probabilidade do direito e o perigo de dano ou o risco ao resultado útil do processo". No mesmo sentido, o art. 301 permite ao juiz que autorize, para sua efetivação, "arresto, sequestro, arrolamento de bens, registro de protesto contra alienação de bem e qualquer outra medida idônea para asseguração do direito".

A respeito das medidas protetivas de urgência, bem como da responsabilidade solidária dos entes políticos para sua execução para salvaguardar direitos das pessoas idosas:

AGRAVO DE INSTRUMENTO. DIREITO CIVIL. FAMÍLIA. AÇÃO CAUTELAR. AFASTAMENTO DO LAR. MEDIDA DE PROTEÇÃO A IDOSO EM POSSÍVEL SITUAÇÃO DE RISCO. AFASTAMENTO DA FILHA, GENRO E NETO DO LAR. ESTATUTO DO IDOSO. LIMINAR MANTIDA. RECURSO DESPROVIDO (TJRS, AI 70.059.034.579, 7ª Câm. Cível, Rel. Liselena Schifino Robles Ribeiro, julgamento em 28-5-2014).

FAMÍLIA. ESTATUTO DO IDOSO. DESAVENÇAS FAMILIARES, PROTEÇÃO A IDOSO. AFASTAMENTO DA PROPRIEDADE, SOB PENA DE MULTA. FAMILIARES DE FILHO FALECIDO, DIREITO DE PESSOA IDOSA A SER PROTEGIDO. PERMANÊNCIA DOS DESCENDENTES NÃO PROTEGIDOS POR LEI. LIMINAR DEFERIDA EM FAVOR DO PROGENITOR, PESSOA IDOSA. ACUSAÇÕES RECÍPROCAS, NECESSIDADE DE DILAÇÃO PROBATÓRIA. CONVENIÊNCIA DE MANUTENÇÃO DO ESTADO ATUAL. AGRAVO DESPROVIDO (TJRS, AI 70.018.633.107, 8ª Câm. Cível, Rel. Luiz Ari Azambuja Ramos, julgamento em 26-4-2007).

AÇÃO CIVIL PÚBLICA. Garantia de acesso ao transporte público urbano, conferida aos idosos e portadores de deficiência. Concessão de medida liminar, suspendendo a norma regulamentadora que estabelece condições para o exercício do direito. Admissibilidade. Ato de prudente arbítrio do magistrado, decorrente do poder geral de cautela (CPC, art. 804). Licitude, ademais, da imposição de multa para o cumprimento de obrigação (CPC, art. 461), em face da notória relutância da Fazenda Pública ao pronto cumprimento das decisões judiciais. Precedentes. Recurso improvido (TJSP, AI 9029610-55.2003.8.26.0000, 9ª Câm. de Direito Público, Rel. Enrique Ricardo Lewandowski, DJ 7-5-2004).

AGRAVO DE INSTRUMENTO. ABRIGAMENTO COMPULSÓRIO EM ENTIDADE. Idoso. Obrigação solidária do Município em fornecer abrigo à pessoa idosa. Obrigação concorrente e autônoma de todos os entes da federação, a qual pode ser cumprida por apenas um deles. Legitimidade do Município para responder individualmente pela obrigação. Decisão mantida. AGRAVO DE INSTRUMENTO. ABRIGAMENTO COMPULSÓRIO EM ENTIDADE. Idoso. Recolhimento do idoso em instituição de longa permanência. Constatada situação de risco poderá ser requerido abrigo em entidade. Tutela antecipada concedida, fixada multa diária por eventual descumprimento. Requisitos do art. 273 do CPC preenchidos. Recurso não provido (TJSP, AI 2006212-18.2014, Rel. Des. Peiretti de Godoy, julgamento em 13-8-2014).

Mandado de Segurança. Saúde Idoso. Internação em entidade de longa permanência, a expensas do Município, e custeio de tratamento médico e psicossocial, tendo em vista a impossibilidade de se contar com os familiares do idoso. Possibilidade, ante a obrigação comum solidária imposta à família, à comunidade, à sociedade e ao Poder Público no que tange à proteção ao idoso, nos termos do art. 230 da Constituição Federal e diversas disposições da Lei n. 10.741/03 ("Estatuto do Idoso"). Precedente desta Câmara em caso análogo. Saúde. Sedimentado o entendimento de que se trata de obrigação solidária constitucionalmente imposta a todos os entes federados, quais sejam União, Estados, Distrito Federal e Municípios, nos termos do art. 196 da Constituição Federal e precedente do C. Supremo Tribunal Federal. Afastadas preliminares de inadequação da via eleita e ilegitimidade ativa *ad causam* do Ministério Público, na condição de substituto processual. Sentença mantida Recursos oficial, considerado interposto, e voluntário desprovidos (TJSP, Ap. Cível 4001738-14.2013, Rel. Des. Renato Delbianco, julgamento em 12-8-2014).

DIREITO ADMINISTRATIVO. AGRAVO DE INSTRUMENTO. Obrigação de fazer. Aplicação de medidas protetivas, com acolhimento em instituição asilar, à pessoa idosa carente com problemas de saúde. Liminar concedida pelo Juiz de primeiro grau. Acerto. Presença do *fumus boni juris* e do *periculum in mora*. Inteligência do artigo 3º e 45, incisos IV, V e VI, ambos do Estatuto do Idoso. Idosa que precisa de atendimento e cuidados especiais 24 horas por dia. Impossibilidade de prestação de cuidados por parte dos familiares, que se disponibilizaram em auxiliar o Poder Público financeiramente com as despesas oriundas do acolhimento – Dever público de acolhimento em instituição adequada – Realização do desiderato constitucional, e das disposições previstas no Estatuto do Idoso. NEGA-SE PROVIMENTO AO RECURSO (TJSP, Ap. Cível 2016432-75.2014, Rel. Des. Xavier de Aquino, julgamento em 13-5-2014).

Agravo Regimental. Decisão monocrática do Relator de recurso considerado manifestamente improcedente. Aplicação do artigo 57, do Código de Processo Civil. Possibilidade. I – Agravo de Instrumento. Obrigação de fazer. Aplicação de medidas protetivas, com acolhimento em instituição asilar, à pessoa idosa carente com problemas de saúde. Liminar concedida. Acerto. Presença do *fumus boni juris* e do *periculum in mora*. Inteligência do artigo 45, incisos IV, V e VI, do Estatuto do Idoso. Irrelevante o fato de não haver previsão orçamentária e prévia licitação para que o Município tome as medidas necessárias para garantir o direito à saúde da idosa. Ausência de violação da independência dos Poderes. A previsão orçamentária é feita para as despesas ordinárias. A Administração Pública deve suportar determinados gastos não previstos especificamente, mas que constituem sua responsabilidade. É assim, por exemplo, com relação às calamidades públicas derivadas de força maior.

Neste caso, a vida e a saúde humana devem ter especial proteção do ente público, até mesmo porque este é o seu interesse público primário, o bem social. A União, os Estados e os Municípios são titulares passivos da competência constitucional de provimento a favor dos indivíduos de saúde pública. Artigo 196 da Constituição Federal. O Sistema Único de Saúde exercido pelas Secretarias de Estado – pressupõe a integralidade da assistência, de forma individual ou coletiva, para atender cada caso para todos os níveis de complexidade, razão pela qual, comprovada a necessidade dos tratamentos e medicamentos para a garantia da vida dos pacientes, deverão ser eles fornecidos. Decisão mantida. Recurso improvido. II – Regimental improvido (TJSP, AGR 021049382012, Rel. Des. Guerieri Rezende, julgamento em 1º-4-2013).

É de se notar, por fim, que o Estatuto tipifica como crime, no art. 98, a conduta de abandonar o idoso em hospitais, casas de saúde, entidades de longa permanência, ou congêneres, bem como a conduta de não prover as suas necessidades básicas, quando obrigado por lei ou por mandado.

Título IV
Da política de atendimento ao idoso

Capítulo I
Disposições Gerais*

Art. 46. *A política de atendimento ao idoso far-se-á por meio do conjunto articulado de ações governamentais e não governamentais da União, dos Estados, do Distrito Federal e dos Municípios.*

O objetivo do Estatuto do Idoso, conforme analisado anteriormente, foi conferir proteção integral aos idosos. Portanto, além de proclamar direitos, a Lei n. 10.741/2003 consagrou instrumentos para que estes sejam assegurados não só por lei, mas também por outros meios (art. 2º). Para que haja a aplicação da doutrina da proteção integral, implicará e requererá um conjunto articulado de ações, que, de acordo com o disposto no art. 46, deverá ser empreendido por

---

* Por Flávia Piva Almeida Leite.

todas as esferas de governo e até entidades privadas da União, dos Estados, do Distrito Federal e dos Municípios.

A política de atendimento ao idoso deverá ser implementada de modo articulado por órgãos governamentais e não governamentais. Essa articulação mencionada deve ser entendida como uma parceria, um convênio, uma conjugação de serviços, enfim um misto de ações entre instituições públicas e privadas, para dar efetividade ao disposto no art. 230, *caput*, da Constituição Federal, que estabelece que a proteção ao idoso é dever da família, do Estado e da sociedade. "O atendimento ao idoso tem muitas facetas e uma infinidade de pessoas e governos concorrerão para o mesmo propósito. Há uma pluralidade de áreas e esferas para cuidados do idoso."[150]

O art. 46 em comento deixa claro que as ações em favor do idoso devem ser realizadas não apenas pelo Estado, mas também por toda a sociedade através de organizações não governamentais.

As ações governamentais mencionadas nesse dispositivo advêm das políticas públicas que devem ser desenvolvidas pelo Estado nas diversas áreas, tais como assistência social, educação, cultura e desporto, seguridade social, saúde, tendentes a realizar os direitos dos idosos previstos nessa lei. Na área de Assistência Social, conforme se vislumbra do art. 204, I e II, da Constituição Federal; na área da Educação, Cultura e Desporto (art. 205 da CF/88); na área da seguridade social passou a ser um conjunto articulado de ações governamentais e não governamentais, de iniciativa dos Poderes e da Sociedade (art. 194, parágrafo único, I e VII, da CF/88), e, na área da saúde, que, embora esteja ligada à seguridade social, convém repetir que ela é um direito de todos e dever do Estado, nos termos do art. 196 da Lei Maior, e suas ações e serviços integram a rede regionalizada e têm como uma de suas diretrizes a participação da comunidade (art. 198, III, da CF/88).

A sociedade civil organizada é essencial também na construção e na efetivação das políticas voltadas à população idosa. Vejamos alguns exemplos: a Sociedade Brasileira de Geriatria e Gerontologia (SBGG) promove, em parceria com suas seções regionais, ativo e intenso programa de formação de recursos humanos. Mantém cursos, simpósios, congressos e jornadas, buscando esclarecer, ensinar e difundir os conhecimentos da área de Geriatria e Gerontologia.

---

[150] VILAS BOAS, Marco Antonio. *Estatuto do Idoso comentado*. 4. ed. rev. e atual. Rio de Janeiro: Forense, 2014, p. 89.

Outra instituição pioneira a sistematizar um programa de atendimento à terceira idade no Brasil foi o Serviço Social do Comércio (SESC). A Confederação Brasileira de Aposentados e Pensionistas (COPAB) organiza e representa aproximadamente vinte milhões de brasileiros aposentados, na sua maioria entre cinquenta e oitenta anos de idade. E tantas outras instituições prestam serviços aos idosos, racionalizando o emprego de recursos econômicos, materiais e humanos, por meio de convênio, subvenções e parcerias e, a otimização dos resultados individuais e sociais.

É inegável que as políticas públicas para a promoção dos direitos das pessoas idosas são de suma importância, portanto elas podem ser realizadas, como mencionamos acima, tanto pelos governos constituídos de forma exclusiva quanto por estes em conjunto e parceria com a sociedade civil organizada. Ou seja, como implementadores de políticas públicas, temos os governos (federal, estaduais e municipais), que podem desenvolver suas políticas de forma autônoma ou em parceria com os outros governos ou com a sociedade civil."É cada vez mais comum vermos sociedades civis sem fins lucrativos desenvolvendo ações a partir de políticas públicas formuladas e financiadas pelo Estado, numa parceria que vem se mostrando cada vez mais salutar à sociedade como um todo."[151]

Assim, o que podemos observar é que o maior desafio a ser enfrentando não é o envelhecimento da população, mas sim a necessidade e urgência em implementar mudanças nas políticas públicas, a fim de conferir a efetiva proteção integral ao idoso, assegurando o cumprimento dos direitos elencados em nossa Constituição e neste Diploma legal, garantindo a sua eficácia[152].

***

Art. 47. *São linhas de ação da política de atendimento:*
I – políticas sociais básicas, previstas na Lei n. 8.842, de 4 de janeiro de 1994;

---

[151] AITH, Fernando. Políticas públicas de Estado e de governo: instrumentos de consolidação do estado democrático de direito e de promoção e proteção dos direitos humanos. In: BUCCI, Maria Paula Dallari (Org.). *Políticas públicas*: reflexões sobre o conceito jurídico. São Paulo: Saraiva, 2006, p. 234.

[152] PONTES, Patrícia Albino Galvão. Comentário ao artigo 2º do Estatuto do Idoso. In: PINHEIRO, Naide Maria. *Estatuto do Idoso comentado*. 3. ed. rev., atual. e ampl. Campinas: Servanda, 2012, p. 48.

II – políticas e programas de assistência social, em caráter supletivo, para aqueles que necessitarem;

III – serviços especiais de prevenção e atendimento às vítimas de negligência, maus-tratos, exploração, abuso, crueldade e opressão;

IV – serviço de identificação e localização de parentes ou responsáveis por idosos abandonados em hospitais e instituições de longa permanência;

V – proteção jurídico-social por entidades de defesa dos direitos dos idosos;

VI – mobilização da opinião pública no sentido da participação dos diversos segmentos da sociedade no atendimento do idoso.

O Estado e a sociedade precisam se conscientizar de que o País está envelhecendo e de que, mesmo com inúmeras normas assegurando os direitos das pessoas idosas, constatamos que elas ainda continuam sofrendo preconceitos, discriminações e não conseguem a tão almejada inclusão nas diversas áreas da nossa sociedade. Assim, pode-se dizer que as linhas de ação da política de atendimento aos idosos devem ser inúmeras enquanto perdurar essa realidade.

O inciso I do art. 47 do Estatuto do Idoso impõe aos órgãos e entidades públicos deveres relacionados à proteção do idoso. E, para tanto, esses deveres encontram-se divididos em sete áreas: promoção e assistência social, saúde, educação, trabalho e previdência social, habitação e urbanismo, justiça, cultura, esporte e lazer. Portanto, além dessas áreas de atuação mencionadas no Estatuto do Idoso, os atendimentos especializados têm nas próprias políticas sociais básicas as diretrizes já definidas para o idoso. Essas diretrizes já estão devidamente materializadas na Política Nacional do Idoso (Lei n. 8.842/94), no seu art. 4º[153]. Cabe ressaltar que a expressão "políticas sociais básicas" não é utilizada na

---

[153] "Art. 4º Constituem diretrizes da política nacional do idoso: I – viabilização de formas alternativas de participação, ocupação e convívio do idoso, que proporcionem sua integração às demais gerações; II – participação do idoso, através de suas organizações representativas, na formulação, implementação e avaliação das políticas, planos, programas e projetos a serem desenvolvidos; III – priorização do atendimento ao idoso através de suas próprias famílias, em detrimento do atendimento asilar, à exceção dos idosos que não possuam condições que garantam sua própria sobrevivência; IV – descentralização político-administrativa; V – capacitação e reciclagem dos recursos humanos nas áreas de geriatria e gerontologia e na prestação de serviços; VI – implementação de sistema de informações que permita a divulgação da política, dos serviços oferecidos, dos planos, programas e projetos em cada nível de governo; VII – es-

mencionada lei, entretanto deve-se entender que o Estatuto do Idoso se refere às ações governamentais elencadas no art. 10 da Lei n. 8.842/94[154].

---

[154] tabelecimento de mecanismos que favoreçam a divulgação de informações de caráter educativo sobre os aspectos biopsicossociais do envelhecimento; VIII – priorização do atendimento ao idoso em órgãos públicos e privados prestadores de serviços, quando desabrigados e sem família; IX – apoio a estudos e pesquisas sobre as questões relativas ao envelhecimento."

"Art. 10. Na implementação da política nacional do idoso, são competências dos órgãos e entidades públicos: I – na área de promoção e assistência social: *a*) prestar serviços e desenvolver ações voltadas para o atendimento das necessidades básicas do idoso, mediante a participação das famílias, da sociedade e de entidades governamentais e não governamentais; *b*) estimular a criação de incentivos e de alternativas de atendimento ao idoso, como centros de convivência, centros de cuidados diurnos, casas-lares, oficinas abrigadas de trabalho, atendimentos domiciliares e outros; *c*) promover simpósios, seminários e encontros específicos; *d*) planejar, coordenar, supervisionar e financiar estudos, levantamentos, pesquisas e publicações sobre a situação social do idoso; *e*) promover a capacitação de recursos para atendimento ao idoso; II – na área de saúde: *a*) garantir ao idoso a assistência à saúde, nos diversos níveis de atendimento do Sistema Único de Saúde; *b*) prevenir, promover, proteger e recuperar a saúde do idoso, mediante programas e medidas profiláticas; *c*) adotar e aplicar normas de funcionamento às instituições geriátricas e similares, com fiscalização pelos gestores do Sistema Único de Saúde; *d*) elaborar normas de serviços geriátricos hospitalares; *e*) desenvolver formas de cooperação entre as Secretarias de Saúde dos Estados, do Distrito Federal, e dos Municípios e entre os Centros de Referência em Geriatria e Gerontologia para treinamento de equipes interprofissionais; *f*) incluir a Geriatria como especialidade clínica, para efeito de concursos públicos federais, estaduais, do Distrito Federal e municipais; *g*) realizar estudos para detectar o caráter epidemiológico de determinadas doenças do idoso, com vistas a prevenção, tratamento e reabilitação; e *h*) criar serviços alternativos de saúde para o idoso; III – na área de educação: *a*) adequar currículos, metodologias e material didático aos programas educacionais destinados ao idoso; *b*) inserir nos currículos mínimos, nos diversos níveis do ensino formal, conteúdos voltados para o processo de envelhecimento, de forma a eliminar preconceitos e a produzir conhecimentos sobre o assunto; *c*) incluir a Gerontologia e a Geriatria como disciplinas curriculares nos cursos superiores; *d*) desenvolver programas educativos, especialmente nos meios de comunicação, a fim de informar a população sobre o processo de envelhecimento; *e*) desenvolver programas que adotem modalidades de ensino à distância, adequados às condições do idoso; *f*) apoiar a criação de universidade aberta para a terceira idade, como meio de universalizar o acesso às diferentes formas do saber; IV – na área de trabalho e previdência social: *a*) garantir mecanismos que impeçam a discriminação do idoso quanto a sua participação no mercado de trabalho, no setor público e privado; *b*) priorizar o atendimento do idoso nos benefícios previdenciários; *c*) criar e estimular a manutenção de programas de preparação para aposentadoria nos setores público e privado com antecedência mínima de dois anos antes do afastamento; V – na área de habitação e urbanismo: *a*) destinar, nos programas habitacionais, uni-

As ações governamentais previstas na Lei n. 8.842/94 são expressas de forma muito genérica, funcionando, na maioria das vezes, como normas programáticas, que apenas estabelecem uma orientação para a Administração Pública no que se refere à adoção de medidas voltadas para as necessidades específicas dos cidadãos de 60 anos ou mais. Com a implantação do Estatuto do Idoso, houve uma mudança significativa em relação à efetivação dos direitos das pessoas idosas. Cabe ressaltar que muitos desses direitos foram consagrados mediante determinações específicas, acompanhadas de instrumentos jurídicos para se exigir a observância das normas, bem como de determinações cominatórias de sanções para os infratores, inclusive no âmbito criminal, que analisaremos mais adiante.

Além das políticas básicas previstas na Lei n. 8.842/94, existem outras medidas concretas previstas no Estatuto do Idoso que irão efetivar tais políticas, conforme se vê no inciso II do art. 47.

Vimos no item anterior que o art. 10, I, da Lei n. 8.842/94, assegura que na implementação da política nacional do idoso deverão os órgãos e entidades públicos atuar para a promoção e assistência social. E no inciso II, o legislador determina que os órgãos governamentais deverão promover políticas e programas de assistência social aos idosos. Mas qual a razão dessa previsão?

No inciso II do art. 47 verificamos que há referência apenas à assistência social aos idosos necessitados, enquanto, de forma mais abrangente, o art. 10, I, da Lei n. 8.842/94 (Lei da Política Nacional do Idoso) consagra várias competências de órgãos e entidades públicos para atender às necessidades do idoso em

---

dades em regime de comodato ao idoso, na modalidade de casas-lares; *b*) incluir nos programas de assistência ao idoso formas de melhoria de condições de habitabilidade e adaptação de moradia, considerando seu estado físico e sua independência de locomoção; *c*) elaborar critérios que garantam o acesso da pessoa idosa à habitação popular; *d*) diminuir barreiras arquitetônicas e urbanas; VI – na área de justiça: *a*) promover e defender os direitos da pessoa idosa; *b*) zelar pela aplicação das normas sobre o idoso determinando ações para evitar abusos e lesões a seus direitos; VII – na área de cultura, esporte e lazer: *a*) garantir ao idoso a participação no processo de produção, reelaboração e fruição dos bens culturais; *b*) propiciar ao idoso o acesso aos locais e eventos culturais, mediante preços reduzidos, em âmbito nacional; *c*) incentivar os movimentos de idosos a desenvolver atividades culturais; *d*) valorizar o registro da memória e a transmissão de informações e habilidades do idoso aos mais jovens, como meio de garantir a continuidade e a identidade cultural; *e*) incentivar e criar programas de lazer, esporte e atividades físicas que proporcionem a melhoria da qualidade de vida do idoso e estimulem sua participação na comunidade."

geral na área da promoção e assistência social. Portanto, o inciso II do art. 47 do Estatuto do Idoso se refere apenas à assistência social, que tem por objetivo atender aos idosos necessitados. Dispõe da seguinte maneira:"assistência social, em caráter supletivo, para aqueles que necessitarem". Tal redação demonstra que sua determinação não alcança todas as pessoas de 60 anos ou mais, porém apenas e tão somente aquelas que necessitarem desse tipo de atendimento.

Para os idosos que necessitarem desse atendimento, a Lei n. 8.742/93 (Lei Orgânica da Assistência Social) e o Decreto n. 1.744/95 (Regulamento do Benefício de Prestação Continuada) vêm para assegurar o benefício aos idosos carentes de recursos financeiros e/ou que estejam abandonados pela família, sem assistência material e moral.

Os serviços especiais mencionados no inciso III do art. 47 do Estatuto do Idoso compreendem os diversos tipos de atendimento necessário aos idosos: psicológico, social, de saúde e o jurídico, por exemplo, sendo importante uma ação conjunta de diferentes órgãos estatais e entidades da sociedade civil, como os Conselhos do Idoso, distribuídos entre União, Estados e Municípios. Também entre as Secretarias de Estados e Municipais, hospitais, Ministério Público, associações de defesa do idoso, entre tantas outras, com o objetivo de promover a proteção da vítima em todos os aspectos.

Assim, cabe a quem tem o poder de supervisão, acompanhamento, fiscalização e avaliação de toda uma política empreender esforços para criar serviços especiais de prevenção e atendimento às vítimas de negligência, maus-tratos, exploração, abuso, crueldade e opressão.

O inciso IV do art. 47 em estudo estabelece a criação de serviços de identificação e localização de parentes ou responsáveis por idosos abandonados em hospitais e instituições de longa permanência.

A criação desses serviços é de vital importância para evitar que a pessoa idosa que possui família seja colocada em abrigos ou em outras entidades, principalmente para dar cumprimento ao art. 3º, parágrafo único, V, do Estatuto do Idoso, que determina a "priorização do atendimento do idoso por sua própria família, em detrimento do atendimento asilar, exceto dos que não a possuem ou careçam de condições de manutenção da própria sobrevivência".

Apesar de o texto legal mencionar *idosos abandonados*, dando a ideia de que houve intenção dos parentes ou responsáveis em deixar o idoso desassistido, a situação prevista nesse inciso abarca também o idoso que, independentemente da vontade daquelas pessoas, como por exemplo, no caso de o idoso ainda capaz para a vida independente morar sozinho e, vindo a adoecer, ficar internado em hospital ou instituições de longa permanência sem apoio dos seus familiares, não por abandono, mas por não manter contato com familiares há muito tempo ou desconhecer o lugar onde vivem.

Já o inciso V do art. 47 refere-se às entidades que tenham como uma de suas finalidades a defesa dos direitos dos idosos.

As entidades de que trata referido inciso devem ser entendidas como qualquer pessoa jurídica cuja finalidade seja a proteção das pessoas idosas. Essa proteção jurídico-social pode e deve ser realizada por pessoas jurídicas de direito público interno ou pessoas jurídicas de direito privado, entre outras.

A primeira das entidades que deverá defender os direitos do idoso é o Ministério Público. Sua atribuição vem definida em lei própria, a Lei Complementar n. 75, de 1993, nos termos de seus arts. 5º e 6º. Cabe também à Ordem dos Advogados do Brasil, subdividida nas Seções e Subseções, em todo o País, empreender esforços no sentido de defender os idosos em ações civis fundadas em interesses difusos, coletivos, individuais indisponíveis e homogêneos, como bem salientou o art. 81, III, do Estatuto do Idoso. E a Defensoria Pública tem o dever constitucional de prestar assistência jurídica aos necessitados, incluindo os idosos (arts. 5º, LXXIV, e 134 da Constituição Federal).

Conforme regra específica constante do art. 81, IV, as associações, desde que legalmente constituídas há pelo menos um ano, têm legitimidade para propor ações cíveis fundadas em interesses coletivos em sentido amplo e individuais indisponíveis. Portanto, elas podem patrocinar causas fundadas em direitos privados dos idosos, que não admitem a intervenção do Ministério Público.

E, finalmente, o inciso VI do art. 47 do Estatuto do Idoso trata da necessidade de conscientizar as pessoas sobre os direitos dos idosos, de modo a garantir-lhes atendimento adequado em diferentes áreas como saúde, transporte, cultura e lazer, entre outros.

Assim, deverá haver uma mobilização ampla da comunidade e da imprensa falada, escrita, televisionada e da internet para engajamento dos diversos segmentos da vida nacional, do Poder Público, das organizações não governamentais, na conscientização geral da obrigação solidária de atendimento aos idosos como imperativo da justiça e da tão almejada inclusão dessas pessoas na sociedade.

Capítulo II
Das entidades de atendimento ao idoso*

Art. 48. *As entidades de atendimento são responsáveis pela manutenção das próprias unidades, observadas as normas de planejamento e execução emanadas do órgão competente da Política Nacional do Idoso, conforme a Lei n. 8.842, de 1994.*

O já citado art. 230 da Constituição dispõe que "A família, a sociedade e o Estado têm o dever de amparar as pessoas idosas, assegurando sua participação na comunidade, defendendo sua dignidade e bem-estar e garantindo-lhes o direito à vida".

Conforme comenta Paulo de Tarso Abrão,

> o texto do art. 230 da Constituição de 1988 é inovador, ao prever pela primeira vez que, em nosso País, a proteção e o amparo às pessoas idosas será dado por intermédio da família, da sociedade e do próprio Estado. [...] Dessa forma, tal previsão faz que a sociedade e o poder público auxiliem as pessoas na preparação para um envelhecimento saudável e passem a ver o idoso como uma das prioridades, objetivando o fomento e a ampliação dos programas que visem à melhoria da qualidade de vida dos idosos[155].

As entidades de atendimento ao idoso assumem o dever do Estado, na ordem das responsabilidades previstas no art. 230 da Constituição: a Lei n. 8.442, de 1994, que dispõe sobre a Política Nacional do Idoso, estabelece, no seu art. 4º, VIII, a "priorização do atendimento ao idoso em órgãos públicos e privados prestadores de serviços, quando desabrigados e sem família", além, evidentemente, da "priorização do atendimento ao idoso através de suas próprias famílias, em detrimento do atendimento asilar, à exceção dos idosos que não possuam condições que garantam sua própria sobrevivência" (art. 4º, III), na ordem das diretrizes da Política Nacional do Idoso (art. 4º, *caput*).

---

* Por Maria Garcia.
[155] ABRÃO, Paulo de Tarso Siqueira. Comentários ao art. 230. In: COSTA MACHADO, Antonio Claudio da (Org.); FERRAZ, Anna Candida da Cunha (Coord.). *Constituição Federal interpretada*. Barueri: Manole, 2012, p. 1.143.

ART. 48 185

A doutrina e a jurisprudência têm apontado que aqui, como em tudo que diz respeito aos direitos sociais, impõe-se a denominada "reserva do possível", como anteparo às responsabilidades do Estado, firmadas pela Constituição, realmente problemas de política econômica, de administração de recursos e planejamento, que envolvem as ações governamentais, conforme se constata do art. 10 da mencionada Lei n. 8.842, de 1994, sobre a Política Nacional do Idoso.

O que se torna inadmissível é a constatação de disposições legais determinantes de ações governamentais que há dez longos anos não se concretizaram, diante de situações que envolvem, dia a dia, ano após ano, a dignidade do ser humano.

Parágrafo único. As entidades governamentais e não governamentais de assistência ao idoso ficam sujeitas à inscrição de seus programas, junto ao órgão competente da Vigilância Sanitária e Conselho Municipal da Pessoa Idosa, e em sua falta, junto ao Conselho Estadual ou Nacional da Pessoa Idosa, especificando os regimes de atendimento, observados os seguintes requisitos:

I – oferecer instalações físicas em condições adequadas de habitabilidade, higiene, salubridade e segurança;

II – apresentar objetivos estatutários e plano de trabalho compatíveis com os princípios desta Lei;

III – estar regularmente constituída;

IV – demonstrar a idoneidade de seus dirigentes.

Ainda recentemente, conforme publicação[156], noticiava-se: "Idosa é abandonada em estrada", aparentemente "pela falta de pagamento das mensalidades aos donos de um asilo onde a paciente vivia".

Um fato, entre tantos outros semelhantes entre si, na omissão governamental e na certeza da impunidade de alguns e no abandono de familiares.

O parágrafo único do art. 49, analisado a seguir, prescreve a responsabilidade civil e criminal dos dirigentes de instituição "pelos atos que praticar em detrimento do idoso", além das sanções administrativas cabíveis.

---

[156] *O Estado de S. Paulo*, 19-6-2014, p. A15.

As disposições alinhadas pelo art. 48 envolvem requisitos de natureza estrutural, relativamente às instalações físicas e pessoais, com referência aos dirigentes das instituições prestadoras de atendimento ao idoso, no que se constitui responsabilidade governamental, de fiscalização e controle.

Art. 49. *As entidades que desenvolvam programas de institucionalização de longa permanência adotarão os seguintes princípios:*

I – preservação dos vínculos familiares;

II – atendimento personalizado e em pequenos grupos;

III – manutenção do idoso na mesma instituição, salvo em caso de força maior;

IV – participação do idoso nas atividades comunitárias, de caráter interno e externo;

V – observância dos direitos e garantias dos idosos;

VI – preservação da identidade do idoso e oferecimento de ambiente de respeito e dignidade.

Princípios são vetores de cumprimento e aplicação das disposições legais. Na consagrada acepção de Celso Antônio Bandeira de Mello, "*princípio* é, por definição, mandamento nuclear de um sistema, verdadeiro alicerce dele, disposição fundamental que se irradia sobre diferentes normas, compondo-lhes o espírito e servindo de critério para sua exata compreensão e inteligência". Daí que "violar um princípio é mais grave que transgredir uma norma. A desatenção ao princípio implica ofensa não apenas a um específico mandamento obrigatório mas a todo o sistema de comandos"[157].

Determina, portanto, o mencionado art. 49, a preservação dos vínculos familiares, porquanto a *família*, unidade social na qual se desenvolvem as primeiras relações humanas, institui uma "comunhão de vida" (Código Civil, art. 1.513) que deve ser preservada e estimulada, mesmo nas condições aqui previstas.

O *atendimento personalizado e em pequenos grupos* proporciona a proteção à identidade pessoal na situação específica do idoso.

Também a manutenção *na mesma instituição* oferece uma situação de tranquilidade e segurança necessárias a qualquer pessoa, de qualquer idade.

---

[157] *Elementos de direito administrativo*. São Paulo: Revista dos Tribunais, São Paulo, 1987, p. 230.

A participação nas atividades comunitárias, de caráter interno e externo, observe-se, contribui certamente para a "preservação da identidade", conforme sublinha o inciso VI do mesmo dispositivo legal, em ambientes de respeito e dignidade.

O inciso V, por fim, refere-se ao princípio de "observância dos direitos e garantias dos idosos", daí a necessidade de que o Estatuto do Idoso venha a tornar-se de conhecimento amplo geral, nas escolas de todo nível – dado que todos estamos implicados no processo do envelhecimento.

Art. 50. *Constituem obrigações das entidades de atendimento:*

I – celebrar contrato escrito de prestação de serviço com o idoso, especificando o tipo de atendimento, as obrigações da entidade e prestações decorrentes do contrato, com os respectivos preços, se for o caso;

II – observar os direitos e as garantias de que são titulares os idosos;

III – fornecer vestuário adequado, se for pública, e alimentação suficiente;

IV – oferecer instalações físicas em condições adequadas de habitabilidade;

V – oferecer atendimento personalizado;

VI – diligenciar no sentido da preservação dos vínculos familiares;

VII – oferecer acomodações apropriadas para recebimento de visitas;

VIII – proporcionar cuidados à saúde, conforme a necessidade do idoso;

IX – promover atividades educacionais, esportivas, culturais e de lazer;

X – propiciar assistência religiosa àqueles que desejarem, de acordo com suas crenças;

XI – proceder a estudo social e pessoal de cada caso;

XII – comunicar à autoridade competente de saúde toda ocorrência de idoso portador de doenças infectocontagiosas;

XIII – providenciar ou solicitar que o Ministério Público requisite os documentos necessários ao exercício da cidadania àqueles que não os tiverem, na forma da lei;

XIV – fornecer comprovante de depósito dos bens móveis que receberem dos idosos;

XV – manter arquivo de anotações onde constem data e circunstâncias do atendimento, nome do idoso, responsável, parentes, endereços, cida-

de, relação de seus pertences, bem como o valor de contribuições, e suas alterações, se houver, e demais dados que possibilitem sua identificação e a individualização do atendimento;

***XVI** – comunicar ao Ministério Público, para as providências cabíveis, a situação de abandono moral ou material por parte dos familiares;*

***XVII** – manter no quadro de pessoal profissionais com formação específica.*

Art. 51. *As instituições filantrópicas ou sem fins lucrativos prestadoras de serviço ao idoso terão direito à assistência judiciária gratuita.*

O art. 50 continua a enumerar as responsabilidades das entidades de atendimento ao idoso, públicas e privadas.

Assim, algumas das determinações são específicas a respeito da celebração de contrato escrito, constando o tipo de atendimento, as obrigações e prestações decorrentes do contrato, bem como "os respectivos preços, se for o caso". Ademais disso, fornecer comprovante dos bens móveis trazidos pelo idoso e manter arquivo das anotações necessárias à situação civil de cada um.

Outras especificações repetem requisitos e princípios já verificados no parágrafo único do art. 48 e elencados no art. 48, tais como: "instalações físicas em condições adequadas de habitabilidade"; "atendimento personalizado"; "preservação dos vínculos familiares", reiterando, assim, os cuidados necessários à situação do idoso.

Acresce o art. 50, em comento, as obrigações concernentes ao "vestuário adequado, se for entidade pública e alimentação suficiente"; "acomodações apropriadas para recebimento de visitas"; os "cuidados à saúde", comunicando à autoridade competente toda ocorrência relativa a doenças infecciosas; participação em "atividades educacionais, esportivas, culturais e de lazer", sabendo-se como são importantes, em prol do bem-estar físico e psíquico e relacionamentos, a todos; "assistência religiosa de acordo com suas crenças", de importância fundamental.

Devem, ademais, "proceder a estudo social e pessoal de cada caso" e, importante determinação legal, os incisos XVI e XVII do art. 50 em apreço, comunicar ao Ministério Público a eventual "situação de abandono moral ou material por parte dos familiares" e manter "profissionais de formação específica".

Oferece a Lei n. 10.741/2003, às instituições filantrópicas ou sem fins lucrativos com o objetivo de atendimento ao idoso, o benefício da assistência judiciária gratuita. Outros benefícios deveriam ser acrescidos, em face de suas importantes finalidades, de caráter fiscal e de estímulo ao recebimento de doações de contribuintes pessoa física ou jurídica.

Verifica-se do exame dos dispositivos legais sob análise, em termos gerais, a atenção do legislador no atendimento às determinações constitucionais a respeito do idoso, sob o princípio fundamental da dignidade da pessoa humana.

CAPÍTULO III
DA FISCALIZAÇÃO DAS ENTIDADES DE ATENDIMENTO*

Art. 52. As entidades governamentais e não governamentais de atendimento ao idoso serão fiscalizadas pelos Conselhos do Idoso, Ministério Público, Vigilância Sanitária e outros previstos em lei.

O art. 230 da Constituição Federal estatui que a tutela dos idosos compete à família, à sociedade e ao Estado, amparando-os em suas necessidades, assegurando sua participação na comunidade, defendendo sua dignidade e bem-estar, com a finalidade de garantir-lhes o direito à vida, inclusive por meio de programas de amparo aos idosos que, preferencialmente, serão executados em seus lares.

Em que pese a existência do direito prioritário do idoso de ser atendido em seus respectivos lares, ocorrem situações adversas nas quais a determinação legal não pode acontecer de tal forma. Assim, em caráter suplementar, o atendimento ao idoso há de ser prestado pelas entidades governamentais e não governamentais[158].

---

* Por Carla Matuck Borba Seraphim.
[158] "O conjunto de organismos, organizações ou instituições de autonomia e administração própria que apresentam como função e objetivo principal atuar voluntariamente junto à sociedade civil visando o seu aperfeiçoamento [...]. Caracterizam-se de acordo com a finalidade das organizações que o compõem, sempre entendendo que essas instituições, consequências de novos grupos da sociedade civil e dos movimentos sociais, são, além de interlocutores, instrumentos para a consecução de uma nova dinâmica social e democrática, onde as relações são orientadas pelos laços de solidariedade entre os indivíduos, o espírito e voluntariado e o consenso na busca do bem comum" (PAES, José Eduardo Sabo. O terceiro setor, reorganização, autogestionária da sociedade civil ou neoliberalismo disfarçado? In: *Fundações e entidades de interesse social*. 3. ed. Brasília: Brasília Jurídica, 2001, p. 219).

Compreenda-se que no Estado Democrático de Direito:

> floresceram inúmeras entidades e associações privadas que exerceram contínua pressão sobre os poderes estatais na busca de realizações dos interesses que defendem. Tais transformações no modo de atuar do Estado e na estrutura da sociedade acarretam a atenuação da distância entre o Estado e sociedade, agora vinculados e condicionados por número crescente de inter-relações. Em decorrência, a Administração vê-se obrigada a olhar para fora de si mesma, relacionando-se de modo mais intenso com o entorno social[159].

Nesse diapasão, o termo *governamental* "como qualificativo de uma entidade, a lógica é que ela tenha sua derivação na iniciativa pública. Quanto à entidade não governamental, o caso já toma outro vulto porque advém do direito privado"[160]. Entrementes, o fato de a entidade de atendimento ao idoso pertencer ou não aos quadros da administração pública direta não descaracteriza a natureza jurídica da prestação do serviço, visto que se trata de serviço público[161], originário no interesse público.

Importante compreender que o interesse público como

> [...] o interesse do todo, do conjunto social, nada mais é que a dimensão pública dos interesses individuais, ou seja, dos interesses de cada indivíduo enquanto partícipe da Sociedade (edificada juridicamente no Estado), nisto se obrigando também o depósito intertemporal destes mesmos interesses, vale dizer, já agora, encarados eles em continuidade histórica, tendo em vista a sucessividade das gerações de seus nacionais[162].

A diferença entre entidades governamentais e não governamentais reside na forma de constituição das suas pessoas jurídicas, ou seja, ainda que as entidades não governamentais recebam verbas de origem estatal, a sua natureza jurídica mantém-se de direito privado.

---

[159] MEDAUAR, Odete. *Direito administrativo moderno*. 3. ed. São Paulo: Revista dos Tribunais, 1999, p. 27.

[160] VILAS BOAS, Marco Antonio. *Estatuto do Idoso comentado*: artigo por artigo. 4. ed. rev. e atual. Rio de Janeiro: Forense, p. 117.

[161] "Serviço público é todo aquele prestado pela Administração ou por seus delegados, sob normas e controles estatais, para satisfazer necessidades essenciais ou secundárias da coletividade ou simples conveniências do Estado" (MEIRELLES, Hely Lopes. *Direito administrativo brasileiro*. 17. ed. atual. São Paulo: Malheiros, p. 294).

[162] BANDEIRA DE MELLO, Celso Antônio. *Curso de direito administrativo*. 16. ed. São Paulo: Malheiros, 2003, p. 112.

Contudo, no que tange à fiscalização das entidades governamentais e não governamentais há uma unicidade, devendo tal acontecer pelos Conselhos Federal, Estaduais e Municipais dos Idosos, Ministério Público, vigilância sanitária, bem como pelo cidadão, conforme o art. 6º do estatuto em comento.

Nesse sentido, há que se evidenciar o fato de que:

> o rol não se esgota nestes órgãos acima nominados, pois outros poderão vir a exercer seu poder fiscalizatório, cada um dentro de sua seara de atuação ou de atribuição legal, como por exemplo, o corpo de bombeiros no que pertine o aspecto de segurança dos prédios contra incêndios, o Procon quanto à fiscalização dos contratos firmados entre a entidade e os idosos, a secretaria de urbanismo, quanto aos aspectos relacionados às normas de acessibilidade[163].

Art. 53. O art. 7º da Lei n. 8.842, de 1994, passa a vigorar com a seguinte redação:

"Art. 7º Compete aos Conselhos de que trata o art. 6º desta Lei a supervisão, o acompanhamento, a fiscalização e a avaliação da política nacional do idoso, no âmbito das respectivas instâncias político-administrativas".

A Lei n. 8.842/94 previa no art. 7º que "Compete aos conselhos de que trata o artigo anterior a formulação, coordenação, supervisão e avaliação da política nacional do idoso, no âmbito das respectivas instâncias político-administrativas".

A nova redação estabelecida retirou os signos "formulação" e "coordenação" e inseriu os respectivos signos "supervisão" e "acompanhamento", denotando o sentido de que os Conselhos dos Idosos possuem atividade de avaliação, gerenciamento e fiscalização da política nacional do idoso; por conseguinte, não há falar nas competências de propostas e/ou na estruturação de políticas administrativas referentes aos idosos.

Art. 54. Será dada publicidade das prestações de contas dos recursos públicos e privados recebidos pelas entidades de atendimento.

---

[163] MAIO, Iadya Gama. In: PINHEIRO, Naide Maria (Coord.). *Estatuto do Idoso comentado*. Campinas: Servanda, 2012, p. 391.

O art. 37, *caput*, da Constituição Federal estabelece como princípio da administração pública o princípio da publicidade. Assim, "publicidade é a divulgação oficial do ato para conhecimento público e início de seus efeitos externos [...]. A publicidade não é elemento formativo do ato: é requisito de eficácia e moralidade"[164].

Por seu turno, a prestação de contas é um dever de todo administrador público, de acordo com o art. 34, VII, *d*, da Constituição Federal, a fim de dar efetividade ao princípio da transparência, já que, realizando serviço público, realiza a gestão de valores quer de origem pública, e quer de origem privada, que possuem destinação social e vinculada à promoção das necessidades dos idosos que são recepcionados e cuidados pelas entidades de atendimento.

A prestação de contas deve ser realizada periodicamente, por meio da inserção das informações sob a forma contábil, no Diário Oficial ou por edital afixado no lugar próprio para divulgação de atos públicos.

Na valoração e validade da prestação de contas, todos os comprovantes referentes às receitas e às despesas ali noticiadas deverão compor o acervo documental até o advento do prazo prescricional, nomeando individualizadamente cada um dos idosos, ainda que já tenham deixado a entidade, no momento da realização dessa prestação.

O Ministério Público exerce o poder fiscalizatório indireto, visto que solicita junto ao Poder Público as listas das entidades que receberam recursos e, *a posteriori*, encaminha-as para a realização da fiscalização.

Art. 55. *As entidades de atendimento que descumprirem as determinações desta Lei ficarão sujeitas, sem prejuízo da responsabilidade civil e criminal de seus dirigentes ou prepostos, às seguintes penalidades, observado o devido processo legal:*

I – as entidades governamentais:

a) advertência;

b) afastamento provisório dos dirigentes;

c) afastamento definitivo de seus dirigentes;

---

[164] MEIRELLES, Hely Lopes. *Direito administrativo brasileiro.* 17. ed. atual. São Paulo: Malheiros, p. 86.

d) *fechamento de unidade ou interdição de programa;*
II – *as entidades não governamentais:*
a) *advertência;*
b) *multa;*
c) *suspensão parcial ou total do repasse de verbas públicas;*
d) *interdição de unidade ou suspensão de programa;*
e) *proibição de atendimento a idosos a bem do interesse público.*

As entidades de atendimento governamentais ou não governamentais possuem responsabilidade civil, penal e administrativa, cada qual no seu âmbito.

No que corresponde à responsabilidade administrativa, esta será objeto de procedimento administrativo no qual serão observados os princípios constitucionais não só do devido processo legal, mas também do contraditório e da ampla defesa, de acordo com o art. 5º, LIV e LV, da Constituição Federal.

Evidencia-se a diferenciação entre as possíveis sanções a serem aplicadas nos casos de entidades governamentais e entidades não governamentais, sendo certo que em quaisquer hipóteses há de se fazer a dosimetria diante do ilícito administrativo praticado.

§ 1º *Havendo danos aos idosos abrigados ou qualquer tipo de fraude em relação ao programa, caberá o afastamento provisório dos dirigentes ou a interdição da unidade e a suspensão do programa.*

Não há diferenciação entre entidades governamentais ou não governamentais, sendo certo que, ocorrendo danos aos idosos ou fraude no programa de atendimento, será imposto o afastamento dos dirigentes, bem como poderá ocorrer a interdição da unidade e a suspensão do programa.

§ 2º *A suspensão parcial ou total do repasse de verbas públicas ocorrerá quando verificada a má aplicação ou desvio de finalidade dos recursos.*

Se houver constatação de má aplicação ou desvio dos recursos será imposta a suspensão total ou parcial de repasse das verbas públicas, bem como os dirigentes das entidades poderão vir a ser responsabilizados criminalmente pelo art. 315 do Código Penal[165].

> **§ 3º** *Na ocorrência de infração por entidade de atendimento, que coloque em risco os direitos assegurados nesta Lei, será o fato comunicado ao Ministério Público, para as providências cabíveis, inclusive para promover a suspensão das atividades ou dissolução da entidade, com a proibição de atendimento aos idosos a bem do interesse público, sem prejuízo das providências a serem tomadas pela Vigilância Sanitária.*

O Ministério Público deverá tomar as medidas cabíveis para suspender ou dissolver as entidades, proibindo o atendimento a bem do interesse público, desde que haja infração ou coloquem em risco os direitos assegurados no Estatuto do Idoso, inclusive sem prejuízo das medidas que possam vir a ser aplicadas pela Vigilância Sanitária.

> **§ 4º** *Na aplicação das penalidades, serão consideradas a natureza e a gravidade da infração cometida, os danos que dela provierem para o idoso, as circunstâncias agravantes ou atenuantes e os antecedentes da entidade.*

Na dosimetria das penas cominadas nas condutas ilícitas praticadas será aplicado o art. 59 do Código Penal:

> Art. 59. O juiz, atendendo à culpabilidade, aos antecedentes, à conduta social, à personalidade do agente, aos motivos, às circunstâncias e consequências do crime, bem como ao comportamento da vítima, estabelecerá, conforme seja necessário e suficiente para reprovação e prevenção do crime:
>
> I – as penas aplicáveis dentre as cominadas;
>
> II – a quantidade de pena aplicável, dentro dos limites previstos;
>
> III – o regime inicial de cumprimento da pena privativa de liberdade;
>
> IV – a substituição da pena privativa da liberdade aplicada, por outra espécie de pena, se cabível.

---

[165] "Art. 315. Dar às verbas ou rendas públicas aplicação diversa da estabelecida em lei: Pena – detenção, de um a três meses, ou multa."

Capítulo IV
Das Infrações Administrativas*

A atividade administrativa do Estado compreende a pluralidade de funções. Uma dessas funções é o poder de polícia, atribuição que possui a Administração Pública para condicionar o uso, o gozo e a disposição da propriedade e de restringir o exercício da liberdade no interesse público ou social.

Assim, esclarece Marçal Justen Filho que "o poder de polícia é a competência para disciplinar o exercício da autonomia privada para a realização de direitos fundamentais e da democracia segundo os princípios da legalidade e da proporcionalidade"[166].

As infrações administrativas decorrem desse poder de polícia do Poder Público, configurando uma interferência do Estado na órbita do interesse particular para salvaguardar o interesse público, restringindo direitos individuais[167].

Nesse sentido, Daniel Ferreira conceitua as infrações administrativas como o "comportamento voluntário, violador da norma de conduta que o contempla, que enseja a aplicação, no exercício da função administrativa, de uma direta e imediata consequência jurídica, restritiva de direitos, de caráter repressivo"[168].

Nesse contexto, o Estatuto do Idoso instituiu três infrações administrativas aplicáveis sem prejuízo da responsabilização civil ou criminal do autor infrator.

Art. 56. *Deixar a entidade de atendimento de cumprir as determinações do art. 50 desta Lei:*

Pena – *multa de R$ 500,00 (quinhentos reais) a R$ 3.000,00 (três mil reais), se o fato não for caracterizado como crime, podendo haver a interdição do estabelecimento até que sejam cumpridas as exigências legais.*

---

* Por Flávia Piva Almeida Leite.
[166] JUSTEN FILHO, Marçal. *Curso de direito administrativo*. 10. ed. rev., atual. e ampl. São Paulo: Revista dos Tribunais, 2013, p. 585.
[167] RAMOS, Patrícia Pimentel de Oliveira Chambers. Infrações administrativas. In: MACIEL, Kátia Regina Ferreira Lobo Andrade (Coord.). *Curso de direito da criança e do adolescente*: aspectos teóricos e práticos. 6. ed. rev. e atual. São Paulo: Saraiva, 2013, p. 533.
[168] FERREIRA, Daniel. *Sanções administrativas* (Coleção Temas de direito administrativo). São Paulo: Malheiros, 2001, p. 63.

Parágrafo único. *No caso de interdição do estabelecimento de longa permanência, os idosos abrigados serão transferidos para outra instituição, a expensas do estabelecimento interditado, enquanto durar a interdição.*

Nesse dispositivo, o Estatuto do Idoso definiu a conduta omissiva da entidade, seja ela governamental ou não, que deixar de cumprir as determinações elencadas no art. 50 como uma infração administrativa passível do pagamento de multa, no valor de R$ 500,00 (quinhentos reais) a R$ 3.000,00 (três mil reais). Pode, ainda, o juiz decretar a interdição cautelar do estabelecimento, até que sejam cumpridas integralmente as exigências legais. Essa medida possui natureza protetiva, visando salvaguardar os interesses dos idosos abrigados. Ocorrendo a interdição do estabelecimento, os idosos deverão ser transferidos para outra instituição, a expensas do estabelecimento interditado, enquanto durar a interdição.

Cabe ressaltar que a imposição da multa pela prática da mencionada infração administrativa deixará de ser aplicada quando o descumprimento de uma daquelas determinações previstas no art. 50 se enquadrar na descrição típica de um fato criminoso, ou seja, quando o caso concreto implicar a configuração de um crime.

Art. 57. *Deixar o profissional de saúde ou o responsável por estabelecimento de saúde ou instituição de longa permanência de comunicar à autoridade competente os casos de crimes contra idoso de que tiver conhecimento:*

Pena *– multa de R$ 500,00 (quinhentos reais) a R$ 3.000,00 (três mil reais), aplicada em dobro no caso de reincidência.*

A segunda infração administrativa elencada nesse artigo consiste na omissão, por parte do profissional de saúde (médicos, fisioterapeutas, enfermeiros, entre outros) ou do responsável por estabelecimentos de saúde (hospitais, clínicas, laboratórios, postos de saúde) e pelas instituições de longa permanência (asilos, clínicas geriátricas, casas de repouso), em comunicar à autoridade competente (polícia, Ministério Público ou ao juiz de Direito da Vara do Idoso) os casos de crimes contra idoso de que tiverem conhecimento, sob pena de ser aplicada uma multa que varia de R$ 500,00 (quinhentos reais) a R$ 3.000,00 (três mil reais), podendo chegar ao dobro em caso de reincidência.

Cabe frisar que a conduta aqui será a falta de comunicação de ocorrência de algum tipo descrito como crime, não como contravenção penal.

Segundo aponta Iadya Gama Maio, não foi explicitado nesse dispositivo em que circunstâncias esses profissionais ou dirigentes teriam adquirido o conhecimento da ocorrência do crime, mas a interpretação deve ser no sentido de que a obrigação decorre do conhecimento adquirido a partir do exercício da função[169].

Art. 58. Deixar de cumprir as determinações desta Lei sobre a prioridade no atendimento ao idoso:

***Pena** – multa de R$ 500,00 (quinhentos reais) a R$ 1.000,00 (um mil reais) e multa civil a ser estipulada pelo juiz, conforme o dano sofrido pelo idoso.*

E a última infração administrativa prevista no Estatuto do Idoso corresponde à não observância do direito de prioridade no atendimento do idoso, ensejando a aplicação de multa que poderá variar de R$ 500,00 (quinhentos reais) a R$ 1.000,00 (um mil reais).

A prioridade no atendimento foi assegurada pela Lei n. 10.048, de 8 de novembro de 2000, que dispõe sobre o atendimento prioritário aos idosos, às pessoas portadoras de deficiência, às gestantes e às acompanhadas por crianças de colo. Essa Lei foi regulamentada pelo Decreto n. 5.296, de 2 de dezembro de 2004. E a prioridade vem assegurada também no art. 3º, parágrafo único, I, do Estatuto do Idoso, que dispõe que: "a garantia de prioridade compreende atendimento preferencial imediato e individualizado junto aos órgãos públicos e privados prestadores de serviços à população"; no art. 42, que reza que: "é assegurada a prioridade do idoso no embarque no sistema de transporte coletivo"; como também no art. 71, que aduz:

> é assegurada prioridade na tramitação dos processos e procedimentos e na execução dos atos e diligências judiciais em que figure como parte ou interveniente pessoa com idade igual ou superior a sessenta anos, em qualquer instância.
>
> [...]
>
> § 3º A prioridade se estende aos processos e procedimentos da Administração Pública, empresas prestadoras de serviços públicos e instituições

---

[169] MAIO, Iadya Gama. Comentário ao artigo 57 do Estatuto do Idoso. In: PINHEIRO, Naide Maria (Coord.). *Estatuto do Idoso comentado*. Campinas: Servanda, 2012, p. 399.

financeiras, ao atendimento preferencial junto à Defensoria Pública da União, dos Estados e do Distrito Federal em relação aos Serviços de Assistência Judiciária.

§ 4º Para o atendimento prioritário será garantido ao idoso o fácil acesso aos assentos e caixas, identificados com a destinação a idosos em local visível e caracteres legíveis.

Assim, os destinatários desta primeira multa são aquelas entidades que deixarem de assegurar o atendimento prioritário ao idoso, incluindo instituições financeiras, postos de saúde, transportes coletivos, repartições públicas etc.

Paralelamente, pode o juiz aplicar, ainda, uma multa de natureza civil destinada à reparação de algum dano sofrido pelo idoso, de forma individual, em decorrência da falta de prioridade no atendimento que lhe deveria ter sido prestado, sem prejuízo da responsabilização penal.

Capítulo V
Da apuração administrativa de infração às normas de proteção ao idoso*

Art. 59. Os valores monetários expressos no Capítulo IV serão atualizados anualmente, na forma da lei.

Esse dispositivo expressa que os valores das multas previstos no Capítulo referente às infrações administrativas (arts. 56 a 58) serão corrigidos de acordo com os valores monetários e com o que dispuser lei a ser editada posteriormente.

A *correção monetária* nada mais é do que o reajuste feito na economia para evitar a perda de valor da moeda. Assim, correção monetária é praticada atualmente no país com o intuito de regular os valores da economia, baseando-se no preço da moeda, nos índices da inflação e na cotação do mercado financeiro. Tais ajustes são praticados periodicamente.

É a velha correção monetária tão conhecida dos brasileiros desta geração de descontrole inflacionário, correção, que apesar de declarada oficialmente extinta, ressurge toda vez que a legislação quer compensar a

---
* Por Flávia Piva Almeida Leite.

desatualização nominal da moeda. Portanto, a cada ano o aplicador do Estatuto terá que recalcular as obrigações pecuniárias na conformidade com os índices oficiais divulgados pelas autoridades monetárias do País[170].

Art. 60. O procedimento para a imposição de penalidade administrativa por infração às normas de proteção ao idoso terá início com requisição do Ministério Público ou auto de infração elaborado por servidor efetivo e assinado, se possível, por duas testemunhas.

§ 1º No procedimento iniciado com o auto de infração poderão ser usadas fórmulas impressas, especificando-se a natureza e as circunstâncias da infração.

§ 2º Sempre que possível, à verificação da infração seguir-se-á a lavratura do auto, ou este será lavrado dentro de 24 (vinte e quatro) horas, por motivo justificado.

No *caput* do art. 60 do Estatuto, encontramos o *procedimento*, que tem por objetivo apurar, no âmbito administrativo, os fatos e atos violadores das normas de proteção ao idoso, impondo aos responsáveis sanções administrativas, a título de multa, conforme determinado nos arts. 56 a 58.

Processo ou procedimento? Apesar de muitos doutrinadores utilizarem as expressões "processo administrativo" e "procedimento administrativo" como sinônimas, tecnicamente as duas locuções possuem significados diferentes. Vejamos:

Segundo Diógenes Gasparini *processo* designa o "conjunto de atos ordenados, cronologicamente praticados e necessários a alcançar uma decisão sobre certa controvérsia, *administrativo* indica, além da sede em que se desenvolve o processo, a natureza do litígio". Assim, tecnicamente se pode definir *processo administrativo* como "conjunto de atos ordenados, cronologicamente praticados e necessários a produzir uma decisão sobre certa controvérsia de natureza administrativa". Portanto, somente os processos administrativos que encerram um litígio entre a Administração Pública e os administrados (recurso contra lançamento tributário) ou o seu servidor (aplicação de pena disciplinar) são merecedores dessa denominação[171].

---

[170] TAVARES, José de Farias. *Estatuto do Idoso*, p. 91.
[171] GASPARINI, Diógenes. *Direito administrativo*. 17. ed. São Paulo: Saraiva, p. 1.081-1.082.

Já *procedimento* "é uma sucessão itinerária e encadeada de atos administrativos tendendo todos a um resultado final e conclusivo". Corresponde a rito, modo de proceder, ou, como discorre Hely Lopes Meirelles: "é o modo de realização do processo, ou seja, o rito processual".

Feitas estas considerações oriundas do direito administrativo, verificamos que a terminologia utilizada no referido dispositivo do Estatuto é *procedimento*. É a sequência ordenada de atos tendentes à tomada da decisão. Apesar do procedimento administrativo, deverão ser observados todos os princípios assegurados na Constituição Federal ao âmbito judicial, entre eles a prevalência do contraditório e da ampla defesa.

Referido procedimento previsto nesse dispositivo terá início com a requisição do Ministério Público ao Conselho do Idoso. Se o procedimento tiver início por um auto de infração, este deverá ser elaborado por servidor efetivo e, de preferência, por duas testemunhas, com as devidas assinaturas. E pretende ainda a lei que o auto de infração seja lavrado imediatamente à ocorrência da infração. Porém, não sendo possível, cabe ao agente lavrá-lo em 24 (vinte e quatro) horas, expondo os motivos que ocasionaram o retardamento.

Art. 61. *O autuado terá prazo de 10 (dez) dias para a apresentação da defesa, contado da data da intimação, que será feita:*

I – pelo autuante, no instrumento de autuação, quando for lavrado na presença do infrator;

II – por via postal, com aviso de recebimento.

Assegura-se aos acusados em geral, por força do disposto no art. 5º, LV, da Constituição Federal, inclusive àqueles a quem se atribui a prática de infração administrativa, o contraditório e a ampla defesa, com os meios e recursos a ela inerentes, seja na esfera administrativa, seja na esfera judicial.

Assim, o autuado, pessoa física ou jurídica, terá o prazo de dez dias para apresentar sua defesa contados da data da *intimação*, que pode ser pessoal ou por via postal, com aviso de recebimento.

Aqui houve um erro na linguagem técnica. O correto seria dizer que o prazo fluirá a partir da *citação* e não da intimação, já que aquela é o ato pelo qual se chama alguém ao processo para se defender de determinada acusação que lhe é imposta, enquanto intimação diz respeito à ciência de atos ou fatos já praticados ou em vias de serem praticados.

A Lei mencionou *intimação* para o início da contagem do prazo de defesa, e não como usualmente se dá no âmbito do processo civil, isto é, o início se dá da juntada do instrumento de autuação, quando procedida pessoalmente, ou ao tempo da anexação ao processo da carta registrada, com o aviso de recebimento subscrito pelo destinatário.

Caso o autuado se recuse a receber a citação, o servidor do estabelecimento de atendimento ao idoso que estiver procedendo essa citação poderá, na presença de duas testemunhas, certificar o ocorrido, consignando o fato para que a citação seja considerada concluída. A citação por edital também é possível, com a publicação no respectivo Diário Oficial, quando incerto ou desconhecido o seu paradeiro.

No cômputo do termo inicial e final do prazo, deve-se excluir o dia do começo e incluir o do seu término, lembrando que, caso a intimação se dê num sábado, a fluência do prazo só se dará a partir do primeiro dia útil seguinte, expurgando aqui, também, este dia, para efeito de contagem, em face da regra acima mencionada.

No caso de entidade de atendimento governamental, independentemente de a citação haver sido endereçada ao agente público por ela responsável, este será defendido pela Procuradoria do ente federativo correspondente à entidade, uma vez que a responsabilidade recairá à entidade governamental que, por seu agente, sofreu a autuação. Aqui se aplica a moderna teoria do órgão público, que sustenta que as condutas praticadas por agentes públicos, no exercício de suas atribuições, devem ser imputadas ao Estado. Assim, quando o agente público atua, considera-se que o Estado atuou.

Art. 62. Havendo risco para a vida ou à saúde do idoso, a autoridade competente aplicará à entidade de atendimento as sanções regulamentares, sem prejuízo da iniciativa e das providências que vierem a ser adotadas pelo Ministério Público ou pelas demais instituições legitimadas para a fiscalização.

Independentemente das medidas sancionatórias que serão promovidas pelo Ministério Público, este dispositivo estatui regra no sentido de confirmar os poderes da autoridade competente para a fiscalização e para cominar sanções às entidades de atendimento ao idoso, quando estas, por ação ou omissão, causarem risco à vida ou à saúde do idoso.

Claro que as instituições legitimadas para a fiscalização das entidades de atendimento serão inicialmente o Ministério Público, o Conselho Federal ao Idoso, o Conselho Estadual, o Conselho Municipal e a Vigilância Sanitária. Assim, a competência para fiscalização é de cada órgão público que atua direta ou indiretamente em prol da pessoa idosa.

Tratando-se de crime de ação pública cometido nos domínios da entidade, qualquer do povo estará devidamente legitimado para dar voz de prisão a quem quer que seja encontrado em flagrante delito, conforme dispõe o art. 301 do Código de Processo Penal.

Art. 63. *Nos casos em que não houver risco para a vida ou a saúde da pessoa idosa abrigada, a autoridade competente aplicará à entidade de atendimento as sanções regulamentares, sem prejuízo da iniciativa e das providências que vierem a ser adotadas pelo Ministério Público ou pelas demais instituições legitimadas para a fiscalização.*

Este dispositivo praticamente reproduziu as regras do dispositivo anterior, com a diferença quanto ao grau de sanção a ser cominada à pessoa que causou prejuízo ao idoso, sem, contudo, oferecer risco à saúde física ou mental da pessoa idosa abrigada. A diferença é que as penas atribuídas aos responsáveis serão mais brandas, ante a mencionada inexistência de riscos.

Capítulo VI
Da apuração judicial de irregularidades em entidades de atendimento*

Art. 64. *Aplicam-se, subsidiariamente, ao procedimento administrativo de que trata este Capítulo as disposições das Leis n. 6.437, de 20 de agosto de 1977, e 9.784, de 29 de janeiro de 1999.*

Preliminarmente, cumpre fazer uma ressalva acerca da terminologia "processo" e "procedimento", ou seja, "[...] enquanto o procedimento nos revela ou nos

---
* Por Carla Matuck Borba Seraphim.

mostra a ação de ir por diante, a ação de prosseguir, ou a atuação, o processo nos fornece a ordem de coisas, que se seguem umas às outras, dá-nos a direção dessa sucessão de coisas, para exato cumprimento do que se tem em mira"[172].

Houve um equívoco de ordem topográfica do dispositivo legal em comento, tendo em vista que o Capítulo VI, no qual ele encontra-se inserto, cuida da DA APURAÇÃO JUDICIAL DE IRREGULARIDADES EM ENTIDADE DE ATENDIMENTO, e não da apuração por meio de procedimento administrativo das irregularidades.

Contudo, as Leis n. 6.437, de 20 de agosto de 1977, e 9.784, de 29 de janeiro de 1999, que disciplinam as infrações à legislação sanitária federal e processo administrativo no âmbito da Administração Federal, respectivamente, são aplicadas em caráter subsidiário no procedimento judicial que tiver por escopo a apuração judicial de irregularidades em entidades de atendimento.

Art. 65. O procedimento de apuração de irregularidade em entidade governamental e não governamental de atendimento ao idoso terá início mediante petição fundamentada de pessoa interessada ou iniciativa do Ministério Público.

O art. 230 da Constituição Federal estabelece: "A família, a sociedade e o Estado têm o dever de amparar as pessoas idosas, assegurando sua participação na comunidade, defendendo sua dignidade e bem-estar e garantindo-lhes o direito à vida".

Ora, tal disposição constitucional encontra-se calcada na filosofia, na qual

> [...] deve-se "viver para ser velho". Deve-se viver para ser velho, pois é então que se encontrará a tranquilidade, o abrigo e o gozo de si. [...] Abusando um pouco da palavra "seita" – ou antes, dando-lhe o sentido geral que tem em grego, pois, como sabemos, a palavra *génos*, que significava, a um tempo, família, clã, gênero, raça etc., era empregada para designar o conjunto dos indivíduos reunidos, por exemplo, na seita epicurista ou na seita estoica –, tomando a palavra "seita" em uma acepção mais ampla que a habitual, eu diria que, na cultura antiga, o cuidado de

---

[172] DE PLÁCIDO E SILVA. *Vocabulário jurídico*. Rio de Janeiro: Forense, 1987, p. 361-362 e 455.

si generalizou-se efetivamente como princípio, *mas articulando-se sempre com um ou com o fenômeno sectário*[173] (grifo nosso).

Assim, a legitimidade para determinar esses cuidados para com os idosos não se restringe aos familiares, mas impõe-se a toda e qualquer pessoa, enquanto membro da sociedade. Por conseguinte, a propositura de demandas nas quais se vislumbre alguma forma de lesão aos direitos fundamentais dos idosos pertence a qualquer pessoa que tenha acesso à informação e/ou presencie tal fato, incluindo familiares, vizinhos, "cuidadores", membros do Ministério Público, entre outros. Trata-se de uma legitimidade ativa *numerus apertus*.

Na hipótese de conhecimento de lesão aos direitos fundamentais dos idosos, por parte da entidade de atendimento, deverá o detentor da legitimidade ativa encaminhar ao Juízo competente petição inicial, devidamente fundamentada, nos termos do art. 282 do Código de Processo Civil.

Art. 66. *Havendo motivo grave, poderá a autoridade judiciária, ouvindo o Ministério Público, decretar liminarmente o afastamento provisório do dirigente da entidade ou outras medidas que julgar adequadas, para evitar lesão aos direitos do idoso, mediante decisão fundamentada.*

O signo "motivo grave" inserto no âmbito do presente dispositivo legal apresenta-se como um conceito aberto. Assim, caberá ao julgador, recebendo a exordial e necessitando decidir em caráter *in limine litis*, após parecer do membro do Ministério Público, avaliar a possibilidade de antecipação de algum ou alguns dos possíveis efeitos da sentença, evitando a lesão aos direitos do idoso.

Pode-se vislumbrar, exemplificativamente, como "motivo grave" condições precárias de habitabilidade, privação de direito fundamental à convivência familiar, direito fundamental à saúde, direito fundamental à alimentação, entre outros.

Art. 67. *O dirigente da entidade será citado para, no prazo de 10 (dez) dias, oferecer resposta escrita, podendo juntar documentos e indicar as provas a produzir.*

---

[173] FOUCAULT, Michel. Aula de 20 de janeiro de 1982 – Segunda Hora. In: *A hermenêutica do sujeito*. São Paulo: Martins Fontes, 2011, p. 100.

Respeitando os princípios do contraditório e da ampla defesa insertos no art. 5º, LV, da Constituição Federal, será concedido ao dirigente da entidade de atendimento ao idoso, sob o qual pende a demanda acusatória, o prazo de dez dias para apresentar sua resposta, contados da citação.

Tratando-se de prazo processual, deverão ser utilizadas no seu cômputo as regras atinentes aos arts. 184 e seguintes do Código de Processo Civil.

Será o momento adequado para apresentar todas as suas alegações, bem como indicar as provas que pretende produzir, incluindo perícias e vistorias na entidade de atendimento, seja a entidade de caráter governamental ou não governamental.

Art. 68. Apresentada a defesa, o juiz procederá na conformidade do art. 69 ou, se necessário, designará audiência de instrução e julgamento, deliberando sobre a necessidade de produção de provas.

§ 1º Salvo manifestação em audiência, as partes e o Ministério Público terão 5 (cinco) dias para oferecer alegações finais, decidindo a autoridade judiciária em igual prazo.

§ 2º Em se tratando de afastamento provisório ou definitivo de dirigente de entidade governamental, a autoridade judiciária oficiará a autoridade administrativa imediatamente superior ao afastado, fixando-lhe prazo de 24 (vinte e quatro) horas para proceder à substituição.

§ 3º Antes de aplicar qualquer das medidas, a autoridade judiciária poderá fixar o prazo para a remoção das irregularidades verificadas. Satisfeitas as exigências, o processo será extinto, sem julgamento do mérito.

§ 4º A multa e a advertência serão impostas ao dirigente da entidade ou ao responsável pelo programa de atendimento.

Em caráter subsidiário, serão aplicadas as regras do Código de Processo Civil referentes ao procedimento sumário. Assim, poderá o juiz decidir de plano a demanda ou designar audiência de instrução e julgamento.

Se não houver alegações finais em audiência, serão concedidos cinco dias para apresentação de alegações finais, por parte do proponente da demanda ou Ministério Público e, posteriormente, da defesa.

Caso o dirigente de entidade governamental seja afastado, tanto em caráter liminar quanto definitivo, o Juiz oficiará a autoridade administrativa hierarquicamente superior para que seja realizada a substituição no prazo de 24 horas.

Caso a autoridade judiciária verifique ser passíveis de correção as irregularidades relacionadas à entidade de atendimento, poderá fixar prazo razoável para a remoção delas.

Contudo, o § 4º do art. 68 estabeleceu uma excrescência jurídica ao determinar a aplicação de pena de advertência e multa no âmbito do Poder Judiciário.

Título V
Do acesso à justiça

Capítulo I
Disposições gerais*

> **Art. 69.** Aplica-se, subsidiariamente, às disposições deste Capítulo, o procedimento sumário previsto no Código de Processo Civil, naquilo que não contrarie os prazos previstos nesta Lei.

Por uma questão didática, adotaremos o padrão "idoso" e "pessoa idosa" para nos referirmos tanto à idosa como ao idoso, sem que isso possa representar qualquer preferência de gênero.

Este dispositivo é reflexo da proteção que se pretende dar ao idoso na efetivação dos seus direitos sob o manto da proteção integral (art. 2º do Estatuto) e que é tratada neste capítulo, complementada pela prioridade estabelecida no art. 71.

Com a adoção do rito sumário (arts. 275 a 281 do CPC) naquilo que não contrarie os prazos fixados no estatuto, busca-se garantir a celeridade necessária para atender às demandas envolvendo a pessoa idosa e está em perfeita sintonia com o comando constitucional, tão desprezado e pouco conhecido, do art. 5º, LXXVIII: "a todos, no âmbito judicial e administrativo, são assegurados a razoável duração do processo e os meios que garantam a celeridade de sua tramitação".

Com a extinção do rito sumário pelo novo CPC, aplica-se o procedimento denominado "comum" (art. 318), por força do que dispõe o parágrafo único

---

* Por Lauro Luiz Gomes Ribeiro.

do art. 1.049:"Na hipótese de a lei remeter ao procedimento sumário, será observado o procedimento comum previsto neste Código, com as modificações previstas na própria lei especial, se houver".

Não se pode perder de vista o que dispõe o § 1º do art. 1.046 do novo Código de Ritos:"As disposições da Lei 5.869, de 11 de janeiro de 1973, relativas ao procedimento sumário e aos procedimentos especiais que forem revogadas aplicar-se-ão às ações propostas e não sentenciadas até o início da vigência deste Código", aplicável nas hipóteses previstas neste Estatuto, por força de uma interpretação sistêmica.

Art. 70. *O Poder Público poderá criar varas especializadas e exclusivas do idoso.*

Embora haja esta faculdade do Poder Público – leia-se, mediante alteração da lei que organiza o serviço judiciário no Estado (art.125 da CF) por iniciativa do Tribunal de Justiça respectivo –, ainda são raras as Varas especializadas e exclusivas do idoso; citamos como exemplo a Vara Especial Cível e Criminal de Belém.

São comuns aquelas Varas para cuidar da criança e do adolescente, e de algum tempo para cá têm surgido Juizados Especiais de Violência Doméstica e Familiar contra a Mulher e também de atendimento à pessoa com deficiência.

Caso sejam instaladas, essas Varas deverão estar aparelhadas suficientemente para atender à demanda para a qual foram concebidas, com boa estrutura de pessoal (assistente social, psicólogo etc.), eliminação de barreiras físicas e garantia de plena acessibilidade (rampas, banheiros com barras de apoio etc.), além de fácil acesso por meio de uma ampla rede de transporte público.

O ideal é garantir o provimento dos cargos respectivos (no Judiciário e no Ministério Público) com profissionais (juízes e membros do Ministério Público) que tenham perfil para atender a essa demanda específica.

Apesar dos bons propósitos anunciados neste artigo, não deixa de representar uma dura realidade de violência no sentido de violação de direitos contra a pessoa idosa, pois, do contrário, seria dispensável uma Vara especializada.

Não se pode esquecer que o art. 80 estabelece como competência absoluta para conhecer das ações previstas no estatuto o foro do domicílio do idoso, que terá preferência sobre qualquer outra – até mesmo especializada, como pode acontecer em São Paulo com os foros regionais –, salvo as competências da Justiça Federal e a competência originária dos Tribunais Superiores (arts. 102 e s. da CF/88).

Art. 71. *É assegurada prioridade na tramitação dos processos e procedimentos e na execução dos atos e diligências judiciais em que figure como parte ou interveniente pessoa com idade igual ou superior a 60 (sessenta) anos, em qualquer instância.*

Disse Rui Barbosa que justiça tardia nada mais é que a injustiça institucionalizada.

Essa preferência na tramitação vem expressamente prevista no art. 1.048 do novo CPC (antigo art. 1.211-A do CPC/1973). No caso do idoso, há preferência para o que está estabelecido no estatuto, porque é lei especial, posterior e que disciplinou totalmente a matéria.

Somente se aplica às partes da relação jurídico-processual (partes e intervenientes), de maneira que não alcança o advogado que não figure como parte ou interveniente, salvo se estiver executando honorários de sucumbência definitivamente fixada (STJ, Ag. Reg REsp 285.812, 4ª T., Rel. Min. Aldir Passarinho Jr., julgamento em 7-6-2005; TJSP, AI 0009381-81.2013.8.26.000, 22ª Câm. de Direito Privado, Rel. Des. Fernandes Lobo, julgamento em 21-2-2013).

Vale lembrar que a EC n. 62/2009 atribuiu a preferência do idoso no recebimento de precatórios de natureza alimentar, observado teto (art. 100, § 2º, da CF). A PEC n. 176/2012 propõe incluir parágrafo ao art. 100 da CF retirando idosos, pessoas com doenças graves ou incapacitantes da ordem de precatórios.

A esse respeito, já se decidiu que o direito de preferência em razão da idade no pagamento de precatórios previsto no art. 100, § 2º, da CF não pode ser estendido aos sucessores do titular originário do precatório, ainda que também sejam idosos. De fato, os dispositivos constitucionais introduzidos pela EC n. 62/2009 mencionam que o direito de preferência será outorgado aos titulares que tenham 60 anos de idade ou mais na data de expedição do precatório (art. 100, § 2º, da CF) e aos titulares originais de precatórios que tenham completado 60 anos de idade até a data da referida emenda (art. 97, § 18, do ADCT). Além disso, esse direito de preferência é personalíssimo, conforme previsto no art. 10, § 2º, da Resolução n. 115/2010 do CNJ (RMS 44.836-MG, Rel. Min. Humberto Martins, julgamento em 20-2-2014).

Basta que uma das partes seja idosa para se aplicar a preferência, em razão da clareza do dispositivo:

> Agravo de Instrumento. Processual Civil. Benefício da Assistência Judiciária e Prioridade do Idoso. Indeferimento pelo Magistrado *a quo*. Recurso manejado pelos autores. Provimento parcial de rigor. 1. Providên-

cias processuais do art. 527 do CPC desnecessárias ante os documentos dos autos. Feito apto para pronto julgamento. 2. Da Prioridade do Idoso. Benefício que deve ser reconhecido e outorgado. Muito embora apenas parte dos autores-agravantes seja maior de 60 anos, o benefício se estende a todos os coautores. Inteligência do artigo 71 da Lei Federal n. 10.741/03 (Estatuto do Idoso) é por demais claro ao consignar que a prioridade na tramitação dos processos e procedimentos se aplica tão somente naqueles processos "em que figure como parte ou interveniente pessoa com idade igual ou superior a 60 (sessenta) anos". 3. De outra parte, o benefício da Assistência Judiciária não é cabível porque os autores percebem vencimentos médios superiores a R$ 3.000,00 e, portanto, acima do rendimento médio do trabalhador nacional da ordem de R$ 1.500,00. Decisão reformada em parte. Recurso provido em parte (TJSP, AI 0043762-18.2013.8.26.0000). No mesmo sentido: TJSP AI 0253082-45.2012.8.26.0000, TJSP AI 2099276-82.2014.8.26.0000, TJRS, AI 70045840618.

Já se entendeu que a preferência abrange a prioridade em receber crédito em execução coletiva:

Agravo de instrumento. Processual civil. Benefício da assistência judiciária e prioridade do idoso. Indeferimento pelo magistrado *a quo*. Recurso manejado pelos autores. Provimento parcial de rigor. 1. Providências processuais do art. 527 do CPC desnecessárias ante os documentos dos autos. Feito apto para pronto julgamento. 2. Da Prioridade do Idoso. Benefício que deve ser reconhecido e outorgado. Muito embora apenas parte dos autores-agravantes seja maior de 60 anos, o benefício se estende a todos os coautores. Inteligência do artigo 71 da Lei Federal n. 10.741/03 (Estatuto do Idoso) é por demais claro ao consignar que a prioridade na tramitação dos processos e procedimentos se aplica tão somente naqueles processos "em que figure como parte ou interveniente pessoa com idade igual ou superior a 60 (sessenta) anos". 3. De outra parte, o benefício da Assistência Judiciária não é cabível porque os autores percebem vencimentos médios superiores a R$ 3.000,00 e, portanto, acima do rendimento médio do trabalhador nacional da ordem de R$ 1.500,00. Decisão reformada em parte. Recurso provido em parte (TRT-3, AP 0054300-07.2000.5.03.0032).

Essa preferência não se aplica à pessoa jurídica integrada por sócio idoso, afinal a prioridade é para a pessoa idosa e não se estende à pessoa jurídica de que ela faça parte e com ela não se confunde, como se sabe. Do contrário, com a ampliação do leque de opções onde aplicada a prioridade, esta deixará de ter o propósito prático de agilização da prestação jurisdicional.

Nesse sentido:

> Processual Civil. Agravo de instrumento. Prioridade na tramitação de processos. Lei n. 10.173/01. Pessoa jurídica. Inaplicabilidade. I – A constatação, *in casu*, no despacho de inadmissibilidade do recurso especial, de que o acórdão não contrariou dispositivos infraconstitucionais, não significa usurpação da competência desta Corte. II. – A preferência na tramitação de processos determinada pela Lei n. 10.173 /01 não se aplica a pessoa jurídica. III – Agravo regimental desprovido (STJ, Ag RgAg. 468648SP200210105742-6).

Em sentido contrário:

> CONSTITUCIONAL E ADMINISTRATIVO. MANDADO DE SEGURANÇA. ESTATUTO DO IDOSO. PRIORIDADE NA TRAMITAÇÃO DE PROCESSO ADMINISTRATIVO COM VISTAS À EXPEDIÇÃO DE CERTIFICADO DE GEORREFERENCIAMENTO PROTOCOLIZADO JUNTO AO INCRA. POSSIBILIDADE. I – A Lei n. 10.741/2003, que dispõe sobre o Estatuto do Idoso, e destina-se a regular os direitos assegurados às pessoas com idade igual ou superior a 60 (sessenta) anos, prevê em seu artigo 71, § 3º, a prioridade na tramitação de processos judiciais e administrativos. II – De acordo com a Constituição Federal de 1988, todos têm direito a receber dos órgãos públicos informações de seu interesse particular, ou de interesse coletivo, que serão prestadas por lei (art. 5º, XXXIII), bem como têm assegurados, no âmbito administrativo e judicial, a razoável duração do processo e os meios que garantam a celeridade de sua tramitação (art. 5º, LXXVIII). III – Afigura-se devida, portanto, a prioridade na tramitação do feito administrativo à pessoa jurídica de direito privado, representada por pessoa idosa, na espécie. IV – Apelação e remessa oficial desprovidas. Sentença confirmada (TRF-1, Ap. MS 487TO0000487-20.2011.4.01.4300).

---

§ 1º O interessado na obtenção da prioridade a que alude este artigo, fazendo prova de sua idade, requererá o benefício à autoridade judiciária competente para decidir o feito, que determinará as providências a serem cumpridas, anotando-se essa circunstância em local visível nos autos do processo.

O artigo é autoexplicativo sobre como formular o pedido, embora em alguns tribunais haja ato administrativo disciplinando com maiores detalhes esse procedimento (por exemplo, a Resolução n. 11/2003 do STJ).

> § 2º A prioridade não cessará com a morte do beneficiado, estendendo-se em favor do cônjuge supérstite, companheiro ou companheira, com união estável, maior de 60 (sessenta) anos.

Exige-se para a manutenção da prioridade que o cônjuge supérstite, companheiro ou companheira esteja em união estável e tenha 60 anos ou mais, não bastando simples namoro ou pouco tempo de convivência em comum. Aqui se adotou a regra do art. 1.723 do Código Civil que reconhece as uniões estáveis como entidade familiar.

Esse mesmo raciocínio deve ser observado na hipótese de união homoafetiva, especialmente após o julgamento da ADPF 132, de autoria do Governador do Rio de Janeiro, Sérgio Cabral, e ADI 4.277, de autoria da Procuradoria-Geral da República.

Nessas duas ações constitucionais o STF, em típico ativismo judicial suprindo omissão legislativa reiterada, determinou a submissão da união homoafetiva ao regime jurídico da união estável ao reconhecer a primeira como uma entidade familiar, aplicando-se a ela o mesmo regime concernente à segunda, regulado pelo precitado art. 1.723 do Código Civil.

Entendimento diverso representará uma discriminação que não pode ser admitida.

É claro que a prioridade também valerá para herdeiros e sucessores que tenham 60 anos ou mais, mas, nesse caso, por direito de preferência próprio.

> § 3º A prioridade se estende aos processos e procedimentos na Administração Pública, empresas prestadoras de serviços públicos e instituições financeiras, ao atendimento preferencial junto à Defensoria Pública da União, dos Estados e do Distrito Federal em relação aos Serviços de Assistência Judiciária.

A prioridade processual e procedimental incide nos processos e procedimentos administrativos junto à administração direta (União, Estados, Distrito Federal e Municípios) e indireta (autarquias, fundações públicas, empresas públicas, sociedades de economia mista), aos órgãos públicos em geral, como o Poder Legislativo, Poder Judiciário, Ministério Público, Delegacias de Polícia, Procuradorias do Estado, da União, dos Municípios, especialmente aqueles órgãos ou instituições destinados à prestação de serviços de assistência judiciária gratuita, como é o caso das Defensorias Públicas estaduais, do Distrito Federal e da União e das Faculdades de Direito Públicas que prestem tais serviços. A prioridade também se estende às empresas prestadoras de serviços públicos – por exemplo, de fornecimento de água, luz etc. – e concessionárias – por exemplo, de transporte coletivo – delegatárias (por exemplo, cartórios extrajudiciais em geral, como de protesto, registro civil etc.).

As instituições financeiras foram expressamente incluídas no dispositivo, e essa prioridade também é tratada na Lei n. 10.048/2000, com a redação dada pelo art. 114 deste estatuto, que reduziu a idade para 60 anos.

§ 4º *Para o atendimento prioritário será garantido ao idoso o fácil acesso aos assentos e caixas, identificados com a destinação a idosos em local visível e caracteres legíveis.*

De acordo com a Lei n. 10.048/2000, acima referida. É importante frisar que essas garantias de atendimento prioritário não significam mero assistencialismo ou comiseração, mas sim respeito à condição da pessoa humana idosa, e isso requer exercício permanente de cidadania, o que muitas vezes não se percebe, em especial nos assentos preferenciais reservados no transporte público.

A concepção e a amplitude do que seja a "garantia de prioridade" são encontradas no art. 3º, parágrafo único, deste estatuto.

Capítulo II
Do Ministério Público*

Art. 72. *(VETADO)*

Art. 73. *As funções do Ministério Público, previstas nesta Lei, serão exercidas nos termos da respectiva Lei Orgânica.*

Ensina Márcio Fernando Elias Rosa, na obra *Ministério Público*: vinte e cinco anos do novo perfil constitucional – Constituinte e CF/1988 (Memórias e História) – A criação de uma identidade (Doutrina), de leitura obrigatória a quem

---

* Por Lauro Luiz Gomes Ribeiro.

ART. 73 213

quer conhecer um pouco mais sobre os avanços desta Instituição no pós-ditadura, que:

O constituinte de 1988, ao reservar ao Ministério Público a nobre tarefa de atuar protetivamente na ordem jurídica, no regime democrático e nos direitos sociais e individuais indisponíveis, reservou-lhe uma condição peculiar e até então inexistente na estrutura organizacional do Estado Brasileiro: a de Instituição desvinculada dos Poderes do Estado, do Governo e do aparato administrativo para, com independência e autonomia política, atuar como instância de poder social; de poder que se manifesta e se concretiza para compelir que os fundamentos e objetivos da República Federativa do Brasil possam vir a se concretizar, na perspectiva individual e coletiva. O Ministério Público ressurge no pós-1988 como instância de promoção da cidadania[174].

Esse novo perfil institucional acomoda-se bem a uma instituição que deve estar preparada para atender aos reclamos da terceira e quarta ondas do novo modelo de Estado, de Direito e de Justiça.

Referimo-nos à ideia recente de existência de normas supraconstitucionais no atual direito, que se colocam intocáveis pelas Constituições dos Estados, por dizerem respeito a interesses maiores que os próprios interesses constitucionais e estatais. Normas jurídicas internacionais e universais que passam a dialogar entre si e com as normas internas (legais e constitucionais) a fim de melhor garantir e proteger o ser humano, titular de direitos internacionalmente reconhecidos, no pós-Segunda Guerra Mundial.

Em termos de configuração do Estado, do Direito e da Justiça, as quatro ondas (ou cinco, se considerada a "onda zero") são, como lecionam Luiz Flávio Gomes e Valerio de Oliveira Mazzuoli: a) onda zero – corresponde ao período do Estado absolutista ("O Estado sou eu") ou do Estado sob o regime da força (*Machtstaat*) dos séculos XVI e XVII (agora o Estado de Polícia – *Polizeistaat* – ou seja, o regime do despotismo ilustrado; b) primeira onda – corresponde ao século XIX, ao Estado de Direito legal ou legalista, que perdurou por aproximadamente 150 anos na Europa, enraizando-se no pensamento e no espírito jurídico do século XX, e passou por mutações: Estado Liberal de Direito, Estado Social

---

[174] O Ministério Público e a defesa do regime democrático, da ordem jurídica e dos interesses sociais e individuais indisponíveis: anotações. In: SABELLA, Walter Paulo; DAL POZZO, Antonio Araldo Ferraz; BURLE FILHO, José Emmanuel (Coord.). *Ministério Público*: vinte e cinco anos do novo perfil constitucional – Constituinte e CF/1988 (Memórias e História) – A criação de uma identidade (Doutrina), p. 213-214.

de Direito, Estado Democrático de Direito etc.; c) segunda, terceira e quarta ondas, verificadas no século XX (precisamente em 1945, ao fim da Segunda Guerra Mundial),

> ou seja, os chamados Estado de Direito constitucional, Estado de Direito internacional (tudo isso, claro, depois da Segunda Guerra Mundial), assim como o Direito e a Justiça universal (ou global).Os modelos anteriores (liberal, social e democrático) não se desvencilharam (do ponto de vista jurídico) do legalismo [...]. A partir da Segunda Guerra (para se evitar a repetição do horror nazista, do holocausto que ensanguentou a Europa de 1939 a 1945) houve uma profunda mudança de paradigma: assim surgiram o constitucionalismo (ou, mais precisamente, o neoconstitucionalismo: segunda onda), o internacionalismo (terceira onda) e, finalmente, o universalismo (quarta onda). Em outras palavras: o direito começou a ser (ao mesmo tempo) constitucionalizado (no nosso entorno cultural: Europa continental e América Latina), internacionalizado e, por fim, universalizado (quando então ultrapassa as fronteiras estatais)[175].

O Ministério Público, por sua nobre missão, tem papel fundamental na efetivação da proteção universal dos direitos humanos e já vem atuando nesta trilha. Citamos como exemplo a busca pela responsabilização penal e civil dos autores de violação dos direitos humanos durante nossa triste fase da ditadura militar.

A instituição é assim composta: a) Ministério Público da União, que compreende o Ministério Público Federal, do Trabalho, Militar e do Distrito Federal e Territórios e b) Ministério Público dos Estados (art. 128 da CF). Não há no âmbito municipal. Há possibilidade de um Ministério Público especial junto aos Tribunais de Contas, órgão não jurisdicional (art. 130 da CF).

A Lei Orgânica Nacional n. 8.625/93, que trata das normas gerais para organização dos Ministérios Públicos dos Estados, dispõe em seu art. 1º:

> O Ministério Público é instituição permanente, essencial à função jurisdicional do Estado, incumbindo-lhe a defesa da ordem jurídica, do regime democrático e dos interesses sociais e individuais indisponíveis. Parágrafo único. São princípios institucionais do Ministério Público a unidade, a indivisibilidade e a independência funcional.

Os Estados disciplinam a atuação ministerial nas respectivas leis orgânicas, que são de iniciativa do Procurador-Geral de Justiça, sendo em São Paulo a Lei

---

[175] GOMES, Luiz Flávio; MAZZUOLI, Valerio de Oliveira. *Direito supraconstitucional*: do absolutismo ao Estado constitucional e humanista de direito, p. 22-23.

Complementar estadual n. 734/93. O Ministério Público da União é organizado pela Lei Complementar n. 75/93.

Art. 74. *Compete ao Ministério Público:*

I – instaurar o inquérito civil e a ação civil pública para a proteção dos direitos e interesses difusos ou coletivos, individuais indisponíveis e individuais homogêneos do idoso;

O Capítulo II traz as regras gerais de atuação do Ministério Público, que são em parte repetidas nos arts. 89 a 92.

Advertimos que quando se trata de poder de investigação estamos diante de atuação ministerial dentro do poder de polícia administrativo e que parte da premissa das liberdades públicas, como regra, e as limitações possíveis de serem impostas pela administração à fruição daquelas, como exceção, é dizer, com Cynthia Pardo Andrade Amaral e Daniel Serra Azul Guimarães:

> Parte-se, assim, da noção de direitos fundamentais, cuja preservação é a regra e que, em determinadas e excepcionais hipóteses, podem ceder, nos termos em que, em consonância com a Constituição, dispuser o legislador ao se deparar com colisões de princípios constitucionais, conformando o interesse público[176].

O STF assim se manifestou a respeito do significado de "interesses sociais" e "interesse público":

> são "equivalentes, e passíveis de ser definidos como interesses cuja tutela, no âmbito de determinado ordenamento jurídico, seria julgada como oportuna para o progresso material e moral da sociedade a cujo ordenamento jurídico corresponderia". Sublinhou que são "relacionados com situações que, de alguma forma, ocorressem para preservar a organização e o funcionamento da comunidade jurídica e politicamente considerada, ou para atender suas necessidades de bem-estar e desenvolvimento" (STF, RE 631.111/GO, Rel. Min. Teori Zavascki, julgamento em 7-8-2014, Informativo STF n. 753).

---

[176] Inquérito civil: poderes Investigatórios e Controle Interno. In: *Ministério Público*: vinte e cinco anos do novo perfil constitucional, cit., p. 654-655.

Entre as várias formas de o *Parquet* exercer seus poderes investigatórios, a mais comum e conhecida é o inquérito civil[177].

Trata-se de procedimento administrativo facultativo, de natureza inquisitiva e por isso não contraditório, presidido exclusivamente pelo Ministério Público e tendente a recolher elementos de prova para justificar o ajuizamento de ação civil pública (entenda-se ação cautelar ou principal).

Pode ser instaurado de ofício (por iniciativa do próprio membro do Ministério Público, sem provocação de terceiro) ou atendendo representação formulada por qualquer pessoa, física ou jurídica (que deverá atender aos requisitos que estiverem previstos em Ato próprio) ou mesmo por determinação do Procurador-Geral de Justiça ou do Conselho Superior do Ministério Público.

Anote-se que o art. 89 dispõe sobre o dever de o servidor público, de qualquer nível ou ente federado (municipal, estadual, federal ou do Distrito Federal), provocar a atuação do Ministério Público prestando-lhe informações sobre fatos que constituam violação ao direito do idoso apta a ensejar ação civil pública.

Da mesma forma, o art. 90 impõe tal encargo aos agentes políticos[178] em geral, aos juízes e tribunais, quando estiverem no exercício de suas funções.

Denúncia ou representação anônima também pode ensejar a instauração, conforme prevê o art. 2º, § 3º, da Resolução n. 23/2007[179] do Conselho Nacional do Ministério Público, não sendo alcançada pela vedação ao anonimato prevista no art. 5º, IV, da CF, mesmo porque o inquérito civil pode ser instaurado de ofício.

Foi criado pela Lei da Ação Civil Pública (n. 7.347/85, art. 8º, § 1º), passando a ter *status* constitucional a partir de 1988 (art. 129, III).

Como nele não se produz defesa nem se restringem direitos ou liberdades, não há necessidade de impor o contraditório, e eventuais nulidades não com-

---

[177] Para ilustrar, lembramos que no Estado de São Paulo também existem o Procedimento de Investigação Criminal (PIC) e o Procedimento Administrativo de Natureza Individual (PANI), disciplinados, respectivamente, pelos Atos Normativos internos n. 314/03-PGJ-CPJ e n. 619/09-PGJ-CPJ-CGMP. O PIC também é tratado pela Resolução n. 13/2006 do Conselho Nacional do Ministério Público.

[178] Agente político é subcategoria de agente público e se refere àqueles que têm investidura em cargos eletivos, vitalícios, efetivos ou em comissão, de assento e definição constitucionais. São exemplos o Presidente da República, os Governadores, Prefeitos e respectivos auxiliares, membros do Judiciário e do Ministério Público, entre outros.

[179] Em São Paulo, o parágrafo único do art. 12 do Ato Normativo n. 484-CPJ-2006 também autoriza.

prometem a ação civil pública proposta com base nesses elementos de prova, desde que nela se garantam o devido processo legal e o amplo direito de defesa. Nesse sentido: TJSP, Ap. Cível 0168989-62.2006.8.26.000; TJSP, AI 0240464-68.2012.8.26.0000; STJ, REsp 1.119.568/PR, 1ª T., Rel. Min. Arnaldo Esteves Lima, julgamento em 2-9-2010. Entretanto, é recomendável que se ouça o investigado e se avalie a pertinência de alguma providência por este sugerida; essa participação não exige que esse último se faça acompanhar por advogado, já que se trata de procedimento administrativo.

Eventual demora em sua tramitação também não dá ensejo, por si, a qualquer nulidade em razão da ausência de prejuízo, valendo a regra: *pas de nullité sans grief* (STJ, AgRg no RMS 25.763/RJ, 2ª T., Rel. Humberto Martins, julgamento em 2-9-2010).

O STF já decidiu que o inquérito civil pode dar ensejo a ação penal, embora não possa ser instaurado, especificamente, para investigar fato criminoso.

Diz a ementa:

> Ministério Público. Oferecimento de denúncia com base em inquérito civil público. Viabilidade. Recurso desprovido. Denúncia oferecida com base em elementos colhidos no bojo de Inquérito Civil Público destinado à apuração de danos ao meio ambiente. Viabilidade. O Ministério Público pode oferecer denúncia independentemente de investigação policial, desde que possua os elementos mínimos de convicção quanto à materialidade e aos indícios de autoria, como no caso (artigo 46, § 1º, do CPP) (STF, RE 464.893, Rel. Min. Joaquim Barbosa, julgamento em 20-5-2008, *DJe* 1º-8-2008).

A instauração do inquérito civil não obriga o membro do Ministério Público ao ajuizamento da ação civil pública se lhe parecerem insuficientes os elementos coligidos. Os demais legitimados para a ação civil pública (associações, Defensoria Pública, União, Estados, Municípios, Distrito Federal, autarquias etc. – art. 5º da LACP) não precisam aguardar a instauração, tramitação ou conclusão do inquérito civil para ajuizarem a ação civil pública.

Não há disposição legal sobre a tramitação do inquérito civil, existindo disciplinamentos administrativos locais editados pelo próprio Ministério Público (a exemplo de São Paulo, que está disciplinado pelo Ato Normativo n. 484 – CPJ/06) e a Resolução n. 23/2007, do Conselho Nacional do Ministério Público.

A Lei da Ação Civil Pública apenas determina em seu art. 9º as providências a serem adotadas quando ocorrer o arquivamento do inquérito civil (arquivamento por escrito e de forma fundamentada, com o envio, em três dias, ao

Conselho Superior do Ministério Público, pena de caracterizar falta funcional grave e, não sendo arquivado o inquérito civil, será designado, desde logo, outro órgão do Ministério Público para o ajuizamento da ação).

A matéria é disciplinada nos §§ 1º a 4º do art. 92 do Estatuto, de forma um pouco mais detalhada, com referência à Câmara de Coordenação e Revisão do Ministério Público, que é a instância de revisão do Ministério Público da União (Lei Complementar n. 75/93), equivalente ao Conselho Superior do Ministério Público no âmbito dos estados e também prevendo a possibilidade de as associações legitimadas apresentarem razões escritas e/ou documentos, até o julgamento do arquivamento pelo Conselho ou Câmara de Coordenação, a respeito dos fatos.

Por ser procedimento administrativo público, é acessível para consulta (o que envolve pedido de certidão) a qualquer pessoa por obediência ao princípio da publicidade, consectário da transparência, valores inerentes à ética pública, ressalvadas as hipóteses de imposição do sigilo por seu presidente, para preservação de documentos e informações sigilosas que o instruam ou para a garantia da investigação e ao interesse da sociedade (art. 20 do CPP, por analogia ao inquérito policial) ou do próprio Estado (art. 5º, XXXIII, parte final, da CF/88).

Nesse aspecto, Hugo Mazzilli enfrenta a questão do sigilo imposto ao inquérito civil e sua objeção ao advogado nos seguintes termos: o raciocínio que inspirou a edição da Súmula Vinculante 14 do STF[180] vale para as investigações conduzidas pelo Ministério Público (STF, HC 88.190/RJ, 2ª T., julgamento em 29-8-2006, v.u., Rel. Min. Cezar Peluso, *DJ* 6-10-2006), mas

> esse amplo acesso não pode chegar ao ponto de comprometer o regular e fluente andamento do inquérito[181]. E ainda não se deverá dar acesso integral dos autos do inquérito civil ao advogado, se neles houver documentos cobertos por sigilo legal que não se refiram ao seu constituinte[182]; outrossim, há hipóteses em que o sigilo deve ser mantido, porque im-

---

[180] Súmula Vinculante 14: "É direito do defensor, no interesse do representado ter acesso amplo aos elementos de prova que, já documentados em procedimento investigatório realizado por órgão com competência de polícia judiciária, digam respeito ao exercício do direito de defesa".
[181] STF, Recl. 8.173/SP, decisão monocrática do Min. Eros Grau, em 28-5-2009, *DJe* 4-6-2009.
[182] STF, EDecl em HC 94.387/RS, 1ª T., julgamento em 6-4-2010, v. u., Rel. Min. Ricardo Lewandowski, *DJe* 21-5-2010.

prescindível à segurança da sociedade e do Estado[183]. Neste caso, o Poder Judiciário pode liberar a quebra do sigilo[184-185].

Durante a tramitação do inquérito civil não há, de ordinário, a intervenção do Poder Judiciário, como ocorre no inquérito policial, salvo para corrigir desvios, abusos ou ilegalidade no comando e durante as investigações, por força da prerrogativa constitucional de acesso à justiça (art. 5º, XXXV) e para assegurar e garantir a qualidade ético-política do inquérito civil. Os instrumentos mais comuns para esse controle são o mandado de segurança e o *habeas corpus*. Também se for necessário para obtenção de documentos ou realização de diligências que assim o exijam (parte da doutrina assim entende em relação a informações cobertas pelo sigilo bancário, como será tratado abaixo).

A simples instauração de inquérito civil não se constitui em constrangimento ilegal, como decidiu o STJ no RHC 5.873, 6ª T., Rel. Min. Vicente Leal, julgamento em 24-11-1997.

Como anota Hugo Mazzilli, a instauração regular de inquérito civil obsta o curso do prazo decadencial, na forma do art. 26, § 2º, II, do Código de Defesa do Consumidor[186].

Não há previsão de recurso administrativo na Lei Orgânica do Ministério Público da União (LC n. 75/93) ou na Lei Orgânica Nacional (Lei n. 8.625/93). A Lei Orgânica Estadual paulista (LC n. 734/93) inovou, neste particular, ao estabelecer no art. 108 a possibilidade de o interessado[187] recorrer ao Conselho Superior do Ministério Público, em cinco dias, contra a instauração e objetivando o encerramento do inquérito, em petição dirigida ao membro do *Parquet* que tenha promovido tal instauração. O recurso tem efeito suspensivo, gerando a paralisação de sua tramitação e afastando a possibilidade de novas investigações. Provido o recurso, tranca-se o processamento do inquérito civil, que somente poderá ser reaberto se surgirem novas provas, regra que também vale para os casos de arquivamento regular.

---

[183] CP, art. 325; CF, art. 5º, XXXIII.

[184] Sobre a liberação judicial do sigilo, ver, ainda: STF, ED no HC 94.387/RS, 1ª T. (Informativos do STF n. 529, 553 e 581).

[185] *A defesa dos interesses difusos em juízo*, p. 505 (as notas de rodapé integram o texto transcrito).

[186] Op. cit., p. 497.

[187] Entende-se por interessado, na forma do art. 121, § 1º, do Ato Normativo n. 484/2006: "aquele em face de quem poderá ser ajuizada a ação civil pública".

Há possibilidade de recurso administrativo ao mesmo Conselho Superior do Ministério Público contra a decisão do membro do *Parquet* que indefere a representação oferecida onde se requer a instauração de inquérito civil. O recurso deverá ser interposto no prazo de dez dias da data da ciência ao interessado do indeferimento, em petição também dirigida ao próprio autor do indeferimento que poderá retratar-se ou manter sua decisão e nesse caso encaminhar os autos ao Conselho Superior para conhecimento.

Esse recurso está previsto no art. 107, § 1º, da Lei Orgânica Estadual paulista (LC n. 734/93), na Resolução n. 23 do Conselho Nacional do Ministério Público e no Ato Normativo n. 484/2006.

Consectário da faculdade investigativa do *Parquet*, no bojo do inquérito civil ou de outro procedimento administrativo é possível extrair alguns instrumentos de efetivação da tutela difusa, coletiva ou individual indisponível, que são o Termo de Ajustamento de Conduta (TAC), a recomendação e a audiência pública.

O compromisso de ajustamento de conduta (conhecido por TAC – Termo de Ajustamento de Conduta, já que é tomado por termo) é importante inovação trazida pelo microssistema de tutela dos interesses difusos e coletivos para solução rápida de conflito e para evitar a judicialização.

É um título executivo extrajudicial, obtido por meio de um compromisso bilateral e consensual em que os órgãos públicos legitimados tiram do causador do dano (atual ou potencial) o compromisso de adequar sua conduta às exigências legais.

Está previsto no § 6º da Lei da Ação Civil Pública (n. 7.347/85) nos termos seguintes:"§ 6º Os órgãos públicos legitimados poderão tomar dos interessados compromisso de ajustamento de sua conduta às exigências legais, mediante cominações, que terá eficácia de título executivo extrajudicial".

Todos os órgão públicos legitimados, leia-se os elencados no art. 5º, *caput*, da LACP: I – o Ministério Público; II – a Defensoria Pública; III – a União, os Estados, o Distrito Federal e os Municípios; e IV – a autarquia, empresa pública, fundação ou sociedade de economia mista poderão tomar o compromisso de ajustamento e não apenas o *Parquet* embora, como já dito, seja exclusividade dele a presidência do inquérito civil.

Hugo Mazzilli ressalta que os órgãos estatais (autarquias, fundações públicas ou empresas públicas) só podem firmar um TAC quando ajam na qualidade de entes estatais, por exemplo, como prestadoras ou exploradoras de serviço público e não quando ajam na qualidade de exploradora da atividade econômica, embora haja entendimento diverso[188].

Apesar de o estatuto não fazer expressa menção a essa faculdade, ela decorre da aplicação subsidiária da Lei da Ação Civil Pública (n. 7.347/85) por força da disposição estatutária do art. 93, que por evidente erro de técnica legislativa está posicionado no título dos crimes e não no do acesso à justiça.

Nada obstante se tratar de tutela de interesses transindividuais dos quais os legitimados para a transação no mais das vezes não são os titulares (exceção, por exemplo, de ação em que o Estado busque também fins institucionais) e em tese não poderiam transigir, motivos de interesse maior prevaleceram para permitir, acertadamente, até porque o que se busca, prioritariamente, não é uma vitória na ação civil pública, e sim a adequada solução da controvérsia e preservação dos interesses tutelados.

Ocorre que, diferentemente do dito popular "mais vale um mau acordo que uma boa demanda", na transação firmada através de um TAC o legitimado que tomar o compromisso de ajustamento não poderá liberar o interessado de quaisquer das obrigações necessárias para a mais ampla reparação da ofensa[189]. O que se estabelecerá são as condições adequadas ao seu cumprimento e nesse aspecto poderão negociar prazos e outras avenças. A transação pode envolver obrigação de fazer, não fazer, de dar etc., mas sempre atendendo aos requisitos de liquidez e certeza necessários à sua natureza de título executivo extrajudicial. Em regra, são estabelecidas multas para a hipótese de descumprimento.

Conforme dispuser lei específica ou ato normativo[190], o compromisso de ajustamento deverá ser submetido à homologação pelo Conselho Superior ou à Câmara de Coordenação e Revisão do Ministério Público para valer como título executivo extrajudicial, embora observe Ricardo de Barros Leonel que essa exigência "não diz respeito à eficácia do título executivo extrajudicial, pois não é requisito para a sua formação"[191].

---

[188] Op. cit., p. 448-449, com referência ao entendimento diverso de Geisa de Assis Rodrigues (*Ação civil pública e termo de ajustamento de conduta*, p. 161-162).

[189] Isso está ínsito na própria dicção do dispositivo legal: "[...] tomar dos interessados compromisso de ajustamento de sua conduta às exigências legais [...]" (§ 6º do art. 5º da LACP).

[190] No estado de São Paulo, assim dispõe o art. 112, parágrafo único, da Lei Complementar n. 734/93.

[191] *Manual do processo coletivo de acordo com a Lei 10.444/01*, p. 326.

Podem assumir as obrigações todos aqueles que sejam causadores do dano ou que possam vir a causá-lo, tanto pessoa física (capaz) como jurídica, esta de direito público ou privado.

Descumprido o TAC, qualquer dos colegitimados para a ação civil pública poderá executá-lo ou mesmo um indivíduo lesado, no caso de interesses individuais homogêneos[192].

O compromisso de ajustamento tem eficácia a partir de quando é tomado pelo órgão público legitimado, não exigindo homologação pelo Judiciário (por razões óbvias, uma vez que é título extrajudicial) ou pelo Ministério Público quando não for o tomador nem pelo Conselho Superior do Ministério Público[193].

Esclarece Hugo Mazzilli que o compromisso de ajustamento é garantia mínima em favor do grupo lesado e não limite máximo de proteção, de maneira que:

> nada impede que os indivíduos peçam em juízo reparações mais amplas, ou até mesmo de outra natureza, diversamente daquelas ajustadas entre o órgão público (tomador) e o causador do dano (compromitente). Da mesma forma, nada impede que os colegitimados à ação civil pública façam em juízo pedido mais amplo ou diverso da solução obtida por meio do compromisso já firmado. Se proposta uma ação civil pública de objeto idêntico àquele já obtido no compromisso, será caso de carência por falta de interesse processual (já existe o título), mas se a ação tiver objeto mais amplo ou diverso daquele constante do título, não será caso de carência, embora possa o pedido ser julgado improcedente, se o juiz entender que a lide já foi bem composta no compromisso já celebrado[194].

O compromisso de ajustamento pode ser objeto de discussão em ação judicial para sua rescisão, por exemplo, se se quiser alegar algum vício do negócio jurídico (erro, dolo, simulação, fraude etc.), figurando, nesse caso, o órgão tomador do compromisso no polo passivo da ação. A rescisão também pode ser voluntária.

---

[192] Nesse sentido: MAZZILLI, Hugo. *A defesa dos interesses difusos em juízo*, cit., p. 452-453, com indicação: STJ, REsp 1.020.009/RN, 4ª T., julgamento em 9-3-2010, v. u., Rel. Min. Luís Felipe Salomão, Informativo do STJ n. 426.

[193] Nesse sentido Hugo Mazzilli, cit., apontando a ineficácia da disposição da Lei Complementar Estadual n. 734/93, que no art. 112, parágrafo único, estabelece tal vinculação.

[194] Idem, p. 453.

Da mesma forma, é possível transação no bojo de uma ação civil pública ou coletiva, mas não terá, obviamente, a natureza de título executivo extrajudicial, e sim judicial, se for regularmente homologado pelo magistrado.

A audiência pública pode ser promovida para garantir que os Poderes Públicos e os serviços de relevância pública observem os direitos assegurados na Constituição da República. Como o nome sugere, é oportunidade para que o Ministério Público ouça os reclamos sociais, obtenha elementos de prova, informações, esclarecimentos e adote as providências que entender pertinentes.

A recomendação é instrumento destinado à orientação de órgãos públicos ou privados, para que sejam cumpridas as normas relativas a direitos e deveres assegurados ou decorrentes das Constituições Federal e Estadual e serviços de relevância pública e social.

Tem uma importante finalidade que muitas vezes é esquecida: conforme o tipo de recomendação dada, constitui em mora o seu destinatário, uma vez que ele estará ciente da necessidade de correção de rumo a partir de então. Ao se expedir uma recomendação, deve-se fixar prazo para resposta dos destinatários sobre o acatamento ou não dela, permitindo o estabelecimento de novas providências.

A ação civil pública é um dos grandes instrumentos criados para tutelar os interesses coletivos (em sentido amplo); quebrou, na década de 1980, o paradigma do tradicional processo civil com o surgimento do processo coletivo e exigiu mudanças profundas em muitos dos institutos processuais civis, como da coisa julgada, da legitimidade ativa, entre outros, mas que pelas limitações destes comentários não poderemos adentrar[195].

Embora não fosse a intenção primeira do legislador nacional, o Ministério Público brasileiro acabou por se tornar o grande articulador e autor do maior número de ações civis públicas, valendo-se da legitimidade que lhe foi conferida pela legislação infraconstitucional (Lei n. 7.347/85, Lei n. 7.853/89, Lei n. 8.078/90 – CDC –, Lei n. 8.069/90 – ECA –, entre outras) e das atribuições outorgadas pela Constituição da República: "Art. 129. São funções institucionais do Ministério Público: [...] III – promover o inquérito civil e a ação civil pública,

---

[195] Costuma-se atribuir à Lei n. 6.938/81 (que regulamentou a Política Nacional de Meio Ambiente) o pioneirismo na atribuição da defesa dos interesses coletivos pelo Ministério Público quando o legitimou para propor ação de responsabilidade civil e criminal por danos causados ao meio ambiente.

para a proteção do patrimônio público e social, do meio ambiente e de outros interesses difusos e coletivos" (sabe-se que os interesses individuais homogêneos surgem com o CDC, posteriormente à Carta Constitucional).

A Lei n. 7.347/85, primeiro instrumento brasileiro para a defesa dos interesses difusos, usa a expressão "ação civil pública" para referir-se à ação voltada à defesa de interesses metaindividuais, por meio de vários legitimados ativos, tendo o Código de Defesa do Consumidor também adotado a denominação "ação coletiva". Ambas utilizam a expressão direito e interesse como sinônimas[196].

Há uma distinção doutrinária entre as denominações, alguns sugerindo que se adote "ação coletiva" para aquela proposta por associações e voltada para a tutela dos interesses individuais homogêneos e "ação civil pública" para aquelas propostas pelos demais legitimados para a tutela dos interesses difusos e coletivos. Entretanto, por ser uma mera questão terminológica, nenhuma consequência prática poderá advir da utilização de ambas as terminologias, afinal será coletiva qualquer ação proposta com base nos arts. 81 e seguintes do CDC, e a ação civil pública não deixa de ser uma espécie de ação coletiva, como o são a ação popular e o mandado de segurança coletivo.

Entende-se por interesses transindividuais ou metaindividuais aqueles situados entre os interesses privados e os públicos, não sendo nem um nem outro, na concepção de Cappelletti.

Antonio Herman V. Benjamin, em obra coletiva com Cláudia Lima Marques e Bruno Miragem, anota que:

> a vida do homem moderno não permite a partição dos valores que orientam sua existência em dois blocos perfeitamente distintos. Entre as modalidades individuais e públicas há uma crescente categoria de interesses e direitos intermediários e mistos que, não podendo ser classificados como exclusivamente públicos, ou como unicamente privados, apresentam-se como difusos, grupais, coletivos ou passíveis de coletivização[197].

O Código de Defesa do Consumidor incumbiu-se de trazer a definição dos interesses ou direitos difusos, coletivos e individuais homogêneos (art. 81, parágrafo único).

---

[196] NERY JUNIOR, Nelson; NERY, Rosa Maria de Andrade. *Código de Processo Civil comentado e legislação extravagante*, verbete 3, do tópico "ação civil pública", p. 1.431.

[197] *Comentários ao Código de Defesa do Consumidor*, p. 1.545-1.546.

Ao apreciar o RE 631.111/GO (Informativo STF n. 753), o Ministro e processualista Teori Zavascki apresentou didática lição sobre o os conceitos de interesses ou direitos difusos, coletivos e individuais homogêneos que vale ser transcrita:

2. Direitos ou interesses difusos e coletivos (= coletivos *lato sensu*) e direitos ou interesses individuais homogêneos constituem categorias de direitos ontologicamente diferenciadas. É o que se pode verificar da conceituação que, após sedimentada no âmbito doutrinário, acabou sendo convertida em texto normativo (art. 81, parágrafo único, da Lei 8.078/90).

Segundo a definição dada pelo legislador, são interesses e direitos difusos os transindividuais, de natureza indivisível, de que sejam titulares pessoas indeterminadas e ligadas por circunstâncias de fato (art. 81, parágrafo único, I); são interesses e direitos coletivos os transindividuais de natureza indivisível, de que seja titular grupo, categoria ou classe de pessoas ligadas entre si ou com a parte contrária por uma relação jurídica base (inciso II); e são direitos individuais homogêneos os decorrentes de origem comum (inciso III). A esses últimos poder-se-ia adicionar, para melhor compreensão, os qualificativos do art. 46 do CPC: direitos derivados do mesmo fundamento de fato ou de direito (inciso II) ou que tenham, entre si, relação de afinidade por um ponto comum de fato ou de direito (inciso IV).

Direitos difusos e coletivos são, portanto, direitos subjetivamente transindividuais (= sem titular individualmente determinado) e materialmente indivisíveis. A sua titularidade múltipla, coletiva e indeterminada é que caracteriza a sua transindividualidade. Afirma-se, por isso, que "direito coletivo" é designação genérica para as duas modalidades de direitos transindividuais: o difuso e o coletivo *stricto sensu*. Trata-se de uma especial categoria de direito material, nascida da superação, hoje indiscutível, da tradicional dicotomia entre interesse público e interesse privado. É direito que não pertence à administração pública nem a indivíduos particularmente determinados. Pertence, sim, a um grupo de pessoas, a uma classe, a uma categoria, ou à própria sociedade, considerada em seu sentido amplo. Na definição de Péricles Prade,"são os titularizados por uma cadeia abstrata de pessoas, ligadas por vínculos fáticos exsurgidos de alguma circunstancial identidade de situação, passíveis de lesões disseminadas entre todos os titulares, de forma pouco circunscrita e num quadro abrangente de conflituosidade" (Prade, Péricles. *Conceito de interesses difusos*, 2ª ed., SP: RT, 1987, p. 61). Direito ao meio ambiente sadio, direito a uma administração pública proba são exemplos característicos de direitos transindividuais difusos, pertencentes à sociedade como um todo. Direito a ter representantes compondo a quinta parte dos membros de tribunais (o "quinto" constitucional) é típico exemplo de direito transindividual coletivo (*stricto sensu*), pertencente às classes da advocacia e do Ministério Público (e não a um específico advogado ou a um específico membro do *parquet*).

Nesse mesmo acórdão, como noticia o Informativo n. 753 do STF:

> O Plenário ponderou que, consideradas as características próprias dos direitos transindividuais e dos direitos individuais homogêneos, também seria particular o tratamento processual atribuído a cada qual. Equacionou que, estabelecidas as distinções, tanto do ponto de vista do direito material, quanto do ponto de vista processual, cumpriria examinar o papel do Ministério Público em relação à tutela jurisdicional de cada uma dessas espécies. A esse respeito, no que se refere aos direitos transindividuais, lembrou que dentre as mais proeminentes funções institucionais atribuídas pela Constituição ao Ministério Público estaria a de promover o inquérito civil e a ação civil pública, para a proteção do patrimônio público e social, do meio ambiente e de outros interesses difusos e coletivos. Concluiu, no ponto, que relativamente às ações civis públicas que tivessem por objeto a tutela de direitos e interesses transindividuais, a legitimação atribuída ao Ministério Público (CF, art. 129, III) deveria ser entendida em sentido amplo e irrestrito. Verificou que, em relação à tutela dos direitos individuais homogêneos, divisíveis, individualizáveis e de titularidade determinada, seria cabível a postulação em juízo por parte do próprio titular individual. Asseverou que, no caso de direitos homogêneos decorrentes de relações de consumo, o primeiro dos legitimados ativos eleitos pelo CDC seria o Ministério Público. Além dessa hipótese, haveria outras em que o Ministério Público seria incumbido de demandar em juízo a tutela coletiva em prol de direitos de natureza individual e disponível: propositura de ação de responsabilidade por danos causados aos investidores no mercado de valores mobiliários e propositura de ação de responsabilidade pelos prejuízos causados a credores por ex-administradores de instituições financeiras em liquidação ou falência. Nesses três casos, os direitos lesados seriam individuais, divisíveis e disponíveis.

> A Corte assinalou que a legitimação do Ministério Público para tutelar, em juízo, direitos individuais homogêneos disponíveis, que tivessem como origem relações de consumo, estaria prevista no CDC. Assim, para que se pudesse fazer juízo da compatibilidade dessa norma de legitima-

ção com as funções institucionais do órgão legitimado, seria importante observar as especiais características da ação coletiva correspondente. Nesse sentido, apontou que a legitimação ocorreria em regime de substituição processual. Os titulares do direito não seriam sequer indicados ou qualificados individualmente na petição inicial, mas chamados por edital a intervir como litisconsortes, se desejassem. Sublinhou que os objetivos perseguidos na ação coletiva seriam visualizados não propriamente pela ótica individual, mas pela perspectiva global. A condenação genérica fixaria a responsabilidade do réu pelos danos causados, e caberia aos próprios titulares, depois, promover a ação de cumprimento, consistente na liquidação e execução pelo dano sofrido. Consignou que, no que se refere à legitimação ativa, haveria substancial alteração de natureza quando se passasse à ação de cumprimento, porque indispensável a iniciativa do titular do direito. Nesta, buscar-se-ia satisfazer direitos individuais específicos, disponíveis e até mesmo passíveis de renúncia ou perda. Explicou que a propositura da ação de cumprimento dependeria de iniciativa do próprio interessado ou de sua expressa autorização. Mesmo quando intentada de forma coletiva, a ação de cumprimento se daria em litisconsórcio ativo, por representante, e não por substituto processual. O Colegiado realçou o fundamento constitucional da legitimação e, sob esse aspecto, relativamente a direitos individuais disponíveis, a legitimidade *ad causam* suporia, segundo a regra geral, a existência de nexo de conformidade entre as partes da relação de direito material e as partes da relação processual. Frisou que a legitimação por substituição processual seria admitida apenas como exceção, contudo, no sistema em vigor, haveria tendência de expansão das hipóteses de substituição processual, notadamente com o intuito de viabilizar a tutela coletiva. Reputou que a Constituição, que consagra essa técnica para a tutela de direitos difusos e coletivos (art. 129, III), adota-a também para direitos individuais, seja pela via do mandado de segurança coletivo, seja pela via de procedimentos comuns, para a tutela de outras espécies de direitos lesados ou ameaçados. Registrou que, nesse contexto, estaria inserida a legitimação do Ministério Público, a quem a lei já conferira o poder-dever de oficiar, como *custos legis*, em todas as causas nas quais houvesse interesse público evidenciado pela natureza da lide ou qualidade da parte (CPC, art. 82, III); e a quem a Constituição atribui a incumbência de defender interesses sociais (art. 127). Observou que "interesses sociais" e "interesse público" seriam equivalentes, e passíveis de ser definidos como interesses cuja tutela, no âmbito de determinado ordenamento jurídico, seria julgada como oportuna para o progresso material e moral da sociedade a cujo ordenamento jurídico corresponderia. Sublinhou que seriam relacionados com situações que, de alguma forma, ocorressem para preservar a organização e o funcionamento da comunidade jurídica e politicamente considerada, ou para atender suas necessidades de bem-estar e desenvolvimento.

O Plenário, no que diz respeito à constitucionalidade da legitimação do Ministério Público para promover demandas em defesa de outros direitos individuais homogêneos, que não nas hipóteses já referidas, previstas pelo legislador ordinário, ponderou ser necessário interpretar o alcance do art. 127 da CF. Examinou que a orientação da Corte ao longo do tempo a respeito do tema não seria pacífica. Mencionou a existência de três correntes: a) os direitos individuais homogêneos, porque pertencentes a um grupo de pessoas, qualificar-se-iam como subespécie de direitos coletivos e, assim, poderiam ser amplamente tutelados pelo Ministério Público (CF, art. 129, III). Reputou que a adoção dessa linha expandiria de modo extremado o âmbito da legitimação, a credenciar o Ministério Público para defender irrestritamente quaisquer direitos homogêneos, independentemente de sua essencialidade material, o que não seria compatível com a Constituição; b) a legitimação ativa do Ministério Público para a tutela de direitos individuais homogêneos se limitaria às hipóteses previstas pelo legislador ordinário. Ressaltou que essa tese imporia excessivas restrições à atuação do Ministério Público, notadamente quando presentes hipóteses concretas, não previstas pelo legislador ordinário, em que a tutela de direitos individuais seria indispensável ao resguardo de relevantes interesses da própria sociedade ou de segmentos importantes dela; e c) a legitimidade do Ministério Público para tutelar em juízo direitos individuais homogêneos se configuraria nos casos em que a lesão a esses direitos comprometeria também interesses sociais subjacentes, com assento no art. 127 da CF. Enfatizou que esse posicionamento guardaria harmonia com os valores constitucionais e não acarretaria as consequências demasiado restritivas ou expansivas das outras duas [...] O Ministro Celso de Mello sublinhou que, na perspectiva do Ministério Público, quando os direitos ou interesses individuais homogêneos se mostrassem qualificados pela nota da relevância social, as ações promovidas pela instituição representariam poderosos instrumentos processuais concretizadores de prerrogativas fundamentais atribuídas às pessoas pelo ordenamento, não obstante o fato de esses direitos, individualmente considerados, serem disponíveis, porque a repercussão de sua violação seria capaz de conferir-lhes relevância social.

Em sintonia com esse pensamento e como balizamento ao Ministério Público do Estado de São Paulo, o Conselho Superior paulista editou a Súmula 7:

> O Ministério Público está legitimado à defesa de interesses ou direitos individuais homogêneos de consumidores ou de outros, entendidos como tais os de origem comum, nos termos do art. 81, III, c/c o art. 82, I, do CDC, aplicáveis estes últimos a toda e qualquer ação civil pública, nos termos do art. 21º da LAC 7.347/85, que tenham relevância social, podendo esta decorrer, exemplificativamente, da natureza do interesse ou direito pleiteado, da considerável dispersão de lesados, da condição dos lesados, da necessidade de garantia de acesso à Justiça, da conveniência de se evitar inúmeras ações individuais, e/ou de outros motivos relevantes.

O dispositivo estatutário em comento ainda alude ao direito individual indisponível, que deve ser entendido como todo aquele que não pode ser renunciado, disposto a terceiro, alienado e deve ser protegido e zelado, trazendo-se como exemplo comum o direito à vida e à integridade dela.

Tratando do tema, anota Márcio Elias Rosa que:

> a indisponibilidade do interesse jurídico tem relação com o próprio sistema normativo, como também relação com o sujeito ou com a repercussão da lesão ao bem jurídico que o abrigue. O interesse jurídico indisponível assim se apresenta em razão da norma que o declare, da condição do sujeito que o ostente ou dos danos e da repercussão, mesmo social, que dela deflua[198].

Nesta senda, a jurisprudência caminha firmemente no sentido de reconhecer a legitimidade ministerial para tutela de interesse individual indisponível, em sintonia com o disposto no art. 81 do Estatuto, donde se destaca:

> AÇÃO CIVIL PÚBLICA. MINISTÉRIO PÚBLICO. LEGITIMIDADE. ESTATUTO DO IDOSO. MEDICAMENTO. FORNECIMENTO. 1. Prevaleceu na jurisprudência deste Tribunal o entendimento de que o Ministério Público tem legitimidade ativa *ad causam* para propor ação civil pública com o objetivo de proteger interesse individual de menor carente, ante o disposto nos artigos 11, 201, V, e 208, VI e VII, da Lei 8.069, de 13.07.90 (Estatuto da Criança e do Adolescente). 2. Essa orientação estende-se às hipóteses de aplicação do Estatuto do Idoso (artigos 74, 15 e 79, da Lei 10.741/03). Precedentes de ambas as Turmas que compõem

---

[198] Op. cit., p. 227.

a Seção de Direito Público. 3. Agravo regimental improvido (AgRg nos EREsp 837.591/RS, 1ª Seção, Rel. Min. Castro Meira, *DJ* 11-6-2007). LEGITIMIDADE. MINISTÉRIO PÚBLICO. AÇÃO CIVIL PÚBLICA. FORNECIMENTO DE REMÉDIO PELO ESTADO. O Ministério Público é parte legítima para ingressar em juízo com ação civil pública visando a compelir o Estado a fornecer medicamento indispensável à saúde de pessoa individualizada (STF, RE 407.902, 1ª T., Rel. Min. Marco Aurélio, *DJe* 27-8-2009).

Em outra oportunidade, o Supremo Tribunal Federal assentou que:

> Certos direitos individuais homogêneos podem ser classificados como interesses ou direitos coletivos, ou identificar-se com interesses sociais e individuais indisponíveis. Nesses casos, a ação civil pública presta-se à defesa desses direitos, legitimado o Ministério Público para a causa.CF, art.127, *caput*, e art. 129 (RE 195.056, Rel. Min. Carlos Velloso, julgamento em 9-12-1999). LEGITIMIDADE. MINISTÉRIO PÚBLICO. AÇÃO CIVIL PÚBLICA. FORNECIMENTO DE REMÉDIO PELO ESTADO."O Ministério Público é parte legítima para ingressar em juízo com ação civil pública visando a compelir o Estado a fornecer medicamento indispensável à saúde de pessoa individualizada"(RE 407.902, Rel. Min. Marco Aurélio, Primeira Turma, *DJe* 28.8.2009)."EMENTA: AGRAVO REGIMENTAL NO RECURSO EXTRAORDINÁRIO. DIREITO CONSTITUCIONAL. LEGITIMIDADE DO MINISTÉRIO PÚBLICO PARA A DEFESA DE INTERESSES INDIVIDUAIS HOMOGÊNEOS DE RELEVÂNCIA SOCIAL. PRECEDENTES. AGRAVO REGIMENTAL AO QUAL SE NEGA PROVIMENTO" (RE 500.879-AgR, de minha relatoria, Primeira Turma, *DJe* 26-5-2011)."RECURSO EXTRAORDINÁRIO. AGRAVO REGIMENTAL. AÇÃO CIVIL PÚBLICA. LEGITIMIDADE ATIVA. MINISTÉRIO PÚBLICO. DEFESA DE DIREITOS INDIVIDUAIS HOMOGÊNEOS. SÚMULA STF 286: INAPLICABILIDADE. 1. Desde o advento da Constituição Federal de 1988, não há mais falar em 'recurso extraordinário fundado em divergência jurisprudencial', tendo em vista o contido no art. 102, III, e alíneas, da mesma Carta. Improcedência de aplicação da Súmula STF 286. 2. O Ministério Público detém legitimidade para propor ação civil pública na defesa de interesses individuais homogêneos (CF/88, arts. 127, § 1º, e 129, II e III). Precedente do Plenário: RE 163.231/SP, rel. Min. Carlos Velloso, *DJ* 29.06.2001. 3. Agravo regimental improvido" (RE 514.023-AgR, 2ª T., Rel. Min. Ellen Gracie, *DJe* 5-2-2010).

Noutro julgamento, o Ministro Ricardo Lewandowski negou seguimento ao Recurso Extraordinário (RE) 788.838, no qual o Instituto Nacional do Seguro Social (INSS) questionava a legitimidade do Ministério Público Federal para atuar em defesa de idosos e incapazes de Passo Fundo (RS) aos quais vinha sendo negado acesso ao benefício assistencial previsto na Lei Orgânica de Assistência Social (LOAS). Em ação civil pública, o INSS foi impedido de negar requerimentos de LOAS nos casos em que a renda *per capita* da família do requerente ultrapassasse o limite de 1/4 do salário mínimo.

A autarquia também foi impedida de utilizar de forma isolada, na avaliação da incapacidade para o trabalho e para a vida, os critérios constantes da Ordem de Serviço INSS n. 596/1998 ou qualquer outro critério objetivo exclusivo. Como a decisão na ação civil pública já transitou em julgado (ou seja, não há mais possibilidade de recurso), o INSS ajuizou ação rescisória no Tribunal Regional Federal da 4ª Região (TRF-4) visando sua desconstituição, contudo não obteve êxito naquela corte. Em seguida, interpôs recurso extraordinário para o STF.

De acordo com o ministro Lewandowski, a decisão do TRF-4 está em harmonia com a jurisprudência da Corte, que reconhece a legitimidade do Ministério Público para a defesa de interesses individuais homogêneos, sobretudo quando é evidente a relevância social da causa. Em sua decisão, o ministro citou precedentes nesse sentido, como o RE 163231 (relatado pelo ministro Maurício Corrêa), AI 516419 (relator ministro Gilmar Mendes) e RE 472489 (relator ministro Celso de Mello).

O TRF-4 considerou o Ministério Público parte legítima para mover a ação civil pública em defesa de direitos individuais homogêneos dos idosos e portadores de deficiência incapacitante de Passo Fundo (RS), porque estes não têm condições de manter o seu próprio sustento ou de serem mantidos por suas famílias, o que evidencia o relevante interesse social na defesa de tais direitos.

Nesse sentido, o escólio de Arruda Alvim:

> Recentemente, contudo, tem prevalecido a tese da legitimidade ativa do Ministério Público também para a defesa dos direitos individuais indisponíveis de hipossuficientes, ainda que relativos a pessoa determinada", trazendo como exemplos: STJ, REsp 822712/RS, 1ª T, j. 04.4.2006, rel. Min. Teori Albino Zavascki; REsp 984.430/RS, 2ª T, j. 23.10.2007, rel. Min. João Otávio de Noronha; AgRg na MC 14.096/PR, 2ª T, j. 03.06.2008, rel. Min.

Carlos Fernando Mathias; REsp 899.820/RS, 1ª T., j. 24.06.2008, rel. Min. Teori Albino Zavascki[199].

Em sentido contrário, relativizando a atuação: no REsp 664.139, a 2ª Turma do STJ não acolheu o pedido do Ministério Público gaúcho para ver reconhecida sua legitimidade para promover a ação civil pública objetivando o resguardo de interesse de apenas uma criança carente, mas sim quando for para defender o interesse de todas as crianças do Estado, argumentando que a tutela individual, no caso, foi atribuída à Defensoria Pública para "orientação jurídica e a defesa, em todos os graus, dos necessitados".

Ao apreciar o pedido, o relator no STJ, Ministro Castro Meira, manteve a decisão do Judiciário gaúcho, destacando que o art. 129 da Constituição Federal, assim como a legislação infraconstitucional, preveem que o Ministério Público tem legitimidade para propor ação civil pública com a finalidade de proteger interesses difusos e coletivos como regra. Em relação aos interesses individuais, exige que também sejam indisponíveis e homogêneos.

Na mesma linha, em hipótese semelhante, assim se pronunciou o Superior Tribunal de Justiça:

> O barateamento da legitimação extraordinária do MP na defesa de interesse coletivo choca-se com as atribuições outorgadas pela lei aos defensores públicos. A atuação ministerial em hipóteses semelhantes à dos autos coloca o Ministério Público em conflito de atribuições com a Defensoria Pública o que é uma demasia. Assim sendo, entendo ser o MP parte ilegítima para agir como verdadeiro representante de pessoa carente, o que, se verdadeiro, dispensa a atuação da Defensoria Pública (REsp 620.622/RS, 2ª T., Rel. Min. Eliana Calmon, julgamento em 4-9-2007).

Sobre o ajuizamento de ações civis públicas para o fornecimento de medicamentos, o STF, em 2 de abril de 2010, reconheceu a existência de repercussão geral na matéria constitucional versada no RE 605.533, Rel. Min. Marco Aurélio, qual seja a legitimidade do Ministério Público para ajuizar ação civil pública com o objetivo de compelir entes federados a entregar medicamentos a pessoas necessitadas.

II – promover e acompanhar as ações de alimentos, de interdição total ou parcial, de designação de curador especial, em circunstâncias que

---

[199] *Manual de direito processual civil*, p. 525.

justifiquem a medida e oficiar em todos os feitos em que se discutam os direitos de idosos em condições de risco;

A vocação institucional do Ministério Público de proteção da pessoa idosa decorre dos arts. 127, *caput*, 129, II e III, e 230 da CF, art. 97 da CE e art. 25, VI, da Lei Orgânica Nacional do Ministério Público, além de disposições das leis orgânicas estaduais.

A intervenção do *Parquet* ocorrerá como decorrência do interesse público, seja atuando como parte, seja como *custos legis* (fiscal da ordem jurídica).

Neste inciso, cujo rol é meramente exemplificativo (§ 2º deste artigo), ocorrem as duas hipóteses de atuação:

a) como autor, nos casos de ação de alimentos, interdição (total, parcial ou especial); e

b) obrigatoriamente e sob pena de nulidade do processo (absoluta, de forma que não se convalida, por exemplo, com uma intervenção tardia), como *custos legis*, em todas as ações em que se discutam os direitos dos idosos em condição de risco, como consequência da exigência prevista no art. 178 do novo CPC: "[...] intervir como fiscal da ordem jurídica nas hipóteses previstas em lei ou na Constituição Federal e nos processos que envolvam: I – interesse público ou social" (antiga parte final do art. 82 do CPC: "[...] nas demais causas em que há interesse público evidenciado pela natureza da lide ou qualidade da parte"). Também deve atuar como *custos legis* nas ações elencadas na letra "a" *supra* (alimentos, interdição etc.) quando a ação for proposta por terceiro (§ 1º deste artigo).

Note-se que não basta a condição etária para justificar a intervenção; é preciso que o idoso esteja em condição de risco.

Essa condição vem estampada no art. 43 do Estatuto:

Art. 43. As medidas de proteção ao idoso são aplicáveis sempre que os direitos reconhecidos nesta Lei forem ameaçados ou violados:

I – por ação ou omissão da sociedade ou do Estado;

II – por falta, omissão ou abuso da família, curador ou entidade de atendimento;

III – em razão de sua condição pessoal.

Trata-se de um leque bem amplo de situações e que em muito se assemelham às hipóteses de atuação protetiva da criança e do adolescente previstas no art. 98 do ECA e que estão comentadas no artigo correspondente desta obra, o que nos dispensa de um maior aprofundamento.

A semelhança das disposições mostra que com o Estatuto do Idoso houve uma equiparação entre os dois extremos da existência humana: da criança (e se protege desde o nascituro), passando pelo adolescente e chegando ao idoso ou o chamado "adulto maior".

Apenas se destaca que, pela abertura semântica das hipóteses interventivas, é prudente analisar caso a caso se se configura situação que legitima a intervenção à luz da vocação institucional prevista nos arts. 127 e 129 da CF e nas disposições deste Estatuto, porque a situação de risco, por si, pode não justificar a intervenção, e citamos como exemplo idoso que pleiteie judicialmente benefício previdenciário, que, por sua natureza disponível, dispensa, em tese, a intervenção ministerial – cf. STJ, AgRg no REsp 1.180.890/RS, 6ª T., Rel. Celso Limongi (Desembargador convocado do TJSP), julgamento em 21-9-2010, *DJe* 11-10-2010 – ou idosa ré em ação de reintegração de posse, devidamente representada por defensor público – TJRS, ED 70.023.344.4054, Rel. Des. Denise Oliveira Cezar, julgamento em 14-5-2008.

Valem também aqui as observações que fizemos ao comentar o art. 75.

Difícil imaginar a hipótese de excluir a autuação do *Parquet* quando se tratar de tutela difusa, coletiva, individual homogênea ou indisponível, porque, em regra, a atuação é obrigatória. Talvez ação civil pública promovida por associação de idosos que queira discutir vício do produto comum em veículos importados adquiridos pelos associados de uma determinada importadora (por exemplo, veículos BMW).

III – atuar como substituto processual do idoso em situação de risco, conforme o disposto no art. 43 desta Lei;

A substituição processual é uma forma de legitimação extraordinária[200] que consiste na possibilidade de alguém, autorizado por lei, atuar em juízo como

---

[200] Dizem Nelson e Rosa Nery que há legitimação extraordinária: "Quando aquele que tem legitimidade para estar no processo como parte não é o que se afirma titular do direito material discutido em juízo", diferentemente da legitimação ordinária, "Quando há coincidência entre a legitimação do direito material e a legitimidade para estar em juízo" (*Código de Processo Civil e legislação extravagante*, notas 1 e 2 ao art. 6º, p. 190).

parte, em nome próprio para a defesa de interesse alheio. O titular do direito de ação (como autor e réu) denomina-se substituto processual, e o titular do direito material defendido pelo substituto é denominado substituído.

Dessa forma, o inciso prevê em reforço argumentativo do caráter protetivo à pessoa idosa (princípio da proteção integral) a possibilidade de o Ministério Público, em seu nome, postular medidas judiciais em favor do idoso que se encontre em situação de risco, entre as quais aquelas elencadas no art. 43 do estatuto.

Essa autorização legal vale para os Ministérios Públicos estaduais, do Trabalho, Federal, enfim, a todos, dependendo da situação de risco que existir no caso concreto (por exemplo, na seara do trabalho e podemos imaginar uma situação de exploração do trabalho de idosos – como a manutenção do trabalhador em condição análoga à de escravo – que os coloque numa posição de vulnerabilidade ou no âmbito do Ministério Público Federal por omissão do órgão federal, em ação a ser movida na Justiça Federal).

IV – promover a revogação de instrumento procuratório do idoso, nas hipóteses previstas no art. 43 desta Lei, quando necessário ou o interesse público justificar;

Este inciso tem por escopo permitir ao *Parquet* que busque declarar a invalidade dos efeitos jurídicos de um instrumento procuratório que, apesar de poder estar material e formalmente correto, venha a causar prejuízo ao idoso em razão das circunstâncias especiais desse último. O mau uso pode decorrer do desvio de sua finalidade, do abuso em decorrência da omissão ou ação deletéria de quem tem legitimamente e atribuição de bem representar seu constituinte idoso.

A regra vale para todo tipo de mandato (*ad judicia; ad negotia* ou *in rem propriam*), ainda que pactuado com a cláusula de irrevogabilidade. Nesse último caso, é difícil imaginar a possibilidade de responsabilização do mandante por perdas e danos ao procurador (art. 683 do CC) se a revogação decorreu de mau uso do instrumento de mandato. Poderá ocorrer a necessidade de restituição de valores eventualmente recebidos pelo idoso, conforme o caso, para evitar um enriquecimento sem causa deste (arts. 684 e 685 do CC). No mais, valem as demais disposições atinentes à extinção do mandato previstas nos arts. 682 a 692 do Código Civil, com interpretação mais benéfica ao idoso, nas hipóteses também previstas neste estatuto, em verdadeiro "diálogo das fontes".

A prática demonstrou ser comum compelir o idoso a outorgar instrumentos procuratórios a terceiros, parentes ou não que dele acabam fazendo uso abusivo, por exemplo, na obtenção de créditos bancários mais baratos (os chamados "créditos consignados") ou na alienação de bens, iludindo ou ludibriando o outorgante.

Atento a essa realidade, o legislador inovou ao atribuir ao Ministério Público o papel de zelar pelo interesse do idoso outorgando poderes para promover a revogação de instrumentos de procuração que estejam ou possam vir a ser utilizados abusivamente. A medida pode ser buscada também em caráter cautelar ou preparatório, por exemplo, no bojo de uma ação de interdição proposta pelo *Parquet* (art. 1.769 do CC).

Para que seja ajuizada ação revocatória do instrumento de procuração (público ou particular) devem estar presentes as seguintes circunstâncias: a) idoso em situação de risco (art. 43), que se insere no conceito de proteção integral; b) necessidade ou interesse público.

É a condição de vulnerabilidade da pessoa idosa em situação de risco que autoriza a intervenção excepcional ministerial na seara negocial, pelo interesse público subjacente.

A exigência do "quando necessário" tem sua razão de ser: está vinculada à conveniência e oportunidade, uma vez que a perpetuação, em tese, do instrumento procuratório regularmente constituído merecerá ingerência externa (e intervenção ministerial) apenas e tão somente a partir do momento em que se tornar "necessário", preservando-se, ao máximo, a natural autonomia da pessoa idosa, ainda que presente alguma das hipóteses do art. 43. É dizer, a pertinência da iniciativa ministerial deve ser analisada caso a caso.

O mesmo raciocínio é válido para o requisito do "interesse público" justificador. Aqui a justificativa tem cunho social, podendo visar à proteção de terceiros de boa-fé ou da própria administração pública, que podem estar sendo "vítimas" do uso abusivo do instrumento de mandato, além do prejuízo ao idoso.

A regra protetiva é clara: protege o idoso mandante e não mandatário. Nessa segunda hipótese, a proteção será a geral, espalhada por todo o estatuto.

Portanto, as balizas da intervenção ministerial devem ser observadas com rigor, para não se correr o risco de invadir o campo de individualidade próprio de toda e qualquer pessoa que alcance os 60 anos de idade e não se encontre em situação de risco.

ART. 74 237

A revogação poderá ocorrer também no âmbito administrativo, no bojo de um procedimento administrativo instaurado pelo *Parquet* na defesa individual do idoso e que envolva os interessados, ou seja, o próprio idoso, o mandatário, a serventia do Cartório de Notas respectivo (na hipótese de mandato outorgado por instrumento público) e eventuais participantes de negócios que foram prejudiciais ao idoso outorgante do instrumento, com vistas a alcançar resultado positivo a todos que tenham agido de boa-fé e responsabilizando os de má-fé, dispensando-se a judicialização, sempre mais morosa.

Em complementação a essa disposição, os arts. 106, 107 e 108 do estatuto definem hipóteses de crimes na outorga e lavratura de instrumento de procuração, além da responsabilização pelo mau uso (por exemplo, art. 102).

V – *instaurar procedimento administrativo e, para instruí-lo:*

O procedimento administrativo pode ser o inquérito civil quando se tratar de investigação sobre violação de interesses difusos, coletivos ou individuais homogêneos ou outro tipo de procedimento previsto em legislação específica, em regra de iniciativa do Ministério Público, quando for destinado à tutela de interesses individuais indisponíveis, para o qual o inquérito civil nos parece não se mostrar vocacionado (até porque sobre ele já trata o inciso I)[201].

Essa faculdade de instauração de procedimentos administrativos é tratada no inciso VI do art. 129 da CF e, seja qual for a nomenclatura atribuída a esse procedimento[202], estará sujeito ao controle pelo Conselho Superior da Instituição, na forma do art. 92, § 2º, do Estatuto, nada obstante alguns procedimentos de menor relevância, por não tratarem de tutela difusa, coletiva ou individual homogênea, poderem ser dispensados de tal formalidade, como se observa, por exemplo, de entendimentos sumulados pelo Conselho Superior do Ministério Público paulista (Enunciados n. 37, 38 e 43).

---

[201] Como já mencionamos, no Estado de São Paulo existe a figura do Procedimento Administrativo de Natureza Individual (PANI), regulado pelo Ato Normativo n. 619/2009-PGJ-CPJ-CGMP, de 2 de dezembro de 2009.

[202] É comum que se atribuam vários nomes aos procedimentos administrativos, tais como sindicância, investigação prévia, protocolado, peças de informação.

> ***a)*** *expedir notificações, colher depoimentos ou esclarecimentos e, em caso de não comparecimento injustificado da pessoa notificada, requisitar condução coercitiva, inclusive pela Polícia Civil ou Militar;*

Esta matéria também é disciplinada no art. 92 ao tratar do inquérito civil.

A atuação ministerial deve seguir o princípio da legalidade, que ilumina todo o agir do ente público, e também o princípio do devido processo legal no seu sentido material (art. 5º, LIV, da CF). Abusos, desvios e arbitrariedades poderão ser corrigidos judicialmente, em regra pelo mandado de segurança e pelo *habeas corpus* e apurados administrativamente, pelas respectivas Corregedorias-Gerais, para aplicação de sanções também administrativas.

A notificação é uma intimação para que se promova a oitiva de alguém, em dia, hora e local indicados e com a necessária antecedência, que não poderá ser inferior a 48 horas, por analogia ao art. 218, § 2º, do novo CPC (antes, 24 horas, por analogia ao art. 192 do antigo CPC).

Advertem Cynthia Pardo Andrade Amaral e Daniel Serra Azul Guimarães que:

> o ato que determina a expedição de uma notificação ou requisição viola a razoabilidade se deixa de apontar as razões de fato e de direito em que se fundamenta, desconsidera fatos já comprovados ou públicos e notórios, considera fatos ou provas inexistentes ou é desproporcional ao fim colimado[203].

Seguem eles:"a condição coercitiva é sempre cabível, independentemente de se tratar de particular ou agente público e independentemente do cargo ocupado por este, respeitadas as prerrogativas expressamente asseguradas aos ocupantes de certos cargos de serem ouvidas em circunstância de tempo e lugar que lhes forem convenientes"[204] (por exemplo, os magistrados, membros do Ministério Público e deputados estaduais).

Em alguns casos, em razão da qualificação do destinatário, a notificação deve ser feita pela chefia da Instituição, por exemplo, para o governador do Estado, membros do Poder Legislativo, membros de segunda instância do Poder Judiciário (Lei Complementar n. 75/93, art. 8º, § 4º, e art. 80 da Lei n. 8.625/93).

---

[203] Op. cit., p. 660-661.
[204] Op. cit., p. 661.

Anota Hugo Mazzilli que a:

condução coercitiva só pode ser imposta pelo Ministério Público de desatendimento à notificação para comparecimento, e tão somente se o comparecimento for necessário ao esclarecimento de ponto de fato indispensável para o exercício das atribuições funcionais e destaca:"Quando exista direito ao silêncio (por parte das pessoas investigadas) deve ser respeitado, pois, em nosso Direito, ninguém é obrigado a produzir prova contra si mesmo"[205].

Não é demasiado lembrar que a condução coercitiva pressupõe o descumprimento da notificação, não podendo ser determinada desde logo, hipótese em que pode ser atacada por *habeas corpus*.

Não nos parece acertado o uso desse expediente da condução coercitiva quando a notificação voltar-se à pessoa investigada, uma vez que esta não estará obrigada a prestar depoimento que a incrimine, sendo-lhe garantido o direito ao silêncio. Dessa forma, tal providência irá mostrar-se inócua e a condução coercitiva desnecessária e abusiva.

No sentido da impossibilidade de o Ministério Público ordenar a condução coercitiva do investigado decidiu o STF no HC 89.837/DF, 2ª T., Rel. Min. Celso de Mello, julgamento em 20-10-2009.

O depoimento de testemunhas suspeitas, impedidas e incapazes (por exemplo, parentes do idoso em situação de risco, hipótese comum na prática) será tomado se for estritamente necessário, atribuindo-se o necessário valor em cada caso concreto.

Por outro lado, não havendo impedimento, a testemunha terá o dever de não mentir nem omitir sobre fatos, pena de caracterização do falso testemunho (art. 342 do CP), salvo se tal depoimento incriminá-la de alguma forma, quando, então, estará constitucionalmente dispensada de se autoincriminar ou produzir prova contra si.

O comparecimento comprovado (por documento expedido pelo *Parquet*) de pessoa para colaborar com as investigações não autoriza o desconto de vencimentos ou salário (art. 26, § 4º, da Lei n. 8.625/93), já que em regra está obrigada ao comparecimento, risco de condução coercitiva.

---

[205] *A defesa dos interesses difusos em juízo*, cit., p. 478.

> b) *requisitar informações, exames, perícias e documentos de autoridades municipais, estaduais e federais, da administração direta e indireta, bem como promover inspeções e diligências investigatórias;*

Consectário lógico do poder de investigação tem o membro do Ministério Público um arsenal de instrumentos de que se pode valer para o cabal esclarecimento dos fatos e o cumprimento de seus fins institucionais.

A regra, portanto, é a disponibilização das informações requisitadas diretamente pelo *Parquet*, sem necessitar de intervenção judicial. Isso porque a atividade ministerial é reconhecidamente de interesse público e nessa condição oponível a todos, e a outorga desse poder requisitório decorre de suas prerrogativas institucionais, não sendo menos certo que o desatendimento a tais requisições constitui-se em embaraço à atuação ministerial e atentado contra a própria Justiça, caracterizando abuso de poder[206].

Requisitar é mais que requerer, é ordem legal que obriga o atendimento pelo destinatário, seja para realizar uma diligência, como prestar uma informação ou apresentar um documento e pode ter como destinatário autoridade estadual, federal ou municipal, da administração direta, indireta ou fundacional, muito embora também aqui os poderes conferidos ao *Parquet* devam ser usados com razoabilidade, evitando abusos nas requisições de diligências, perícias, buscando sempre o menor prejuízo/sacrifício com a maior eficiência. Damos como exemplo algumas perícias ou exames que podem ser extremamente custosos e que para seu atendimento poderão ser necessárias outras diligências colaborativas ou mesmo o custeio pela Fazenda Estadual.

O desatendimento injustificado (não comunicar o motivo do desatendimento, como seria o caso, por exemplo, de não atendimento a uma requisição tida por ilegal) ou o retardamento indevido do cumprimento das requisições ensejará a responsabilização de quem lhes deu causa, o que poderá envolver a responsabilização administrativa (disciplinar ou funcional no caso de servidor público omisso), civil e criminal[207].

---

[206] Nesse sentido, decisão do STJ no MS 5.370/DF, 1ª Seção, Rel. Min. Demócrito Reinaldo, julgamento em 12-11-1997, encontrada em *RSTJ*, 107:21.
[207] No REsp 1.116.964/PI, 2ª T., Rel. Min. Mauro Campbell Marques, o STJ admitiu a possibilidade, em tese, de tal recusa caracterizar improbidade administrativa.

Poderá caracterizar crime de desobediência (art. 330 do CP)[208] ou de prevaricação (art. 319 do CP), conforme o caso.

Não nos parece incidir o crime previsto no art. 100, V, deste estatuto porque não se trata, nesse caso, de elemento necessário ao ajuizamento de ação civil pública, hipótese prevista no inciso I, descabendo interpretação analógica e extensiva em matéria penal.

O Ministério Público poderá ter que se valer do Poder Judiciário para obtenção de algum documento não disponibilizado administrativamente e, para tanto, dispõe de inúmeros instrumentos legais, destacando-se a busca e apreensão (arts. 294, parágrafo único, e 536, § 2º, do novo CPC) ou mesmo um procedimento cautelar geral (art. 301, parte final, do novo CPC).

Sobre as informações sigilosas: o sigilo corresponde tanto à obrigação de mantê-lo daquele que o detém quanto ao direito de tê-lo respeitado, por aquele em favor de quem é imposto. Dessa forma, não pode ser usado pelo obrigado para escusar-se de informar se a informação vier em favor do detentor do direito ao sigilo.

O acesso à informação, como já dito, é a regra, sendo o sigilo a exceção, e pode estar fundado em interesse público (da sociedade ou do Estado); para interesse da investigação conduzida pelo Ministério Público (por analogia ao art. 20 do CPP), para preservação da imagem ou privacidade de alguém ou por outra razão relevante adotada pelo legislador.

Hugo Mazzilli lembra hipóteses de dispensa da obrigação do sigilo: a) quando há o consentimento do interessado; b) quando assim o exigir o interesse comum: c) quando assim o exigir o bem de um terceiro; d) quando a revelação evitar um dano ao interessado (detentor do direito ao sigilo); e) quando poupa um dano ao próprio depositário; f) quando a lei permite ou exige a revelação (*v. g.*, denúncia de médico de doença de notificação compulsória)[209].

Leciona, também, o multicitado autor:

> Confere-se hoje ao membro do Ministério Público acesso incondicional a qualquer banco de dados de caráter público ou relativo a serviço de relevância pública, sem prejuízo de sua responsabilidade civil e criminal

---

[208] O STJ tem entendido que o funcionário público pode ser autor do crime de desobediência, quando for o destinatário da norma, para evitar que essa determinação se torne iníqua (REsp 556.814/RS, 5ª T., Rel. Min. Arnaldo Esteves Lima, julgamento em 7-11-2006).

[209] Op. cit., p. 484.

pelo eventual uso indevido das informações e documentos sigilosos a que teve acesso. Isso significa que o Ministério Público tem acesso à informação, inclusive, nos casos de sigilo legal, excetuadas apenas, e obviamente, as hipóteses em que a Constituição exija autorização judicial para sua quebra[210].

A Lei da Ação Civil Pública e o Estatuto não facultam ao Ministério Público o acesso irrestrito a informações sigilosas, o que veio com a Lei n. 8.625/93 (LONMP) e a Lei n. 75/93 (LOMPU), impondo-se, todavia, a responsabilidade funcional, civil e criminal em caso de seu uso indevido[211].

Entretanto, a doutrina e a jurisprudência têm admitido hipóteses restritivas, cujo acesso dependerá de autorização judicial.

Na prática, em muitos casos o sigilo bancário tem prevalecido sobre a requisição ministerial direta sob os mais variados argumentos, entre os quais destacamos a preservação constitucional da privacidade do interessado (art. 5º, X) e a ausência de autorização legal, uma vez que a Lei Complementar n. 105/2001, que disciplina o sigilo bancário, não relacionou o Ministério Público entre os não atingidos pelo sigilo[212]. Nesse caso, deve-se valer do Poder Judiciário para a obtenção das informações, sem prejuízo da apuração de responsabilidades pela recusa prévia.

A favor da possibilidade da requisição direta, nos casos concretos analisados e de hipóteses variadas, temos: TRF-2ª Região, Proc. 2001.02.01.033100-1, 2ª T., Rel. Des. Paulo Espírito Santo, julgamento em 31-10-2001; STF, MS 21.729/DF, Pleno, Rel. Min. Néri da Silveira, Informativo STF n. 246; STF, RE 535.478/SC, 2ª T., Rel. Min. Ellen Gracie, julgamento em 28-10-2008; STJ, RMS 31.362/GO, 2ª T., Rel. Min. Herman Benjamin, julgamento em 17-8-2010; e a decisão do STF no MS 21.729/DF, Rel. Min. Marco Aurélio, julgamento em 5-10-1995, envolvendo investigação ministerial sobre mau uso de dinheiro público.

Sobre o sigilo fiscal, cujas informações muitas vezes podem ser relevantes para a verificação de irregularidades em entidades de atendimento à pessoa

---

[210] Op. cit., p. 485.
[211] Nesse sentido, consultar o art. 8º, § 2º, da Lei Complementar n. 75/93. Esse dispositivo foi alvo da ADIn 3.531/DF.
[212] Nesse sentido da recusa, conferir: STJ, HC 160.646/SP, 5ª T., Rel. Min. Jorge Mussi, julgamento em 1º-9-2011; RHC 1.290/MG e HC 1.458-2/RS; STJ, RHC 5.065/MG, 5ª T., Rel. Min. Edson Vidigal.

idosa (sobre sua saúde negocial, financeira e patrimonial), a matéria é tratada no art. 198 do Código Tributário Nacional e na Lei Complementar n. 14/2001, que veda a divulgação de informações sobre a situação financeira e econômica do contribuinte, salvo se requisitada por autoridade judiciária ou no curso de processo administrativo.

A respeito do sigilo telefônico, é bom que se distingam duas hipóteses: a interceptação de comunicação telefônica, que é admitida apenas para fins de investigação criminal ou instrução de processo penal (Lei n. 9.296/96, que regulamentou o inciso XII, parte final, do art. 5º da CF/88) e não se aplica a este inciso, e o acesso ao registro das ligações, sem divulgação do seu conteúdo, que, no caso, é disponível ao Ministério Público.

As situações aqui se assemelham bastante ao sigilo bancário, valendo as mesmas considerações feitas.

No tocante às informações constantes dos bancos de dados da Justiça Eleitoral, úteis para localização de pessoas (por exemplo, parentes de idosos), a Resolução n. 21.538/2003 do Tribunal Superior Eleitoral estabelece que se excluam da proibição de fornecimento de informações os pedidos formulados "por autoridade judicial e pelo Ministério Público, vinculada à utilização das informações obtidas, exclusivamente, as respectivas atividades funcionais" (art. 29, § 3º, b).

O inciso em comento também prevê a possibilidade de diligências pessoais, como inspeções e diligências investigatórias, nesse caso podendo contar com apoio policial (inciso IX), devendo ter acesso livre a toda entidade de atendimento do idoso (§ 3º deste artigo). O embaraço deliberado imposto a tal atuação poderá caracterizar o crime previsto no art. 109.

O inciso V do art. 100 define como crime, punível com reclusão de seis meses a um ano: "V – recusar, retardar ou omitir dados técnicos indispensáveis à propositura da ação civil pública objeto desta lei quando requisitados pelo Ministério Público".

Exige-se, para sua configuração, que se trate de dado técnico indispensável à propositura da ação, requisitado pelo *Parquet*, não se referindo a qualquer recusa e qualquer ente requisitante.

---

c) requisitar informações e documentos particulares de instituições privadas.

A regra é de obrigatoriedade de disponibilização das informações ao Ministério Público, nos prazos, nas condições e consequências (no caso de desatendimento) analisadas no item anterior.

Alguma peculiaridade poderá ocorrer em relação às informações bancárias e telefônicas, mas que também não difere das anotações feitas acima.

Não é demasiado esclarecer que as informações e os documentos devem estar diretamente relacionados e ser importantes para os fatos que estejam sendo investigados, não sendo o caso de se requisitar exames e perícias que no mais das vezes representam despesas que o particular, em regra, não está obrigado a suportar.

É comum estabelecer convênios entre particulares (por exemplo, universidades privadas, fundações, centros de pesquisa) e o Ministério Público para a realização de exames e perícias, que podem ser circunscritos a determinação de região geográfica ou mesmo para todo o Estado.

VI – *instaurar sindicâncias, requisitar diligências investigatórias e a instauração de inquérito policial, para a apuração de ilícitos ou infrações às normas de proteção ao idoso;*

A sindicância é o procedimento administrativo adequado à investigação criminal de delitos tipificados neste Estatuto ou de apuração de infração administrativa ou judicial às normas de proteção à pessoa idosa (arts. 60 a 63 e 64 a 68 do Estatuto).

Pode ser usada também como procedimento preparatório para apuração de fatos que possam ensejar as medidas previstas no art. 55, § 3º, ou seja, pedido judicial para suspensão de atividade, dissolução de entidades de atendimento etc.

Em razão dessa natureza inquisitiva, não está sujeita aos princípios do contraditório e da ampla defesa e poderá ter a divulgação de seu conteúdo limitada.

Assim como ocorre com o inquérito civil, tal sindicância não é obrigatória para que se adotem providências efetivas de apuração de ilícitos praticados contra idosos.

Embora esteja pendente de julgamento a questão da legitimidade da investigação criminal pelo Ministério Público[213], a Suprema Corte já teve oportu-

---

[213] Sustenta-se, em apertada síntese, que o art. 144 da CF/88 instituiu exclusividade de

nidade de afirmá-la ao apreciar o HC 82.865-5/GO (Rel. Min. Nelson Jobim, 2ª T., julgamento em 14-10-2003), envolvendo criança e adolescente e tendo como fundamento o art. 201, VII, do ECA, que se assemelha à hipótese aqui tratada, e também no julgamento do RHC 97.926/GO, Rel. Min. Gilmar Mendes, julgamento em 2-9-2014.

A requisição de instauração de inquérito policial não é mero requerimento, uma vez que traz uma carga de obrigatoriedade de instauração por parte da autoridade policial que, se descumprida sem fundamento legal, poderá configurar crime de prevaricação (art. 319 do CP), improbidade administrativa (Lei n. 8.429/92, arts. 9º, 10 ou 11) e falta funcional, essa última a ser apurada pela Corregedoria respectiva.

VII – zelar pelo efetivo respeito aos direitos e garantias legais assegurados ao idoso, promovendo as medidas judiciais e extrajudiciais cabíveis;

Este inciso reitera, mais uma vez, a relevância do papel institucional do Ministério Público na tutela da pessoa idosa, com a possibilidade de utilização de todos os meios judiciais e extrajudiciais previstos não só neste estatuto, mas em todo o ordenamento jurídico, ainda mais quando a condição de pessoa idosa venha associada a outra, por exemplo, de deficiência física ou sensorial, quando incidirão as normas protetivas deste segmento social (Convenção sobre os Direitos da Pessoa com Deficiência, incorporada em nosso ordenamento com *status* de emenda constitucional, Lei n. 7.853/89, Lei n. 10.098/2000, entre outras).

VIII – inspecionar as entidades públicas e particulares de atendimento e os programas de que trata esta Lei, adotando de pronto as medidas administrativas ou judiciais necessárias à remoção de irregularidades porventura verificadas;

investigação criminal à Polícia Judiciária, sendo ilícita, dessa forma, a prova produzida diretamente pelo Ministério Público. Em sentido contrário, defende-se que se a Constituição atribuiu a titularidade privativa da ação penal púbica ao *Parquet* (art. 129, I, da CF/88), detém ele, a partir da teoria dos poderes implícitos do direito americano, o poder implícito de se valer de todos os meios necessários à consecução de sua missão constitucional; do contrário, dependeria de outro órgão para agir e o inquérito policial poderia tornar-se condição de procedibilidade da ação penal, contrariamente ao comando legal.

Este inciso está diretamente relacionado aos Capítulos III a VI do Título IV, que trata da política de atendimento ao idoso.

O Capítulo III disciplina a fiscalização das entidades de atendimento (ILPI – instituição de longa permanência para idoso) governamentais e não governamentais (arts. 52 a 55); o Capítulo IV trata das infrações administrativas (arts. 56 a 58); o Capítulo V disciplina a apuração administrativa de infração a normas protetivas ao idoso (arts. 59 a 63); e o Capítulo VI, da apuração judicial de irregularidades em entidades de atendimento.

Os arts. 52, 60 e 65 expressamente indicam o poder de iniciativa do *Parquet*, que poderá resultar em medidas em desfavor da entidade de atendimento, conforme a gravidade dos fatos, entre outras, na suspensão parcial ou total de recebimento de verbas públicas, interdição de unidade ou suspensão de programas, afastamento provisório de dirigentes, proibição de atendimento ao idoso.

A fiscalização deve ser feita pessoalmente pelo membro do *Parquet* de forma rotineira e periódica, se necessário acompanhado de técnicos da própria instituição ou de outras áreas (Vigilância Sanitária, Corpo de Bombeiros, engenheiros, Conselhos Estaduais e Federais de classe – medicina, enfermagem, engenheiros e arquitetos etc.), compreendendo a verificação das instalações físicas (segurança, acessibilidade), rotinas da casa, dispensação de medicamentos (especialmente os controlados), armazenamento de alimentos, assistência médica regular, atividades lúdicas, respeito ao Código de Defesa do Consumidor e a este estatuto quanto a valores a serem cobrados, proibição da exigência de outorga de procuração a dirigente da entidade, necessidade de regularidade da situação civil dos acolhidos (obtenção de documentos), entre outras elencadas no art. 50. As providências que poderão ser adotadas pelo Ministério Público para eliminação de riscos ou resguardo dos interesses dos idosos extrapolam o rol indicado nos aludidos capítulos, conforme dispõe o § 2º do art. 74 ora comentado.

Além do Ministério Público, as entidades de atendimento públicas ou privadas também estão sujeitas a fiscalização dos Conselhos de idosos (estaduais e municipais), Vigilância Sanitária, Poder Judiciário, entre outros.

Constitui crime previsto no art. 109 do estatuto "impedir ou embaraçar ato do representante do Ministério Público ou de qualquer outro agente fiscalizador". Por ser de menor potencial ofensivo, não será lavrado auto de prisão em flagrante e, sim, Termo Circunstanciado de Ocorrência, com o compromisso do autor do fato de comparecer ao Juizado Especial Criminal.

IX – *requisitar força policial, bem como a colaboração dos serviços de saúde, educacionais e de assistência social, públicos, para o desempenho de suas atribuições;*

A faculdade aqui estabelecida é supérflua, diante das inúmeras outras previsões já analisadas. Abarca a possibilidade de requisição de serviços nas áreas mais sensíveis de proteção ao idoso, especialmente se estiver em situação de risco ou vulnerabilidade social, a saber, saúde, educação e assistência social. O apoio policial deve ser entendido como: polícia militar, polícia civil, no âmbito estadual e federal, conforme o caso, e guarda civil metropolitana, onde houver.

Fica clara a natureza sistêmica das atribuições conferidas ao *Parquet* e a garantia da proteção integral à pessoa idosa, o que obriga a leitura dos dispositivos do estatuto de forma interligada e interdependente e nunca isolada. Exemplo disso é o disposto no art. 45, que estabelece medidas específicas de proteção que poderão ser adotadas pelo Ministério Público e que dependerão do auxílio de profissionais das áreas da saúde e assistência social. Outro exemplo é da interface entre os incisos VII e X deste artigo.

X – *referendar transações envolvendo interesses e direitos dos idosos previstos nesta Lei.*

Este é mais um dispositivo a reforçar o importante papel ministerial na efetivação dos direitos da pessoa idosa porque encurta caminhos, já que, por força do art. 784, IV, do novo CPC (art. 585, II, do CPC/1973), o instrumento de transação homologado pelo *Parquet* vale como título executivo extrajudicial, permitindo a execução judicial direta, dispensando o demorado processo de conhecimento.

Em contrapartida, a força executiva desse "referendo" exige redobrado cuidado do membro do Ministério Público ao analisar se todas as cláusulas e condições da transação atendem ao interesse do idoso diretamente envolvido e se não estão em discussão direitos indisponíveis que não admitem transação quanto ao fundo do direito, embora em alguns casos se admita a inércia no seu exercício, sendo exemplo comum o direito aos alimentos, que é irrenunciável, embora se permita ao credor não exercê-lo (art. 1.707 do Código Civil).

Essa prerrogativa ministerial não é novidade no âmbito do estatuto, porque o art. 13 prevê a possibilidade de transação sobre alimentos em favor da pessoa idosa perante o Promotor de Justiça ou Defensor Público.

> § 1º *A legitimação do Ministério Público para as ações cíveis previstas neste artigo não impede a de terceiros, nas mesmas hipóteses, segundo dispuser a lei.*

Importante e salutar previsão que exclui a exclusividade ministerial para o exercício do direito de ação cível que pode ser manejada por terceiros, como a Defensoria Pública, o curador do idoso. Tamanha é a cautela do legislador em proteger a pessoa idosa que não teria sentido atribuir imensa responsabilidade a apenas uma instituição. É a denominada legitimação concorrente e disjuntiva que irá permitir, conforme o caso, a formação de litisconsorte facultativo.

Se o Ministério Público não for o autor da ação, deverá nela atuar, obrigatoriamente e sob pena de nulidade, como fiscal da lei ou da ordem jurídica (*custos legis*), na forma do art. 75.

> § 2º *As atribuições constantes deste artigo não excluem outras, desde que compatíveis com a finalidade e atribuições do Ministério Público.*

A dicção deste artigo remete ao caráter meramente exemplificativo das atribuições do Ministério Público na defesa da pessoa idosa previstas neste estatuto, ressalvando a possibilidade de atuação sempre que satisfeitas as exigências constitucionais previstas nos arts. 127 e 129 e nas demais disposições estampadas em legislação infraconstitucional. Também dá flexibilidade ao dispositivo em face de avanços futuros que justifiquem a atuação ministerial, como deve ocorrer se aprovada Convenção sobre os direitos dos idosos em discussão na ONU.

> § 3º *O representante do Ministério Público, no exercício de suas funções, terá livre acesso a toda entidade de atendimento ao idoso.*

Como já destacado, o estatuto incumbe ao *Parquet* (arts. 52 e 74, VIII) a tarefa de fiscalização das entidades de atendimento ao idoso de que tratam os arts. 48 a 51, tarefa compartilhada com os Conselhos do idoso (estaduais e municipais), Vigilância Sanitária e outros órgãos previstos em lei.

Sob o manto da teoria dos poderes implícitos[214], para bem desincumbir-se desse múnus, deve o membro do *Parquet* ter livre trânsito em referidos estabelecimentos, sem precisar comunicar com antecedência (providência, aliás, desaconselhada, para evitar que seja maquiada a situação real existente) e em qualquer horário, inclusive fora do expediente forense quando for de extrema necessidade ou se houver notícia da prática de crime contra idoso. Está dispensado de apresentar qualquer ordem judicial ou administrativa, mas a boa praxe recomenda, para aqueles locais já conhecidos e que prestam bons serviços, nos quais a visita será rotineira e de acompanhamento, que a entidade seja comunicada com antecedência e se evite horários inconvenientes, como das refeições, atividades lúdicas, banhos etc.

Constitui crime previsto no art. 109 "impedir ou embaraçar ato do representante do Ministério Público ou de qualquer outro agente fiscalizador".

Como o preço da liberdade é a eterna vigilância, esse acesso irrestrito vem acompanhado de perto da responsabilização civil, penal e administrativa (funcional, apurável pelo órgão censor respectivo) do membro do *Parquet* que abusar de tal prerrogativa, que deve apenas ser usufruída "no exercício de suas funções".

Art. 75. *Nos processos e procedimentos em que não for parte, atuará obrigatoriamente o Ministério Público na defesa dos direitos e interesses de que cuida esta Lei, hipóteses em que terá vista dos autos depois das partes, podendo juntar documentos, requerer diligências e produção de outras provas, usando os recursos cabíveis.*

Logo após a entrada em vigor do estatuto muito se discutiu sobre a necessidade ou não da intervenção do *Parquet* em todas as ações envolvendo

---

[214] Como destacamos anteriormente em nota ao tratar do poder de investigação ministerial criminal, na essência essa teoria afirma que, em decorrência de a Constituição atribuir uma competência expressa a determinado órgão, estaria também atribuindo, na forma de poderes implícitos, a esse mesmo órgão estatal os meios necessários à integral realização de tais fins que lhe foram outorgados, ficando apenas sujeitas às proibições e aos limites constitucionais.

pessoa idosa, tendo algumas vozes insistido na intervenção incondicionada (TJRO, Ap. Cív. 100.002.000766-3, tratando de execução de hipoteca, direito patrimonial disponível).

Com o tempo a doutrina e a jurisprudência amadureceram o entendimento de que tal intervenção só pode ocorrer naqueles casos previstos no estatuto em que o idoso se encontre em situação de risco ou na tutela coletiva (no sentido amplo), uma vez que não se pode concluir *a priori* a incapacidade permanente da pessoa idosa que justifique a necessidade da intervenção protetiva do Ministério Público sempre e incondicionalmente.

Este tem sido o entendimento atual, como se destaca:

RECURSO ESPECIAL. AÇÃO CIVIL PÚBLICA. PREVIDENCIÁRIO. ILEGITIMIDADE DO MINISTÉRIO PÚBLICO. ASSISTÊNCIA SOCIAL. PORTADOR DE DEFICIÊNCIA. BENEFÍCIO DE PRESTAÇÃO CONTINUADA. RENDA FAMILIAR. O Ministério Público não tem legitimidade para ajuizar ação civil pública relativa a benefício previdenciário, uma vez que se trata de interesse individual disponível. Notadamente, o Texto Constitucional de 88 dá uma dimensão sem precedentes ao Ministério Público, entretanto, convenço-me também de sua ilegitimidade para propor Ação Civil Pública nas hipóteses de benefícios previdenciários, uma vez que, a bem da verdade, trata-se de direitos individuais disponíveis que podem ser renunciados por seu titular e porque não se enquadram na hipótese de relação de consumo, uma vez que consumidor é toda pessoa física ou jurídica que adquire ou utiliza produto ou serviço como destinatário final, em que não se amolda a situação aqui enfrentada. Recurso especial do Instituto Nacional do Seguro Social – INSS provido. Recurso especial da União prejudicado (STJ, REsp 502.744/SC, 5ª T., Rel. Min. José Arnaldo da Fonseca, julgamento em 12-4-2005, *DJ* 25-4-2005).

INTERESSE PROCESSUAL. Ministério Público. Pretenso reconhecimento de nulidade do processo, ante a não intervenção do *Parquet* em ação anulatória de deliberações tomadas em assembleia geral extraordinária convocada para votação de novo estatuto social e prorrogação de mandato de diretoria de clube recreativo. Inaplicabilidade, na hipótese, das disposições do art. 74, II, do Estatuto do Idoso, por não versar a causa alimentos, interdição ou direito de idosos em situação de risco. Eiva processual não evidenciada. Preliminar rejeitada (TJSP, Ap. Cível 404.845-4/6-00, 1ª Câm. de Direito Privado, Rel. Erbetta Filho, julgamento em 13-12-2005).

Ação de despejo c/c cobrança de aluguéis e acessórios da locação julgada procedente. Fiador com 75 anos de idade que requer a remessa dos autos ao Ministério Público, com fundamento no Artigo 75 da Lei n. 10.741/03 (Estatuto do Idoso), por entender tratar-se de caso de intervenção obrigatória. Decisão que revoga parcialmente despacho anterior, determinando a imediata remessa dos autos ao Tribunal após a apresentação de contrarrazões, ao entendimento de que a atuação do *parquet* está circunscrita a interesses difusos e não a todo e qualquer interesse individual. Agravo de Instrumento. Decisão agravada que se coaduna com a jurisprudência amplamente majoritária nesta Corte. Recurso manifestamente improcedente. Seguimento negado (TJRJ, AI 2007.002.10498, 5ª Câm. Cível, Rel. Des. Roberto Wider, julgamento em 27-4-2007).

AGRAVO DE INSTRUMENTO. EXCEÇÃO DE PRÉ-EXECUTIVIDADE. TESES DE NULIDADE DO TÍTULO EXECUTIVO, HIPOSSUFICIÊNCIA TÉCNICA DOS DOIS AGRAVANTES IDOSOS; E APLICAÇÃO DA EQUIDADE NÃO CONHECIDAS. A peça recursal deve impugnar de forma específica os fundamentos da r. sentença recorrida. Desrespeito ao art. 524, inc. II, do CPC. RECURSO NÃO CONHECIDO NESTES PONTOS. AGRAVO DE INSTRUMENTO. EXCEÇÃO DE PRÉ-EXECUTIVIDADE. AGRAVANTES IDOSOS. DESNECESSIDADE DE INTERVENÇÃO DO MP. Não há que se falar em intervenção no caso vertente, na medida em que não estão presentes quaisquer das hipóteses elencadas no art. 74, do Estatuto do Idoso, mormente tendo em vista que não há prova nos autos no sentido de que os Agravantes estejam em situação de risco, ensejadora da proteção. RECURSO IMPROVIDO NESTE PONTO. AGRAVO DE INSTRUMENTO. EXCEÇÃO DE PRÉ-EXECUTIVIDADE. Multa por ato atentatório à dignidade da justiça. Não restou demonstrado nos autos que os Agravantes se opuseram, maliciosamente, à execução, empregando ardis e meios artificiosos (CPC, art. 600, inc. II). RECURSO PROVIDO NESTE PONTO. DECISÃO PARCIALMENTE REFORMADA. RECURSO PARCIALMENTE PROVIDO NA PARTE CONHECIDA (TJSP, AI 990101855976, 37ª Câm. de Direito Privado, julgamento em 16-9-2010).

O STF assim também se posicionou no Agravo em Recurso Extraordinário (ARE 809.245, Rel. Min. Gilmar Mendes, *DJ*e 8-5-2014), de onde se extrai, naquilo que interessa:

> Decisão: Trata-se de agravo contra decisão de inadmissibilidade de recurso extraordinário em face de acórdão assim ementado: "Ação revogatória de Doação – Preliminar de nulidade por ausência de intervenção do

Ministério Público nos termos da Lei 10.741/03 – Hipótese obrigatória apenas quando em discussão direito de idoso em situação de risco – Inteligência do inciso II, do art. 74 do Estatuto do Idoso – Não Configuração – Preliminar afastada – Ingratidão não configurada – Não demonstração de calúnia ou injúria grave – Sentença mantida – Recurso improvido". (DOC 9, p. 18). No recurso extraordinário, interposto com fundamento no art. 102, inciso III, alínea *a*, da Constituição Federal, sustenta-se violação dos artigos 1º, III; 5º, X, XXII e LV; 19, II; 22, I, 93, IX; e 230 do texto constitucional. Aponta-se que, em virtude da ingratidão dos recorridos, deve ser revogado o ato de doação pura e simples. É o relatório. Decido. A irresignação não merece prosperar [...] Ante o exposto, conheço do presente agravo para negar-lhe provimento (art. 544, § 4º, II, *a*, do CPC).

Portanto, será uma avaliação a ser feita caso a caso.

Nessa atuação fiscalizatória ontologicamente o membro do Ministério Público não está vinculado à defesa incondicional do idoso, podendo manifestar-se contrariamente à sua postulação quando assim se convencer seja de direito. Entendemos, apenas, que não deve o Ministério Público empenhar-se em produzir prova contra o idoso.

A parte final do dispositivo (ter vista após as partes, podendo juntar documentos) é repetição da regra processual civil já consagrada (art. 83).

Art. 76. *A intimação do Ministério Público, em qualquer caso, será feita pessoalmente.*

Esta regra não é novidade em nossa sistemática processual, tanto civil (art. 180, *caput*, do novo CPC e do CPC de 1973, o art. 236, § 2º) como criminal (art. 370, § 4º) além de constar, expressamente, das leis orgânicas (n. 8.625/93 – art. 41, IV – e n. 75/93 – art. 18, II, *h*).

Portanto, sempre que o Ministério Público integrar a lide, seja na posição que for, terá direito de ser intimado pessoalmente, através da entrega dos autos para manifestação.

Embora prevalecesse no passado o entendimento de que a intimação operava-se a partir da aposição do "ciente" pelo membro do *Parquet*, atualmente o STF e o STJ consideram como termo *a quo* o ingresso dos autos no setor administrativo do Ministério Público. Nesse sentido: STF, HC 83.255/SP, Rel. Min. Marco Aurélio, julgamento em 5-11-2003; e STJ, CC 628.621/DR, Rel. Min. Carlos Alberto Menezes Direito.

Art. 77. *A falta de intervenção do Ministério Público acarreta a nulidade do feito, que será declarada de ofício pelo juiz ou a requerimento de qualquer interessado.*

O que acarreta a nulidade é a falta de intimação e não a falta de efetiva manifestação (STJ, *RP* 70/272, *RSTJ* 43/227).

Não há unanimidade sobre as consequências da não intervenção: a) para alguns, a falta de intervenção causa nulidade insanável (*RTJ* 72/267; *RJTJSP* 99/234; *Lex-JTA* 97/150, *RT* 630/173, 598/216, entre outras), não se convalidando com a posterior intervenção (*RTJ* 72/267; *RT* 496/92); b) para outros, em maioria, a nulidade só ocorrerá se houver prejuízo – *pas de nullité sans grief* (STJ, 4ª T., REsp 5.469, Rel. Min. Sálvio Figueiredo; AI 423.253-Ag.Reg, 3ª T., Rel. Min. Aldir Passarinho; REsp 26.898-2-EDcl, Min. Dias Trindade; REsp 449.407-EDcl., 2ª T., Rel. Min. Mauro Campbell; REsp 915.539-AgRg, 6ª T., Rel. Min. Maria Thereza); c) para outros, ainda, a falta de intervenção do MP em primeiro grau de jurisdição pode ser suprida pela intervenção da Procuradoria de Justiça perante o Colegiado de segundo grau, quando analisar o mérito da causa e não arguir nulidade ou prejuízo (STJ, REsp 2.903, Rel. Min. Athos Carneiro; REsp 5.469, Rel. Min. Sálvio de Figueiredo; *RSTJ* 148/185); e d) por fim, quando a não intervenção for na qualidade de *custos legis*, a nulidade será insanável, não se aplicando o critério do prejuízo (*RJTJSP* 112/363; *Lex-JTA* 109/389; *RJTJ* 114/188; *RT* 636/63; *RT* 586/227).

A nulidade poderá ser reconhecida de ofício, em qualquer momento e grau de jurisdição ou a pedido de qualquer dos interessados, entre os quais o próprio membro do *Parquet* eventualmente não intimado.

Capítulo III

Da proteção judicial dos interesses difusos, coletivos e individuais indisponíveis ou homogêneos*

Art. 78. *As manifestações processuais do representante do Ministério Público deverão ser fundamentadas.*

---

* Por Lauro Luiz Gomes Ribeiro.

Esta previsão está em sintonia com a exigência constitucional do art. 129, § 4º, que remete para o art. 93, aplicável aos magistrados, cujo inciso IX requer a fundamentação de todas as decisões, sob pena de nulidade.

A fundamentação pressupõe motivação e constitui-se em exigência do Estado Democrático de Direito e direito fundamental do cidadão e cidadã. A manifestação deve ser justificada através de exposição clara dos fundamentos jurídicos que a embasam, de forma a permitir a sua correta compreensão pelos interessados e evitar manifestações arbitrárias.

Vale a pena lembrar – já que tem sido muito esquecida ou ignorada – a lição trazida por Gilmar Mendes sobre o princípio da fundamentação das decisões judiciais, também aplicável ao MP, no julgamento do MS 24.268/04.

Destaca o Ministro que as partes têm, entre outros, o direito de ver seus argumentos considerados, o que exige do julgador capacidade, apreensão e isenção de ânimo para contemplar as razões apresentadas. A atenção ao direito da parte não envolve apenas a obrigação de dele tomar conhecimento, mas também a de considerar, de forma séria e detida, as razões apresentadas. Consectário lógico desse dever fundamental é a explicitação do raciocínio elaborado e a motivação da decisão (opção) tomada, é dizer, a justificativa pela qual se manifestou desta ou daquela forma.

A regra veda que o representante do Ministério Público se manifeste com frases do tipo: "manifesto-me assim em razão da peculiaridade do caso"; "acompanho manifestação do autor ou do réu", entre outras. Não se exigem longos arrazoados para questões de menor complexidade, mas deve constar o suficiente para que a parte e o magistrado entendam o caminho adotado e sua motivação fática e jurídica.

Art. 79. *Regem-se pelas disposições desta Lei as ações de responsabilidade por ofensa aos direitos assegurados ao idoso, referentes à omissão ou ao oferecimento insatisfatório de:*

I – acesso às ações e serviços de saúde;

II – atendimento especializado ao idoso portador de deficiência ou com limitação incapacitante;

III – atendimento especializado ao idoso portador de doença infectocontagiosa;

IV – serviço de assistência social visando ao amparo do idoso.

Parágrafo único. *As hipóteses previstas neste artigo não excluem da proteção judicial outros interesses difusos, coletivos, individuais indisponíveis ou homogêneos, próprios do idoso, protegidos em lei.*

O rol de hipóteses é meramente exemplificativo, quando analisado no contexto do estatuto e pela própria dicção de seu parágrafo único.

E para não se atribuir ao dispositivo o caráter de mera repetição de toda a proteção judicial já dispensada ao idoso no corpo do estatuto, uma vez que a lei não deve conter dispositivos inúteis, podemos extrair de uma leitura mais atenta da cabeça do artigo que se trata de hipóteses de ressarcimento de dano causado pela omissão ou oferta irregular, entre outros, de serviços de saúde e assistência social.

Assim entendemos em razão da utilização do vocábulo "responsabilidade". Diz De Plácido e Silva que:

> "responsabilidade", do latim *respondere*, significa a obrigação de satisfazer ou executar o ato jurídico convencionado ou determinado por lei, ou seja, "revela o dever jurídico, em que se coloca a pessoa, seja em virtude de contrato, seja em face de fato ou omissão, que lhe seja imputado, para satisfazer a prestação conveniada ou para suportar as sanções legais que lhe são impostas". E conclui: "Onde quer, portanto que haja a obrigação de fazer, dar, ou não fazer alguma coisa, de ressarcir danos, de suportar sanções legais ou penalidades, há a responsabilidade"[215].

A esta conclusão também se chega se observarmos que os artigos seguintes trazem disciplinamento específico para ações de obrigação de fazer e não fazer (art. 83) e abrem o leque de opções e ações (art. 82).

Essas ações reparatórias podem ser propostas contra o Poder Público (em sentido amplo, abrangendo autarquias, fundações públicas etc.) e contra o particular (por exemplo, hospitais e clínicas) e buscar a satisfação de danos tanto individuais indisponíveis como coletivos, *lato sensu* e sobre os quais tratamos ao comentar o art. 74, I.

Nessa linha de raciocínio e não admitindo o uso indiscriminado do art. 79 em qualquer ação reparatória em que pessoa idosa figure num dos polos da

---

[215] *Vocabulário jurídico*, atualizadores: Nagib Slabi Filho e Priscila Pereira Vasques Gomes, p. 1.218-1.219.

demanda, conferir: TJSP, AI 99002744070, Rel. Adilson de Araújo, julgamento em 23-2-2010; TJRS, Recurso Cível 71.002.648.897, 3ª T. Recursal Cível, Rel. Vivian Cristina Angonese Spengler, julgamento em 24-2-2011.

Havendo prejuízo também causado à coletividade, nada mais justo que esta seja reparada e o valor depositado no Fundo do Idoso, onde houver, ou na falta deste ao Fundo Municipal de Assistência Social, ficando vinculados ao atendimento ao idoso, na forma do art. 84.

A jurisprudência, embora não unânime, tem prestigiado a reparação do dano moral coletivo, como se extrai do seguinte excerto:

> Não é qualquer atentado aos interesses dos consumidores que pode acarretar dano moral difuso, mas aqueles que o fato transgressor seja de razoável significância e desborde os limites da tolerabilidade. Deve ser grave o suficiente para produzir verdadeiros sofrimentos, intranquilidade social e alterações relevantes na ordem extrapatrimonial coletiva (STJ, 3ª T., REsp 1.221.756/RJ, Min. Massami Uyeda, julgamento em 2-2-2012). No mesmo sentido: STJ, 3ª T., REsp 1.291.213/SC, Min. Sidnei Beneti, julgamento em 30-8-2012 e REsp 1.180.078/MG, Rel. Min. Herman Benjamin[216]. Excelente acórdão encontrado na Ap. Cív. 5000029-37.2011.404.7014/PR, TRF-4ª Região, Rel. Carlos Eduardo Thompson Flores Lenz, 3ª T., julgamento em 7-8-2013.

A doutrina é favorável a esta reparação:

> A ideia e o reconhecimento do dano moral coletivo (*lato sensu*), bem como a necessidade da sua reparação, constituem mais uma evolução nos contínuos desdobramentos do sistema da responsabilidade civil, significando a ampliação do dano extrapatrimonial para um conceito não restrito ao mero sofrimento ou à dor pessoal, porém extensivo a toda modificação desvaliosa do espírito coletivo, ou seja, a qualquer ofensa aos valores fundamentais compartilhados pela coletividade, e que refletem o alcance da dignidade dos seus membros.
>
> Nesse passo, faz-se oportuno o registro de José Rubens Morato Leite: "Se a personalidade jurídica pode ser suscetível de dano extrapatrimonial, por que a personalidade em sua acepção difusa não pode ser? a resposta é afirmativa, a partir da desvinculação dos valores morais, que passam

---

[216] Sobre o tema do dano moral coletivo perante o STJ, vale consultar notícia veiculada em 17-6-2012, disponível em: <http://www.stj.gov.br/portal_stj/publicacao/engine. wsp?tmp.area=398&tmp.texto=106083>.

da ligação restrita aos interesses individuais da pessoa física para uma conotação coletiva".

Resta evidente, com efeito, que, toda vez em que se vislumbrar o ferimento a interesse moral (extrapatrimonial) de uma coletividade, configurar-se-á dano passível de reparação, tendo em vista o abalo, a repulsa, a indignação ou mesmo a diminuição da estima, inflingidos e apreendidos em dimensão coletiva (por todos os membros), entre outros efeitos lesivos. Nesse passo, é imperioso que se apresente o dano como injusto e de real significância, usurpando a esfera de proteção à coletividade, em detrimento dos valores (interesses) fundamentais do seu acervo.

[...]

Hugo Nigro Mazzilli evidencia a possibilidade de responsabilização por danos morais e patrimoniais causados a quaisquer valores transindividuais, e Pedro da Silva Dinamarco aduz que, modernamente, começa-se a admitir a ocorrência de dano moral coletivo, ou seja, causado a toda uma parcela da sociedade, sem um titular individualizado.

[...]

Pode-se dizer, assim, que no interregno verificado entre a data da vigência da referida Lei n. 7.347/85 (LACP) e a Constituição Federal (1988), a possibilidade de tutela ao dano moral coletivo, por via da ação civil pública, era restrita à lesão impingida ao meio ambiente, ao consumidor e ao patrimônio cultural (bens e direitos de valor artístico, estético, histórico, turístico e paisagístico). Entretanto, com a nova ordem constitucional, de acordo com o mencionado art. 129, inciso III (ressaltada a iniciativa qualificada do Ministério Público, sem exclusão de outras entidades legitimadas – art. 5º da LACP), a proteção foi aberta, repise-se, a qualquer interesse coletivo ou difuso, eliminando-se a restrição antes imposta.

[...]

Somente em 1994, com a Lei antitruste (Lei n. 8.884/94, art. 88), é que veio a ser alterado o *caput* do art. 1º da Lei da ação civil pública, incluindo-se as expressões "danos morais" e "patrimoniais" para o alcance daquelas demandas, optando o legislador ordinário por explicitar a natureza do dano – mesmo que não se fizesse necessário à compreensão do alcance do termo genérico –, expungindo de vez qualquer estorvo doutrinário ou jurisprudencial, porventura ainda recalcitrante, o que pertine à tutela legal em face do dano moral coletivo, nos campos substancial e processual.

[...]

Há de ser realçada, ademais, a disposição do art. 83 da mencionada Lei antitruste (Lei n. 8.884/94), determinando a aplicação subsidiária aos processos judiciais correspondentes ao tema de que trata (infrações à ordem econômica), das normas constantes da Lei da ação civil pública (Lei n. 7.347/85) e do Código de Defesa do Consumidor (Lei n. 8.078/90), o que constitui clara evidência da amplitude e da coerência do sistema de tutela dos interesses coletivos (materiais e morais).

[...]

No que respeita, pois, às hipóteses de ocorrência de dano moral coletivo, fácil é concluir, diante do que já foi mencionado, que são amplas não circunscritas às áreas nas quais se detecta a sua configuração. Em maior intensidade tem-se observado, certamente em face da repercussão social mais facilmente apreendida, a sua presença em situações de lesão ao meio ambiente; ao direito dos consumidores; ao patrimônio público e cultural; à moralidade pública; à ordem econômica e à economia popular; ao direito de classes, categorias ou grupos de trabalhadores; ao direito de crianças e adolescentes; ao cânone constitucional da não discriminação em relação ao gênero, à ração, à religião, à idade, ao estado de saúde ou condição física ou mental[217].

Quanto à prova do dano moral, o E. Superior Tribunal de Justiça assim se pronunciou:

[...] Na concepção moderna da reparação do dano moral prevalece a orientação de que a responsabilização do agente se opera por força do simples fato da violação, de modo a tornar-se desnecessária a prova do prejuízo em concreto (STJ, REsp 331.517/GO, 4ªT., Rel. Min. Cesar Asfor Rocha, julgamento em 27-11-2001).

Como já se decidiu o critério recomendável para a fixação do dano moral deve ser: o arbitramento seja feito caso a caso e com moderação, proporcionalmente ao grau de culpa, ao nível socioeconômico dos autores, e, ainda, ao porte da empresa recorrida, orientando-se o juiz pelos critérios sugeridos pela doutrina e jurisprudência, com razoabilidade, valendo-se de sua experiência e bom senso, atento à realidade da vida e às peculiaridades de cada caso, de modo a que, de um lado, não haja enriquecimento sem causa de quem recebe a indenização e, de outro

---

[217] MEDEIROS NETO, Xisto Tiago de. *Dano moral coletivo.*

lado, haja efetiva compensação pelos danos morais experimentados por aquele que fora lesado (STJ, REsp 1.374.284/MG, Rel. Min. Luis Felipe Salomão, julgamento em 27-8-2014).

O intuito do legislador foi enfatizar a proteção dada a alguns direitos que são relevantes para garantir uma sadia qualidade de vida ao idoso, o que passa, necessariamente, por boa condição de saúde bem ainda assistência e satisfação às suas necessidades básicas.

Antevendo uma maior necessidade ao idoso com deficiência (o legislador foi infeliz ao manter a terminologia "portador", abandonada pelos textos mais modernos) e àquele com limitação incapacitante, devemos entender que se encontra nessa condição aquele que tenha uma limitação, mas que não se enquadre na noção de pessoa com deficiência trazida pela Convenção sobre os Direitos da Pessoa com Deficiência da ONU (art. 1º), que foi incorporada em nosso ordenamento jurídico pelo Decreto Legislativo n. 186/2008 e reforçada pelo art. 4º do Decreto n. 3.298/99. Podemos exemplificar com o idoso obeso, com mobilidade reduzida ou perda de algum dos sentidos decorrente do próprio envelhecimento e que resulte em restrições à sua plena capacidade física ou sensorial.

Cônscio das barreiras invisíveis do preconceito, o legislador quis deixar expressa a possibilidade de ampla reparação, seja no âmbito que for: de saúde, transporte, assistência social, educação etc.

Da mesma forma é a previsão do inciso III e que nos remete, infelizmente, à condição de exclusão do idoso portador de HIV, é dizer, para dois grupos mais vulneráveis (idoso com deficiência e com doença infectocontagiosa) quis o legislador chamar a atenção sobre a responsabilidade daquele que se omitir ou agir insatisfatoriamente em relação a eles.

Art. 80. *As ações previstas neste Capítulo serão propostas no foro do domicílio do idoso, cujo juízo terá competência absoluta para processar a causa, ressalvada a competência da Justiça Federal e a competência originária dos Tribunais Superiores.*

Por esta disposição e sob a perspectiva da proteção integral, as ações para tutela dos interesses difusos, coletivos, individuais homogêneos e individuais indisponíveis da pessoa idosa serão propostas, obrigatoriamente, no foro do domicílio desta, exceto as demandas que devam processar-se perante a Justiça Federal (art. 109 da CF/88) e originariamente perante os Tribunais Superiores (arts. 102, 105, 108). É uma forma de facilitar o acesso do idoso à justiça, embora, em algumas situações, poderá lhe ser prejudicial por não facultar a escolha de outro foro (por exemplo, do local do dano, com maior proximidade das provas, como ocorre na Lei da Ação Civil Pública – Lei n. 7.347/85, art. 2º), uma vez que se trata de competência absoluta.

As exceções se justificam porque estão previstas no texto constitucional, não admitindo ataque ou contradição, risco de inconstitucionalidade.

Tratando-se de competência absoluta, em regra pautada no interesse público, não irá admitir prorrogação ou modificação do juízo previamente estabelecido por interesse ou convenção das partes. A incompetência absoluta deve ser reconhecida de ofício, em qualquer grau de jurisdição e pode ser alegada diretamente, independentemente de exceção, a qualquer tempo e por qualquer das partes (art. 64, § 1º, do novo CPC).

Ressalva-se a impossibilidade de arguição da incompetência do juízo após o trânsito em julgado da decisão ali proferida, de forma que não pode ser suscitada em sede de execução de sentença[218]. Eventual nulidade deve ser tratada por meio de ação rescisória, observado o prazo bienal (art. 966, II, c/c art. 975 do novo CPC).

Em caso de ação voltada a discutir direito individual disponível, valerá a regra geral processual civil (arts. 42 a 52 do novel CPC).

Art. 81. *Para as ações cíveis fundadas em interesses difusos, coletivos, individuais indisponíveis ou homogêneos, consideram-se legitimados, concorrentemente:*

I – o Ministério Público;

II – a União, os Estados, o Distrito Federal e os Municípios;

III – a Ordem dos Advogados do Brasil;

IV – as associações legalmente constituídas há pelo menos 1 (um) ano e que incluam entre os fins institucionais a defesa dos interesses e direitos da pessoa idosa, dispensada a autorização da assembleia, se houver prévia autorização estatutária.

---

[218] Cf. *RSTJ* 63/303; STJ, REsp 114.568, 1ª T., Min. Gomes de Barros, julgamento em 23-6-1998; STJ, REsp 6.176-AgReg., 3ª T., Rel. Min. Dias Trindade, julgamento em 12-3-1991; STJ, REsp 169.002/RS, 5ª T., Rel. Min José Armando da Fonseca, julgamento em 3-8-1999.

ART. 81 261

Este dispositivo segue, em boa parte, a regra prevista no art. 5º da Lei da Ação Civil Pública.

Foi aprimorada para incluir, expressamente, a possibilidade de tutela dos interesses individuais indisponíveis, reconhecer a legitimidade da OAB e por consignar que a associação legalmente constituída há pelo menos um ano e que tenha como propósito institucional a defesa dos direitos e interesses da pessoa idosa (é a representatividade adequada, que requer dois requisitos: pertinência temática e pré-constituição a pelo menos um ano) dispensa a autorização assemblear, se houver prévia autorização em seus estatutos.

Sobre a vocação natural do Ministério Público para a tutela dos interesses difusos, coletivos, individuais homogêneos e individuais indisponíveis tratados neste artigo bem ainda a respeito do significado deles, remetemos o leitor ao que dissemos no comentário ao art. 74, I, evitando repetição desnecessária.

Quando o *Parquet* não for autor da ação, necessariamente deverá participar como *custos legis*, na forma do art. 75 deste Estatuto, pena de nulidade, isso em razão da relevância atribuída à ação civil pública e do propósito de evitar conluios entre partes ou mesmo que uma parte, por ser mais poderosa, exerça este poder sobre a outra.

Como não poderia deixar de ser, o legislador novamente não atribuiu exclusividade ao *Parquet* em razão da relevância dos interesses protegidos e que exigem um leque de legitimados.

A Ordem dos Advogados do Brasil, sendo uma autarquia federal especial, corretamente foi incluída neste rol, já que tem como finalidade a defesa da Constituição, da ordem jurídica, do Estado democrático de Direito, dos direitos humanos, da justiça social e da boa aplicação das leis, da rápida administração da Justiça e do aprimoramento da cultura e das instituições jurídicas. Sendo assim, quando zela pelos interesses sociais mais relevantes, como é o caso da tutela da pessoa idosa e do respeito aos direitos fundamentais de toda uma coletividade, age de acordo com seu propósito institucional, justificando a legitimação aqui atribuída.

Para as associações, apesar de não contemplado no estatuto, entendemos ser possível a dispensa da prévia constituição, quando haja interesse social evidenciado pela dimensão ou característica do dano, ou pela relevância do bem jurídico a ser protegido de que trata o § 4º do art. 5º da Lei da Ação Civil Pública (Lei n. 7.347/85), porque é previsão compatível com as disposições do estatuto na medida em que oferece uma maior amplitude às possibilidades de proteção integral dos direitos dos idosos, incidindo, portanto, o permissivo estatutário do art. 93.

A esse rol de legitimados ativos devem ser acrescentadas as "entidades e órgãos da administração pública, direta ou indireta, ainda que sem personalidade jurídica, especificamente destinada à defesa dos interesses e direitos protegidos por este Código" (art. 82, III, do CDC, aplicável por força do art. 21 da Lei da Ação Civil Pública, do art. 90 do CDC e do art. 93 do estatuto) e nos referimos, por exemplo, aos Procons ou órgãos equivalentes, que poderão ter uma atuação importante na defesa da pessoa idosa. Dependem eles de autorização da autoridade administrativa competente para poder atuar.

Também se deve reconhecer a legitimidade dos sindicatos regularmente constituídos, cuja vocação constitucional é a defesa judicial dos direitos e interesses coletivos e individuais da categoria que represente (CF, arts. 5º, LXX, e 8º, III)[219].

Por fim, deve-se acrescentar a Defensoria Pública, legitimada que está pelo art. 82, III, do Código de Defesa do Consumidor (aplicável por força do art. 93, que remete para a Lei n. 7.347/85, que, por sua vez, manda aplicar, no que couber, o disposto no Título III do CDC e que envolve os arts. 81 a 104) e reafirmada pela Lei n. 11.448/2007.

Como observa Herman Benjamin, trata-se de inegável acréscimo ao rol dos legitimados ativos para tutela coletiva, uma vez que sua atuação em prol dos necessitados revela o perfil garantidor do acesso à Justiça expresso em nossa Carta Política[220].

Discute-se na doutrina e na jurisprudência o alcance dessa legitimação: se se limita à defesa do necessitado (pessoas individualizáveis ou identificáveis)[221] ou de um grupo indeterminável de pessoas.

Antes mesmo do advento da Lei n. 11.448/2007, a Defensoria Pública do Rio de Janeiro valeu-se do permissivo do art. 82, III, do CDC para através de um de seus órgãos – o Núcleo de Defesa do Consumidor – ajuizar ações coletivas.

---

[219] Nesse sentido, cf. Hugo Mazzilli: "Assim, detêm hoje legitimação para a defesa judicial não só dos interesses individuais, mas dos interesses coletivos, em sentido lato, de toda a categoria. Nesse sentido já se admitiu, com acerto, possa o sindicato, como substituto processual, buscar em juízo a reposição de diferenças salariais, em favor da categoria que represente" (*A defesa dos interesses difusos em juízo*, cit., p. 354).

[220] *Comentários ao Código de Defesa do Consumidor*, cit., p. 1.573.

[221] A Conamp ingressou com ADIn 3.943/DF, justamente impugnando a legitimidade ampla da Defensoria Pública, e a ação foi julgada improcedente pelo STF.

No julgamento da ADIn 3.943/DF proposta pela Conamp, seguindo o voto da relatora, Ministra Cármen Lúcia, entendeu-se que o aumento de atribuições da instituição amplia o acesso à Justiça e é perfeitamente compatível com a Lei Complementar n. 132/2009 e com as alterações à Constituição Federal promovidas pela Emenda Constitucional n. 80/2014, que estenderam as atribuições da Defensoria Pública e incluíram a de propor ação civil pública.

A relatora argumentou que não há qualquer vedação constitucional para a proposição desse tipo de ação pela Defensoria nem norma que atribua ao Ministério Público prerrogativa exclusiva para ajuizar ações de proteção de direitos coletivos. Segundo a ministra, a ausência de conflitos de ordem subjetiva decorrente da atuação das instituições, igualmente essenciais à Justiça, demonstra inexistir prejuízo institucional para o Ministério Público: "Inexiste nos autos comprovação de afetar essa legitimação, concorrente e autônoma da Defensoria Pública, às atribuições do Ministério Público, ao qual cabe promover, privativamente, ação penal pública, na forma da lei, mas não se tem esse ditame no que diz respeito à ação civil pública".

A ilustre relatora salientou, ainda, que, além de constitucional, a inclusão taxativa da defesa dos direitos coletivos no rol de atribuições da Defensoria Pública é coerente com as novas tendências e crescentes demandas sociais de garantir e ampliar os instrumentos de acesso à Justiça. Em seu entendimento, não é de interesse da sociedade limitar a tutela dos hipossuficientes. Lembrou que o STF tem atuado para garantir à Defensoria papel de relevância como instituição permanente essencial à função jurisdicional do Estado.

Destacou ela: "A ninguém comprometido com a construção e densificação das normas que compõem o sistema constitucional do Estado democrático de direito interessa alijar aqueles que, às vezes, têm no Judiciário sua última esperança, pela impossibilidade de ter acesso por meio dessas ações coletivas", ao evidenciar a possibilidade, por meio de uma ação coletiva, evitar centenas de ações individuais.

Por fim, a ministra enfatizou a importância da ampliação dos legitimados aptos a propor ação para defender a coletividade. Segundo ela, em um país marcado por inegáveis diferenças e por concentração de renda, uma das grandes barreiras para a implementação da democracia e da cidadania ainda é o acesso à Justiça. Enfatizou: "O dever estatal de promover políticas públicas tendentes a reduzir ou suprimir essas enormes diferenças passa pela operacionalização dos instrumentos que atendam com eficiência a necessidade de seus cidadãos". O entendimento da relatora foi seguido por unanimidade no Plenário.

Na doutrina, para aqueles que defendem a legitimação ampla, e citamos Hugo Mazzilli (*A defesa dos interesses difusos em juízo*, 26. ed., p. 334-336), Fredie Didier Jr. e Leonardo José Carneiro da Cunha (*Comentários à Constituição do Brasil*, J. J. Gomes Canotilho, Gilmar Ferreira Mendes, Ingo Wolfgang Sarlet, Lenio Luiz Streck e Léo Ferreira Leoncy (Coords.), p. 1.557-1.559), tal hipótese retrata perfeitamente o papel reservado pela Constituição a essa instituição (art. 134), qual seja de instituição essencial à função jurisdicional do Estado, incumbida da orientação jurídica, da promoção dos direitos humanos e da defesa, em todos os graus, judicial e extrajudicial, dos direitos individuais e coletivos, de forma integral e gratuita, aos necessitados assim definidos no art. 5º, LXXIV, da CF/88[222].

Seria um contrassenso até mesmo com o propósito do microssistema de tutela coletiva e da ação civil pública obrigar o ajuizamento de inúmeras ações para tutelas individuais de necessitados em vez de uma ação coletiva.

Em síntese, para esses autores, a Defensoria Pública está legitimada para a tutela dos interesses difusos, coletivos ou individuais homogêneos (e acrescentamos, pelas mesmas razões, os direitos indisponíveis previstos no estatuto) de pessoas necessitadas, mesmo que em matéria de tutela difusa venha a beneficiar, indiretamente, terceiras pessoas que não estariam nessa condição de hipossuficiência econômica.

Apenas para a tutela de interesses coletivos em sentido estrito e individuais homogêneos é necessário que todos os beneficiados (grupo identificável de prejudicados) sejam pessoas necessitadas.

Nesse sentido: STJ, REsp 555.111/RJ, 3ª T., Rel. Min. Castro Filho, julgamento em 5-9-2006; STJ, REsp 912.849/RS, 1ª T., Rel. Min. José Delgado, julgamento em 26-2-2008; TJMG, Ap. 1.0024.09.701231-4/001, 7ª Câm. Cível.

Além da ADIn 3.943/DF acima referida, aguarda-se outro julgamento pelo STF, que reconheceu Repercussão Geral no Recurso Extraordinário com Agravo 690.838/MG, Rel. Min. Dias Toffoli.

Em razão da natureza concorrente e disjuntiva da legitimação, o que significa não exclusividade de qualquer deles e desnecessidade de autorização de cada qual para agir, poderá haver litisconsórcio entre os colegitimados para a propositura de ações civis públicas ou ações coletivas desde que haja comunhão de interesses na interposição da ação, seguindo-se as regras processuais civis.

---

[222] Lei Complementar n. 80/94, art. 1º.

§ 1º Admitir-se-á litisconsórcio facultativo entre os Ministérios Públicos da União e dos Estados na defesa dos interesses e direitos de que cuida esta Lei.

Houve discussão doutrinária e jurisprudencial com o advento do Código de Defesa do Consumidor diante do veto presidencial aos arts. 82, § 3º, e 92, parágrafo único, que tratavam do litisconsórcio.

Ocorre que, tal como se entendeu prevalentemente, esse veto foi inócuo porque não atingiu o § 5º do art. 5º da Lei da Ação Civil Pública, que tem a mesma disposição permissiva do litisconsórcio entre Ministérios Públicos.

Nesse sentido decidiu o STJ ao apreciar o REsp 382.659/RS, relatado pelo Ministro Humberto de Barros, ao afirmar que o litisconsórcio facultativo é instrumento de economia processual que sempre será possível quando presentes as circunstâncias previstas no art. 46 do CPC, máxime para o Ministério Público, que, sendo órgão uno e indivisível, deve ter sempre estimulada e não inibida a atuação conjunta.

Em sentido contrário, negando essa possibilidade quando haja interesse da União que desloque a competência para a Justiça Federal: STJ, REsp 287.389/RJ, Rel. Min. Milton Luiz Pereira, julgamento em 24-9-2002.

§ 2º Em caso de desistência ou abandono da ação por associação legitimada, o Ministério Público ou outro legitimado deverá assumir a titularidade ativa.

Este dispositivo tem nítido caráter protetivo, para evitar conluios ou desídias em prejuízo dos interesses maiores da pessoa idosa.

Ocorre que o vocábulo "deverá" tem que ser entendido *cum grano salis*: para o Ministério Público tem o significado de seu representante analisar a hipótese tratada e a viabilidade ou não do prosseguimento, é dizer, se a desistência foi fundada ou infundada e na segunda hipótese, prosseguir com a demanda, por analogia ao que ocorre com a avaliação da obrigatoriedade ou não do ajuizamento da ação[223]. A doutrina tem se posicionado no sentido de que a

---

[223] Para Hugo Mazzilli, optando o membro do Ministério Público por não prosseguir com a ação, deverá submeter essa decisão ao Conselho Superior do Ministério Público, da mesma forma que assim deve agir quando opta por não ajuizar a ação (op. cit., p. 431).

assunção da titularidade da ação pelo *Parquet* ou outro legitimado vale para a hipótese de desistência infundada de quaisquer dos colegitimados e não só de associação, por uma questão lógica de se atribuir o mesmo tratamento à mesma hipótese e pelas mesmas razões de cunho protetivo, em obediência ao princípio da razoabilidade[224]. Os demais colegitimados também não estão obrigados a prosseguir com ação onde houver desistência, fundada ou não.

> **Art. 82.** *Para defesa dos interesses e direitos protegidos por esta Lei, são admissíveis todas as espécies de ação pertinentes.*

Esta norma, como tantas outras, inspira-se no Estatuto da Criança e do Adolescente (art. 212, *caput*), que, por sua vez, inspirou-se no art. 83 do Código de Defesa do Consumidor, que tem redação bastante parecida.

O sentido do dispositivo é garantir a efetividade da tutela processual de todos os direitos e interesses consagrados no estatuto e deve ser lido em consonância com outras disposições, como do seu art. 83, que traz mecanismo dos mais importantes na efetiva prevenção dos danos ao idoso, qual seja, a antecipação de tutela.

Aplica-se para o microssistema de proteção à pessoa idosa a observação de Herman Benjamin sobre o art. 83 do CDC, quer pela similitude das disposições, quer pela aplicação subsidiária deste estatuto consumerista (art. 93 do Estatuto do Idoso c.c. art. 21 da Lei da Ação Civil Pública):

> O microssistema processual de defesa do consumidor, desse modo, ergue-se sobre dois grandes pilares, quais sejam, o da ampla tutela consagrada pelo art. 83 – permitindo investigar-se em toda a legislação os instrumentos mais adequados a proteção do interesse defendido – ao lado dos novos poderes instrutórios do juiz, estabelecidos no art. 84 e também, com enorme importância na tutela do hipossuficiente, a inversão do ônus da prova prevista no art. 6º, VIII[225].

Como anota Édis Milaré ao comentar o dispositivo do ECA (art. 212):

---

[224] Discute-se, na doutrina, sobre a possibilidade ou não de o *Parquet* desistir da ação civil pública proposta, conforme anota Mazzilli (op. cit., p. 433-436). Filiamo-nos à corrente que a admite, até porque lhe é dado postular pela improcedência, se assim se convencer encerrada a fase probatória.

[225] *Comentários ao Código de Defesa do Consumidor*, cit., p. 1.606.

O dispositivo ora em exame significa, em última análise, que o sistema processual há de ser interpretado de modo a autorizar a conclusão de que nele existe sempre uma ação capaz de propiciar, por um provimento adequado, a tutela efetiva e concreta de todos os direitos materiais[226].

É decorrência do princípio constitucional da proteção judiciária, estampado no art. 5º, XXXV.

Lembra Luiz Guilherme Marinoni que na doutrina de Marshall um Estado cujas leis não outorgam um remédio para a violação dos direitos não pode ser qualificado como um governo de leis, entendimento que influenciou no pensamento constitucional da primeira Constituição.

E mais: "Rui Barbosa, em articulado apresentado ao Supremo Tribunal Federal em 1892 advertiu que,'onde quer que haja um direito individual violado, há de haver um recurso judicial para a debelação da injustiça'"[227].

Esse direito de ação revela-se maior que o simples direito à resolução do mérito ou a uma sentença sobre o mérito; significa o direito a efetiva e real viabilidade de obtenção da tutela do direito material violado ou não realizado.

As transformações por que passaram a sociedade e o Estado e o surgimento da necessidade de tutela efetiva dos direitos fundamentais modificaram a razão de ser das demandas comuns e o próprio conteúdo da tutela jurisdicional, que na atualidade passaram a ter o dever de conceder uma tutela específica que realmente resolva da forma mais abrangente possível o litígio, indo além da simples reparação do dano ou da obrigação inadimplida e da prolação da sentença, para alcançar a execução do julgado que, na prática, encerra o direito de ação (a simples sentença, por si, infelizmente, em nosso país, não tem o condão de ensejar a satisfação voluntária da obrigação imposta na decisão).

Esse propósito fica bem evidenciado no parágrafo único deste artigo, que trata da ilegalidade e abusividade praticadas pelo Poder Público ou quem em seu nome aja e que serão analisadas linhas abaixo.

Não se deve reduzir o dispositivo a apenas ações civis, pois nada impede que dele se extraia o sentido de também incorporar ações penais, conforme o fato e as circunstâncias a serem tutelados, contando com alguns tipos penais

---

[226] CURY, Munir (Coord.). *Estatuto da Criança e do Adolescente comentado*: comentários jurídicos e sociais, p. 1.022.

[227] *Comentários à Constituição do Brasil*, p. 358.

específicos previstos no próprio estatuto (arts. 94 e seguintes), sem prejuízo dos demais previstos na legislação penal geral.

> **Parágrafo único.** Contra atos ilegais ou abusivos de autoridade pública ou agente de pessoa jurídica no exercício de atribuições de Poder Público, que lesem direito líquido e certo previsto nesta Lei, caberá ação mandamental, que se regerá pelas normas da lei do mandado de segurança.

Esta previsão é desnecessária em face da abrangência do *caput* do artigo. Nada acrescenta ao inciso LXIX do art. 5º da CF. Declara caber ação mandamental com as mesmas características, propósitos e regramento procedimental do mandado de segurança convencional, seja ele individual, seja coletivo.

Igual disposição é encontrada no art. 212, § 2º, do ECA, e a ação mandamental coletiva tem sido muito utilizada pela Promotoria de Justiça da área da infância e da juventude no Estado de São Paulo para garantia de vaga em escola (creche, pré-escola e ensino fundamental).

> **Art. 83.** Na ação que tenha por objeto o cumprimento de obrigação de fazer ou não fazer, o juiz concederá a tutela específica da obrigação ou determinará providências que assegurem o resultado prático equivalente ao adimplemento.

Este dispositivo guarda semelhança com a norma do art. 84 do CDC e com a regra estabelecida no art. 536 do novo CPC.

Denota uma grande preocupação do legislador em garantir a efetividade do processo judicial na defesa da pessoa idosa, uma vez que previu várias providências judiciais que poderão ser adotadas com vistas a assegurar o resultado prático equivalente ao cumprimento da obrigação.

Como anota Herman Benjamin ao comentar a disposição do Estatuto Consumerista e que aqui também se aplica aos pequenos, mas necessários ajustes,

> a finalidade do art. 84 é percebida exatamente na possibilidade que indica de obtenção do resultado concreto do interesse do consumidor oponível ao fornecedor. As ações visando ao cumprimento específico da

obrigação de fazer ou não fazer podem cobrir um largo espectro de pretensões do consumidor[228].

Essa ação é condenatória com caráter inibitório. Como ensinam Nelson e Rosa Nery, a tutela inibitória,

destinada a impedir, de forma imediata e definitiva, a violação de um direito, a ação inibitória, positiva (obrigação de fazer) ou negativa (obrigação de não fazer), ou, ainda, para a tutela das obrigações de entrega de coisa (CPC 461-A), é preventiva e tem eficácia mandamental. A sentença inibitória prescinde de posterior e sequencial processo de execução para ser efetivada no mundo fático, pois seus efeitos são de execução *lato sensu* (Nery. Prefácio ao livro de Spadoni. *Ação inibitória*, p. 9). É forma de tutela preventiva (tutela cautelar, tutela antecipada e tutela inibitória) com ela não se confundindo. Seu objetivo é "impedir, de forma direta e principal, a violação do próprio direito material da parte. É providência judicial que veda, de forma definitiva, a prática de ato contrário aos deveres estabelecidos pela ordem jurídica, ou ainda sua continuação ou repetição" (Spadoni, *Ação inibitória*, n. 1.2.3. p. 29/30). A (sic) objetivo da inibitória é evitar que o ilícito corra (sic), prossiga ou se repita (Marinoni, *Tut. inibitória*, n. 3.5, p. 41)[229].

Nesta toada, é possível combinar vários pedidos, sejam de natureza mandamental, como cominatórios, de natureza cautelar e outros.

Nos parágrafos que seguem são elencadas as providências que poderão ser adotadas pelo magistrado para garantir a efetividade da decisão, com a promoção do direito pleiteado na ação.

Essa faculdade atribuída ao julgador denota a preocupação do legislador em assegurar não só a efetividade do direito da pessoa idosa, como também a autoridade do juízo, que pode ter uma função ativa no processo, seguindo tendência atual do direito alienígena.

Dada a relevância da tutela que diz com a proteção da pessoa humana, o estatuto não previu neste artigo, como o faz o mencionado art. 84, § 1º, do CDC, a conversão da obrigação em perdas e danos, mas sim a instrumentalização do julgador, atribuindo-lhe mecanismos de efetivação da medida concedida, com a possibilidade de aplicação, mesmo de ofício, de multa (*astreintes*).

---

[228] *Comentários ao Código de Defesa do Consumidor*, cit., p. 1.611.
[229] *Código de Processo Civil comentado e legislação extravagante*, nota 3 ao art. 461, p. 700.

Ao agente público desidioso no cumprimento da decisão judicial poderá ser atribuída, conforme o caso, a prática dos crimes previstos nos arts. 100, V, e 101 do estatuto, além das sanções previstas no art. 77, IV, do novo CPC e da Lei de Improbidade Administrativa (n. 8.429/92, art. 10 – se der causa, por culpa ou dolo, ao pagamento de multa e com isso causar prejuízo ao erário – ou art. 11 – falta de lealdade às instituições).

Dentro do poder geral de cautela, para alcançar o resultado prático equivalente, poderá o juiz determinar a remoção de pessoas e coisas, a busca e apreensão, impedimento de atividade nociva etc.

§ *1º Sendo relevante o fundamento da demanda e havendo justificado receio de ineficácia do provimento final, é lícito ao juiz conceder a tutela liminarmente ou após justificação prévia, na forma do art. 273 do Código de Processo Civil.*

A remissão ao art. 273 agora corresponde aos arts. 294 a 311 do novo CPC, que tratam da tutela provisória de urgência ou evidência.

A tutela de urgência ocupa maior parte dos dispositivos (do art. 300 a 310) e a tutela de evidência, o art. 312.

O parágrafo único do art. 294 apresenta para a tutela provisória de urgência duas modalidades: a cautelar (acautelar) e antecipada (satisfazer) e a antecedente ou incidente.

A tutela antecipada está tratada nos arts. 305 a 310, e a tutela cautelar, nos arts. 306 a 311.

Seguindo no propósito de garantir a eficácia do provimento judicial, na busca da proteção integral à pessoa idosa, o parágrafo em análise permite a concessão de tutela provisória, antes ou após prévia justificação.

É bom que não se confundam conceitos entre as tutelas de urgência – de natureza provisória, acautelatória ou satisfativa (esta última ainda possível no novo CPC, *a contrario sensu* do que consta no art. 303, segundo Nelson e Rosa Nery (*Comentários ao Código de Processo Civil*, São Paulo, Revista dos Tribunais, 2015, nota 5 ao art. 294)) – com o julgamento antecipado da lide, que tem natureza definitiva.

Nas medidas de urgência (art. 300 do novo CPC) podemos encontrar liminar – decisão concedida no início do processo (*initio litis* ou *in liminis*) – que

ART. 83   271

poderá ter finalidade assecuratória ou antecipatória de alguns dos efeitos práticos da sentença. Poderá ser concedida *inaudita altera pars*, ou seja, sem prévia oitiva da parte contrária[230] se assim o justificar a urgência e a necessidade de se garantir a eficácia da medida ou após justificação prévia.

Diferentemente, pode-se buscar uma tutela de urgência e cautelar através de um regular processo cautelar, autônomo, conforme as regras do CPC.

Inovação do art. 303 do novo CPC diz com a possibilidade de pedido de medida antecipatória, com a descrição suscinta da lide e do direito que se quer resguardar, acrescidos da justificativa de existência de perigo na demora da prestação jurisdicional, tudo em razão da urgência.

Pela dicção do § 1º ora comentado, poderá o juiz (na forma do art. 300 do novo CPC) conceder tutela liminar de natureza cautelar ou antecipar total ou parcialmente os efeitos da tutela pretendida no pedido inicial, satisfeitos os requisitos da probabilidade do direito (*fumus boni juris*)[231] e, ainda, houver fundado perigo de dano[232] ou risco ao resultado útil do processo (*periculum in mora*) ou, ainda, fique caracterizado o abuso de direito de defesa, o manifesto propósito protelatório do réu ou as alegações de fato puderem ser comprovadas apenas documentalmente e houver tese firmada em julgamento de casos repetitivos ou em súmula vinculante (art. 311 do novo CPC).

O art. 296 do novo CPC prevê a possibilidade de a tutela provisória ser revogada ou modificada a qualquer tempo pelo magistrado, em decisão fundamentada (art. 298).

Essa antecipação, por manter sua natureza ontológica no novo CPC, é cabível em toda e qualquer ação de conhecimento, seja de natureza declaratória,

---

[230] A concessão da medida sem ouvir previamente o réu é medida excepcional, justificando-se, por exemplo, "quando a convocação do réu contribuir para a consumação do dano que se busca evitar" (*RT* 764/221).

[231] Decidiu o STJ, sob a égide do antigo CPC (art. 273), embora nos pareça pertinente, que "Não existe a verossimilhança necessária para a concessão de tutela antecipada se a tese que dá suporte ao pedido diverge da orientação jurisprudencial dominante" (3ª T., REsp 613.818, Rel. Min. Nancy Andrighi, julgamento em 10-8-2004).

[232] Para o STJ, entendimento ainda válido sob a égide do antigo CPC, a simples demora na solução da lide não pode, de maneira genérica, ser considerada como caracterizadora da existência de fundado receio de dano irreparável ou de difícil reparação, salvo em situações excepcionalíssimas (REsp 113.368, 1ª T., Rel. Min. José Delgado, julgamento em 7-4-1997).

constitutiva (positiva ou negativa), mandamental ou condenatória, uma vez presentes os requisitos exigidos pelo art. 300[233].

Todavia, conforme o STJ decidiu no REsp 1.178.500, 3ª T., Rel. Min. Nancy Andrighi, julgamento em 4-12-2012, é impossível a concessão de antecipação de tutela de ofício, necessitando de requerimento pela parte interessada.

Da mesma forma, deliberou o STF que "Medida antecipatória, consequentemente, é a que contém providência apta a assumir contornos de definitividade pela simples superveniência da sentença que julgar procedente o pedido" (STF, Pleno, *RTJ* 10/453), é dizer, a decisão que antecipa a tutela não pode ir além da sentença possível, que, por sua vez, está presa e limitada ao pedido inicial formulado.

Embora o dispositivo em análise contenha um sentido amplo, deve-se ter cautela na postulação de antecipação de tutela pelo risco de ao final a ação ser julgada improcedente, obrigando-se a restituição ao *status quo ante*.

Vale citar, nesse sentido, julgado concernente ao fornecimento de medicamentos cujo pedido inicial foi julgado improcedente: "A natureza do bem jurídico, tutelado por antecipação, ou sua irreversibilidade não impedem, por si só, que a parte lesada em seu patrimônio possa pleitear a restituição. Aplicação da regra *neminem laedere* (a ninguém prejudicar) e da vedação ao enriquecimento ilícito" (STJ, REsp 1.078.011, 2ª T., Min. Herman Benjamin, julgamento em 2-9-2010).

Esse pedido pode ser formulado já na petição inicial ou, a qualquer momento, nos próprios autos do processo de conhecimento e na instância recursal.

Discutem-se os limites da proibição de concessão de liminar contra o Poder Público em razão das disposições da Lei n. 8.437/92.

Essa lei veda a concessão de liminar contra o Poder Público sempre que haja vedação legal à concessão de igual providência em mandado de segurança (Lei n. 12.016/2009), o que, para o que interessa no âmbito da tutela do idoso de que ora tratamos, pode significar restrição nos seguintes casos: a) contra decisão judicial da qual caiba recurso com efeito suspensivo; b) se a liminar esgotar, no todo ou em parte, o objeto da ação; e c) antes de se ouvir a Fazenda.

A restrição foi renovada no art. 1.059 do novo CPC: "À tutela provisória requerida contra a Fazenda Pública aplica-se o disposto nos arts. 1º a 4º da Lei

---

[233] Nesse sentido: STJ, MC 4.205-AgRg, 5ª T., Rel. Min. José Arnaldo, julgamento em 18-12-2001.

n. 8.437, de 30 de junho de 1992, e no art. 7º, § 2º, da Lei n. 12.016, de 7 de agosto de 2009"[234].

Entretanto, essas vedações estavam sendo entendidas, sob a égide do CPC de então, *cum grano salis* já que podem representar restrição ao direito constitucional de acesso à justiça (art. 5º, XXXV), entendimento que em nosso modo de ver não se altera com a redação constante do novel estatuto de ritos que em nada inova.

Nessa linha, encontramos os seguintes julgados:

a) admitindo a concessão de antecipação de tutela, em geral:

É perfeitamente possível a concessão de antecipação de tutela contra a Fazenda Pública, exceto quando tenha por objeto o pagamento ou incorporação de vencimentos ou vantagens ao servidor público (STF, *RDA* 222/244).

PROCESSUAL CIVIL. ADMINISTRATIVO. AÇÃO CIVIL PÚBLICA. DESIGNAÇÃO DE DEFENSOR PÚBLICO. ASSISTÊNCIA JUDICIÁRIA ESTATAL (ART. 5º, LXXIV, CF/88). ANTECIPAÇÃO DE TUTELA CONTRA A FAZENDA PÚBLICA. POSSIBILIDADE. 1. É possível a concessão de antecipação dos efeitos da tutela em face da Fazenda Pública, como instrumento de efetividade e celeridade da prestação jurisdicional, sendo certo que a regra proibitiva, encartada no art. 1º da Lei 9.494/97, reclama exegese estrita, por isso que, onde não há limitação não é lícito ao magistrado entrevê-la. Precedentes do STJ: AgRg no REsp 945.775/DF, Quinta Turma, *DJ* de 16-2-2009; AgRg no REsp 726.697/PE, Segunda Turma, *DJ* de 18-12-2008; AgRg no Ag 892.406/PI, Quinta Turma, *DJ* 17-12-2007; AgRg no REsp 944.771/MA, Segunda Turma, *DJ* de 31-10-2008; MC 10.613/RJ, Rel. Primeira Turma, *DJ* 8-11-2007; AgRg no Ag 427600/PA, Primeira Turma, *DJ* 7-10-2002. [...]. 4. É assente no Egrégio Superior Tribunal de Justiça que: "É possível a concessão de tutela antecipada contra a Fazenda Pública desde que a pretensão autoral não verse sobre reclassificação, equiparação, aumento ou extensão de vantagens pecuniárias de servidores públicos ou concessão de pagamento de vencimentos" (REsp 945.775/DF, Quinta Turma, *DJ* de 16-2-2009). 7. Recurso Especial desprovido (STJ, REsp 934.138/MT, 1ªT., Rel. Min. Luiz Fux, julgamento em 10-11-2009).

---

[234] O objetivo deste dispositivo deve ser de querer dar alguma sobrevida ao que o STF decidiu na ADC 4 quanto à constitucionalidade das restrições impostas na referida Lei n. 9.494/97.

b) admitindo a antecipação de tutela sem prévia oitiva da Fazenda Pública:

Excepcionalmente, é possível conceder liminar sem prévia oitiva da pessoa jurídica de direito público, desde que não ocorra prejuízo a seus bens e interesses ou quando presentes os requisitos legais para a concessão de medida liminar em ação civil pública. Hipótese que não configura ofensa ao art. 2º da Lei n. 8.437 /1992 (STJ, AgRg no REsp 1.372.950/ PB, Rel. Min. Humberto Martins, julgamento em 11-6-2013).

AGRAVO DE INSTRUMENTO. Interposição contra decisão deferitória de liminar requerida em ação civil pública, inaudita altera parte. Obrigação de fazer. Cerceamento de defesa. Alegação de obrigatoriedade da aplicação do artigo 2º, da Lei Federal n. 8.437/92. Não ocorrência de cerceamento de defesa. Admissibilidade de deferimento de liminar, inaudita altera parte. Convencimento e arbítrio judicial para que, eventualmente, seja realizada a oitiva prévia do representante judicial da pessoa jurídica de direito público, no prazo de 72 horas, antes de qualquer decisão sobre o pedido de liminar. Mesmo porque, no caso, há risco de continuidade de cometimento de danos ambientais de forma irreversível. Artigo 225 da CF. A concessão da liminar, na hipótese, não afronta qualquer dispositivo das Leis n. 8.437/92 e 9.494/97, considerando-se o entendimento jurisprudencial já firmado no eg. Superior Tribunal de Justiça de que tais normas devem ser interpretadas restritivamente: AgRg no Ag n. 701.863/PE, Rel. Min. Gilson Dipp, *DJ* de 1º-2-2006; AgRg no REsp n. 719.846/RS, Rel. Min. Félix Fischer, *DJ* de 1º-7-2005 (TJSP, AI 0087406-79.2011.8.26.0000, Câmara Reservada ao Meio Ambiente, Rel. Eduardo Braga, julgamento em 20-10-2011, *DJ* 25-10-2011).

Da decisão concessiva ou denegatória da medida liminar, por sua natureza interlocutória, cabe agravo de instrumento (art. 1.015 do CPC).

Situação excepcional diz respeito à possibilidade de o Poder Público requerer ao Presidente do Tribunal a suspensão da execução de liminar contra ele concedida por ação movida pelo Ministério Público ou por pessoa jurídica de direito público interessada quando houver risco de grave lesão à ordem, à saúde, à segurança e à economia públicas.

Essa hipótese está prevista no art. 12, § 1º, da Lei da Ação Civil Pública, aplicável por força do art. 93 do estatuto.

Poderíamos opor objeção à aplicação porque essa prerrogativa estatal vai de encontro ao sistema de proteção judicial da pessoa idosa, que preza pela efetividade e eficácia das medidas buscadas (e citamos como exemplos os arts.

ART. 83 275

83 e 85), além de não conter no estatuto igual disposição, por vontade do legislador, fazendo-se incidir o princípio da especialidade.

Ocorre que essa providência também tem previsão na Lei n. 8.437/92, de caráter geral e que assim dispõe:

Art. 4º Compete ao presidente do tribunal, ao qual couber o conhecimento do respectivo recurso, suspender, em despacho fundamentado, a execução da liminar nas ações movidas contra o Poder Público ou seus agentes, a requerimento do Ministério Público ou da pessoa jurídica de direito público interessada, em caso de manifesto interesse público ou de flagrante ilegitimidade, e para evitar grave lesão à ordem, à saúde, à segurança e à economia públicas.

À falta de regra explícita e expressa no estatuto vedando sua aplicação, difícil negar tal possibilidade ao Poder Público[235].

É de se notar que essa decisão não revoga ou cassa a liminar, apenas suspende sua execução, e valerá até o trânsito em julgado da decisão de mérito da ação principal (art. 4º, § 9º).

Dessa concessão de suspensão cabe agravo, no prazo de cinco dias, que será levado a julgamento na sessão seguinte à sua interposição (§ 3º).

Tem sido uma constante nas defesas formuladas pela Fazenda Pública a alegação de impossibilidade de o Poder Judiciário imiscuir-se em questão orçamentária ou financeira que compe ao Poder Executivo; prevalência do princípio da reserva do possível em matéria de implantação de direitos sociais; impossibilidade de fixação de multa liminar contra o Poder Público, entre outras.

A jurisprudência não tem cedido a tais apelos, como se observa do acórdão da lavra do Ministro Celso de Mello que trata desses temas e, ainda, de sobra, da proibição do retrocesso social, do mínimo existencial, das escolhas trágicas e

---

[235] É o que se extrai, a *contrario sensu*, da seguinte decisão: *Na ação de desapropriação por utilidade pública, a citação do proprietário do imóvel desapropriado dispensa a do respectivo cônjuge*. Isso porque o art. 16 do Decreto-lei n. 3.365/1941 (Lei das Desapropriações) dispõe que a "citação far-se-á por mandado na pessoa do proprietário dos bens; a do marido dispensa a da mulher". Ressalte-se que, apesar de o art. 10, § 1º, I, do CPC dispor que "ambos os cônjuges serão necessariamente citados para as ações que versem sobre direitos reais imobiliários", o art. 42 do referido Decreto-lei preconiza que o CPC somente incidirá no que for omissa a Lei das Desapropriações. Assim, *havendo previsão expressa quanto à matéria, não se aplica a norma geral*. Precedente citado do STF: RE 86.933, Segunda Turma, *DJ* 18-6-1979 (STJ, REsp 1.404.085/CE, Rel. Min. Herman Benjamin, julgamento em 5-8-2014).

de outros aspectos muito elucidativos e de onde extraímos o seguinte excerto que, apesar de um pouco longo, merece ser transcrito:

[...] – Embora inquestionável que resida, primariamente, nos Poderes Legislativo e Executivo, a prerrogativa de formular e executar políticas públicas, revela-se possível, no entanto, ao Poder Judiciário, ainda que em bases excepcionais, determinar, especialmente nas hipóteses de políticas públicas definidas pela própria Constituição, sejam estas implementadas, sempre que os órgãos estatais competentes, por descumprirem os encargos político-jurídicos que sobre eles incidem em caráter impositivo, vierem a comprometer, com a sua omissão, a eficácia e a integridade de direitos sociais e culturais impregnados de estatura constitucional. DESCUMPRIMENTO DE POLÍTICAS PÚBLICAS DEFINIDAS EM SEDE CONSTITUCIONAL: HIPÓTESE LEGITIMADORA DE INTERVENÇÃO JURISDICIONAL. – O Poder Público – quando se abstém de cumprir, total ou parcialmente, o dever de implementar políticas públicas definidas no próprio texto constitucional – transgride, com esse comportamento negativo, a própria integridade da Lei Fundamental, estimulando, no âmbito do Estado, o preocupante fenômeno da erosão da consciência constitucional. Precedentes: ADI 1.484/DF, Rel. Min. Celso de Mello, *v. g*. – A inércia estatal em adimplir as imposições constitucionais traduz inaceitável gesto de desprezo pela autoridade da Constituição e configura, por isso mesmo, comportamento que deve ser evitado. É que nada se revela mais nocivo, perigoso e ilegítimo do que elaborar uma Constituição, sem a vontade de fazê-la cumprir integralmente, ou, então, de apenas executá-la com o propósito subalterno de torná-la aplicável somente nos pontos que se mostrarem ajustados à conveniência e aos desígnios dos governantes, em detrimento dos interesses maiores dos cidadãos. – A intervenção do Poder Judiciário, em tema de implementação de políticas governamentais previstas e determinadas no texto constitucional, notadamente na área da educação infantil (*RTJ* 199/1219-1220), objetiva neutralizar os efeitos lesivos e perversos, que, provocados pela omissão estatal, nada mais traduzem senão inaceitável insulto a direitos básicos que a própria Constituição da República assegura à generalidade das pessoas. Precedentes. A CONTROVÉRSIA PERTINENTE À "RESERVA DO POSSÍVEL" E A INTANGIBILIDADE DO MÍNIMO EXISTENCIAL: A QUESTÃO DAS "ESCOLHAS TRÁGICAS". – A destinação de recursos públicos, sempre tão dramaticamente escassos, faz instaurar situações de conflito, quer com a execução de políticas públicas definidas no texto constitucional, quer, também, com a própria implementação de direitos sociais assegurados pela

Constituição da República, daí resultando contextos de antagonismo que impõem, ao Estado, o encargo de superá-los mediante opções por determinados valores, em detrimento de outros igualmente relevantes, compelindo, o Poder Público, em face dessa relação dilemática, causada pela insuficiência de disponibilidade financeira e orçamentária, a proceder a verdadeiras "escolhas trágicas", em decisão governamental cujo parâmetro, fundado na dignidade da pessoa humana, deverá ter em perspectiva a intangibilidade do mínimo existencial, em ordem a conferir real efetividade às normas programáticas positivadas na própria Lei Fundamental. Magistério da doutrina. – A cláusula da reserva do possível – que não pode ser invocada, pelo Poder Público, com o propósito de fraudar, de frustrar e de inviabilizar a implementação de políticas públicas definidas na própria Constituição – encontra insuperável limitação na garantia constitucional do mínimo existencial, que representa, no contexto de nosso ordenamento positivo, emanação direta do postulado da essencial dignidade da pessoa humana. Doutrina. Precedentes. – A noção de "mínimo existencial", que resulta, por implicitude, de determinados preceitos constitucionais (CF, art. 1º, III, e art. 3º, III), compreende um complexo de prerrogativas cuja concretização revela-se capaz de garantir condições adequadas de existência digna, em ordem a assegurar, à pessoa, acesso efetivo ao direito geral de liberdade e, também, a prestações positivas originárias do Estado, viabilizadoras da plena fruição de direitos sociais básicos, tais como o direito à educação, o direito à proteção integral da criança e do adolescente, o direito à saúde, o direito à assistência social, o direito à moradia, o direito à alimentação e o direito à segurança. Declaração Universal dos Direitos da Pessoa Humana, de 1948 (Artigo XXV). A PROIBIÇÃO DO RETROCESSO SOCIAL COMO OBSTÁCULO CONSTITUCIONAL À FRUSTRAÇÃO E AO INADIMPLEMENTO, PELO PODER PÚBLICO, DE DIREITOS PRESTACIONAIS. – O princípio da proibição do retrocesso impede, em tema de direitos fundamentais de caráter social, que sejam desconstituídas as conquistas já alcançadas pelo cidadão ou pela formação social em que ele vive. – A cláusula que veda o retrocesso em matéria de direitos a prestações positivas do Estado (como o direito à educação, o direito à saúde ou o direito à segurança pública, *v. g.*) traduz, no processo de efetivação desses direitos fundamentais individuais ou coletivos, obstáculo a que os níveis de concretização de tais prerrogativas, uma vez atingidos, venham a ser ulteriormente reduzidos ou suprimidos pelo Estado. Doutrina. Em consequência desse princípio, o Estado, após haver reconhecido os direitos prestacionais, assume o dever não só de torná-los efetivos, mas, também, se obriga, sob pena de transgressão ao texto constitucional, a preservá-los, abstendo-se de frustrar – mediante supressão total ou parcial – os direitos sociais já concretizados. LEGITIMIDADE JURÍDICA DA IMPOSIÇÃO, AO PODER PÚBLICO, DAS "ASTREINTES". – Inexiste obstáculo jurídico-processual à utilização, contra entidades de direito público, da multa cominatória prevista no § 5º do art. 461 do CPC. A "astreinte" – que se reveste de função coercitiva – tem por finalidade específica compelir, legitimamente, o devedor, mesmo que se cuide do Poder Público, a cumprir o preceito, tal como definido no ato sentencial. Doutrina. Jurisprudência (STF, ARE 639.337 AgR/SP, 2ª T., Rel. Min. Celso de Mello, julgamento em 23-8-2011, v. u.)[236-237].

Especificamente sobre a questão de previsão financeira e orçamentária, vale citar:

> O Judiciário não desconhece o rigorismo da Constituição ao vedar a realização de despesas pelos órgãos públicos além daquelas em que há previsão orçamentária; este Poder, todavia, sempre consciente de sua importância como integrante de um dos Poderes do Estado, como pacificador dos conflitos sociais e defensor da Justiça e do bem comum, tem agido com maior justeza optando pela defesa do bem maior, veementemente defendido pela Constituição – A VIDA – interpretando a lei de acordo com as necessidades sociais imediatas que ela se propõe a satisfazer (Ap. Cív. 98.006204-7, Santa Catarina, Rel. Nilton Macedo Machado, julgamento em 8-9-1998).

§ 2º O juiz poderá, na hipótese do § 1º ou na sentença, impor multa diária ao réu, independentemente do pedido do autor, se for suficiente

---

[236] Também: "Em se tratando da concretização de direitos fundamentais, não cabe ao Administrador justificar sua omissão com a aplicação da cláusula da 'reserva do possível', ou sob o manto do alegado *periculum in mora inversum*, pois sua conduta deve pautar-se pelo princípio da 'máxima efetividade da Constituição'" (STJ, REsp 811.608/RS, Rel. Min. Luiz Fux, julgamento em 15-5-2007).

[237] "[...] entre proteger a inviolabilidade do direito à vida e à própria Constituição da República (art. 5º, *caput*, e art. 196), ou fazer prevalecer um interesse financeiro e secundário do Estado, entendo uma vez configurado esse dilema que razões de ordem ético-jurídica impõem ao julgador uma só e possível opção: aquela que privilegia o respeito indeclinável à vida e à saúde humana" (STF, Ag. Reg. no Recurso Extraordinário 73.0741/SP, Decisão Monocrática, Rel. Min. Celso de Mello, julgamento em 1º-2-2013).

ou compatível com a obrigação, fixando prazo razoável para o cumprimento do preceito.

Como mais uma forma de garantir a efetividade das providências judiciais, é permitido ao magistrado impor multa diária (conhecida como *astreinte*) tanto ao conceder medida liminar como na sentença[238].

É uma forma de coerção psicológica sobre o responsável pelo cumprimento da medida para que satisfaça a ordem judicial, de maneira que essa multa deve ser fixada em valor suficiente para atingir tal desiderato, nem muito exagerada para não perder sua natureza coercitiva e não extorsiva nem muito branda, que não chegue a intimidar. A fixação deverá levar em conta a gravidade e urgência do caso e a capacidade econômica do obrigado.

Ainda dentro do espírito norteador do estatuto de concretização de direitos da pessoa idosa, sem previsão de substituição por perdas e danos, a multa poderá ser fixada de ofício pelo magistrado e modificada a qualquer tempo, inclusive em sede de agravo de instrumento.

Ao estabelecer o valor da multa, deve o juiz também fixar um prazo para cumprimento da ordem e que deve ser razoável, é dizer, coerente, aceitável, dentro de um padrão de normalidade e compatível com o fim a ser alcançado.

Essa multa pode ser cumulada com outra, de diferente natureza, *v.g.*, do art. 77, IV e §§ 1º e 2º, do CPC.

A Fazenda Pública reiteradamente argumenta em feitos judiciais com a impossibilidade de imposição dessa sanção pecuniária porque, ao final, é a própria sociedade que será prejudicada.

Entretanto, a jurisprudência caminha em sentido contrário, sob o argumento de que não há vedação legal a tal pretensão e não há justificativa razoável para essa imunidade se o ente público mostrar-se inerte e desrespeitoso no cumprimento da determinação judicial.

Nesse sentido, também, o escólio Hugo Mazzilli:

> As multas podem ser impostas inclusive contra o Estado (REsp 1.053.299-RS, 1ª T STJ, j. 10.11.09; REsp 765.664-SP-STJ, j.13.08.2005; REsp 784.188-RS, 1ª T STJ, j. 25.10.2005) [...] Como já antecipamos, podem ser impostas

---

[238] Alguns distinguem entre multa diária e multa liminar, sendo a primeira a aplicada na sentença e esta ao se deferir a medida liminar pleiteada.

multas contra o particular e o Estado, inclusive as *astreintes*. [...] A execução, nesse caso, será feita por quantia certa, observada a peculiaridade de oportuna expedição de precatório[239].

Da mesma forma, não tem sido acolhido pedido fazendário de fixação de "teto máximo" do valor final da multa para evitar que se torne excessiva e impagável, sob o argumento seguinte:

> eventual limite para o valor teria por escopo evitar possível onerosidade exorbitante ou, ainda, o alcance de montante tal que se torna impossível a realização da pretensão, todavia, tal finalidade já é assegurada pelo § 6º do mesmo dispositivo (art. 461 do CPC), o qual assinala a possibilidade de modificação do valor ou da periodicidade da multa, caso verifique que esta se tornou insuficiente ou excessiva (AI 0180084-16.2011.8.26.0000, Rel. Hugo Crepaldi, julgamento em 31-8-2011).

> § 3º A multa só será exigível do réu após o trânsito em julgado da sentença favorável ao autor, mas será devida desde o dia em que se houver configurado.

A multa fixada não poderá ser cobrada do réu se a sentença for contrária ao autor (improcedente ou extinta sem julgamento do mérito).

Anota Motauri Ciocchetti de Souza:

> Como obrigação acessória e assecuratória, a multa diária é um *astreinte*: é dependente da obrigação dita principal (de fazer ou de não fazer) e somente se justifica enquanto o cumprimento do julgado se fizer possível. A partir do momento em que o julgado não mais puder ser cumprido (por qualquer motivo), o *astreinte* mostrar-se-á ineficaz para as finalidades pelas quais foi instituído, motivo por que também deixará de existir[240].

Não se pode perder de vista a necessidade de intimação pessoal do devedor, conforme entendimento sumulado do STJ: "A prévia intimação pessoal do devedor constitui condição necessária para a cobrança da multa pelo descumprimento de obrigação de fazer ou não fazer" (Súmula 410).

---

[239] *A defesa dos interesses difusos em juízo*, cit., p. 576, 579 e 604.
[240] *Ação civil pública e inquérito civil*, cit., p. 69.

Art. 84. *Os valores das multas previstas nesta Lei reverterão ao Fundo do Idoso, onde houver, ou na falta deste, ao Fundo Municipal de Assistência Social, ficando vinculados ao atendimento ao idoso.*

O Estatuto avançou em relação à Lei da Ação Civil Pública (que prevê em seu art. 13 a destinação dos valores das multas a um fundo geral para reconstituição dos bens lesados) ao estabelecer que o destino das multas aplicadas em decorrência de suas disposições seja revertido a um Fundo específico do Idoso, cujos valores depositados devem reverter em ações em favor deste segmento ou, na falta do Fundo do Idoso, ao Fundo Municipal de Assistência Social, também com destinação vinculada: atendimento ao idoso.

O artigo não estabelece o *status* deste fundo, se Nacional, Estadual ou Municipal, embora nos pareça mais razoável a interpretação em prol do município, em harmonia com a previsão de aplicação supletiva ao fundo municipal de assistência social onde aquele não existir.

Esse raciocínio também se justifica pelo espírito do legislador, que pretendeu reverter à causa da pessoa idosa os valores decorrentes da violação de seus direitos, e nada mais efetivo que sua utilização no próprio município onde estão os prejudicados, afinal ninguém mora na União ou no Estado, e sim no Município.

A Lei n. 12.213/2010, que criou o Fundo Nacional do Idoso (art. 115 do Estatuto), perdeu a oportunidade de enfrentar essa questão, pois nem sequer menciona algo sobre o recolhimento das multas, ficando a questão em aberto. Ao contrário, cria maior dificuldade ao prever em seu art. 3º: "A pessoa jurídica poderá deduzir do imposto de renda devido, em cada período de apuração, o total das doações feitas aos Fundos Nacional, Estaduais ou Municipais do Idoso devidamente comprovadas, vedada a dedução como despesa operacional", ou seja, previu a existência também do Fundo Estadual.

Não vemos óbice legal, todavia, para a criação desse Fundo Estadual, disciplinado por lei que estabeleça, entre outras disposições, sua fonte de custeio, o destino dos valores depositados em prol dos idosos e sua existência concomitante com o Fundo Municipal.

Em São Paulo, a Lei n. 14.874/2012 criou o Fundo Estadual do Idoso, com previsão de receita através de multas decorrentes de infração ao Estatuto, assim como foram criados, por exemplo, o Fundo Municipal do Idoso de São Caetano do Sul (Lei n. 5.127/2013) e o de Santos (Lei n. 2.936/2013), estabelecendo receitas oriundas do estatuto.

A indicação da destinação do fundo (estadual ou municipal) poderá ser feita na petição inicial ou constar da sentença a ser proferida, evitando embaraços na hipótese de execução futura.

Poderá haver dificuldade se no Município não existir nenhum dos dois Fundos (do idoso e de assistência social). Como se busca manter a destinação vinculada dos valores arrecadados, uma solução é o depósito em favor do Fundo Estadual, se houver, ou do Nacional do Idoso, que, bem ou mal, reverterá em favor da população idosa, uma vez que estes devem ter por objetivo (e o Fundo Nacional o tem – art. 1º da Lei n. 12.213/2010) financiar programas e ações que assegurem os direitos sociais do idoso e criem condições para promover sua autonomia, integração e participação efetiva na sociedade.

Há quem sustente que além das multas aplicadas administrativa e judicialmente por ilícitos civis, também as de natureza criminal podem ter como destino o Fundo do Idoso e não o Fundo Penitenciário Nacional[241].

Parágrafo único. *As multas não recolhidas até 30 (trinta) dias após o trânsito em julgado da decisão serão exigidas por meio de execução promovida pelo Ministério Público, nos mesmos autos, facultada igual iniciativa aos demais legitimados em caso de inércia daquele.*

Para o Ministério Público não há margem de discricionariedade, devendo executar a multa não recolhida em trinta dias, uma vez que o mérito de sua pertinência já foi resolvido. Para os demais legitimados, é uma faculdade, no caso de inércia ministerial. Trata-se de legitimidade concorrente e subsidiária.

Diferentemente do previsto na Lei da Ação Civil Pública (art. 15), aqui se deu preferência ao Ministério Público para iniciar a execução, o que poderá exigir uma partição da fase de execução se houver condenação em obrigação de fazer e multa a ser cobrada e a ação tiver sido proposta por uma associação, por

---

[241] Nesse sentido: AZEVEDO, Vitor Emanuel de Medeiros. In: PINHEIRO, Naide Maria (Coord.). *Estatuto do Idoso comentado*, p. 523. Para este autor não existe hierarquia entre a lei complementar que cria o Fundo Penitenciário (Lei Complementar n. 79/94) e a lei ordinária que criou o Estatuto, e sendo este último lei específica e no art. 84 não estabelecer restrição às multas criminais, em obediência ao princípio da especialidade, é possível reverter-se estas últimas também ao Fundo do Idoso.

exemplo, a dificuldade pode ser superada com uma atuação conjunta, sem maiores entraves.

Para aqueles que defendem que a multa criminal prevista no estatuto pode reverter ao Fundo do Idoso, a execução desta também caberá ao Ministério Público, por força do dispositivo em comento, e não à Procuradoria da Fazenda Nacional, como seria a regra comum estabelecida a partir da edição da Lei n. 9.268/96 e as disposições do Código Penal (arts. 50 e seguintes)[242].

Art. 85. *O juiz poderá conferir efeito suspensivo aos recursos, para evitar dano irreparável à parte.*

Como o estatuto não previu regra para o processamento dos recursos (prazos de recurso, privilégios dos arts. 180, 183, 186 do atual CPC etc.), vale a sistemática prevista no Código de Processo Civil, com a alteração prevista neste artigo, qual seja de que a regra é conferir apenas efeito devolutivo aos recursos, sendo exceção o efeito suspensivo, para evitar dano irreparável à parte.

Essa previsão é consectário do princípio da proteção integral (art. 2º) e busca garantir a maior efetividade às sentenças judiciais e se evitar o perecimento do direito na perspectiva antes referida da nova proposta de se ir além de assegurar o direito para realizá-lo[243].

Diga-se que o microssistema de tutela coletiva tem como característica a efetividade, principalmente porque tutela interesses metaindividuais. No caso do estatuto, inclui-se o direito individual indisponível.

Portanto, deve o magistrado ficar bem atento e somente receber o recurso no duplo efeito nas hipóteses acima, uma vez bem demonstrado o dano irreparável à parte (*periculum in mora* e *fumus boni juris*) e em despacho fundamentado. Comungamos do entendimento de que essa hipótese não pode ser determinada de ofício (a dicção da norma é "poderá") tendo em vista o propósito protetivo do dispositivo em comento e de todo o estatuto e, também, porque

---

[242] Idem, p. 524-525.
[243] Já se admitiu a impetração de mandado de segurança quando se negou efeito suspensivo ao recurso: STJ, REsp 142.209/RO, 1ª T., Rel. Min. Garcia Vieira, julgamento em 31-3-1998.

a parte interessada deve ser a senhora de seus interesses e pretensões, não competindo ao magistrado substituí-la nessa tarefa.

Segundo entendimento do STJ, a sistemática recursal da ação civil pública (art. 14 da Lei n. 7.347/85) destina-se às instâncias inferiores e não aos recursos especial e extraordinário, que têm procedimento próprio[244].

Lembra Motauri Ciocchetti de Souza, ao tratar de igual dispositivo previsto no art. 14 da Lei da Ação Civil Pública, aplicável ao estatuto por força do art. 93, que: "[...] sendo vencida na ação uma pessoa jurídica de direito público, nada obsta possa ela postular a concessão de efeito suspensivo a seu recurso por intermédio do disposto no art. 12, § 1º, da LACP (ou 4º da Lei Federal n. 8.437/92) [...]"[245].

Art. 86. *Transitada em julgado a sentença que impuser condenação ao Poder Público, o juiz determinará a remessa de peças à autoridade competente, para apuração da responsabilidade civil e administrativa do agente a que se atribua a ação ou omissão.*

A medida justifica-se porque, como já houve o reconhecimento da obrigação do Poder Público por decisão transitada em julgado, deve-se apurar regressivamente a responsabilidade do agente público (em sentido amplo) para que devolva ao erário o que se dispendeu pela condenação, dando atendimento à previsão do art. 37, § 6º, da CF/88 e art. 43 do Código Civil. Também deverá ser apurada a responsabilidade administrativa através do respectivo órgão censor (em regra a corregedoria), para aplicação das sanções disciplinares pertinentes por desatendimento aos princípios da administração elencados no *caput* do art. 37 da CF (legalidade, impessoalidade, moralidade, publicidade, eficiência, entre outros).

Como a medida se destina à apuração de ilícito civil e administrativo, não será a autoridade policial aquela a que alude o artigo em comento, e sim o superior hierárquico ou o órgão da administração ao qual o agente esteja vinculado.

---

[244] STJ, AgRg 311.505/SP, 1ª T., Rel. Min. Francisco Falcão, julgamento em 1º-4-2003.
[245] *Ação civil pública e inquérito civil*, p. 74.

Art. 87. *Decorridos 60 (sessenta) dias do trânsito em julgado da sentença condenatória favorável ao idoso sem que o autor lhe promova a execução, deverá fazê-lo o Ministério Público, facultada, igual iniciativa aos demais legitimados (art. 81), como assistentes ou assumindo o polo ativo, em caso de inércia desse órgão.*

É dever do Ministério Público promover a execução no caso de inércia do titular da ação civil pública, já que não se discute mais a viabilidade ou não do direito pleiteado uma vez reconhecido por sentença. Não lhe cabe qualquer avaliação discricionária, apenas podendo negar-se se lhe faltar legitimidade, por exemplo, por falta de interesse social relevante ou, como regra geral, os pressupostos processuais ou uma das condições da ação. Para os demais legitimados é uma faculdade, podendo fazê-lo ou como assistente do *Parquet*, ou como exequentes, no caso de inércia deste. Na hipótese de assumir o polo ativo, poderá ser exigida a demonstração da pertinência temática e do prazo mínimo de constituição (no caso de uma associação ou sindicato).

Por igual razão, não pode o membro do *Parquet* deixar de iniciar a execução de sentença proferida em ação civil pública ou coletiva por ele intentada.

Esse quadro vale tanto para a inércia para iniciar a execução como para nela prosseguir em caso de abandono posterior ao início.

Diante da impossibilidade prática de o Ministério Público acompanhar as execuções de ações coletivas, recomenda-se que seja ele provocado por despacho judicial nos autos da ação a ser executada.

Art. 88. *Nas ações de que trata este Capítulo, não haverá adiantamento de custas, emolumentos, honorários periciais e quaisquer outras despesas.*

Esta é quase uma reprodução do art. 18 da Lei da Ação Civil Pública e também incide sobre as chamadas taxas judiciárias.

Note-se que não haverá o adiantamento de custas, emolumentos, honorários periciais ou quaisquer outras despesas, o que não significa, ao contrário, que o vencido arcará com todos esses encargos, salvo se for ele o Ministério Público ou órgão público sem personalidade jurídica própria. Segundo anota Hugo Mazzilli, nesses casos a Fazenda Pública arcará com o ônus da sucumbência[246].

Este tema tem gerado intenso debate, como se pode observar das anotações abaixo.

A isenção vale para o autor da ação e não para o réu, que terá que custear a produção de provas que for de seu interesse[247], salvo se tiver ocorrido inversão do ônus da prova, embora, nesse caso, suportará o ônus processual de não o fazer.

Nada obstante a clareza do dispositivo, temos observado algumas decisões do Superior Tribunal de Justiça determinando ao Ministério Público, à Fazenda Pública e a outros entes públicos o depósito prévio de honorários periciais mesmo agindo como autores[248].

Também há quem sustente que a isenção vale apenas para a fase de conhecimento e não para a execução do julgado[249].

Tem prevalecido a orientação da dispensa do pagamento de honorários periciais pelo Ministério Público, como se observa no seguinte julgado: STJ, REsp 82.929/RS, 1ª T., Rel. Min. José Delgado, julgamento em 28-11-2006. Também assim entendeu o Ministro Marco Aurélio de Mello, do STF, em decisão monocrática, ao julgar procedente a Reclamação (RCL) 13.714 para cassar acórdão da 1ª Câmara Cível do Tribunal de Justiça do Acre que determinou o pagamento de honorários periciais pelo Ministério Público do Acre em uma ação civil pública proposta pela Promotoria Especializada de Habitação e Urbanismo do órgão[250].

---

[246] *A defesa dos interesses difusos em juízo*, cit., p. 653.
[247] Nesse sentido: STJ, REsp 551.418/PR, 1ª T., Rel. Min. Francisco Falcão, julgamento em 25-11-2003; e STJ, REsp 479.830/GO, 1ª T., Rel. Min. Teori Zavascki, julgamento em 3-8-2004.
[248] REsp 891.743/SP, 2ª T., Rel. Min. Elina Calmon, julgamento em 13-10-2009.
[249] Essa tese foi debatida e afastada no REsp 82.929/RS, 1ª T., Rel. Min. José Delgado, julgamento em 28-11-2006.
[250] Conforme o MP/AC, autor da Reclamação, a Lei da Ação Civil Pública (Lei n. 7.347/85) afasta qualquer ônus a ser suportado pelo Ministério Público no que se refere ao adiantamento de custas, emolumentos, honorários periciais e quaisquer outras despesas de natureza processual. Por isso, de acordo com o MP/AC, o acórdão em questão contraria a Súmula Vinculante 10 do STF, a qual prevê que "viola a cláusula de reserva de plenário a decisão de órgão fracionário de tribunal que, embora não declare expressamente a inconstitucionalidade de lei ou ato normativo do poder público, afasta sua incidência, no todo ou em parte". O Ministério Público do Acre alegava

ART. 88   287

Por outro lado, e a nosso ver com razão, tem-se negado transferir tal encargo ao réu, pois significa compeli-lo a produzir prova contra si (STJ, REsp 846.529, 1ª T., Rel. Min. Teori Zavascki, julgamento em 19-4-2007), embora já se tenha decidido nesse sentido[251].

Outra opção – e achamos uma boa solução – foi determinar que o valor dos honorários periciais seja retirado do Fundo Estadual de Reparação de Interesses Difusos Lesados de que trata o art. 13 da Lei n. 7.343/85[252], principalmente porque não se tem notícias da efetiva utilização dos valores ali depositados para o fim a que foi criado.

Boa solução ainda é o Ministério Público firmar parceria (por meio de convênio ou outra forma) com entidades públicas especializadas para a realização dos trabalhos periciais, que deverão ser custeados pelo réu ao final, se for ele vencido na ação.

Em relação à Fazenda Pública, a Súmula 232 do STJ dispõe: "A Fazenda Pública, quando parte no processo, fica sujeita à exigência do depósito prévio dos honorários do perito"[253].

Parágrafo único. *Não se imporá sucumbência ao Ministério Público.*

A clareza do dispositivo dispensa o debate sobre a possibilidade da condenação do *Parquet* na verba honorária que subsiste à luz do art. 18 da Lei da Ação Civil Pública.

Por uma questão de simetria e vedação legal (art. 128, § 5º, II, *a*, da CF/88), não é possível fixar verba honorária em favor do Ministério Público quando é vitoriosa na ação, embora nesse caso o réu deva responder pelos demais encargos, como custas e despesas processuais.

---

que, "ao afastar a incidência do preceito legal, o órgão fracionário (Câmara Cível) do Tribunal de Justiça do Estado do Acre acabou declarando, embora não expressamente, mas por via oblíqua, a inconstitucionalidade do artigo 18 da Lei 7.347/1985, violando a cláusula de reserva de plenário".

[251] STJ, RF 404/358 e *RJTJERGS* 277/41.
[252] STJ, RMS 30.812, 2ª T., Rel. Min. Eliana Calmon, julgamento em 4-3-2010.
[253] Aplicando essa mesma regra ao Ministério Público: STJ, REsp 846.529, 1ª T., Rel. Min. Teori Zavascki, julgamento em 19-4-2007.

A *contrario sensu*, os demais legitimados para o ajuizamento da ação civil pública responderão pela sucumbência naquelas ações que promoverem e forem vencidos.

Art. 89. Qualquer pessoa poderá, e o servidor deverá, provocar a iniciativa do Ministério Público, prestando-lhe informações sobre os fatos que constituam objeto de ação civil e indicando-lhe os elementos de convicção.

O dispositivo faculta a qualquer do povo e obriga o servidor público a comunicar ao Ministério Público fato que possa constituir violação aos direitos do idoso aptos a ensejar o ajuizamento de ação civil pública, fornecendo-lhe os elementos mínimos de convencimento e identificação dos fatos (local, nome dos envolvidos, de testemunhas etc.), além de sua qualificação. É reflexo do disposto no art. 6º do estatuto, que trata do dever de todos comunicarem à autoridade competente a violação dos direitos da pessoa idosa de que tenha conhecimento.

Lembramos não ser obrigatória a identificação, embora seja aconselhável para, se o caso, pedir-se esclarecimentos complementares, uma vez que denúncia ou representação anônima também pode ensejar a instauração, conforme prevê o art. 2º, § 3º, da Resolução n. 23/2007[254] do Conselho Nacional do Ministério Público.

Essa comunicação poderá ser ou não acolhida pelo membro do *Parquet* ou ser determinado seu aditamento para melhores esclarecimentos, e, ao final das investigações, o inquérito civil instaurado deverá ser arquivado ou ser proposta a ação civil pública.

A falta de elementos mínimos de identificação, mesmo após ser determinada a complementação da denúncia (em regra feita através de peça denominada representação), poderá dar azo ao seu indeferimento sujeito a recurso, conforme dispuser a legislação respectiva.

Art. 90. Os agentes públicos em geral, os juízes e tribunais, no exercício de suas funções, quando tiverem conhecimento de fatos que possam

---

[254] Em São Paulo, o parágrafo único do art. 12 do Ato Normativo n. 484-CPJ-2006 também autoriza.

configurar crime de ação pública contra idoso ou ensejar a propositura de ação para sua defesa, devem encaminhar as peças pertinentes ao Ministério Público, para as providências cabíveis.

Esta disposição é complementação da anterior, mas com uma diferença: refere-se a notícia de fato criminoso (*notitia criminis*), além de fatos de natureza civil.

Prevê o dever do agente público em geral e dos magistrados (de qualquer instância) em especial (estes como agentes políticos que são) de fazer a comunicação referida acima, podendo a omissão deliberada caracterizar infração disciplinar e infração penal (se a omissão decorreu de interesse ou sentimento pessoal – art. 319: prevaricação). Tal dever decorre tanto do exercício da atividade jurisdicional como administrativa e refere-se tanto aos crimes definidos no estatuto como no Código Penal e legislação extravagante.

Tratando-se de comunicação de fato que constitui crime apurável por ação penal pública condicionada a representação, caberá ao membro do Ministério Público diligenciar para que o idoso interessado formule a necessária representação, no prazo estabelecido na legislação processual penal.

Conforme as circunstâncias, a violação do dever funcional poderá caracterizar improbidade administrativa (Lei n. 8.429/92, especialmente arts. 9º e 11).

De posse do material relativo à notícia do crime, caberá ao membro do Ministério Público ingressar com a ação penal ou, se necessário, instaurar sindicância administrativa ou requisitar à autoridade competente a instauração de inquérito policial. Poderá, ainda, não havendo nenhum indício de prática delitiva, determinar o arquivamento das peças de informação, arquivamento esse que sugerimos seja encaminhado para o referendo judicial e, consequentemente, sujeito à revisão de que trata o art. 28 do CPP, com ciência ao denunciante.

Art. 91. *Para instruir a petição inicial, o interessado poderá requerer às autoridades competentes as certidões e informações que julgar necessárias, que serão fornecidas no prazo de 10 (dez) dias.*

A norma é destinada aos demais legitimados para o ajuizamento da ação civil pública em defesa da pessoa idosa, uma vez que em relação ao Ministério Público aplicam-se as disposições dos arts. 74 e 92 do estatuto.

Está em sintonia com o direito constitucional de acesso à informação (art. 5º, XXXIII)[255] e de certidão (art. 5º, XXXIV, b)[256]. Entretanto, como nenhum direito é absoluto, também aqui poderá surgir conflito e restrição do acesso, especialmente em se tratando de tutela de interesses indisponíveis e da disponibilização de informações e certidões eminentemente particulares (direito à inviolabilidade da intimidade, da vida privada, da honra e da imagem – art. 5º, X).

Havendo colisão entre direitos fundamentais, a solução a ser encontrada deverá levar em conta o peso ou a importância de cada um dos princípios em conflito, a fim de escolher no caso concreto qual deles deverá prevalecer ou cederá em favor do outro, buscando-se a menor constrição possível daquele que cederá. É dizer, em apertada síntese: deverá o intérprete realizar a ponderação dos bens envolvidos, visando resolver a colisão com o menor sacrifício possível dos direitos em disputa, e para essa difícil tarefa deverá se valer dos princípios da concordância prática ou da harmonização (os direitos e valores constitucionais devem ser harmonizados, na análise do caso concreto, através de um juízo de ponderação que vise preservar e concretizar ao máximo os direitos protegidos constitucionalmente), da unidade da Constituição (a Constituição deve ser analisada como um todo harmônico, um sistema que precisa compatibilizar os preceitos porventura discrepantes), da proporcionalidade (que é a realização do princípio da concordância prática no caso concreto, a distribuição necessária e adequada dos custos de forma a salvaguardar os direitos fundamentais em conflito), entre outros.

Poderá ocorrer que as informações buscadas reavivam hipóteses em que deva prevalecer o direito ao esquecimento, que decorre da possibilidade conferida ao indivíduo que praticou um crime de ver apagado o registro se já cumpriu a pena ou a medida imposta no processo penal, dado o caráter ressocializante dessas sanções (por exemplo, refira-se a algum agressor do idoso e que por isso tenha sido condenado criminalmente).

---

[255] "Art. 5º, XXXIII: "Todos têm direito a receber dos órgãos públicos informações de seu interesse particular, ou de interesse coletivo ou geral, que serão prestadas no prazo da lei, sob pena de responsabilidade, ressalvadas aquelas cujo sigilo seja imprescindível à segurança da sociedade e do Estado".

[256] "XXXIV – são a todos assegurados, independentemente do pagamento de taxas: [...] b) a obtenção de certidões em repartições públicas, para defesa de direitos e esclarecimento de situações de interesse pessoal". A respeito da expedição de certidão pelos órgãos públicos, conferir a Lei n. 9.051/95.

Caberá ao interessado demonstrar a legitimidade de seu interesse em prol da pessoa idosa cujos direitos se pretende defender.

Art. 92. *O Ministério Público poderá instaurar sob sua presidência, inquérito civil, ou requisitar, de qualquer pessoa, organismo público ou particular, certidões, informações, exames ou perícias, no prazo que assinalar, o qual não poderá ser inferior a 10 (dez) dias.*

Sobre o inquérito civil de uma forma geral já tratamos ao comentar o art. 74, I. Cabe aqui destacar alguns pontos.

O primeiro deles diz com o prazo mínimo que deve ser concedido pelo membro do *Parquet* para atendimento de suas requisições: dez dias a contar do recebimento que, por isso, deve ser devidamente registrado.

Observar todas as formalidades exigidas neste artigo é importante porque o desatendimento à requisição leva a sérias consequências civis, criminais e administrativas, como destacamos anteriormente.

Dispõe o art. 100,V, do estatuto que:"Art. 100. Constitui crime punível com reclusão de 6 (seis) meses a 1 (um) ano e multa: [...] V – recusar, retardar ou omitir dados técnicos indispensáveis à propositura da ação civil objeto desta Lei, quando requisitadas pelo Ministério Público".

Exige-se para a configuração deste crime contra a administração pública, como descrito no tipo, que se refira a dados técnicos indispensáveis à propositura da ação civil, o que significa que não é qualquer recusa, atraso ou omissão, e que necessita ser dado técnico, e não, por exemplo, o nome de uma testemunha, um endereço etc. Também não haverá crime quando a recusa for justificável (por exemplo, sigilo imposto por lei).

O STJ vem entendendo que "dados técnicos" são qualquer informação que dependa de conhecimento técnico ou trabalho específico, que seja próprio de determinada profissão ou ofício, o que inclui certidão ou qualquer documento necessário à propositura da ação. Nesse sentido: REsp 706.227/PR, 5ª T., Rel. Min. José Arnaldo da Fonseca, julgamento em 28-9-2005; REsp 785.129/RS, 5ª T., Rel. Min. Felix Fischer, julgamento em 29-6-2006; RHC 12.359/MG, 5ªT., Rel. Min. Gilson Dipp, julgamento em 28-5-2005.

Por "dados indispensáveis" se deve entender aqueles sem os quais a ação não será adequadamente proposta ou nem sequer poderá sê-lo.

Não sendo dado técnico indispensável, a recusa poderá caracterizar, conforme o caso, prevaricação (se o omisso foi funcionário público) ou desobediência.

Inovou o estatuto ao permitir a caracterização do crime no caso de direitos individuais indisponíveis, hipótese ausente na disposição da Lei da Ação Civil Pública (art. 10). É ação penal pública incondicionada.

> § 1º *Se o órgão do Ministério Público, esgotadas todas as diligências, se convencer da inexistência de fundamento para a propositura da ação civil ou de peças informativas, determinará o seu arquivamento, fazendo-o fundamentadamente.*

A conclusão da investigação levada a cabo pelo Ministério Público será necessariamente: a propositura da ação civil pública ou o arquivamento do inquérito civil, que também ocorrerá na hipótese de se entabular um Termo de Ajustamento de Conduta.

Optando-se pelo arquivamento, será observado o previsto nos parágrafos seguintes.

> § 2º *Os autos do inquérito civil ou as peças de informação arquivados serão remetidos, sob pena de se incorrer em falta grave, no prazo de 3 (três) dias, ao Conselho Superior do Ministério Público ou à Câmara de Coordenação e Revisão do Ministério Público.*

Promovido o arquivamento, por despacho fundamentado, os autos seguirão ao órgão colegiado do Ministério Público. Note-se que o presidente do inquérito civil não requer o arquivamento a ninguém e sim o determina, remetendo os autos para reanálise.

A demora no envio poderá caracterizar falta funcional grave, submetendo o presidente do inquérito ao jugo de seu órgão censor, para aplicação de sanção disciplinar. Na prática, esta disposição é de difícil incidência.

Nesse aspecto, mostra-se mais democrática a sistemática aqui adotada do que a do inquérito policial, porque a decisão advirá de um colegiado e nesse último, no caso de acionamento do art. 28 do CPP, a decisão será monocrática, do chefe da instituição. Outrossim, o arquivamento do inquérito civil não passa pelo crivo do Judiciário, assim como sua tramitação.

Uma vez arquivado o inquérito civil, poderá ser reaberto somente se houver provas novas[257].

§ *3º Até que seja homologado ou rejeitado o arquivamento, pelo Conselho Superior do Ministério Público ou por Câmara de Coordenação e Revisão do Ministério Público, as associações legitimadas poderão apresentar razões escritas ou documentos, que serão juntados ou anexados às peças de informação.*

Esta faculdade de intervenção das associações foi tratada no art. 74, I, e deverá ocorrer na forma estabelecida no regimento interno do Colegiado.

Não vemos óbice a que de tal faculdade se valham os demais colegitimados, pois as manifestações auxiliarão no julgamento do arquivamento, tendo o Colegiado ampla possibilidade de análise, inclusive determinando a conversão do julgamento em diligência.

§ *4º Deixando o Conselho Superior ou a Câmara de Coordenação e Revisão do Ministério Público de homologar a promoção de arquivamento, será designado outro membro do Ministério Público para o ajuizamento da ação.*

Estando os autos no Órgão Colegiado para revisão, uma de três opções deverá ocorrer: o arquivamento é homologado, baixando, posteriormente, os autos, para a origem, onde será mantido no arquivo da Promotoria de Justiça ou Procuradoria da República ou do Trabalho; não é homologado e então poderão ocorrer duas situações: a conversão do julgamento em diligência ou a rejeição pura e simples. Nessa última hipótese, obrigatoriamente ocorrerá o ajuizamento da ação pelo *Parquet*, mas por outro membro a ser designado, respeitando-se e preservando-se a convicção do autor do arquivamento em atenção à sua independência funcional (art.127, § 1º, da CF).

A designação do substituto automático deverá ser feita pelo chefe da Instituição e ele atuará como *longa manus* do órgão colegiado de onde partiu a decisão.

---

[257] Assim dispõe o art. 111 da Lei Orgânica Estadual do Ministério Público (n. 734/93).

Convertido o julgamento em diligência poderá ocorrer de, promovida a nova prova, convencer-se o presidente do inquérito sobre a pertinência do ajuizamento da ação e a promover, comunicando ao Colegiado. Caso contrário, mantida sua convicção, os autos retornarão ao Colegiado para prosseguimento do julgamento com a prova acrescida.

Título VI
Dos crimes

Capítulo I
Disposições gerais*

Aspectos filosófico-criminais sobre a tutela penal do idoso

Inicialmente, faz-se necessário dizer que quando nos referimos à violência contra o idoso, temos que tomar por base este vocábulo em seu sentido sistemático, é dizer, considerando-o holisticamente. Assim, chegamos à conclusão de que violência resulta tanto da violação à integridade físico-corporal, bem como, psíquica, espiritual e moral. Contudo, indagamos o que seria considerado como violência moral, espiritual e psíquica a um idoso? Apenas a coação moral presente em toda a literatura penal como causa excludente da culpabilidade? Concluímos que intolerância, abandono, preconceito, negligência, maus-tratos e desvalorização são atos plenamente caracterizadores de violência e que foram tratados no decorrer da cominação de condutas típicas no Estatuto do Idoso.

Para a análise legal dos contornos da proteção penal do idoso faz-se necessária uma tríplice observância:

1) *Ratio* da proteção penal ao idoso.

Trata-se de um elemento fundamental a ser considerado para a definição dos tipos legais em face de condutas contra o idoso, pois se indaga se realmente há uma imperiosa necessidade de que estas sejam tuteladas sob o viés da responsabilidade criminal e penal. Afirma-se que a tutela penal deverá ocorrer quando os bens jurídicos em questão forem fundamentais à sociedade, gerando assim, com a sua violação, a ruptura a valores estruturantes para a convivência pacífica.

---

* Por Greice Patrícia Fuller.

Pois bem. Contudo, quais são esses bens jurídicos fundamentais? Como aferi-los?

Luigi Ferrajoli[258] afirma que os direitos fundamentais concretizados em normas são indisponíveis, contrariamente aos direitos patrimoniais, que, por sua natureza, são disponíveis, negociáveis e alienáveis. Ademais, por serem dotados de fundamentalidade, são direitos que, segundo o doutrinador, funcionam como limites e restrições à legislação e, notadamente, ao poder público, que não pode derrogá-los e violentar a ideia de que são universalmente atribuídos a todos, em igual medida.

Posteriormente, o doutrinador acima nos traz indagação basilar para o estudo do Direito sobre quais direitos devem ser garantidos como fundamentais.

Claro é que o doutrinador citado não nos esclarece ou identifica pontualmente quais são tais direitos, mas nos confere critérios/fundamentos axiológicos para bem identificá-los, a saber:

a) *Dignidade da pessoa humana.*

Os direitos fundamentais asseguram a dignidade da pessoa humana (considerada como qualidade ou valor interior absoluto de cada ser humano), garantindo direitos de liberdade, direitos à afirmação, à tutela e à valorização de todas as diferenças de identidade; os direitos sociais à sobrevivência (direitos à saúde e à instrução aos direitos à subsistência e à previdência) e os direitos à redução das desigualdades nas condições da vida (discriminações referentes ao caráter econômico ou social)[259].

b) *Igualdade* (proteção das diferenças e redução de desigualdades)[260].

c) *Papel dos direitos fundamentais como "lei dos mais fracos"*[261].

Dessa forma, assimilando os fundamentos valorativos acima pautados, verifica-se que a tutela penal ao idoso é plenamente justificável, observando-se

---

[258] Idem. *Por uma teoria dos direitos e dos bens fundamentais.* Tradução de Alexandre Salim, Alfredo Copetti Neto, Daniela Cademartori, Hermes Zaneti Júnior e Sérgio Cademortori. Porto Alegre: Livraria do Advogado, 2011, p. 97 e s.
[259] Ibidem, p. 104-105.
[260] Ibidem, p. 106.
[261] Ibidem, p. 106. O autor ilustra a situação afirmando: "em primeiro lugar o direito à vida, contra a lei de quem é mais forte fisicamente; em segundo lugar, os direitos de imunidade e de liberdade, contra a lei de quem é mais forte politicamente; em terceiro lugar, os direitos sociais, que são os direitos à sobrevivência, contra a lei de quem é mais forte social e economicamente".

que os crimes tipificados no Estatuto valoram direitos fundamentais, a saber: a integridade física; integridade psíquica; integridade moral; imagem; identidade; autonomia de valores, ideias e crenças; dos espaços e dos objetos pessoais (art. 10, § 2º, da Lei n. 10.741/2003) que, notadamente, encontram-se estruturados exatamente nos critérios acima expostos por Ferrajoli: dignidade, igualdade e instrumentos fundamentais protetivos aos direitos dos idosos.

A necessidade e o garantismo penal como condições para a proteção criminal dos idosos estão sedimentados na tipificação penal presente no Estatuto do Idoso, o que ressalta a consideração de que o interesse estatal não pode deixar à margem o direito dos chamados "novos sujeitos", no dizer de François Ost[262]. Isso significa dizer que os idosos tiveram com esse marco legal protetivo expresso um reforço ao processo de construção de sua identidade pautada nos direitos à liberdade, à vida, à igualdade e, especialmente, à autonomia.

2) Urgente e premente processo de educação[263] para o atingimento da consciência e compreensão de valores ligados à tolerância (diversidade e alteridade), solidariedade e inclusão social[264]. Sem a valorização e mesmo o resgate desses conceitos pragmáticos, a proteção penal não será elemento coibidor e suficiente para a diminuição de ocorrência de violência contra o idoso.

3) Sem a existência de rede protetiva efetiva aos direitos dos idosos, eles dificilmente serão realizáveis, e suas violações não serão dissipadas.

Assim, indagamos aqui se a justiça penal será suficiente para inibir todos os casos de violência familiar e somos pela resposta de que, inexistindo políticas públicas[265] de segurança diferenciadas para os idosos, assistentes sociais, conselhos de idosos, delegacias próprias, locais[266] para recebimento de idosos vítimas

---

[262] OST, François. *Droit et intérêt*. Bruxelles: Facultés Universitaires Saint-Louis, 1990, v. 2, p. 72-75.

[263] BEAUVOIR, Simone de. Tradução de Maria Helena Franco Monteiro. Rio de Janeiro: Nova Fronteira, 1990, p. 51. A filósofa afirma que "O velho não é, como entre os antropoides, o indivíduo que não é mais capaz de lutar, mas aquele que não pode mais trabalhar e que se tornou uma boca inútil. Sua condição nunca depende simplesmente de dados biológicos: fatores culturais intervêm". Realmente, sem a educação, a imagem negativa da velhice irá perdurar.

[264] A violência doméstica e familiar acontece quando o idoso está aposentado ou não consegue nova colocação no mercado de trabalho. MORENO, Denise Gasparini. *O Estatuto do Idoso*: o idoso e sua proteção jurídica. Rio de Janeiro: Forense, 2007, p. 21.

[265] CÂMARA, Jussara. Longevidade em perigo. Direito do idoso. Disponível em: <http://www.Direitodoidoso.com.br/01/artigo012.htm>. Acesso em: 2 ago. 2014.

[266] Segundo a antropóloga Guita Grin Debert da Universidade Estadual de Campinas,

de violência, educação e conscientização, os direitos dos idosos certamente caminharão órfãos de garantias à sua efetividade.

4) Princípio da solidariedade.

Grande parte dos tipos penais leva em consideração para a tipificação das condutas o chamado princípio da solidariedade.

Esse princípio encontra seu nascedouro no Preâmbulo da Constituição Federal, pois previu como objetivo fundamental da República Federativa Brasileira a construção de uma sociedade livre, justa e solidária. A essa ideia o art. 3º, I, agregou o desiderato da erradicação da pobreza, marginalização social e a redução das desigualdades sociais e regionais.

Importante mencionar que o princípio em comento não se limita apenas às relações do Estado com o particular, mas, sobretudo, às relações intersubjetivas de indivíduos diante de outros indivíduos, como se pode depreender cristalinamente dos tipos penais previstos nos arts. 96, 97 e 98 do Estatuto do Idoso.

Claro é que o princípio da solidariedade caminha indiscutivelmente de forma indissociável com o princípio da dignidade da pessoa humana acima mencionado.

O princípio da solidariedade impõe a necessidade da satisfação dos interesses individuais, confrontando-os com os de interesse social para a construção do que o legislador denominou sociedade fraterna e solidária, podendo assim ser considerado"[...] o conjunto de instrumentos voltados para se garantir uma existência digna, comum a todos, numa sociedade que se desenvolva como livre e justa, sem excluídos ou marginalizados"[267].

"o grande motivo do desprezo das autoridades para com a criação de locais onde os idosos possam permanecer durante o dia, ou então de grupos profissionais que possam prestar assistência domiciliar aos que já não apresentam condições de locomoção, é, pura e simplesmente, financeiro, por serem tais iniciativas consideradas muito caras". Além disso, afirma com clareza lapidar que "em países, como o nosso, de obras faraônicas, vistosas, milionárias e inacabadas, enquanto os idosos não se organizarem como um grupo social de pressão, não se vislumbrará a possibilidade de que os governos, em todos os níveis, abandonem a política de construção de obras megalômanas, coroadas de inaugurações festivas, para usar essa verba na assistência social às pessoas de idade avançada" (In: BRAGA, Pérola Melissa Vianna. *Curso de direito do idoso*. São Paulo: Atlas, 2011, p. 8).

[267] LOUREIRO, Francisco Eduardo; FRAÇÃO, Amanda Palmieri. O princípio constitucional da solidariedade e sua aplicação no direito privado. *Revista do Advogado*, ano XXXII, n. 117, out. 2012, p. 101.

Após esta digressão sobre os aspectos jurídico-filosóficos e criminais considerados para a base dos tipos penais previstos no Estatuto, passemos para a análise da tipologia dos crimes.

Art. 93. *Aplicam-se subsidiariamente, no que couber, as disposições da Lei n. 7.347, de 24 de julho de 1985.*

A Lei n. 7.347, de 24 de julho de 1985, disciplina a ação civil pública de responsabilidade por danos causados ao meio ambiente, ao consumidor, a bens e direitos de valor artístico, estético, histórico, turístico e paisagístico.

A partir do art. 94 iniciar-se-á a análise aprofundada sobre a tutela processual criminal em face de condutas típicas praticadas contra pessoa idosa.

Art. 94. *Aos crimes previstos nesta Lei, cuja pena máxima privativa de liberdade não ultrapasse 4 (quatro) anos, aplica-se o procedimento previsto na Lei 9.099, de 26 de setembro de 1995, e, subsidiariamente, no que couber, as disposições do Código Penal e do Código de Processo Penal.*

O artigo em comento constitui alvo de diversas críticas no que tange à sua aplicação e extensão interpretativa. Por essa razão, surgiram alguns posicionamentos sobre a constitucionalidade do citado artigo, a saber:

a) Inconstitucionalidade do art. 94, por entender esta corrente que houve a alteração do conceito de infração de menor potencial lesivo, ampliando-se, dessa forma, o rol dos crimes de competência do JECRIM (Juizados Especiais Criminais).

Esse posicionamento, através de interpretação restritiva do dispositivo acima, afirma que o conceito de infração de menor potencial ofensivo não pode ser estendido, ou seja, toda e qualquer infração a que seja cominada pena privativa de liberdade não superior a 2 (dois) anos e multa deverá ser da competência do JECRIM. Assim, os crimes descritos no Estatuto do Idoso deverão seguir essa regra de ordem pública preconizada no art. 61 da Lei n. 9.099/95[268].

---

[268] "Art. 61. Consideram-se infrações penais de menor potencial ofensivo, para os efeitos desta Lei, as contravenções penais e os crimes a que a lei comine pena máxima não superior a 2 (dois) anos, cumulada ou não com multa."

Ademais, vale ressaltar que esta corrente afirma que o Estatuto veio como instrumento tendente a assegurar direitos e garantias de forma mais contundente a pessoas em idade igual ou superior a 60 anos e não torná-las mais frágeis como vítimas de crimes[269]. Trata-se de situação que não se coaduna com a função de tal diploma legal, notadamente em face da ideia trazida pelo art. 230[270].

Além disso, argumenta-se que o artigo em análise gera a violação ao princípio da isonomia, pois enquanto um agente que pratica uma conduta delitiva contra o idoso se beneficia pela Lei n. 9.099/95, outro, que pratica o mesmo crime com pena até quatro anos, responderá pelo procedimento comum sumário previsto no Código Penal.

Por fim, ratificando a teoria da inconstitucionalidade, afirma-se que por ser o art. 98, I, da Constituição Federal norma de eficácia limitada[271], o conceito de infração de menor potencial lesivo só poderia ter sido determinado por lei específica (Leis n. 9.099/95 e 10.259/2001).

De outra parte, critica-se a corrente acima, afirmando-se que o legislador não objetivou a ampliação do rol, pois se tivesse querido realizá-lo, teria descrito: "consideram-se infrações de menor potencial ofensivo", como o fez no art. 61 da Lei n. 9.099/95. Contudo, não foi essa a redação utilizada pelo legislador, mas, sim, "aplica-se o procedimento previsto da Lei n. 9.099/95". Notam-se, assim, duas realidades diferentes e, portanto, impassíveis de uso analógico em si.

É importante salientar que o conceito material sobre crimes de menor potencial ofensivo não pode ser confundido com o procedimento cominado na Lei n. 9.099/95. Portanto, chegando-se a esta conclusão, surgem outras, com base na constitucionalidade do mencionado dispositivo, mas que discutem outras questões, especialmente no que tange às medidas despenalizadoras presentes na Lei n. 9.099/95.

---

[269] PIMENTEL, Érica. *A competência do JECRIM no Estatuto do Idoso*. Vitória: Instituto Capixaba de Estudos, 2004, p. 71.

[270] "Art. 230. A família, a sociedade e o Estado têm o dever de amparar as pessoas idosas, assegurando sua participação na comunidade, defendendo sua dignidade e bem-estar e garantindo-lhe o direito à vida."

[271] RAMOS, Paulo Roberto Barbosa. Aspectos penais do "Estatuto do Idoso". Disponível em: <http://www.direitodoidoso.com.br/01/artigo022.html>. Acesso em: 5 set. 2014.

b) Constitucionalidade do art. 94, aplicando-se ao Estatuto do Idoso o tratamento procedimental do JECRIM:

Segundo os autores desta corrente, o legislador pretendeu apenas dar um andamento mais célere aos crimes cometidos no Estatuto do Idoso, não tendo como objetivo punir menos severamente o autor do delito.

Seguindo o mencionado entendimento, Damásio Evangelista de Jesus assevera que os crimes criados pela Lei n. 10.741/2003, desde que a pena máxima abstrata não ultrapasse quatro anos, seguirão o procedimento sumaríssimo previsto na Lei dos Juizados Especiais Criminais, embora sejam tecnicamente de competência da Justiça Comum[272].

Neste mesmo diapasão, Luiz Flávio Gomes[273] afirma que o Estatuto do Idoso apenas "emprestou" o procedimento dos arts. 77 e 83 da Lei n. 9.099/95 aos crimes praticados contra o idoso para fins de celeridade processual.

A dúvida doutrinária que versa nesta corrente é sobre o cabimento dos institutos da transação penal e composição civil dos danos nos crimes previstos no Estatuto do Idoso, visto serem medidas despenalizadoras.

Entendemos ser absolutamente paradoxal tal aplicação na hipótese referida, tendo em vista que a ideologia protetiva ao idoso é inegável, e com as respectivas medidas, ela se esvaziaria, sob o crivo de uma interpretação sistemático-teleológica.

Assim é o entendimento perfilhado pelo STF em julgamento de ação direta de inconstitucionalidade proposta pelo Procurador-Geral da República no que se refere à aplicabilidade dos arts. 39 e 94, ambos do Estatuto do Idoso:

> AÇÃO DIRETA DE INCONSTITUCIONALIDADE. ARTIGOS 39 E 94 DA LEI 10.741/2003 (ESTATUTO DO IDOSO). RESTRIÇÃO À GRATUIDADE DO TRANSPORTE COLETIVO, SERVIÇOS DE TRANSPORTE SELETIVOS E ESPECIAIS. APLICABILIDADE DOS PROCEDIMENTOS PREVISTOS NA LEI 9.099/95 AOS CRIMES PRATICADOS

---

[272] JESUS, Damásio E. de. Notas críticas a algumas disposições criminais do Estatuto do Idoso – Lei 10.741, de 1º de outubro de 2003. *Revista Ministério Público*. Porto Alegre, n. 52, jan./abr. 2004, passim.

[273] GOMES, Luiz Flávio; CERQUEIRA, Thales Tácito Pontes Luz de Pádua. O Estatuto do Idoso ampliou o conceito de menor potencial ofensivo? Disponível em: <http://www.mundojurídico.adv.br>. Acesso em: 10 out. 2014.

CONTRA IDOSOS. [...] 2. Art. 94 da Lei 10.741/2003: interpretação conforme a Constituição do Brasil, com redução de texto, para suprimir a expressão "do Código Penal e". Aplicação apenas do procedimento sumaríssimo, previsto na Lei 9.099/95: benefício do idoso com a celeridade processual. *Impossibilidade de aplicação de quaisquer medidas despenalizadoras e de interpretação benéfica ao autor do crime.* 3. Ação direta de inconstitucionalidade julgada parcialmente procedente para dar interpretação conforme à Constituição Federal do Brasil, com redução de texto, ao art. 94 da Lei 10.741/2003 (STF, ADIn 3.096, Tribunal Pleno, Rel. Min. Carmén Lúcia, julgamento em 16-6-2010)[274] (grifo nosso).

Damásio E. de Jesus defende também a não aplicação dos institutos despenalizadores da Lei n. 9.099/95 em face dos crimes contra idosos. Indaga se a aplicação de tais medidas não estaria incentivando o crime contra o idoso[275].

De outro modo, é forçoso observar que, através de interpretação literal, tanto o art. 74 como especialmente o art. 89 da Lei n. 9.099/95 admitem de forma expressa, os institutos acima analisados.

Art. 76. Havendo representação ou tratando-se de crime de ação penal pública *incondicionada*, não sendo caso de arquivamento, o Ministério Público poderá propor a aplicação imediata de pena restritiva de direitos ou multa, a ser especificada na proposta (grifo nosso).

Se a ação penal nos crimes previstos no Estatuto é de ação penal pública incondicionada, conforme disposição expressa nesse sentido prevista no art. 95, inegável será a possibilidade técnica de serem os institutos da transação penal e composição civil aplicáveis.

---

[274] Importante salientar que o voto do Ministro Carlos Ayres Britto no citado julgado acima desenvolve pensamento lapidar sobre o tema em questão: "6. Sendo assim, também considero inconstitucional a interpretação do dispositivo legal ora impugnado, na medida em que estenda aos agentes criminosos os benefícios despenalizadores da Lei n. 9.099/95. Isso afronta ao invariável sentido tutelar da Constituição, na matéria, assim como aos *postulados da proporcionalidade e da razoabilidade*, além do princípio da *isonomia* (art. 5º da CF). *É que autores de crimes do mesmo potencial ofensivo serão submetidos a tratamentos diversos, sendo que o tratamento mais benéfico está sendo paradoxalmente conferido ao agente que desrespeitou o bem jurídico mais valioso: a incolumidade e dignidade do próprio idoso* [...]" (grifo nosso).

[275] JESUS, Damásio E de. Notas críticas a algumas disposições criminais do Estatuto do Idoso – Lei 10.741, de 1º de outubro de 2003. *Revista Ministério Público.* Porto Alegre, n. 52, jan./abr. 2004, p. 233.

Em relação à suspensão condicional do processo, será também tecnicamente (através de interpretação literal) cabível, tendo em vista que não há qualquer argumento impeditivo legal para sua aplicação:

> Art. 89. Nos crimes em que a pena mínima cominada for igual ou inferior a um ano, abrangidas ou não por esta Lei, o Ministério Público, ao oferecer a denúncia, poderá propor a suspensão do processo, por dois a quatro anos, desde que o acusado não esteja sendo processado ou não tenha sido condenado por outro crime, presentes os demais requisitos que autorizariam a suspensão condicional da pena (art. 77 do Código Penal).

No mesmo sentido, Marcos Ramayana observa a admissão dos institutos acima, bem como da suspensão do processo:

> [...] caberão os institutos despenalizadores da Lei 9.099/95 (transação penal e *sursis* processual), no âmbito, exclusivo do estatuto penal do idoso, em relação aos crimes cuja pena não ultrapasse 4 (quatro) anos. Não haverá extensão em simetria com delitos não previstos na normatização de proteção ao idoso[276].

c) Constitucionalidade do art. 94 estabelecendo a ampliação do rol de crimes definidos como infrações de menor potencial ofensivo.

Afirma-se que o Estatuto do Idoso no art. 94 ampliou a competência do JECRIM originariamente prevista no art. 61 da Lei n. 9.099/95 e art. 2º, parágrafo único, da Lei n. 10.259/2001, havendo neste ponto a derrogação dos dois artigos citados.

Para esta corrente, há de ser feita tal interpretação, visto que, como a sociedade não consegue administrar seus presídios, será necessário que se busque uma solução mais pacífica para os conflitos sociais[277].

Contudo, pontuamos seguindo o entendimento de Érica Pimentel[278] de que o art. 94 em momento algum frisou a expressão "consideram-se infrações penais de menor potencial ofensivo" como o fez o art. 61 da Lei n. 9.099/95.

---

[276] RAMAYANA, Marcos. *Estatuto do Idoso comentado*. Rio de Janeiro: Roma Victor, 2004, p. 94.
[277] JOPPERT, Alexandre Couto. Ampliação do conceito de infração de menor potencial ofensivo e Lei 10.741/03. Disponível em <http://www1.jus.com.br/doutrina/texto.asp?id+4921>. In: PIMENTEL, Érica, op. cit., p. 74.
[278] Op. cit., p. 75.

Apenas estabeleceu que aos crimes cuja pena não seja superior a quatro anos será aplicado o procedimento previsto no JECRIM[279].

Nesse mesmo sentido, Marcos Ramayana[280] assevera que o art. 94 do Estatuto apresenta um viés estritamente processual, não estabelecendo conceito material sobre infração de menor potencial ofensivo.

Confirmando o posicionamento acima, Elias Antonio Jacob[281] afirma que:

[...] o artigo 94 é cristalino ao remeter apenas ao procedimento da Lei 9.099, de 26 de setembro de 1995, com nítida preocupação de celeridade, não se referindo, nem ao conceito material de crime de menor potencial ofensivo, nem à possibilidade de aplicação de medidas próprias da fase preliminar, nem às regras determinadoras da competência de juízo constantes da lei remetida.

Dessa forma, somos partidários da conclusão de que os crimes cujas penas privativas de liberdade sejam de dois a quatro anos[282], em sede do Estatuto do Idoso, serão processados seguindo o procedimento sumaríssimo previsto no art. 77 da Lei n. 9.099/95, sem a aplicação dos institutos da transação penal e da suspensão condicional do processo, pois depreendemos pelos princípios da razoabilidade e isonomia que não se pode dar um tratamento mais benéfico a quem vilipendiou bens jurídicos de um idoso. Seria uma total subjugação de critérios racionais de proporcionalidade.

Segue abaixo acórdão sobre tema:

HABEAS CORPUS. CRIME CONTRA IDOSO. APLICAÇÃO DOS INSTITUTOS DESPENALIZADORES PREVISTOS LEI 9.099/1995. IMPOS-

---

[279] O procedimento a ser seguido compreenderá a sequência dos seguintes atos processuais, a saber: a) oferecimento da denúncia do Ministério Público; b) recebimento da denúncia; c) citação do acusado e designação de audiência de instrução e julgamento; d) realização da audiência de instrução e julgamento: apresentação da defesa preliminar do acusado; recebimento ou rejeição da denúncia (no caso de rejeição caberá o recurso de apelação expresso no art. 82 da Lei n. 9.099/95); oitiva da vítima; oitiva das testemunhas de acusação; oitiva das testemunhas de defesa; interrogatório do acusado; alegações orais da acusação; alegações orais da defesa e sentença (art. 77 da Lei n. 9.099/95).

[280] RAMAYANA, Marcos, op. cit., p. 94.

[281] JACOB, Elias Antonio. *Leis penais especiais*. São Paulo: Juarez de Oliveira, 2006, p. 198-199.

[282] Para os crimes previstos no Estatuto do Idoso, cujas penas privativas de liberdade sejam superiores a quatro anos, o rito a ser seguido por eles será o ordinário previsto no Código de Processo Penal perante o Juízo Comum.

SIBILIDADE. ORDEM DENEGADA. – Em que pese ao Estatuto do Idoso prever a aplicação do procedimento da Lei 9.099/1995 aos delitos previstos naquela lei cuja pena máxima não ultrapasse 4 (quatro) anos, não se mostra razoável a aplicação dos seus institutos despenalizadores (TJMG, HC 1.0000.12.132042-8/000, Rel. Des. Adilson Lamounier, julgamento em 19-2-2013)[283].

d) Constitucionalidade do art. 94, que determina a competência do JECRIM para os crimes com pena máxima de quatro anos apenas para os crimes do Estatuto do Idoso e a aplicação das medidas despenalizadoras.

Trata-se de uma corrente que estabelece para os crimes previstos no Estatuto do Idoso com pena inferior a quatro anos a aplicação da Lei n. 9.099/95 na sua integralidade, isto é, observância de seu procedimento, bem como dos institutos a ela inerentes, a saber: transação e suspensão condicional do processo.

Para Luiz Eduardo Alves de Siqueira, quando ocorrer a hipótese de crime de ação penal pública incondicionada com pena máxima de quatro anos, o procedimento seguirá o do JECRIM, sendo cabível ao Ministério Público propor a aplicação imediata de pena restritiva de direitos, multa, transação penal ou suspensão condicional da pena[284].

A *ratio* desse entendimento advém da necessidade de que haja uma prestação jurisdicional mais célere e pacífica às vítimas desses crimes, que são pessoas idosas. Assim, tal entendimento, segundo esta corrente[285], vai ao encontro da proteção que se quer dar às vítimas idosas, inclusive no que tange à afirmação de que os institutos da transação e da suspensão condicional do processo seriam mais benéficos ao idoso, pois a ausência da segregação social

---

[283] Interessante citar parte do teor do acórdão acima mencionado pelo Relator Desembargador Adilson Lamounier:"Veja-se que o Estatuto do Idoso, ao dispor sobre a aplicação do procedimento da Lei dos Juizados Especiais Cíveis e Criminais nos delitos acima referidos, busca propiciar maior celeridade à averiguação, bem como ao julgamento dos delitos que figuram como ofendidas pessoas com idade igual ou superior a 60 (sessenta) anos, garantindo especial proteção à sua dignidade. Todavia, não se admite em face do autor do ilícito a aplicação dos institutos despenalizadores da Lei 9.099/1995, já que não seria suficiente infligir tratamento mais severo aos autores de delito contra o idoso e, de forma contrária incidir, por exemplo, a transação penal".
[284] SIQUEIRA, Luiz Eduardo Alves de. *Estatuto do Idoso de A a Z*. São Paulo: Ideias e Letras, 2004, p. 54-55.
[285] PIMENTEL, Érica. A *competência do JECRIM no Estatuto do Idoso*, op. cit., p. 81.

do agente do delito quando o mesmo fosse familiar deste propiciaria o fortalecimento dos laços familiares.

Capítulo II
Dos crimes em espécie*

Art. 95. *Os crimes definidos nesta Lei são de ação penal pública incondicionada, não se lhes aplicando os arts. 181 e 182 do Código Penal.*

O artigo em comento impõe duas considerações, quais sejam: a) referente à natureza jurídica da ação penal dos crimes praticados em face de vítimas idosas; b) causas de imunidade penal (absoluta e relativa).

Em relação à primeira consideração, a lei dispõe que todos os crimes previstos no Estatuto do Idoso serão processados mediante ação penal pública incondicionada, tendo o Ministério Público a titularidade para propor a ação penal em face de quem violou bem jurídico pertencente à pessoa idosa.

Trata-se, portanto, de hipótese na qual se impossibilita ao idoso possuir a titularidade da ação penal (ação privada).

No que tange à segunda consideração, faz-se necessário observar a redação prevista no art. 181 do Código Penal:

> Art. 181. É isento de pena quem comete qualquer dos crimes previstos neste Título, em prejuízo:
> I – do cônjuge, na constância da sociedade conjugal;
> II – de ascendente ou descendente, seja o parentesco legítimo ou ilegítimo, seja civil ou natural.

Trata-se de uma causa de isenção de pena chamada pela doutrina de imunidade absoluta ou escusa absolutória[286] a quem comete crime contra o patrimônio (arts. 155 a 180 do Código Penal), e não uma causa de exclusão de antijuridicidade[287]. A imunidade ou isenção foi assim imposta por razões de política criminal e com o fim de preservar as relações familiares[288].

---

* Por Greice Patrícia Fuller.
[286] DELMANTO, Celso et al. *Código Penal comentado*. São Paulo: Saraiva, 2013, p. 183.
[287] É importante salientar que a escusa absolutória de caráter pessoal não afasta a possibilidade de o ofendido propor medidas civis contra o agente delitivo, ressalvando-se apenas que elas não poderão ser extensíveis a quem não participou da infração.
[288] DELMANTO, Celso et al., op. cit., p. 183.

Portanto, o art. 95 do Estatuto do Idoso proibiu a aplicação da mencionada imunidade penal em relação aos crimes praticados contra patrimônio em face dos idosos:

APELAÇÃO CRIMINAL. FURTO QUALIFICADO PELO ABUSO DE CONFIANÇA. FILHO EM DESFAVOR DO PAI IDOSO. CONFISSÃO EXTRAJUDICIAL CONFIRMADA POR OUTRAS PROVAS. POSSE E OCULTAÇÃO DE ARMA DE FOGO COM NUMERAÇÃO RASPADA. DELITOS CARACTERIZADOS. RECURSOS NÃO PROVIDOS. 1. Incide nas sanções do art. 155, § 4º, II, do Código Penal o filho que, consciente da circunstância subjetiva do abuso de confiança, subtrai do próprio pai, homem com mais de 80 anos de idade, vultosa quantia em dinheiro para supostamente quitar dívida de aquisição de entorpecente. Deve-se frisar, outrossim, a teor do disposto no artigo 95 (e seguintes) da Lei n. 10.741/2003 (Estatuto do Idoso), *aos crimes patrimoniais previstos nos artigos 155 a 180 do Código Penal não se aplica a isenção de pena do artigo 181 do Estatuto Repressivo*. 2. Quem possui ou oculta arma de fogo com numeração raspada, sem autorização ou em desacordo com determinação legal ou regulamentar, incide nas sanções do art. 16, § único, IV, da Lei n. 10.826/03. 3. Recursos não providos (TJMG, Ap. Crim. 1.0439.10.017227-9/00, Rel. Des. Eduardo Brum, julgamento em 14-5-2014) (grifo nosso).

Art. 182. Somente se procede mediante representação[289], se o crime previsto neste Título é cometido em prejuízo:

I – do cônjuge desquitado ou judicialmente separado;

II – de irmão, legítimo ou ilegítimo;

III – do tio ou sobrinho, com quem o agente coabita.

O artigo acima referido afirma que a ação penal nos crimes patrimoniais previstos nos arts. 155 a 180 do Código Penal será pública condicionada, se a conduta for praticada em prejuízo das pessoas referidas nos incisos do art. 182 do mesmo código.

Portanto, sendo praticado qualquer crime previsto no Estatuto do Idoso (arts. 96 a 109 da Lei n. 10.741/2003), restará afastada a aplicação do art. 182 do Código Penal pela regra hermenêutica da aplicação do princípio da especialida-

---

[289] A representação constitui condição de procedibilidade (condição específica da ação penal) para a realização da persecução penal nos crimes de ação penal pública condicionada.

de. Conclui-se, portanto, que a ação penal de todos os tipos penais do Estatuto será de natureza pública incondicionada.

Além das considerações acima, observa-se que o art. 95 deve ser analisado à luz do art. 110 do Estatuto do Idoso, que acrescentou o inciso III ao art. 183 do Código Penal.

Art. 183. Não se aplica o disposto nos dois artigos anteriores: [...]. III – se o crime é praticado contra pessoa com idade igual ou superior a 60 (sessenta) anos.

O art. 183 do Código Penal prescreve exceções às imunidades previstas nos arts. 181 e 182. A *ratio* que inspirou o legislador à proibição das imunidades foi a prevalência da proteção à segurança e dignidade do idoso[290].

Dessa forma, o art. 110 do Estatuto afasta a possibilidade de reconhecimento das imunidades (isenções de pena) nos crimes patrimoniais contra ofendido que tenha idade igual ou superior a 60 anos.

PROVA. Confissão. Validade. Reconhecimento. Merecimento de eficácia probatória, porque crível e verossímil, fruto da clara correlação entre os testemunhos, tudo a permitir a responsabilização penal do recorrente. *FURTO. Imunidade absoluta prevista no art. 181, II, do CP. Inaplicabilidade. Introdução do inciso III no art. 183 do CP a teor da Lei n. 10.741/2003* (Estatuto do Idoso). Hipótese da prática de crime de furto. Entendimento de que o filho que pratica crimes patrimoniais, de qualquer espécie, contra pais idosos deve, sim, responder pelo crime, não o favorecendo a imunidade estabelecida como regra na lei penal. Recurso parcialmente provido (TJSP, Ap. Criminal 11358363800, 5ª Câm. Criminal, Rel. Des. Geraldo Francisco Pinheiro Franco) (grifo nosso).

Entretanto, há quem critique a narrativa do art. 110 do Estatuto aduzindo que seu conteúdo fere a dignidade dos idosos, ao negar-lhes o direito de não ver um ente querido ser processado e até preso, ofendendo ainda o direito de

---

[290] "PRISÃO. Em flagrante. Conversão em preventiva. Admissibilidade. Análise sob a égide da Lei Federal n. 12.403/11. Decisão bem fundamentada. Acusação de cometimento de roubo em concurso de agentes e mediante violência física contra idoso com *78 anos de idade*. Conduta do paciente, que revelou patente *destemor, audácia, desprezo e desrespeito para com a vítima*. Fatos que revelam ser a prisão necessária e adequada ao caso concreto para garantia da ordem pública. Ordem denegada" (TJSP, HC 20791934520148260000, 16ª Câm. de Direito Criminal, Rel. Newton de Oliveira Neves, julgamento em 22-7-2014) (grifos nossos).

igualdade, autodeterminação e não discriminação ao subtrair-lhes a prerrogativa de decidir sobre a representação e considerá-los pessoas destituídas de capacidade de decisão[291].

O que o legislador, em sua realidade, tentou buscar foi justamente conferir liberdade, bem-estar e dignidade à pessoa idosa, que pode sentir-se com medo e extremamente vulnerável quando vítima de um ataque de violência.

Art. 96. *Discriminar pessoa idosa, impedindo ou dificultando seu acesso a operações bancárias, aos meios de transporte, ao direito de contratar ou por qualquer outro meio ou instrumento necessário ao exercício da cidadania, por motivo de idade.*

Pena: *reclusão de 6 (seis) meses a 1 (um) ano e multa.*

§ 1º Na mesma pena incorre quem desdenhar; humilhar; menosprezar ou discriminar pessoa idosa, por qualquer motivo.

§ 2º A pena será aumentada de 1/3 (um terço) se a vítima se encontrar sob os cuidados ou responsabilidade do agente.

A conduta criminosa em análise tipifica a discriminação em relação à pessoa idosa, impedindo ou dificultando seu acesso a operações bancárias, aos meios de transporte, ao direito de contratar ou qualquer outro meio ou instrumento que a impeça de exercitar o seu direito à cidadania.

Nas palavras de Houaiss[292], *discriminação* significa"1. Faculdade de distinguir; diferenciação [...]. 2. Ação de separar, pôr à parte, ou o seu efeito".

Além disso, afirma que *discrimimar* corresponde às seguintes condutas: "1. Perceber diferenças entre; distinguir. 2. Pôr à parte; especificar, classificar; 3. Tratar mal ou de modo injusto um indivíduo ou grupo de indivíduos por característica étnica, cultural, religiosa etc.".

Vale ressaltar que em meio ao *ontos* da Lei n. 10.741/2003, já existem regras fixadoras de direitos de proibição da discriminação, a saber, arts. 2º, 3º, *caput*, 10,

---

[291] MACIEL, Silvio. O preconceito do Estatuto do Idoso. Disponível em: <http://atualidadesdodireito.com.br/silviomaciel/2011/09/06/o-preconceito-do-estatuto-do-idoso/>. Acesso em: 24 ago. 2014.

[292] HOUAISS, Antonio. *Minidicionário da língua portuguesa*. Rio de Janeiro: Objetiva, 2010, p. 263.

§§ 1º a 3º, 26, 27, 49, V e VI, 50, sendo o art. 96 a concretização da tutela penal inerente aos mesmos.

Assim, o legislador entendeu por bem estabelecer tipos penais que justamente protejam os idosos de práticas de discriminação ou supressão de direitos em face de sua idade, visto que são possuidores de dignidade e, portanto, portadores dos mesmos direitos pertencentes a toda e qualquer pessoa.

Todos os crimes aqui entendidos tiveram como *ratio* de criação o princípio geral do direito correspondente à dignidade humana, retomando-se a ideia de que a Constituição Brasileira estabeleceu em seu art. 1º, III, que, além de ser um direito, é também o fundamento da República Federativa do Brasil[293].

A dignidade constitui a qualidade inerente a todo e qualquer ser humano, sendo inegável o seu caráter de intangibilidade.

Portanto, é de se ressaltar que cada ser humano é detentor de dignidade pelo simples fato de ser pessoa, significando ser esse um atributo inato e essencial da pessoa humana, não podendo ser considerada, segundo esta noção, como mera criação apenas jurídico-positiva, mas sim um valor já preenchido *a priori*[294].

A dignidade, portanto, funciona como critério de hermenêutica, bem como, razão para decisões[295] e fundamento para criação legislativa e políticas públicas protetivas dos direitos fundamentais do homem em sociedade.

Tecidas as digressões acima, vale ressaltar alguns aspectos do tipo penal de discriminação que têm seu fundamento e arcabouço valorativo nas ideias acima trazidas sobre dignidade.

a) Elementos objetivos

O núcleo do tipo penal corresponde à conduta *discriminar*, ou seja, tratar de forma desigual pessoas idosas em face das demais assim não consideradas idosas, apenas em razão de idade, ofendendo assim o princípio constitucional da isonomia (art. 5º, XLI, da CF).

---

[293] *Vide* análise dos antecedentes históricos sobre o princípio da dignidade no direito comparado: FULLER, Greice Patrícia. O meio ambiente hospitalar em face da dignidade da pessoa humana no direito ambiental brasileiro. *Revista Brasileira de Direito Ambiental*. São Paulo: Fiuza, 2011, p. 59-62.
[294] FULLER, Greice Patrícia. O meio ambiente hospitalar em face da dignidade da pessoa humana no direito ambiental brasileiro, op. cit., p. 55.
[295] SANTOS, Fernando Ferreira. *O princípio constitucional da dignidade da pessoa humana*. São Paulo: Celso Bastos, 1999, p. 17.

Claro é que o legislador não determinou quais são as formas pelas quais se pode realizar a conduta de discriminação, dada a imensa possibilidade de *modus operandi* de realizá-la.

Por esse motivo, utilizou-se de fórmulas casuísticas (como exemplos de discriminação), autorizando após uma cláusula genérica ("ou qualquer outro meio ou instrumento necessário ao exercício da cidadania") a aplicação da interpretação analógica.

Conclui-se, desta feita, que restará caracterizada a discriminação toda vez que forem criadas dificuldades ou obstáculos ao acesso do idoso a operações bancárias de qualquer natureza (saques, financiamentos, acesso físico à dependência da instituição financeira, entre outros); aos transportes (ônibus que não para, imotivadamente, no ponto impedindo o acesso do idoso ao transporte); à realização de contratos (*v.g.*, financiamentos imobiliários ou locação imobiliária) ou a qualquer outro meio que o impeça ao exercício da cidadania (*v.g.*, negar-lhe o direito ao voto ou a cursar determinada faculdade em razão de sua idade).

Deve-se salientar que todas as hipóteses acima acolhidas levam em consideração que a discriminação será feita sob o argumento da idade do indivíduo.

b) Elemento subjetivo

Dolo específico, ou seja, vontade livre e consciente de discriminar a pessoa idosa dirigida à finalidade de impedir ou dificultar seu acesso a operações bancárias, aos meios de transporte, ao direito de contratar ou outro meio que obstaculize o exercício da sua cidadania, por motivo de idade.

Não se admite a modalidade culposa com fulcro no art. 18, parágrafo único, do Código Penal.

c) Elemento normativo do tipo

O tipo em análise apresenta o elemento normativo do tipo caracterizado pela expressão "por motivo de idade". Tratando-se de elemento normativo, será imprescindível, em cada caso concreto, que se proceda a um juízo de valoração pelo juiz, observando se a conduta criminosa foi cometida em razão da idade do sujeito passivo (idoso), pois se assim não o foi, o crime deverá ser desclassificado para o art. 96, § 1º, conforme o caso.

Assim, se a conduta delitiva for praticada em razão de aspectos raciais, cor, etnia, religião ou procedência nacional, ela será desclassificada para o crime resultante de discriminação ou preconceito previsto na Lei n. 7.716/89 (com as alterações trazidas pelas Leis n. 8.081/90, 8.882/94 e 9.459/97) ou para o delito previsto no art. 140, § 3º, do Código Penal (injúria preconceituosa e definida como injúria qualificada).

Neste tocante, é importante que se imponha a diferença prevista no art. 96, § 1º, do Estatuto do Idoso e art. 140, § 3º, do Código Penal[296].

Primeiramente, cumpre ressaltar que a figura típica de injúria ao idoso encontra previsão no Código Penal (art. 140, § 3º), e não no Estatuto do Idoso.

No delito previsto no art. 96 do Estatuto do Idoso, o agente não utiliza a condição de pessoa idosa para realizar a humilhação, enquanto na injúria qualificada prevista no art. 140, § 3º, tal condição é conditio *sine qua non* à concretização da ofensa[297].

Ademais, a natureza jurídica das ações penais também é diferente, visto que no primeiro crime (Estatuto do Idoso) a ação é pública incondicionada, conforme expressa determinação legal, enquanto no segundo (Código Penal), é privada.

Por último, salientamos que a injúria qualificada tem como objetividade jurídica a tutela da honra subjetiva do idoso, enquanto o crime de discriminação do idoso (art. 96 do Estatuto do Idoso) visa proteger o princípio da isonomia. Contudo, ambos tutelam a própria dignidade da pessoa do idoso.

d) Sujeito ativo da conduta

O crime em tela é comum, podendo, portanto, ser praticado por qualquer pessoa ou em concurso de pessoas.

e) Sujeito passivo da conduta

É a pessoa idosa, assim entendida aquela com idade igual ou superior a 60 anos (art. 1º da Lei n. 10.741/2003).

---

[296] Art. 140, § 3º, do CP: "Se a injúria consiste na utilização de elementos referentes a raça, cor, etnia, religião, origem ou a condição de pessoa idosa ou portadora de deficiência. Pena – reclusão de um a três anos e multa".

[297] ALMEIDA, Patricia Donati. O Estatuto do Idoso, em seu art. 96, § 1º, prevê como crime a humilhação ao idoso. Pergunta-se: quais as diferenças entre esse delito e o de injúria ao idoso? Disponível em: <http://lfg.jusbrasil.com.br/noticias/2984853/o-estatuto-do-idoso-em-seu-art-96-1-preve-como-crime-a-humilhacao-ao-idoso-pergunta-se-quais-as-diferencas-entre-esse-delito-e-o-de-injuria-ao-idoso-patricia-donati-de-almeida>. Acesso em: 3 out. 2014.

f) Objeto jurídico do crime

O tipo penal tutela a dignidade da pessoa humana preenchida pelo pleno exercício da cidadania pelo idoso, direito à isonomia e direito à honra.

g) Tentativa

A tentativa é possível desde que o agente do delito pratique o ato discriminatório, mas não consiga o resultado traduzido por impedimento ou dificuldade no acesso do idoso às operações bancárias, aos transportes, às contratações ou aos demais direitos que impeçam o exercício da cidadania por motivo de idade.

h) Consumação

O crime é material, exigindo para o seu aperfeiçoamento que a discriminação realizada acarrete efetivamente impedimento ou dificuldade no acesso do idoso às operações bancárias, aos transportes, às contratações ou aos demais direitos que obstaculizem o exercício da cidadania em razão da idade.

i) Ação penal e procedimento

Trata-se de ação penal pública incondicionada, sendo o crime caracterizado como de menor potencial ofensivo em face de a pena máxima abstrata não ser superior a dois anos. Portanto, seguirá o procedimento sumaríssimo estabelecido na Lei n. 9.099/95[298], sendo cabível, para aqueles que assim procedem a uma interpretação gramatical da lei citada, o instituto da transação penal e suspensão condicional do processo, desde que presentes, respectivamente, as condições estabelecidas nos arts. 76 e 89 deste diploma legal.

Sobre o assunto, vide as considerações encetadas no art. 94 do Estatuto do Idoso.

---

[298] Considerando-se o rito procedimental previsto no JECRIM (Lei n. 9.099/95), temos: a) lavratura do termo circunstanciado (TC) pela autoridade policial; b) encaminhamento do termo ao Juizado; c) notificação do agente do delito e ofendido para comparecimento ao Fórum; d) realização da audiência preliminar: oportunidade de proposta da tentativa da composição civil e da transação penal (art. 76 da Lei n. 9.099/95); e) sendo aceitas as propostas, encerra-se o procedimento com o aperfeiçoamento da composição civil e homologação, pelo juiz, da transação penal; f) não sendo proposta a transação por não estarem presentes as condições para o seu oferecimento, ou não sendo as propostas de composição civil e transação penal aceitas, seguirá a audiência de instrução e julgamento: f.1) haverá nova tentativa de composição civil e transação penal; não sendo aceitas novamente; f.2) será apresentada defesa preliminar pelo defensor; f.3) oferecimento e recebimento da denúncia ou queixa e segue-se o rito sumário com a possibilidade de propositura da suspensão condicional do processo.

j) Inadmissibilidade de retratação do ofendido

Não é cabível a retratação do ofendido neste crime, visto ser de ação penal pública incondicionada.

Nesta linha, gize-se o acórdão abaixo colacionado:

RECURSO EM SENTIDO ESTRITO. ARTS. 96, § 1º, E 99/ESTATUTO DO IDOSO. RETRATAÇÃO DA OFENDIDA. IRRELEVÂNCIA. AÇÃO PENAL PÚBLICA INCONDICIONADA. RECURSO PROVIDO. *A retratação da vítima é irrelevante nas hipóteses de delitos que se processam mediante ação penal pública incondicionada*, ainda que praticados em concurso material com crimes de ação penal condicionada à representação do ofendido (TJMG, Recurso em Sentido Estrito 1.0035.09.145611-7/001, Rel. Des. Júlio Cezar Guttierrez, julgamento em 14-9-2011) (grifo nosso).

Figuras típicas equiparadas

O art. 96, § 1º, do Estatuto prescreve: "nas mesmas penas incorre quem desdenhar, humilhar, menosprezar ou discriminar pessoa idosa, por qualquer motivo".

a) Elementos objetivos

O tipo previsto no art. 96, § 1º, afirma que quem desdenhar, humilhar, menosprezar ou discriminar pessoa idosa por qualquer motivo incorrerá nas penas do tipo previsto no *caput* do art. 96.

Na tipificação penal em análise, verifica-se a desnecessidade da ocorrência de apuração do real motivo que impulsionou o agente à prática dos núcleos do tipo penal.

Segundo Houaiss, *desdém* equivale ao ato de *desdenhar-se*:

> Desdenhar equivale a tratar alguém com desprezo ou desamor; recusar ou repudiar; fazer troça de alguém.
> Desdém. 1. Desprezo arrogante, altivez, soberbia, sobranceira 2. Comportamento distanciado; indiferença 3. Ação ou dito depreciativo, sem afabilidade ou polidez; desabrimento; grosseria 4. Falta de trato ou esmero; desdenho[299].

---

[299] HOUAISS, Antonio. *Dicionário Houaiss da língua portuguesa*. Rio de Janeiro: Objetiva, 2001, p. 973.

Humilhar equivale a tratar de forma vexatória ou constrangedora o idoso: humilhar. 1. tornar(-se) humilde; humildar(-se) 2. tornar(-se) desacreditado, mal afamado; vexar(-se); rebaixar(-se) 3. Referir-se com menosprezo a; tratar com desdém [...] humilhação 1. Ação ou efeito de humilhar(-se) 2. Submissão, abatimento 3. Rebaixamento moral[300].

Menosprezar, de acordo com Houaiss, caracteriza o ato de: "1. Diminuir o valor, a qualidade, a virtude de (alguém, algo ou de si mesmo); depreciar(-se)"[301].

Discriminar, ainda segundo o mesmo autor, é:

1. Ato ou efeito de discriminar, discernir, discernimento, discriminação 2. Ação ou efeito de separar, segregar, pôr à parte 3. Tratamento pior ou injusto dado a alguém por causa de características pessoais; intolerância, preconceito 4. Ato que quebra o princípio de igualdade, como distinção, exclusão, restrição ou preferências, motivado por raça, cor, sexo, idade, trabalho, credo religioso ou convicções políticas [...][302].

Sobre o assunto, cite-se o acórdão abaixo:

ESTATUTO DO IDOSO. ARTIGO 96, § 1º, DA LEI 10.741/03. *Acusado que humilha e menospreza sua genitora, desferindo-lhe um chute na região das nádegas, durante um desentendimento.* Relato da ofendida claro e seguro, não demonstrando sequer indícios de querer incriminar o acusado injustamente. Versão exculpatória do réu isolada nos autos. Condenação de rigor. Penas fixadas no mínimo. Substituição da pena corporal e regime aberto. Apelo improvido (TJSP, Ap. Crim. 122044220108260482, Rel. Des. Pinheiro Franco, 5ª Câm. Direito Criminal, julgamento em 1º-3-2012) (grifo nosso).

Trazemos ainda à colação o julgado abaixo:

PENAL. PROCESSUAL PENAL. APELAÇÃO CRIMINAL. CRIME CONTRA O IDOSO (ARTS. 96, § 1º, e 99, *CAPUT*, AMBOS DA LEI 10.741/2003). SENTENÇA CONDENATÓRIA. RECURSO DA DEFESA. MÉRITO. MATERIALIDADE E AUTORIA COMPROVADAS PELAS TESTEMUNHAS OUVIDAS EM JUÍZO. CREDIBILIDADE DOS RELATOS NÃO AFASTADA. *CONVÍVIO COTIDIANO ENTRE O RÉU (NETO)*

---

[300] Ibidem, p. 1.555.
[301] Ibidem, p. 1.895.
[302] Ibidem, p. 1.053.

E A VÍTIMA (AVÔ). EMPREGO DE PALAVRAS DE BAIXO CALÃO E AGRESSÕES FÍSICAS. DOSIMETRIA. CULPABILIDADE. REPROVAÇÃO ELEVADA. CONDUTAS PRATICADAS POR LONGA DATA. CONTINUIDADE DELITIVA (ART. 71 DO CÓDIGO PENAL). PEDIDO DE AFASTAMENTO. IMPOSSIBILIDADE. BENEFÍCIO CONCEDIDO EM FAVOR DO RÉU. SENTENÇA MANTIDA. – Responde pelos crimes descritos nos arts. 96, § 1º, e 99, *caput*, ambos da Lei 10.741/2003 (Estatuto do Idoso) o réu que, na convivência do lar, *agride o avô por meio de palavras e emprego de força física, causando risco à sua saúde*. – Praticada de forma reiterada as condutas delituosas imputadas ao réu, porquanto compreendidas em largo espaço de tempo, tem-se possível a exasperação da pena-base, considerada a culpabilidade, em razão de sua maior reprovabilidade. – Presente substrato probatório a evidenciar que o autor promoveu de forma reiterada agressões contra seu avô, a aplicação do aumento decorrente da continuidade delitiva (art. 71 do Código Penal) constitui benefício no exame da pena que, caso afastado, importa em aumento incompatível com o recurso defensivo. – Parecer da PGJ pelo conhecimento e o desprovimento do recurso. – Recurso conhecido e desprovido (TJSC, Ap. Crim. 2013.047739-7, 1ª Câm. Criminal, Rel. Des. Carlos Alberto Civinski, julgamento em 18-3-2014) (grifos nossos).

b) Elemento subjetivo

Dolo genérico caracterizado pela vontade livre e consciente de desdenhar, humilhar, menosprezar ou discriminar sem a presença de qualquer motivo.

c) Elemento normativo do tipo

Inexiste na figura típica sob exame.

d) Sujeito ativo do delito

Trata-se de crime comum, podendo ser praticado por qualquer pessoa.

e) Sujeito passivo do delito

Será sempre a pessoa idosa assim caracterizada no art. 1º do Estatuto do Idoso.

f) Objeto jurídico do crime

Conforme análise adredemente realizada sobre o *caput* do art. 96, o bem jurídico tutelado é a dignidade do idoso.

g) Tentativa

É inadmissível a tentativa nesta figura equiparada, tendo em vista tratar-se de um crime formal que se perfaz tão somente com a conduta do agente em desdenhar, humilhar, menosprezar ou discriminar pessoa idosa. Dessa forma, o simples ato, *v.g.*, de humilhar já caracteriza o crime em tela, não havendo necessidade de apuração do motivo do crime.

h) Consumação

Consuma-se o crime com a simples realização dos núcleos do tipo penal em estudo, quais sejam: desdenhar, humilhar, menosprezar ou discriminar, sendo irrelevante a análise do motivo ensejador da prática ofensiva.

i) Ação penal e procedimento

Seguem as mesmas considerações realizadas quando da análise do *caput* do art. 96 do Estatuto do Idoso.

j) Causas de aumento da pena

Assim como no *caput,* também será cabível a causa de aumento de 1/3 das penas se a vítima pessoa idosa se encontrar sob os cuidados ou responsabilidade do agente do delito, sendo que para tal incidência não será necessária a relação de parentesco ou amizade entre ambos.

k) Princípio da proporcionalidade da pena

A pena cominada no crime de discriminação contra pessoa idosa por qualquer motivo é de reclusão de 6 (seis) meses a 1 (um) ano e multa. Ocorre que, se o crime for resultante de discriminação por motivo de raça, cor, etnia, religião ou procedência nacional contra pessoa idosa, a pena será menor que a pena prevista na chamada Lei Caó (art. 20 da Lei n. 7.716/89[303]), que é de reclusão de 1 (um) a 3 (três) anos e multa.

Dessa forma, observa-se uma situação de flagrante desproporcionalidade de penas e desvalorização do ideal protetivo do Estatuto do Idoso. Seria então mais benéfico ao agente delitivo cometer a conduta de discriminação ao idoso?

Nossa resposta somente pode ser negativa e, é claro, sujeita a críticas. Contudo, pontuamos que a conduta de discriminação por motivos de raça, etnia, cor ou religião deverá ser punida pela Lei n. 7.716/89 e não pelo Estatuto do Idoso, para que se privilegie o princípio da proporcionalidade e o próprio princípio da especialidade da Lei Caó, que define tipos próprios de discriminação em face de condutas com motivações específicas.

---

[303] "Art. 20. Praticar, induzir ou incitar a discriminação ou preconceito de raça, cor, etnia, religião ou procedência nacional. Pena: reclusão de um a três anos e multa."

Assim, o tipo do art. 96, § 1º, encontraria aplicação quando a expressão "por qualquer motivo" não se referisse aos motivos descritos na Lei n. 7.716/89, mas a outro que não se subsumisse a questões raciais, religiosas ou étnicas.

Art. 97. *Deixar de prestar assistência ao idoso, quando possível fazê-lo sem risco pessoal, em situação de iminente perigo, ou recusar, retardar ou dificultar sua assistência à saúde, sem justa causa, ou não pedir, nesses casos, o socorro de autoridade pública:*

Pena *– detenção de 6 (seis) meses a 1 (um) ano e multa.*

Parágrafo único. *A pena é aumentada de metade, se da omissão resulta lesão corporal de natureza grave e triplicada, se resulta morte.*

a) Elementos objetivos

Trata-se de um tipo penal que imputa a prática delitiva àquele que, sem risco pessoal e sem justa causa (é dizer, *sem a pretensão de sacrificar-se*[304]), realiza conduta omissiva referente a não prestação de assistência ao idoso quando em situação de iminente perigo.

O crime encontra sua *ratio* de existir no *princípio da solidariedade*[305] a que todos estamos submetidos (dever social e ético) e não no dever jurídico de cuidado, pois, se o agente tiver o dever jurídico de cuidar e vigiar o idoso, responderá pelo crime de abandono de incapaz prescrito nos arts. 133 ou 244 do Código Penal, conforme o caso.

As três condutas omissivas são: a) deixar de prestar assistência ao idoso quando possível fazê-lo sem risco pessoal; b) recusar, retardar ou dificultar a assistência ao mesmo, sem justa causa; c) não pedir, nesses casos, o socorro de autoridade pública.

O crime previsto no art. 97 do Estatuto encontra semelhança com o art. 135 do Código Penal; a diferença essencial reside no sujeito passivo (Estatuto do Idoso: pessoa idosa; Código Penal: criança abandonada ou extraviada e pessoa inválida ou ferida):

---

[304] Não estão obrigados a prestar socorro nem mesmo as pessoas obrigadas à prestação de assistência nos termos do art. 24, § 1º, do Código Penal, pois nesse caso não responderão pelo tipo penal por ausência de tipicidade.

[305] Vide observações realizadas quando da análise do item "Aspectos jurídico-filosóficos sobre a tutela penal do Idoso".

Senão vejamos.

Art. 135. *Deixar de prestar assistência*, quando possível fazê-lo sem risco pessoal, à criança abandonada ou extraviada, ou à pessoa inválida ou ferida, ao desamparo ou em grave e iminente perigo de vida; ou não pedir, nesses casos, o socorro da autoridade pública.

Pena – detenção, de 1 (um) a 6 (seis) meses, ou multa.

Parágrafo único. A pena é aumentada de metade, se da omissão resulta lesão corporal de natureza grave, e triplicada, se resulta a morte (grifo nosso).

Assim, a primeira questão é procurar a definição ou o alcance da expressão contida nos dois artigos referente a "prestar assistência".

Damásio E. de Jesus assevera que a assistência genérica prevista no art. 135 do Código Penal, e que aqui podemos comentar paralelamente ao referido tipo penal do Estatuto, pode ser: a) imediata: consistente no dever de prestação imediata de socorro; b) mediata: dever de pedir ajuda à autoridade pública[306].

No que tange ao primeiro caso, o agente deve prestar assistência desde que sem risco pessoal à sua pessoa, enquanto no segundo, deve pedir socorro à autoridade pública.

É importante salientar que o risco pessoal deve referir-se à possibilidade de dano físico à pessoa e não ao risco patrimonial ou moral, que, segundo o autor, nesses últimos dois casos, poderia ser caracterizado como o chamado estado de necessidade[307].

O tipo descrito no art. 97 do Estatuto assevera que o agente delitivo realiza a conduta quando deixa de prestar assistência ao idoso sendo possível fazê-lo sem risco pessoal, em situação de iminente perigo, ou recusa, retarda ou dificulta sua assistência à saúde, sem justa causa, ou não pede, nesses casos, o socorro de autoridade pública.

Questão interessante que se impõe é saber se nos demais casos de omissão, quais sejam nos de recusar, retardar, dificultar ou não pedir socorro, sem justa causa, também será requerido o elemento da inexistência do risco pessoal.

---

[306] JESUS, Damásio E. de. *Direito penal*: parte especial. São Paulo: Saraiva, 2014, p. 217.
[307] Ibidem, p. 218.

ART. 97 319

Aqui também se exige o elemento "sem risco pessoal", conforme se depreende da expressão insculpida no tipo em comento "nesses casos".

Outro dado importante e que merece indagação é saber se haverá a subsunção do art. 97 do Estatuto do Idoso mesmo quando a vítima idosa recusar o socorro, visto que os bens jurídicos em tela são os direitos à vida e à saúde (física e psíquica), considerados pela doutrina como indisponíveis, inalienáveis e irrenunciáveis. Entendemos que a pessoa humana pode apenas renunciar ao exercício dos direitos em questão, mas não aos próprios direitos, pois estes formam um núcleo pétreo que preenche o princípio da dignidade da pessoa humana.

O crime em comento constitui delito de periclitação da vida e da saúde, não estando protegidos outros direitos que não sejam a vida e a incolumidade pessoal do idoso.

Geralmente o crime de omissão de socorro acompanha o de maus-tratos numa ordem sucessiva de violência ao idoso. O acórdão abaixo é exemplo concreto de concurso material entre o crime de omissão de socorro e o de maus-tratos, tipificados respectivamente nos arts. 96 e 97, ambos do Estatuto do Idoso:

APELAÇÃO CRIMINAL. ESTATUTO DO IDOSO. OMISSÃO DE SOCORRO. ABANDONO DE INCAPAZ. DOLO EVIDENCIADO. NECESSIDADES BÁSICAS NÃO PROVIDAS. ESTADO LASTIMOSO. APROPRIAÇÃO DE VALORES MONETÁRIOS. AUTORIA E MATERIALIDADE. COMPROVAÇÃO. ABSOLVIÇÃO. IMPOSSIBILIDADE. PRESCRIÇÃO DA PRETENSÃO PUNITIVA RETROATIVA. AUSÊNCIA DO TRÂNSITO EM JULGADO PARA O MINISTÉRIO PÚBLICO. RECOMENDAÇÃO. – Se as provas constantes dos autos são suficientes para comprovar que a ré *expunha a perigo a integridade bem como saúde física e psíquica da vítima idosa, submetendo-a a condições degradantes,* privando-a de alimentos e cuidados indispensáveis quando obrigado a fazê-lo, imperiosa é a sua condenação. – Se as provas colacionadas demonstraram, com segurança, a intenção da agente em *abandonar a idosa no hospital onde estava internada,* presente encontra-se o dolo, devendo ser condenada. – Pratica o delito previsto no art. 102 da Lei 10.741/03 o agente que se apropria ou desvia bens ou rendimentos de pessoa maior de 60 anos [...]. (TJMG, Ap. Crim. 1.0183.08.154169-4/001, Rel. Des. Silas Vieira, julgamento em 16-10-2012) (grifos nossos).

b) Elemento subjetivo do tipo

É o dolo de perigo, seja direto ou eventual[308]. Assim, o dolo deve referir-se à vontade livre e consciente em não prestar assistência ao idoso ou em recusá-la, retardá-la ou dificultá-la sem justa causa e risco pessoal.

No caso, há a figura do dolo de perigo, pois o agente, com sua conduta negativa, assume o risco de manter o estado de perigo preexistente.

Portanto, frise-se que o dolo se refere à situação de perigo, pois se o for no sentido da vontade e consciência de provocar os resultados morte ou lesão da vítima, o agente será punido respectivamente por crime de homicídio ou de lesão corporal dolosos.

Faz-se necessário atentar ao caráter de subsidiariedade do art. 97 do Estatuto do Idoso. Assim, *v.g.*, motorista que culposamente atropela um idoso e não lhe presta assistência ou não pede socorro à autoridade pública responderá pelo art. 97 do Estatuto do Idoso? Não, pois, nesse caso, responderá apenas pelo homicídio ou lesão corporal culposos qualificados (arts. 302, parágrafo único, III e 303, parágrafo único, do Código de Trânsito Brasileiro (Lei n. 9.503/97), tendo em vista que o crime de omissão de socorro é subsidiário e, portanto, restará absorvido.

Se, ao revés, o agente age com dolo de lesionar ou matar e não lhe presta socorro, responderá por lesão corporal dolosa ou homicídio doloso, sendo o crime de omissão de socorro também absorvido.

O tipo penal em questão não admite modalidade culposa. Assim, se o agente agir com culpa, o fato será atípico em face do princípio da excepcionalidade da culpa.

c) *Elemento normativo do tipo*

O art. 97 do Estatuto do Idoso apresenta a figura de dois elementos normativos do tipo traduzidos nas expressões "em situação de iminente perigo" e "sem justa causa". Caberá ao julgador, por meio de exame de juízo de valor casuístico, verificar se a pessoa idosa se encontrava em situação iminente de perigo que necessitasse a prestação de assistência ou se efetivamente não havia justa causa para recusa, retardamento, dificuldade de assistência à saúde dela ou para pedir socorro à autoridade pública.

d) *Sujeito ativo do delito*

---

[308] O dolo direto ocorre quando o agente quer o resultado perigo de dano; o eventual, quando ele assume o risco de produzi-lo.

Qualquer pessoa pode ser sujeito ativo do crime previsto no artigo em análise, pois não se trata de crime próprio, mas sim, comum, oriundo do dever genérico de solidariedade.

É importante salientar que se o agente do delito tiver o dever jurídico de cuidado (dever de solidariedade específico) responderá pelos crimes do art. 133 ou art. 244 do Código Penal, de acordo com o caso. Nesse delito, há a exigência de uma "vinculação jurídica especial entre os sujeitos, como ocorre nos casos de pai, tutor, médico, enfermeira etc."[309]. Tratando-se de omissão de socorro cometida no trânsito, aplica-se o art. 304 do Código de Trânsito Brasileiro (Lei n. 9.503, de 23 de setembro de 1997)[310].

O caso analisa questão no âmbito cível, versando sobre fato que diz respeito à responsabilidade por omissão do Município.

Note-se que estamos expondo esta realidade para levantar o seguinte questionamento: se o Município deixa de prover condições físicas e psíquicas ao idoso, não seria ele passível de ser considerado sujeito passivo em uma ação penal? Claro que a resposta poderia ser no sentido de que as hipóteses de responsabilidade penal da pessoa jurídica estão plenamente tipificadas constitucionalmente, não constando a questão em baila. Contudo, não seria possível, nesse caso, responsabilizar penalmente as pessoas exercentes dos cargos políticos que atuam omissivamente quanto às obrigações previstas nos arts. 15, § 2º, e 45, III, do Estatuto?

> MEDIDA LIMINAR *DE PROTEÇÃO A IDOSO. SEXAGENÁRIA EM SITUAÇÃO DE ABANDONO E EM PRECÁRIAS CONDIÇÕES FÍSICAS E PSÍQUICAS. OBRIGAÇÃO DO MUNICÍPIO DE DAR-LHE PROTEÇÃO E PROVER AS SUAS NECESSIDADES. EXEGESE DOS ARTS. 15, § 2º, E 45, INC. III, DA LEI 10.741/03.* PRESENÇA DO *FUMUS BONI IURIS* E DO *PERICULUM IN MORA.* INOCORRÊNCIA DE MALFERIMENTO AO PRINCÍPIO DA SEPARAÇÃO DOS PODERES. RECURSO DESPROVIDO. Em face de consistentes evidências probatórias da situação de abandono material e social vivenciada por pessoa de pronunciada

---

[309] JESUS, Damásio E. de, op. cit., p. 215-216.
[310] JESUS, Damásio E. de, op. cit., p. 216. Interessante notar que o festejado autor afirma que se várias pessoas negarem assistência, mas uma vier a assistir a vítima, não o fazendo as demais, não haverá crime, pois o cumprimento do dever de solidariedade genérico de uma desobrigará as demais. Contudo, se a assistência for insuficiente, as outras responderão pelo crime de omissão.

idade, justifica-se plenamente a concessão de medida liminar tendente a resguardar a sua incolumidade física e psicológica, sendo impertinente objetar com a invocação de afronta ao princípio da separação dos poderes (TJSC, AI 2010.020014-4, 2ª Câm. de Direito Público, Rel. Des. Newton Janke, julgamento em 7-12-2010) (grifo nosso).

e) Sujeito passivo do delito

O sujeito passivo é o idoso que se encontra em situação de iminente perigo ou que necessita de assistência médica.

f) Objeto jurídico

Tutela-se a solidariedade como elemento fundamental de uma sociedade fraterna e pautada no bem-estar social, valores esses preconizados no Preâmbulo constitucional. Para além disso e por imposição jurídico-criminal desse dever, o legislador pretendeu tutelar a vida e a incolumidade físico-psíquica do idoso.

g) Tentativa

Não é admissível a tentativa por ser crime omissivo, pois ou o agente presta assistência ao idoso e, nessa hipótese, não há crime; ou se omite e o delito se consuma, independentemente de qualquer resultado naturalístico.

Ocorrendo o resultado lesão corporal de natureza grave ou evento morte, será aplicada a causa de aumento de pena descrita no parágrafo único, conforme será visto a seguir.

h) Consumação

O delito se consuma com a mera omissão do agente caracterizada pelo deixar de prestar assistência ao idoso, recusar, retardar, dificultar ou não pedir socorro. Portanto, para a consumação não se faz necessária a ocorrência de qualquer resultado naturalístico.

i) Crime de perigo

O crime em estudo é de perigo concreto, tornando-se imprescindível a comprovação da efetiva existência de iminente perigo ao idoso. Essa ideia pode ser depreendida da própria grafia do tipo penal, que estabelece "em situação de perigo iminente", ou seja, em situação na qual o perigo está prestes de ocorrer.

Contudo, aqui indagamos: e se a pessoa idosa é também inválida[311] ou fe-

---

[311] Por ser acometida de uma doença neurológica degenerativa ou mesmo portadora de consequências de um acidente vascular cerebral no qual suas funções físicas e fisiológicas ficaram comprometidas, entre outros exemplos.

rida? Nesse caso, duas considerações são importantes, a saber: a) o perigo será presumido, não necessitando que seja demonstrado; b) o agente responderá pelas penas do Estatuto do Idoso (detenção de 6 (seis) meses a 1 (um) ano e multa), por força do princípio da especialidade e da necessidade de imposição de maior tutela, visto que a pena descrita para o art. 135 do Código Penal é menor.

j) Crime omissivo

O crime previsto no art. 97 do Estatuto do Idoso se caracteriza pela simples omissão do agente (em deixar de prestar, recusar, retardar ou dificultar a assistência à pessoa idosa ou não pedir socorro à autoridade pública). Contudo, se após a omissão vier a ocorrer resultado lesivo de lesão de natureza grave ou morte do idoso, o tipo penal terá a pena aumentada, segundo o parágrafo único do art. 97 do Estatuto do Idoso. Se em razão da omissão resultar lesão corporal de natureza leve, acompanhando doutrina de escol[312], o crime de lesão corporal leve será absorvido pelo crime de omissão.

k) Crime instantâneo

Trata-se de crime instantâneo, pois a consumação ocorre no momento em que a vítima sofre o perigo. Alguns doutrinadores afirmam que pode ser permanente no caso em que o"perigo perdure por período juridicamente relevante"[313].

l) Ação e procedimento penal

O crime é de ação penal pública. No tocante ao procedimento, devem ser seguidas as mesmas considerações que nos demais tópicos já adredemente analisados (art. 94 do Estatuto do Idoso), ou seja, trata-se de crime de ação penal pública incondicionada, seguindo-se o rito do JECRIM (havendo a discussão sobre o cabimento dos arts. 76 e 89, ambos deste diploma legal).

m) Causas de aumento de pena

O art. 97 em seu parágrafo único do Estatuto do Idoso prescreve que a pena será aumentada de metade, se da omissão resulta lesão corporal de natureza grave, e triplicada, se resulta morte.

O tipo descreve hipóteses de crimes preterdolosos ou também denominados preterintencionais, ou seja, aqueles nos quais a omissão de socorro é punida a título de dolo, enquanto os resultados lesão corporal de natureza grave ou morte, em face de culpa (art. 19 do CP).

---

[312] JESUS, Damásio E. de, op. cit., p. 220.
[313] JESUS, Damásio E. de, op. cit., p. 220.

Ademais, duas notas se colocam imprescindíveis: a) mister se faz o nexo de causalidade entre a omissão de socorro do agente e o resultado lesão corporal grave ou morte; b) a conduta do agente deve ser efetiva e capaz de evitar o resultado acima descrito, caso contrário, não haverá a configuração do delito em tela[314].

---

[314] Em decisão monocrática, o desembargador Orloff Neves Rocha reformou sentença da comarca de Anápolis para condenar a Santa Casa de Misericórdia da cidade e um médico do corpo clínico a pagarem, solidariamente, indenização de R$ 15 mil por danos morais a Cristino Mendonça Ribeiro. O idoso foi tratado com descaso ao procurar a unidade hospitalar em razão de complicações de uma cirurgia realizada.
Consta dos autos que, em agosto de 2008, Cristino foi diagnosticado com pedra na vesícula e três meses depois, apesar de seus 83 anos, foi submetido à cirurgia. Contudo, dois dias após o procedimento, retornou ao hospital com fortes dores na barriga e ausência dos sinais fisiológicos. Chegando no local, foi informado de que não havia cirurgião/clínico e orientado a buscar atendimento no Hospital Municipal de Anápolis. Ao se dirigir àquela instituição, foi informado de que não havia infraestrutura e condições de realizar qualquer procedimento. Levado de volta à Santa Casa de Misericórdia, o idoso teria sido atendido com descaso pelo médico, que chegou a afirmar que "ele não tem nada, ele está com manha". A família de Cristino decidiu levá-lo ao Hospital Evangélico Goiano, onde – após exames – constatou-se que apresentava estado grave de septicemia e incisão cirúrgica suturada com necessidade de intervenção de emergência.
Contrariado com a situação, o idoso ajuizou ação de indenização por danos morais e materiais contra o hospital e o profissional e conseguiu com que o médico fosse condenado a lhe pagar indenização de R$ 15 mil por danos morais e de R$ 12.889 mil por danos materiais. Em recurso, o profissional peleteou a redução dos valores e alegou que não houve omissão de socorro sustentando, ainda, que indicou a medicação adequada para o quadro de dor e determinou a realização dos exames necessários para o diagnóstico do quadro.
O idoso também interpôs recurso para que a Santa Casa de Misericórdia também fosse responsabilizada, em razão do risco de morte e pelo fato de ter sido acometido por septicemia, que é infecção hospitalar. Orloff Neves observou que, na condição de prestador do serviço de saúde, o hospital responde objetivamente pelos danos causados. Ele considerou as correta a responsabilização da unidade, pois é "obrigação do hospital prestar assistência médica da melhor forma possível. Ele não possui a obrigação de curar o paciente, mas deve disponibilizar todos os meios para que seja prestada a mais eficiente assistência médica, o que não ocorreu neste caso".
Para o magistrado, é dever do médico assistir o paciente e lhe dispensar toda a atenção e cuidado necessários, obedecendo o que está prescrito no Código de Ética de Medicina."Ao agir de forma contrária, implica em negligenciar a sua profissão e seu juramento de cuidar e salvar vidas", frisou. Orloff considerou que a conduta do médico foi "no mínimo negligente visto que não agiu com o máximo de zelo e o melhor de sua capacidade profissional". Ele observou que o valor arbitrado não deve ser reconsiderado, pois foi justo e razoável (Texto: Brunna Ferro – estagiária do Centro de Comunicação Social do TJGO). Disponível em: <http://tjgo.jus.br/index.php/home/imprensa/noticias/161-destaque1/6919-hospital-e-medico-terao-que-indenizarpaciente-que-teve-complicacoes-em-cirurgia>. Acesso em: 5 out. 2014.

Art. 98. *Abandonar o idoso em hospitais, casas de saúde, entidades de longa permanência, ou congêneres, ou não prover suas necessidades básicas, quando obrigado por lei ou mandado.*

Pena – *detenção de 6 (seis) meses a 3 (três) anos e multa.*

a) Elementos objetivos

O legislador descreve duas condutas delitivas, quais sejam: a) abandonar idoso em hospitais, casas de saúde, entidades de longa permanência ou congêneres; b) não prover suas necessidades básicas, quando obrigado por lei ou mandado.

No que tange à primeira conduta, o legislador deixa em aberto o local no qual o idoso se encontra, apresentando uma cláusula final genérica que induz à incidência da interpretação analógica, levando-se, assim, à consideração de que a prática pode se dar em qualquer entidade, assim entendida, *v.g.*, clínica, casa de repouso, asilo etc.

A segunda modalidade delitiva impõe a existência de uma obrigação de cuidado imposta a quem tem o dever jurídico de fazê-lo, em razão de lei ou decisão judicial. Assim é o caso do chamado "garantidor". Este terá como obrigação prover e preencher todos os direitos que caracterizam uma existência mínima com qualidade ao idoso, a saber: cuidados com saúde, alimentação, moradia, lazer etc.

Nessa hipótese, encontram-se os filhos, sobrinhos, netos que por força de lei ou decisão judicial tenham o dever de cuidado em relação ao idoso[315].

b) Elemento subjetivo

O crime só pode ser cometido na modalidade dolosa, ou seja, há a necessidade de vontade livre e consciente de abandonar o idoso ou deixar de prover suas necessidades básicas.

Não é admissível a modalidade culposa, pois não há expressa previsão no tipo legal (princípio da excepcionalidade da culpa).

c) Sujeito ativo do crime

---

[315] Nesse exemplo, pode também fazer parte o curador nomeado em sentença judicial de interdição (instituto da curatela).

O delito é crime omissivo próprio, ou seja, só pode ser praticado por quem tenha uma condição especial chamada garantidor/garante e imposta por lei ou decisão judicial.

Assim, não havendo o dever jurídico legal ou judicial por parte de quem pratica as condutas descritas no tipo penal, o fato será atípico. Portanto, nessa vertente, se um amigo ou vizinho deixa uma pessoa idosa em um asilo, vindo a abandoná-la naquele local, segundo a descrição presente no artigo em tela, não estará configurado o delito de abandono do idoso pela inexistência de dever jurídico de cuidado (imposto por lei ou mandado).

Não obstante, há posições contrárias no sentido de entender-se que o crime é comum, podendo ser praticado por qualquer pessoa[316]. Tal entendimento é possível através de interpretação sistemático-teleológica que, de outra parte, encontraria obstáculo no princípio da legalidade estrita e taxatividade, por àqueles que entendem ser o crime omissivo próprio.

d) Sujeito passivo do crime

Pessoa idosa assim definida nos termos do art. 1º da Lei n. 10.741/2003.

e) Objetividade jurídica

Os bens jurídicos tutelados são a vida e a saúde física e psíquica do idoso.

f) Tentativa

É inadmissível por se tratar de crime omissivo próprio, pois nesse caso ou o agente pratica uma conduta comissiva e o fato é atípico, ou ele realiza a conduta omissiva (deixar de agir: *non facere*) e o crime já se consuma no momento de sua inação.

g) Consumação

Em relação à conduta de abandonar o idoso em entidades de assistência, o crime se consuma com o efetivo abandono; no que diz respeito à segunda modalidade delitiva, que se caracteriza pela conduta de não prover as necessidade básicas do idoso, o crime se consuma no instante em que o agente do delito resolve não prover mais a subsistência ao idoso.

h) Ação penal e procedimento

O crime é de ação penal pública. No tocante ao procedimento, devem ser seguidas as mesmas considerações que nos demais tópicos já adredemente

---

[316] ANDREUCCI, Ricardo Antônio. *Legislação penal especial*. São Paulo: Saraiva, passim.

analisados (art. 94 do Estatuto do Idoso), ou seja, trata-se de crime de ação penal pública incondicionada, seguindo-se o rito do JECRIM (havendo a discussão sobre o cabimento dos arts. 76 e 89, ambos deste diploma legal).

Art. 99. *Expor a perigo a integridade e a saúde, física ou psíquica, do idoso, submetendo-o a condições desumanas ou degradantes, ou privando-o de alimentos e cuidados indispensáveis, quando obrigado a fazê-lo, ou sujeitando-o a trabalho excessivo ou inadequado.*
Pena – *detenção de 2 (dois) meses a 1 (um) ano e multa.*
§ 1º *Se do fato resulta lesão corporal de natureza grave:*
Pena – *reclusão de 1 (um) a 4 (quatro) anos.*
§ 2º *Se resulta morte:*
Pena – *reclusão de 4 (quatro) a 12 (doze) anos.*

---

a) Elementos objetivos

Trata-se de um crime que tipifica a conduta de exposição a perigo a integridade a saúde física ou psíquica do idoso, podendo ser caracterizado como um crime de periclitação da vida e da saúde da pessoa idosa.

Contudo, o tipo penal em análise impõe que a exposição a perigo a integridade e saúde do idoso decorra de três condutas que poderão ser praticadas:

a) por meio de submissão a condições desumanas ou degradantes;

b) por meio de privação de alimentos e cuidados indispensáveis quando obrigado a fazê-lo;

c) via sujeição a trabalho excessivo ou inadequado.

1) Submissão do idoso a condições desumanas ou degradantes.

Conduta desumana:

> *Desumano.* 1. Falta de humanidade; bárbaro, cruel, desalmado 2. Que demonstra desumanidade; anti-humano, atroz, duro [...][317].
> *Humanidade.* 1. Conjunto de características específicas à natureza humana 2. Sentimento de bondade, benevolência, em relação aos semelhantes, ou de compaixão, piedade, em relação aos desfavorecidos [...][318].

---

[317] HOUAISS, Antonio. *Dicionário Houaiss da língua portuguesa*, op. cit., p. 1.020.
[318] Ibidem, p. 1.554.

Conduta degradante:

> *Degradante*. Que provoca degradação; desonrante, deteriorante. Degradação. Ato ou efeito de degradar-se; degradamento. 1. Destituição desonrante de grau, dignidade, cargo etc. 2. Condenação ao exílio, banimento, desterro 3. Degeneração moral; aviltamento, depravação, corrupção [...][319].

Assim, é possível citar como exemplos da prática acima: obrigar o idoso a permanecer por todo o dia em apenas um cômodo da residência; impedi-lo de proceder a condutas de higiene; desferir golpes causando ao idoso a ocorrência de lesões corporais, impor banho frio ao idoso que, por sua condição fisiológica, é mais suscetível a doenças respiratórias, entre outras condutas.

Nesse sentido, é muito elucidativa a narrativa de um evento ocorrido e processado perante a 1ª Câmara Criminal do Tribunal de Justiça do Estado de Goiás que negou por unanimidade ordem de *Habeas Corpus* a autora do delito de maus-tratos presa preventivamente e acusada de maus-tratos contra idosos e portadores de necessidades especiais, no abrigo que administrava, na cidade de Águas Lindas.

A autora do delito em tela gerenciava a casa de acolhimento Morada para Jovens de Terceira Idade Nosso Rancho. Segundo prova testemunhal coligida, era comum ver a administradora e funcionários do estabelecimento tratando os idosos de forma agressiva, gritando com eles, dando-lhes, segundo depoimentos, safanões. Ademais, ainda conforme testemunhas, os trabalhadores amarravam e arrastavam os idosos e portadores de deficiência no interior da instituição. Para além de tais fatos, houve prova fotográfica mostrando imagens de agressões dos idosos internados com "pauladas" e submissão a banho gelado[320].

> *HABEAS CORPUS*. TORTURA E MAUS-TRATOS. Decisão Fundamentada. Ordem Denegada. Não configura constrangimento ilegal a decisão que, com base na gravidade concreta do delito, decreta sua prisão preventiva. Ordem denegada (TJGO, HC 201492426598, Rel. Des. Lília Mônica de Castro Borges Escher).

---

[319] Ibidem, p. 928.
[320] NERY, Alinne. Negado HC a administradora presa por maus-tratos a idosos em Águas Lindas de Goiás. Disponível em: <http://tjgo.jus.br/index.php/home/imprensa/noticias/161-destaque1/6509-abrigos-de-aguas-lindas-justica-nega-hc-a-administradora-presa-por-maus-tratos>. Acesso em: 2 out. 2014.

No mesmo sentido, é de se observar os seguintes julgados:

APELAÇÃO CRIMINAL. ESTATUTO DO IDOSO. CRIMES DE EXPO-SIÇÃO A PERIGO A INTEGRIDADE E A SAÚDE DO IDOSO, SUBME-TENDO-O A *CONDIÇÕES DESUMANAS OU DEGRADANTES*, APRO-PRIAÇÃO DE RENDIMENTOS DE IDOSO PARA APLICAÇÃO DI-VERSA DE SUA FINALIDADE E INDUZIMENTO DE PESSOA IDOSA À OUTORGA DE PROCURAÇÃO (ARTS. 99, 102 E 106 DA LEI 10.741/03). CRIMES DE CÁRCERE PRIVADO E ABANDONO DE IN-CAPAZ (ARTS. 148, § 1º, I, E 133, § 3º, III, AMBOS DO CÓDIGO PENAL). SENTENÇA ABSOLUTÓRIA. RECURSO DO MINISTÉRIO PÚBLICO. PRESCRIÇÃO RECONHECIDA *EM RELAÇÃO AO CRIME PREVISTO NO ART. 99 DO ESTATUTO DO IDOSO.* EXTINÇÃO DA PUNIBILIDA-DE QUE SE IMPÕE. MÉRITO. PRETENDIDA A CONDENAÇÃO. PE-DIDO ACOLHIDO EM PARTE. AGENTE QUE INDUZ SEU PAI, PES-SOA IDOSA E ADOECIDA, A OUTORGAR-LHE PROCURAÇÃO, FAZENDO USO DOS PROVENTOS DO GENITOR E DANDO-LHES APLICAÇÃO DIVERSA DA SUA FINALIDADE. DELITOS DOS ARTS. 102 E 106 DO ESTATUTO DO IDOSO PLENAMENTE CARACTERI-ZADOS. CONDUTA DESCRITA NO ART. 148, § 1º, I, DO CÓDIGO PENAL, TODAVIA, QUE CARECE DE UM DOS ELEMENTOS DO TIPO PENAL. *PRIVAÇÃO DA LIBERDADE QUE TINHA O INTUITO DE CON-TER A VÍTIMA, QUE PADECIA DE MAL DE ALZHEIMER. INEXIGIBI-LIDADE DE CONDUTA DIVERSA.* ABANDONO DE INCAPAZ NÃO CARACTERIZADO. NECESSIDADE DE CONDUTA OMISSIVA, COM AFASTAMENTO FÍSICO. RÉU QUE NÃO SE AFASTA FISICAMENTE DO PAI. ABSOLVIÇÃO QUE SE IMPÕE. SENTENÇA REFORMADA EM PARTE. RECURSO PARCIALMENTE PROVIDO [...] 2. Impositiva a condenação pela prática do crime descrito no art. 102 do Estatuto do Idoso [...]. (TJSC Ap. Crim. 2011.059433-6, 1ª Câm. Criminal, Rel. Paulo Roberto Sartorato, julgamento em 15-7-2014) (grifos nossos).

SEQUESTRO E CÁRCERE PRIVADO. Caracterização. *Absorção do delito previsto no artigo 99 da Lei n. 10.741/03 (Estatuto do Idoso). Impossibilidade. A submissão a condições desumanas ou degradantes vai além da imposição das formas de sofrimento provocado pelo cerceamento da liberdade de locomo-ção do ofendido, necessários à caracterização da qualificadora.* Entretanto, o regime prisional aberto mostra-se suficiente aos critérios de prevenção e reprovação, ante as quantidades de penas fixadas, a primariedade e a natureza dos delitos. Recurso parcialmente provido neste aspecto.

CÁRCERE PRIVADO. Caracterização. *Manutenção de idosos trancafiados em residência, sem acesso a saída e sem direito ao recebimento de visitas.*

Hipótese. Alegação por parte do agente de inexistência de condições dos idosos saírem desacompanhados. Inadmissibilidade. Extinção do crime ante o falecimento de um dos idosos. Inocorrência. Absolvição. Impossibilidade. Recurso não provido neste aspecto (TJSP, Ap. Criminal 990093426838, 10ª Câm. de Direito Criminal, Rel. Des. Otávio Henrique de Sousa Lima, julgamento em 29-4-2010) (grifo nosso).

2) *Por meio de privação de alimentos e cuidados indispensáveis quando obrigado a fazê-lo.*

A conduta do agente será omissiva, podendo caracterizar-se como privação de cuidados higiênicos, alimentos e medicamentos devidamente prescritos para o idoso.

A jurisprudência manifesta-se no seguinte sentido:

ABANDONO DE INCAPAZ. Caracterização. *Exposição de idoso a perigo de morte ante fornecimento de parca alimentação. Submissão a condições degradantes com privação de visitas, inexistência de cuidado higiênico, e humilhações.* Absolvição do agente. Impossibilidade. Recurso não provido neste aspecto [...]. (TJSP, Ap. Criminal 990100617486, 11ª Câm. de Direito Criminal, Rel. Des. Nilson Xavier de Souza, julgamento em 11-8-2010) (grifo nosso).

ESTATUTO DO IDOSO. ART. 99. AUTORIA E MATERIALIDADE. COMPROVAÇÃO. PROVAS DOS AUTOS. ABSOLVIÇÃO. IMPOSSIBILIDADE. RECURSO DESPROVIDO. Se as provas constantes dos autos são suficientes para comprovar que o *réu expunha a perigo a integridade, bem como saúde física e psíquica da vítima idosa, submetendo-a a condições degradantes, privando-a de alimentos e cuidados indispensáveis quando obrigado a fazê-lo,* imperiosa é a manutenção de sua condenação (TJMG, Ap. Criminal 1.0024.03.055724-3/001, 2ª Câm. Criminal, Rel. Des. José Antonio Baía Borges, julgamento em 28-7-2007) (grifo nosso).

APELAÇÃO CRIMINAL. *ABANDONO MATERIAL* E APROPRIAÇÃO E DESVIO DE RENDIMENTOS DE IDOSO (ARTS. 99 E 102, AMBOS DO ESTATUTO DO IDOSO). RECURSO DEFENSIVO. PLEITO ABSOLUTÓRIO. MATERIALIDADE E AUTORIA DEVIDAMENTE COMPROVADAS. PROVAS TESTEMUNHAIS EM CONSONÂNCIA COM O RESTANTE DO CONJUNTO PROBATÓRIO CARREADO AOS AUTOS. CONDENAÇÃO MANTIDA. PEDIDO DE FIXAÇÃO DE URH'S. PROVIDÊNCIA OLVIDADA NO JULGADO. VERBA ARBITRADA NESTA INSTÂNCIA. APELO PARCIALMENTE PROVIDO (TJSC, Ap. Criminal

2010.011681-6, 2ª Câm. Criminal, Rel. Des. Clayton Cesar Wandscheer, julgamento em 8-9-2010) (grifo nosso). APELAÇÃO CRIME. DEMAIS INFRAÇÕES PENAIS. CRIMES DO ESTATUTO DO IDOSO. ART. 99. CONDENAÇÃO MANTIDA. *A análise do acervo probatório revela que a ré expôs a perigo a integridade física e a saúde de sua irmã (nascida em 21-03-1939), submetendo-a a condições desumanas e degradantes e privando-a de alimentos e de cuidados indispensáveis a sua saúde, quando obrigada a tanto em razão da condição de cuidadora da idosa. Tal conduta encontra previsão normativa no art. 99 da Lei n. 10.741/2003*, o que determina a manutenção do decreto condenatório proferido em seu desfavor. Penas ratificadas nos quantitativos estabelecidos na sentença. Alteração da pena restritiva de direitos substitutiva para prestação pecuniária de um salário mínimo. APELAÇÃO PARCIALMENTE PROVIDA (TJRS, Ap. Crime 70.056.424.534, 8ª Câm. Criminal, Rel. Des. Naele Ochoa Piazzeta, julgamento em 27-6-2014) (grifo nosso).

3) *Via sujeição a trabalho excessivo ou inadequado.*

Por trabalho excessivo entenda-se aquele"1. Que excede, que sobra 2. Que é exagerado, desmedido, demasiado, desalabado, desmesurado"[321].

E trabalho inadequado corresponde ao trabalho "que não é adequado, ajustado, ou adaptado"[322].

b) *Elemento subjetivo*

O crime somente pode ser praticado na modalidade dolosa. Portanto, o elemento subjetivo é o dolo, caracterizado pela vontade e consciência dirigida à finalidade de expor a perigo a integridade e a saúde do idoso por meio de sua submissão a condições desumanas ou degradantes, privação de alimentos e cuidados indispensáveis quando obrigado a fazê-lo ou sua sujeição a trabalho excessivo ou inadequado.

Não há modalidade culposa por inexistência de previsão legal.

c) *Sujeito ativo do delito*

A conduta de expor a perigo a integridade e saúde de pessoa idosa se praticada por meio de submissão a condições desumanas ou degradantes ou

---

[321] HOUAISS, Antonio. *Dicionário Houaiss da língua portuguesa*, op. cit., p. 1.280.
[322] Ibidem, p. 1.589.

sujeição a trabalho excessivo ou inadequado pode ser praticada por qualquer pessoa, sem qualquer necessidade de existência de relação de vínculo entre o agente e o idoso.

Verifique-se que a conduta do tipo em questão é "expor a perigo a integridade e a saúde, física ou psíquica do idoso". Ocorre que uma das vias de realizar a conduta citada é através da privação de alimentos e cuidados indispensáveis, "quando obrigado a fazê-lo". Gizamos aqui essa última expressão, pois é possível a análise sob dúplice aspecto:

1) apenas responderá por esta conduta aquele que estiver obrigado a prestar alimentos e cuidados indispensáveis à pessoa idosa, é dizer, o agente que tem o dever jurídico de fazê-lo, por expressa disposição legal, contratual ou decisão judicial, sendo assim chamado de "garante" (ou "garantidor"), segundo interpretação literal do tipo penal;

2) qualquer pessoa poderá praticar a conduta em comento, independentemente da condição ou relação de dever jurídico de cuidado em face do idoso. Nesse caso, volta-se à interpretação sistemático-teleológica, levando-se em consideração os aspectos ideológicos e a base principiológica protetivo-constitucional do Estatuto do Idoso.

d) Sujeito passivo do crime

Pessoa idosa (art. 1º do Estatuto do Idoso).

e) Objeto jurídico

O tipo penal protege a integridade física ou psíquica da pessoa idosa e a dignidade dela, valorando-se o princípio da solidariedade.

f) Tentativa

A tentativa é admissível. Contudo, faz-se a ressalva no que pertine à questão de se expor a perigo a integridade e a saúde física ou psíquica de pessoa idosa, através da privação de alimentos ou cuidados indispensáveis quando obrigado a fazê-lo. Para quem admite ser uma modalidade de crime omissivo próprio, não será admitida a forma tentada.

g) Consumação

Em relação à conduta praticada através de submissão a condutas desumanas ou degradantes, a consumação ocorrerá quando o agente efetivamente submeter a pessoa idosa a condutas assim caracterizadas, *v. g.*, obrigar a pessoa idosa a permanecer em apenas um cômodo da casa.

No que tange à conduta praticada por meio de privação de alimentos e cuidados indispensáveis ao idoso, quando obrigado a fazê-lo, a consumação se perfaz quando o agente, *v.g.*, deixa de lhe fornecer medicação indispensável.

E, por último, no que pertine à conduta que se pratica mediante sujeição de trabalho excessivo ou inadequado, o crime se consuma exatamente quando da imposição de trabalho dessa natureza.

h) Crime de perigo

O legislador prescreve expressamente que a conduta típica compreende a exposição a perigo à integridade e à saúde física ou psíquica da pessoa idosa. Logo, o crime é de perigo concreto, devendo-se comprovar que através da conduta delitiva, seja comissiva ou omissiva, houve a criação de efetivo perigo.

i) Ação penal e procedimento

A ação penal é pública incondicionada. Em relação à hipótese do art. 99, *caput*, do Estatuto do Idoso, o crime é caracterizado, em função da pena, como de menor potencial lesivo, havendo a possibilidade de cabimento de transação penal e suspensão condicional do processo, nos termos dos arts. 76 e 89, ambos da Lei n. 9.099/95.

Em relação à forma qualificada prevista no § 1º, seguem as observações já traçadas no que tange à incidência dos institutos previstos na Lei n. 9.099/95 (discussão sobre a possibilidade ou não das medidas despenalizadoras), ressalvando-se que no § 2º, seguirá o procedimento ordinário.

APELAÇÃO CRIME. MAUS-TRATOS CONTRA IDOSO. ART. 99, *CAPUT*, DA LEI N. 10.741/03 (ESTATUTO DO IDOSO). SUFICIÊNCIA PROBATÓRIA. SENTENÇA CONDENATÓRIA MANTIDA. Matéria Preliminar 1. O art. 94 da Lei n. 10.741/03 prevê a possibilidade de aplicação do procedimento sumaríssimo aos crimes cometidos contra idosos. No entanto, a mesma legislação prevê a inaplicabilidade, em casos tais, de quaisquer medidas despenalizadoras instituídas pela Lei dos Juizados Especiais Criminais, determinação decorrente do julgamento da ADI n. 3096, proferido pelo STF, em 16-6-2010. Decisão que possui eficácia contra todos e efeito vinculante em relação aos órgãos do Poder Judiciário e à Administração Pública federal, estadual e municipal, por força do parágrafo único do art. 28 da Lei n. 9.868/99. Mérito 2. Suficientemente comprovada a prática do delito de maus-tratos pelo acusado, filho da vítima e responsável pelos cuidados dela, que expôs a perigo a integridade física de sua mãe, idosa, com dificuldades de locomoção e obesa.

3. Depoimentos que descrevem, de forma uníssona, que a conduta do réu é motivada pelo alcoolismo. APELO IMPROVIDO (TJRS, Ap. Criminal 71.004.783.445, Turma Recursal Criminal, Rel. Des. Edson Jorge Cechet, julgamento em 12-5-2014).

j) Figuras qualificadas

O tipo penal prevê duas figuras qualificadas nos §§ 1º e 2º do art. 99. Trata-se de modalidades preterdolosas, nas quais a conduta anterior é cometida mediante dolo, e a posterior (resultado), punida a título de culpa.

Dessa forma, as modalidades qualificadas previstas nos parágrafos estabelecem que se o agente agir com dolo em relação à exposição a perigo a integridade e a saúde do idoso, mas com tal conduta resultar por imprudência, negligência ou imperícia o resultado (previsível, mas não previsto pelo agente) lesão corporal grave ou morte, o agente do crime responderá pelo crime de maus-tratos qualificado.

Nesse sentido, segue jurisprudência abaixo:

> APELAÇÃO CRIMINAL. ESTATUTO DO IDOSO. CRIME DE *EXPOR A PERIGO A INTEGRIDADE E A SAÚDE FÍSICA OU PSÍQUICA DE IDOSO RESULTANDO EM MORTE (ART. 99, § 2º, DA LEI 10.741/2003).* DESCLASSIFICAÇÃO PARA FORMA FUNDAMENTAL (ART. 99, *CAPUT,* DO MESMO ESTATUTO). RECURSO DO MINISTÉRIO PÚBLICO. AUTORIA E MATERIALIDADE COMPROVADAS. CONJUNTO PROBATÓRIO FIRME. *VÍTIMA SUBMETIDA PELOS FILHOS A CONDIÇÕES DEGRADANTES E DESUMANAS. NEXO CAUSAL DOS MAUS--TRATOS COM* CAUSA MORTIS *EVIDENCIADO. CONDENAÇÃO PELA FORMA QUALIFICADA.* APLICAÇÃO DA PENA. RECURSO CONHECIDO E PROVIDO (TJSC, Ap. Criminal 2010.060380-7, 4ª Câm. Criminal, Rel. Des. José Everaldo Silva, julgamento em 18-4-2013) (grifo nosso).
>
> APELAÇÕES CRIMINAIS. CRIMES PREVISTOS NOS ARTS. 97 E 99, § 2º, DO ESTATUTO DO IDOSO, NA FORMA DO ART. 69 DO CÓDIGO PENAL. SENTENÇA CONDENATÓRIA. RECURSOS DEFENSIVOS. [...] CRIME DO ART. 99, § 2º, DA LEI N. 10.741/2003. ALMEJADA A ABSOLVIÇÃO. INVIABILIDADE. *AUTORIA E MATERIALIDADE DEVIDAMENTE COMPROVADAS. DEPOIMENTO DE TESTEMUNHAS CORROBORADOS POR LAUDO CADAVÉRICO, INDÍCIOS E CIRCUNSTÂNCIAS QUE ENVOLVEM OS FATOS QUE APONTAM QUE A CAUSA DA MORTE DA OFENDIDA FOI A DESNUTRIÇÃO.* OMISSÃO PENALMENTE RELEVANTE. AGENTES PODIAM E DEVIAM AGIR PARA IMPEDIR O RESULTADO. *DEVER DE PRESTAR ALIMENTOS, CUIDA-*

DO E PROTEÇÃO IMPOSTO POR LEI. INTELIGÊNCIA DO ART. 13, § 2º, A, DO CÓDIGO PENAL. CONDIÇÃO FINANCEIRA E GRAU DE INSTRUÇÃO DOS APELANTES QUE NÃO SE PRESTAM PARA LHES LIVRAR DA RESPONSABILIDADE CRIMINAL. RECURSOS CONHECIDOS E DESPROVIDOS (TJSC, Ap. Criminal 2012.075394-0, 2ª Câm. Criminal, Rel. Des. Volnei Celso Tomazini, julgamento em 21-5-2013) (grifos nossos).

Se, entretanto, o resultado culposo for lesão corporal de natureza leve, o agente responderá pela figura tipificada no *caput* do art. 99? Entendemos que responderá pelo crime do art. 99, *caput*, do Estatuto em concurso formal com o art. 129 do Código Penal (crime de resultado), pois a hipótese do art. 99 do Estatuto do Idoso difere do art. 132 do Código Penal.

Nesse último, há expressa determinação de ser o crime subsidiário de outras infrações de perigo e de dano, pois após a descrição em seu preceito primário o legislador impõe no preceito secundário pena de detenção de 3 meses a 1 ano, se "o fato não constitui crime mais grave" e no caso do art. 99 do Estatuto não há previsão deste caso de subsidiariedade expressa.

k) *Conflito aparente de normas*

O tipo penal previsto no art. 99 do Estatuto do Idoso afirma que a exposição a perigo da vida ou saúde do idoso deve decorrer das condutas acima descritas: 1) submissão às condições desumanas ou degradantes; 2) privação de alimentos e cuidados indispensáveis; 3) sujeição a trabalho excessivo ou inadequado. Assim, se a exposição a perigo decorrer de outro fato/conduta, o crime será o do art. 132 do Código Penal. Tome-se como exemplo o caso de um agente induzir um idoso a seguir por uma ponte que sabe não oferecer segurança[323], gerando a exposição a perigo, sem, contudo, não decorrer de nenhuma das formas acima mencionadas no art. 99 do Estatuto.

Pode ainda a conduta caracterizar o delito previsto no art. 136 do Código Penal se a exposição a perigo for praticada contra pessoa idosa sob autoridade, guarda ou vigilância do agente do delito para o fim de educação, ensino, tratamento ou custódia.

Art. 100. *Constitui crime punível com reclusão de 6 (seis) meses a 1 (um) ano e multa:*

---

[323] JESUS, Damásio E. de, op. cit., p. 201.

I – *obstar o acesso de alguém a qualquer cargo público por motivo de idade;*

II – *negar a alguém, por motivo de idade, emprego ou trabalho;*

III – *recusar, retardar ou dificultar atendimento ou deixar de prestar assistência à saúde, sem justa causa, a pessoa idosa;*

IV – *deixar de cumprir, retardar ou frustrar, sem justo motivo, a execução de ordem judicial expedida na ação civil a que alude esta Lei;*

V – *recusar, retardar ou omitir dados técnicos indispensáveis à propositura da ação civil objeto desta Lei, quando requisitados pelo Ministério Público.*

Obstrução de acesso de pessoa idosa a cargo público

Art. 100. [...]

I – obstar o acesso de alguém a qualquer cargo público por motivo de idade;

a) Elemento objetivo

O tipo penal prevê a conduta de obstar/impedir o acesso de pessoa idosa a qualquer cargo público.

b) Elemento subjetivo

O mencionado crime somente pode ser punido se praticado mediante dolo, caracterizado pela vontade livre e consciente de impedir o acesso do idoso ao cargo público.

c) Elemento normativo do tipo

O elemento normativo do tipo consubstancia-se na expressão "por motivo de idade". Nesse caso, caberá ao juiz analisar casuisticamente a motivação do delito, sob pena de a conduta restar atípica ou ainda ser desclassificada para fato típico previsto na Lei n. 7.716/89, se a obstrução for decorrente de racismo, preconceito ou discriminação racial.

d) Sujeito ativo do delito

O crime é comum, podendo, ser praticado por qualquer pessoa.

e) Sujeito passivo do crime

Será considerada vítima a pessoa idosa que teve negado o acesso ao cargo público em razão de sua idade.

f) Objetividade jurídica

O tipo penal previsto neste inciso tutela imediatamente o direito do idoso ao trabalho perante a Administração Pública, bem como, ao seu direito em exercer qualquer cargo público (arts. 1º, IV, 5º, caput, 6º, 170, VIII, e 230, todos da Constituição Federal). Portanto, mediatamente, protege o princípio da isonomia insculpido no art. 5º, caput, da Carta Magna, assim como o da dignidade da pessoa humana previsto no art. 1º, III, do mesmo diploma legal.

g) Tentativa

A tentativa é cabível por tratar-se de crime material.

h) Consumação

O delito se consuma quando da ocorrência do impedimento do acesso ao cargo público. Convém salientar que o acesso posterior do idoso ao cargo público não caracteriza causa excludente de antijuridicidade ou causa de diminuição de pena, restando, dessa forma, ainda passível de punição.

Negação de emprego ou trabalho ao idoso

Art. 100. [...]

II – negar a alguém, por motivo de idade, emprego ou trabalho.

a) Elemento objetivo

O crime previsto neste inciso pune a ação de negar/rejeitar idoso em emprego ou trabalho, com capacidade laboral para exercê-lo. Apesar de o elemento da aptidão para exercer as funções do emprego ou trabalho não se encontrar expressamente previsto, forçoso é o entendimento de que, em sua ausência, não restará configurado o crime em tela.

b) Elemento subjetivo

O crime só pode ser punido na modalidade dolosa. Para tanto, o agente deve agir com livre e consciente vontade de negar emprego ou trabalho ao idoso.

c) Elemento normativo do tipo

A descrição típica presente no inciso II do art. 100 apresenta como elemento normativo do tipo a expressão "por motivo de idade". Caberá, portanto, ao juiz analisar se o ato de negar emprego ou trabalho foi motivado pela idade da vítima. Importante salientar que se a motivação foi em decorrência de racismo, preconceito ou discriminação racial, a conduta se subsumirá ao previsto na Lei n. 7.716/89.

Contudo, se a motivação não se deu por motivo de idade e tampouco em decorrência de racismo, preconceito ou discriminação, a conduta restará atípica.

d) Sujeito ativo do delito

Trata-se de crime comum, passível de ser praticado por qualquer pessoa.

e) Sujeito passivo do delito

É a pessoa idosa (art. 1º do Estatuto do Idoso)[324].

f) Objetividade jurídica

Aqui devem ser feitas as mesmas considerações observadas no inciso I, ressaltando que o objeto de tutela direta é o direito a exercer um trabalho ou emprego em relação à iniciativa privada e, indiretamente, o princípio da isonomia, bem como da dignidade da pessoa humana.

g) Tentativa

Inadmissível, pois se o agente delitivo negar o emprego ou trabalho, o crime já estará consumado (crime instantâneo). A questão que se coloca é se, mesmo o idoso aceitando a negativa, haveria a configuração do delito. Parece-nos que a aceitação de tal circunstância não afeta a tipificação do delito que já se consumou com a simples negativa, perfazendo flagrante violação ao direito ao livre trabalho e à dignidade da pessoa humana.

h) Consumação

O delito se consuma com a negativa do emprego ou trabalho ao idoso, independentemente de o idoso aceitá-la ou posteriormente conseguir o acesso via ordem judicial.

Recusa, adiamento ou embaraço no atendimento ou na prestação à saúde

Art. 100. [...]

III – recusar, retardar ou dificultar atendimento, ou deixar de prestar assistência à saúde, sem justa causa, a pessoa idosa.

a) Elementos objetivos

O tipo penal apresenta como núcleos as condutas de recusar, retardar ou dificultar atendimento à saúde de pessoa idosa.

---

[324] Apesar do silêncio da lei no tocante à idade da vítima, é de se considerar que o tipo penal se refira à pessoa idosa, visto que se encontra descrito no diploma legal Estatuto do Idoso, cujo cerne de proteção são os direitos de quem tem idade igual ou superior a 60 anos de idade, conforme o art. 1º do Estatuto.

Sobre o assunto, segue o acórdão abaixo, que, apesar de ter sido proferido na esfera cível, pode ser analisado sob o viés penal, entendendo-se que a clínica mencionada praticou a conduta descrita no art. 100, III, do Estatuto do Idoso.

> DANO MORAL. Responsabilidade civil. Contrato. Prestação de serviços. Plano de saúde. Demora no atendimento. Paciente idoso atendido duas horas e meia após o horário agendado. Descabimento. Atitude que ocasionou o agravamento da sua situação por ser portador de cisto renal e apresentar dor abdominal. Responsabilidade contratual e extracontratual caracterizadas. *Negligência* da clínica demonstrada. [...] Recurso parcialmente provido (TJSP, Ap. com revisão 1087383600, 31ª Câm. de Direito Privado, Rel. Des. Willian Roberto de Campos, julgamento em 3-7-2007) (grifo nosso).

No mesmo sentido, colaciona-se o acórdão abaixo:

> APELAÇÃO CÍVEL E RECURSO ADESIVO. RESPONSABILIDADE CIVIL. AÇÃO DE INDENIZAÇÃO. DEVER DE INDENIZAR RESULTANTE DA FALTA DE ZELO NA GUARDA DE PESSOA IDOSA. CONSTATAÇÃO DE FRATURA APENAS TRÊS DIAS APÓS SUA OCORRÊNCIA. REDUÇÃO DOS DANOS MORAIS. DANOS MATERIAIS COMPROVADOS. 1. RESPONSABILIDADE CIVIL. Considerando o contexto probatório, no qual se verifica que a autora já apresentava sintomas como inchaço e dor, a *demora da clínica em buscar atendimento médico adequado demonstra descaso com o sofrimento apresentado pela paciente. Evidenciada, portanto, a falha na prestação do serviço, consistente na falta de zelo na aferição das condições físicas da autora, motivo pelo qual deve a ré ser responsabilizada pelos danos sofridos pela parte autora.* [...] DERAM PARCIAL PROVIMENTO AO APELO E PROVIMENTO AO RECURSO ADESIVO. UNÂNIME (TJRS, Ap. cível 70.025.586.538, 9ª Câm. Cível, Rel. Des. Odone Sanguiné, julgamento em 15-10-2008) (grifo nosso).

b) Elemento subjetivo

O delito somente pode ser punido se praticado na modalidade dolosa, ou seja, se o agente mediante vontade livre e consciente recusar, retardar ou dificultar atendimento à saúde do idoso.

Inexiste a tipificação do delito na modalidade culposa.

c) Elemento normativo do tipo

O elemento normativo do tipo corresponde à expressão "justa causa", cabendo ao julgador, em cada caso, analisar se as condutas de recusa, demora ou dificuldade na assistência ocorreram sem justa causa.

d) Sujeito ativo do delito

Por ser o crime comum, pode ser praticado por qualquer pessoa, a saber: familiar, amigo, prestador de serviço da área médica, assim como o próprio Estado fornecedor de prestação de serviços médicos etc.

e) Sujeito passivo do delito

Pessoa idosa assim definida no art. 1º do Estatuto do Idoso.

f) Objetividade jurídica

O tipo penal tutela a saúde do idoso (física ou psíquica).

g) Tentativa

Sendo o crime omissivo, pois prescreve condutas nas quais o agente deixa de fazer algo que lhe era devido realizá-lo, não é admissível a tentativa.

h) Consumação

O crime se consuma no momento da recusa, retardamento ou embaraço quanto ao atendimento ou quando o agente deixa de prestar assistência à saúde do idoso sem que haja justa causa para tanto.

Despiciendo para a caracterização da consumação será a ocorrência de qualquer resultado naturalístico.

Desobediência de ordem judicial expedida na ação civil

Art. 100. [...]

IV – deixar de cumprir, retardar ou frustrar, sem justo motivo, a execução de ordem judicial expedida na ação civil a que alude o Estatuto do Idoso.

a) Elementos objetivos

O delito apresenta como núcleos os verbos: deixar de cumprir, retardar ou frustrar ordem judicial prolatada na ação civil prevista no Estatuto do Idoso.

No que tange à expressão "ação civil", impõe-se que se realize interpretação sistemático-teleológica, abrangendo, portanto, todas as ações tendentes à tutela dos direitos da pessoa idosa, tendo estas pedido e causa de pedir fundados em direitos individuais, individuais homogêneos, coletivos ou difusos.

Em relação às condutas acima, vale a pena analisar o conteúdo significativo de cada uma delas: deixar de cumprir: não realizar, desobedecer; retardar[325]:

---

[325] HOUAISS, Antonio. *Dicionário Houaiss da língua portuguesa*, op. cit., p. 2.444.

tornar tardio, causar adiamento, protelação; frustar[326]: falhar, não corresponder à expectativa, tornar vão.

b) Elemento subjetivo

O tipo penal requer o dolo para sua configuração, consistindo na vontade livre e consciente em deixar de cumprir, retardar ou frustrar, sem justo motivo, a execução de ordem judicial expedida na ação civil a que alude o Estatuto do Idoso. Não há punição na modalidade culposa, por inexistir expressa disposição nesse sentido.

c) Elemento normativo do tipo

Caracteriza-se pela expressão "sem justa causa", cabendo ao juiz em cada caso proceder a um juízo valorativo a fim de analisar se o descumprimento, retardamento ou frustração decorreu de um motivo justificado ou não.

d) Sujeito ativo do delito

Por ser crime comum, pode ser praticado por qualquer pessoa.

Deve-se, entretanto, ressalvar que se o sujeito ativo for funcionário público e a ordem judicial relacionar-se com suas funções, poderá ser equiparada a ato de ofício e, assim, o crime poderá ser desclassificado para o art. 319 do Código Penal.

e) Sujeito passivo do delito

O sujeito passivo direto é o Estado; o indireto, a pessoa idosa.

f) Objetividade jurídica

O crime em espécie tutela a administração da Justiça.

g) Tentativa

Na modalidade de conduta omissiva, configurada no tipo em comento pela expressão "deixar de cumprir", a tentativa é inadmissível. No que pertine às demais condutas, assim consideradas comissivas : "retardar" e "frustar", haverá a possibilidade da tentativa.

h) Consumação

Em relação à conduta omissiva "deixar de cumprir", a consumação ocorre no momento exato da omissão do agente. Portanto, mesmo que o agente do delito decida vir a obedecer a ordem judicial posteriormente, o crime já restará consumado.

---

[326] Ibidem, p. 1.396.

No que tange às condutas de retardar e frustrar, a consumação ocorre no momento da procrastinação ou da conduta de falhar.

Recusa, demora ou omissão de dados indispensáveis ao ajuizamento da ação civil pública

Art. 100. [...]

V – recusar, retardar ou omitir dados técnicos indispensáveis à propositura da ação civil objeto da Lei n. 10.741/2003, quando requisitados pelo Ministério Público.

a) Elementos objetivos

A ação é recusar, retardar ou omitir dados técnicos indispensáveis ao ajuizamento da ação civil pública que tem como objeto de tutela direitos e garantias fundamentais à pessoa idosa.

A conduta somente será típica se, além da recusa, da procrastinação ou da omissão, os dados requisitados forem considerados indispensáveis à propositura da ação civil pública.

b) Elemento subjetivo

Dolo genérico consistente na vontade livre e consciente de proceder à recusa, demora ou omissão dos dados técnicos. Assim, o tipo penal só poderá ser punido a título de dolo. Não há forma culposa.

c) Sujeito ativo do delito

Pode ser praticado por qualquer pessoa (crime comum).

d) Sujeito passivo do delito

O sujeito passivo direto é o Estado; o indireto, a pessoa idosa que pode ser prejudicada na tutela de seus direitos e garantias se houver o ajuizamento de uma ação civil pública temerária.

e) Objetividade jurídica

A norma penal tutela a Administração da Justiça, bem como as funções constitucionais previstas nos arts. 127 a 129 do Ministério Público, no que tange à proteção de direitos indisponíveis e protetivos dos idosos.

f) Tentativa

Nas modalidades omissivas, a saber, recusar e omitir, não há forma tentada, enquanto na conduta comissiva de retardar será possível a sua ocorrência.

g) Consumação

O crime se consuma[327] no momento em que o agente se recusa ou se omite a prestar as informações devidas e indispensáveis.

E, em relação à conduta de retardar, o delito se perfaz quando o agente decide retardar a entrega das mencionadas informações ao Ministério Público.

h) Ação e procedimento penal

As considerações sobre este ponto podem ser estendidas para todas as condutas típicas descritas no art. 100 do Estatuto do Idoso, visto que para todas a pena será de reclusão de seis meses a um ano, e multa.

Tendo em vista o *quantum* da pena, observa-se que os crimes acima são de menor potencial lesivo, ressalvando-se as considerações já tecidas (art. 94) sobre os institutos da transação penal e da suspensão condicional do processo (arts. 76 e 89, ambos da Lei n. 9.099/95).

Art. 101. *Deixar de cumprir; retardar ou frustrar, sem justo motivo, a execução de ordem judicial expedida nas ações em que for parte ou interveniente o idoso:*

Pena *– detenção de 6 (seis) meses a 1 (um) ano e multa.*

---

a) Elementos objetivos

A conduta delitiva apresenta os verbos "deixar de cumprir"; "retardar" ou "frustrar" ordem judicial expedida nas ações em que o idoso for parte ou interveniente.

O artigo em análise pode ser confundido com o art. 100, IV, do Estatuto do Idoso, que prescreve as condutas de descumprir, retardar ou frustrar, sem

---

[327] RECURSO CRIME. ESTATUTO DO IDOSO. ART. 100, INC. V, LEI 10.741/03. RECUSAR, RETARDAR OU OMITIR DADOS TÉCNICOS REQUISITADOS PELO MP. SENTENÇA ABSOLUTÓRIA. EXTINÇÃO DA PUNIBILIDADE PELA PRESCRIÇÃO. Decorridos mais de dois anos entre a data do recebimento da denúncia e o presente momento sem que verificado qualquer marco suspensivo ou interruptivo da prescrição, e considerando que eventual condenação imporia pena inferior a um ano de detenção, impositivo o reconhecimento da extinção da punibilidade do réu pela prescrição da pretensão punitiva do Estado, ainda que pela pena projetada. Incidência do disposto nos arts. 107, IV, e 109, VI (redação original), ambos do CP. A extinção da punibilidade pela prescrição da pretensão punitiva do Estado prejudica o exame do mérito da apelação criminal. UNÂNIME. RECURSO PREJUDICADO (TJRS, Recurso Crime 71.003.752.094, Turma Recursal Criminal, Rel. Des. Cristina Pereira Gonzales, julgamento em 9-7-2012).

justo motivo, a execução de ordem judicial expedida na ação civil aludida no Estatuto do Idoso. Note-se que o inciso IV do art. 100 se refere apenas às ações civis ajuizadas em favor dos idosos e fundamentadas em direitos individuais, difusos, coletivos e individuais homogêneos, ao passo que o art. 101 faz remissão a toda e qualquer ação em que o idoso for parte ou interveniente, seja, portanto, de natureza administrativa ou penal.

b) Elemento subjetivo

Dolo genérico consubstanciado na vontade livre e consciente de praticar todos os elementos do tipo penal em questão. Não há modalidade culposa.

c) Elemento normativo do tipo

O tipo penal apresenta como elemento normativo do tipo a expressão cunhada "sem justo motivo", cabendo, portanto, ao juiz avaliar se o descumprimento, a demora ou a falha ocorreram de forma injustificada.

d) Sujeito ativo do delito

Trata-se de crime comum (pode ser praticado por qualquer pessoa).

e) Sujeito passivo do delito

O sujeito passivo imediato é o Estado (Administração da Justiça) e o mediato é a pessoa idosa que foi prejudicada pela conduta comissiva ou omissiva do agente.

f) Objetividade jurídica

A norma penal tutela a Administração da Justiça, notadamente o cumprimento de suas ordens.

g) Tentativa

Nas modalidades de condutas comissivas "retardar ou frustrar", a tentativa é cabível, enquanto na modalidade omissiva "deixar de cumprir", será inadmissível.

h) Consumação

O tipo penal praticado na forma de deixar de cumprir se consuma no momento da própria omissão do agente. Quando for praticado mediante as outras duas condutas comissivas, o crime se consumará no momento em que o agente retardar ou frustrar, injustificadamente, a execução da ordem judicial.

i) Ação e procedimento penal

A ação é pública incondicionada, sendo caracterizada como crime de menor potencial ofensivo. No que tange à aplicação dos institutos despenalizadores, vide observações mencionadas no art. 94 do Estatuto do Idoso.

Art. 102. *Apropriar-se de ou desviar bens, proventos, pensão ou qualquer outro rendimento do idoso, dando-lhes aplicação diversa da de sua finalidade:*
Pena – *reclusão de 1 (um) a 4 (quatro) anos e multa.*

a) Elementos objetivos

O crime prevê as condutas de apropriar-se ou desviar bens, proventos, pensão ou qualquer outro rendimento do idoso. Apropriar-se é "fazer sua, tomar para si"[328].

Contudo, faz-se mister, nesse contexto, a distinção entre o artigo em comento e o prescrito no art. 168 do Código Penal. O crime de apropriação indébita previsto no Estatuto não requer para sua caracterização a preexistência da posse lícita e não violenta. De outra parte, há doutrina de escol[329] que entende ser necessária a entrega prévia da coisa ao agente pelo ofendido, tratando-se de modalidade especial de apropriação indébita.

A questão que se coloca é que, se o tipo penal não apresenta como elementar a anterior posse da coisa alheia, não seria cabível ao intérprete assim fazê-lo extensivamente, notadamente em face do espírito protetivo ao idoso marcado em toda a sua base principiológica prevista no Estatuto do Idoso.

Além da diferença acima citada, observa-se com clareza que o legislador do Estatuto do Idoso impôs maior rigor na tipificação prescrita no art. 102, pois abrangeu expressamente a conduta de desviar bens, proventos ou pensões, o que não fez no art. 168 do Código Penal (neste, tal modalidade de conduta é considerada atípica). Por fim, resta ainda afirmar que o objeto jurídico presente no art. 168 do Código Penal é a coisa alheia móvel, enquanto no art. 102 do Estatuto, o legislador estabelece bens, proventos, pensão ou ainda qualquer outro rendimento do idoso.

É importante deixar presente uma crítica sobre o art. 102 em comento. Na ótica da apropriação cometida no Código Penal, o autor do delito pode ser autuado em flagrante, não sendo o crime de menor potencial lesivo. Assim, claro é o tratamento mais benéfico dado a quem pratica apropriação indébita contra o idoso.

---

[328] DELMANTO, Celso et al. *Código Penal comentado*. São Paulo: Saraiva, 2010, p. 603.
[329] ANDREUCCI, Ricardo Antonio. *Legislação penal especial*. São Paulo: Saraiva, 2007, p. 147.

Sobre o assunto do bem jurídico tutelado no art. 102 do Estatuto do Idoso, trazemos à colação os julgados abaixo:

APELAÇÃO CRIME. ESTATUTO DO IDOSO. ARTIGO 102 DA LEI 10.741/2003. APROPRIAÇÃO DE RENDIMENTO DE IDOSO. PROVA. CONDENAÇÃO MANTIDA. A materialidade e a autoria restaram suficientemente comprovadas pela prova produzida nos autos, especialmente a confissão do réu, confirmando que ele *apropriou-se de valor referente ao benefício previdenciário da vítima, dando-lhe destinação diversa, usando ele próprio o dinheiro, ao invés de repassá-lo ao ofendido ou seu curador*, impondo-se, assim, a condenação, como está na sentença. PENA. DOSIMETRIA. Basilar no patamar mínimo de um ano de reclusão. Reconhecida a atenuante da confissão espontânea, a pena não é reduzida, por já se encontrar no patamar mínimo legal, conforme Súmula n. 231 do STJ. Ausentes causas moduladoras, a reprimenda tornou-se definitiva em 01 (um) ano de reclusão, substituída, agora, por apenas uma pena restritiva de direitos (artigo 44, § 2º, do Código Penal), consistente na prestação de serviços à comunidade. [...] APELO DA DEFESA PARCIALMENTE PROVIDO (TJRS, Ap. Crime 70.051.343.143, 8ª Câm. Criminal, Rel. Des. Isabel de Borba Lucas, julgamento em 27-11-2013) (grifo nosso).

APELAÇÃO CRIMINAL. APROPRIAÇÃO DE BENS OU VALORES DE IDOSO E MAUS-TRATOS (LEI N. 10.741/03, ARTS. 99 E 102). MAUS-TRATOS. PRESCRIÇÃO DA PRETENSÃO PUNITIVA NA MODALIDADE RETROATIVA. EXTINÇÃO DA PUNIBILIDADE QUE SE IMPÕE. APROPRIAÇÃO DE BENS OU VALORES DE IDOSO. MATERIALIDADE E AUTORIA COMPROVADAS. *VÍTIMA QUE NÃO AUTORIZOU O SAQUE DE VALORES DE SUA CONTA BANCÁRIA. NUMERÁRIO UTILIZADO PARA FINS QUE NÃO SE DESTINAVAM À SAÚDE, LAZER, ALIMENTAÇÃO, MORADIA E CUIDADOS HIGIÊNICOS DO IDOSO.* CONDENAÇÃO MANTIDA. DOSIMETRIA. AGRAVANTE DA ALÍNEA *H* DO ART. 61 DO CP. CRIME PRATICADO CONTRA MAIOR DE 60 ANOS DE IDADE. IMPOSSIBILIDADE. ELEMENTAR DO TIPO DO ART. 102 DO ESTATUTO DO IDOSO. OCORRÊNCIA DE *BIS IN IDEM*. EXCLUSÃO DE OFÍCIO. RECURSO DESPROVIDO (TJSC, Ap. Criminal 2012.060629-4, 2ª Câm. Criminal, Rel. Des. Salete Silva Sommariva, julgamento em 19-8-2014) (grifo nosso).

APELAÇÃO CRIMINAL. CRIMES CONTRA A RELAÇÃO DE CONSUMO E CONTRA O IDOSO. INDUZIMENTO DE CONSUMIDOR EM ERRO ATRAVÉS DE INFORMAÇÃO FALSA SOBRE SERVIÇO E APROPRIAÇÃO DE BENS DE IDOSO (ART. 7º, VII, DA LEI N. 8.137/1990 E ART. 102 DA LEI N. 10.741/2003). SENTENÇA CONDE-

NATÓRIA. IRRESIGNAÇÃO DEFENSIVA. PLEITO ABSOLUTÓRIO POR AUSÊNCIA DE PROVAS. MATERIALIDADE E AUTORIA DEVIDAMENTE DEMONSTRADAS. PALAVRAS DAS VÍTIMAS TAXATIVAS EM TODAS AS FASES DO PROCESSO, EM CONSONÂNCIA COM A PROVA DOCUMENTAL. VERSÃO DEFENSIVA ANÊMICA, DISSOCIADA DO CONJUNTO PROBATÓRIO. CONDUTA DO APELANTE ADEQUADA AOS TIPOS PENAIS DESCRITOS NA PEÇA ACUSATÓRIA. *DENUNCIADO QUE DESVIOU EM PROVEITO PRÓPRIO VALORES RECEBIDOS DE IDOSA, BEM COMO INDUZIU CONSUMIDORES EM ERRO, REALIZANDO AFIRMAÇÃO FALSA SOBRE NATUREZA DE SERVIÇO DE CRÉDITO.* DOLO EVIDENCIADO. ÉDITO CONDENATÓRIO MANTIDO. [...] RECURSO CONHECIDO E PROVIDO EM PARTE (TJSC, Ap. Crim. 2013.052105-4, 3ª Câm. Criminal, Rel. Des. Leopoldo Augusto Brüggemann, julgamento em 19-11-2013) (grifo nosso).

b) Elemento subjetivo

Dolo específico caracterizado pela vontade livre e consciente de apropriar-se ou desviar bens, proventos, pensão ou qualquer outro rendimento do idoso, visando dar-lhes aplicação diversa da sua finalidade. Não há forma culposa.

O elemento subjetivo correspondente ao *animus dominis* não é elementar do tipo penal comentado, uma vez que a apropriação ou o desvio de bens pode ser em benefício de um terceiro ("aplicação diversa da sua finalidade").

c) Sujeito ativo do delito

Pode ser praticado por qualquer pessoa (crime comum), inclusive por quem tenha relação de parentesco ou amizade com o agente delitivo.

Nesse sentido, saliente-se o julgado abaixo:

APROPRIAÇÃO INDÉBITA. Caracterização. Artigo 102, *caput*, da Lei Federal n. 10.741/2003 (Estatuto do Idoso). *Réu que se apropriou de significativa quantia em dinheiro (pouco mais de quatro milhões) pertencente à sua mãe, anciã então com setenta e nove anos, cujos rendimentos serviam ao seu sustento, eis que, incluído em conta corrente conjunta com a mãe, ora assistente de acusação, transferiu o dinheiro para sua conta corrente pessoal, aplicando-o no mercado financeiro.* Tipo penal que bem retrata os atos praticados pelo réu. Desarmonia familiar e disputa entre os irmãos pela administração dos bens após a morte do pai, que não descaracterizam o crime. Exculpação dada pelo réu, no sentido de que assim agiu para "proteger" o dinheiro de outro irmão, a fim de que este não tivesse acesso, que, igualmente, não desqualifica sua ação como criminosa. Dolo evidenciado pelo próprio ato de, à revelia da mãe, sacar o dinheiro, que não lhe pertencia, transferindo-o para conta pessoal, e dele usufruindo como se dono fosse. Prova, bastante, para a condenação – Pena bem fixada – Presentes os requisitos legais do artigo 44, § 2º, do Código Penal. Substituição da pena privativa de liberdade por duas restritivas de direitos. Recurso do Ministério Público provido, não conhecido o do assistente de acusação, porque de caráter supletivo, e cuja postulação, em tudo e por tudo, é a mesma do Ministério Público (TJSP, Ap. 00880308020088260050, 15ª Câm. de Direito Criminal, Rel. Des. Walter de Almeida Guilherme, julgamento em 18-10-2012) (grifo nosso).

d) Sujeito passivo do delito

É a pessoa idosa (art. 1º do Estatuto do Idoso).

e) Objetividade jurídica

Tutela-se o patrimônio do idoso.

f) Tentativa

É possível sua ocorrência quando, no momento da execução do delito, o agente, por ser surpreendido por outra pessoa, não consuma o delito por circunstâncias alheias à sua vontade (*v.g.*, o autor do delito saca o dinheiro, mas não realiza a efetiva transferência para sua conta ou de terceiro).

g) Consumação

Entende-se que a consumação ocorre quando se dá a inversão da posse, correspondendo à efetiva apropriação do bem ou ao desvio de sua finalidade.

Trata-se de crime material e, para alguns autores[330], instantâneo. Ocorre que o STJ já se pronunciou a respeito, entendendo ser crime permanente.

> HABEAS CORPUS. ESTATUTO DO IDOSO. CRIMES PREVISTOS NOS ARTS. 96, § 1º, E 102, AMBOS DA LEI N. 10.741/2003. PRETENSÃO DE TRANCAMENTO DA AÇÃO PENAL. ARGUIDA ATIPICIDADE DA CONDUTA QUANTO AO *DELITO PREVISTO NO ART. 102 DO ESTATUTO DO IDOSO*. INEXISTÊNCIA. *CRIME PERMANENTE*. SÚMULA N. 711 DO SUPREMO TRIBUNAL FEDERAL. TESE DE INÉPCIA DA DENÚNCIA. IMPROCEDÊNCIA. 1. O trancamento da ação penal por ausência de justa causa é uma medida excepcional, somente cabível em situações nas quais, de plano, seja perceptível o constrangimento ilegal. 2. A conduta do Paciente – apropriação de imóvel pertencente aos pais – amolda-se ao tipo previsto no art. 102 da Lei n. 10.741/2003. 3. Embora a apropriação do imóvel tenha

---

[330] DELMANTO, Celso et al., op. cit., p. 168. No mesmo sentido: JESUS, Damásio E. de. *Direito penal*: parte especial, p. 465.

se dado no ano de 2001, houve nitidamente a prorrogação do momento consumativo, porquanto o Paciente poderia fazer cessar, a qualquer momento, a atividade delituosa e assim não o fez. Trata-se, portanto, de crime permanente, tendo em vista a natureza duradoura de sua consumação. 4. A teor do enunciado n. 711 da Súmula do Supremo Tribunal Federal: "A lei penal mais grave aplica-se ao crime continuado ou ao crime permanente, se sua vigência é anterior à cessação da continuidade ou da permanência"[...] (STJ, HC 111.120/ DF, 5ª T., Rel. Min. Laurita Vaz, julgamento em 17-2-2010) (grifos nossos).

h) Ação e procedimento penal

A ação é pública incondicionada, sendo caracterizada como crime de menor potencial ofensivo. No que tange à aplicação dos institutos despenalizadores, vide observações mencionadas no art. 94 do Estatuto do Idoso.

Art. 103. *Negar o acolhimento ou permanência do idoso, como abrigado, por recusa deste em outorgar procuração à entidade de atendimento:*
Pena *– detenção de 6 (seis) meses a 1 (um) ano e multa.*

a) Elemento objetivo

O tipo penal apresenta a conduta de negar acolhimento ou permanência, ou seja, de recusar abrigo a idoso em qualquer entidade de atendimento, *v.g.*, asilo, casa de repouso, clínica geriátrica etc.

b) Elemento subjetivo

O crime é doloso (dolo genérico), ou seja, só se perfaz se o agente agir com vontade livre e consciente de negar o acolhimento do idoso.

c) Elemento normativo do tipo

Caracteriza-se pela expressão "por recusa deste em outorgar procuração à entidade familiar". Dessa forma, caberá ao juiz a análise do juízo de valor em relação ao motivo ensejador da recusa, salientando-se que se esta for decorrente de preconceito, racismo ou discriminação, a conduta do agente delitivo será subsumida à Lei n. 7.716/89. Caso a negativa não apresente quaisquer desses motivos, o fato restará atípico.

d) Sujeito ativo do crime

O crime, por ser próprio, somente pode ser praticado por funcionário, diretor ou outra pessoa com poderes para recusar o abrigamento do idoso em entidade de atendimento.

e) Sujeito passivo do crime

É o idoso que teve seu pedido de abrigo negado por pessoa com poderes de aceitar ou negar seu abrigamento.

f) Objetividade jurídica

A norma penal tutela a dignidade, o bem-estar, a saúde física e psíquica do idoso.

g) Tentativa

Não é admissível ao tipo penal.

h) Consumação

O crime se consuma quando da negação do ato de acolhimento ou permanência.

i) Ação e procedimento penal

A ação é pública incondicionada, sendo caracterizada como crime de menor potencial ofensivo. No que tange à aplicação dos institutos despenalizadores, vide observações mencionadas no art. 94 do Estatuto do Idoso.

Art. 104. *Reter o cartão magnético de conta bancária relativa a benefícios, proventos ou pensão do idoso, bem como qualquer outro documento com o objetivo de assegurar recebimento ou ressarcimento de dívida:*

Pena – *detenção, de 6 (seis) meses a 2 (dois) anos e multa.*

---

a) Elemento objetivo

Consubstancia-se no verbo "reter", ou seja, não entregar/devolver documento para assegurar pagamento de dívida.

> APELAÇÃO CRIMINAL. CRIMES DO ART. 102 E ART. 104 DA LEI N. 10.741/03 (ESTATUTO DO IDOSO) E ART. 299, *CAPUT*, DO CÓDIGO PENAL, EM CONCURSO MATERIAL. SENTENÇA CONDENATÓRIA. RECURSO DEFENSIVO. ART. 104 DO ESTATUTO DO IDOSO. *RETER O CARTÃO MAGNÉTICO DE CONTA BANCÁRIA RELATIVA A BENEFÍCIOS, PROVENTOS OU PENSÃO DO IDOSO, BEM COMO QUALQUER OUTRO DOCUMENTO COM OBJETIVO DE ASSEGURAR RECEBIMENTO OU RESSARCIMENTO DE DÍVIDA.* [...] PLEITO ABSOLUTÓRIO. ART. 102 DO ESTATUTO DO IDOSO. APROPRIAR-SE DE OU DESVIAR BENS, PROVENTOS, PENSÃO OU QUALQUER OUTRO RENDIMENTO DO IDOSO, DANDO-LHES APLICAÇÃO DIVERSA DA DE SUA FINALIDADE. ABSOLVIÇÃO INVIÁVEL. MATERIALIDADE E AUTORIA

DELITIVAS COMPROVADAS. APELANTE QUE APROPRIOU-SE DO CARTÃO MAGNÉTICO DA IDOSA E RECEBEU OS VALORES DA APOSENTADORIA, SEM A ORDEM DA VÍTIMA. CONDENAÇÃO MANTIDA. ART. 299, *CAPUT*, DO CÓDIGO PENAL. FALSIDADE IDEOLÓGICA. MATERIALIDADE E AUTORIA DELITIVAS DEVIDAMENTE COMPROVADAS. [...] (TJSC, Ap. Criminal 2010.018389-3, 1ª Câm. Criminal, Rel. Des. Marli Mosimann Vargas, julgamento em 8-2-2011) (grifo nosso).

b) Elemento subjetivo

Dolo específico concretizado pela vontade livre e consciente de reter qualquer documento com a finalidade específica de assegurar recebimento ou ressarcimento de dívida. Não há forma culposa para o delito em questão.

c) Sujeito ativo do delito

O crime pode ser praticado por qualquer pessoa.

d) Sujeito passivo do delito

O sujeito passivo imediato do delito é o Estado, enquanto o mediato é a pessoa idosa que teve seu documento retido como forma de assegurar recebimento ou ressarcimento de dívida.

e) Objetividade jurídica

A norma penal tutela a Administração da Justiça.

f) Tentativa

É admitida quando o agente interrompe a execução do delito por circunstâncias alheias à sua vontade.

g) Consumação

O crime se consuma no momento da retenção do documento da pessoa idosa (crime formal) e não no do recebimento da pretensão qualificada por uma dívida[331].

h) Conflito aparente com o art. 345 do Código Penal

O art. 345 prescreve o crime de exercício arbitrário das próprias razões descrevendo como conduta típica "fazer justiça pelas próprias mãos, para satisfazer pretensão, embora legítima, salvo quando a lei o permite". Neste crime, pune-se quem, para satisfação de um direito seu legítimo, utiliza-se de qualquer

---

[331] Sobre o assunto, vide: NORONHA, Magalhães. *Direito penal*, 1995, p. 381.

meio (*v.g.*, ameaça, violência física, fraude, ardil, subtração) para fazê-lo. Contudo, o art. 104 do Estatuto do Idoso abrange apenas a retenção de documento como *modus operandi* da conduta e tem como sujeito passivo, além do Estado, a pessoa idosa. Além disso, a pena prevista no Estatuto é bem superior à pena prevista no Código Penal, em observância clara do caráter protetivo presente naquele diploma.

i) Ação e procedimento penal

A ação é pública incondicionada, sendo caracterizada como crime de menor potencial ofensivo. No que tange à aplicação dos institutos despenalizadores, vide observações mencionadas no art. 94 do Estatuto do Idoso.

Art. 105. Exibir ou veicular, por qualquer meio de comunicação, informações ou imagens depreciativas ou injuriosas à pessoa do idoso:
Pena – detenção de 1 (um) a 3 (três) anos e multa.

a) Elementos objetivos

O tipo penal descreve como núcleos do tipo os verbos "exibir" ou "veicular" informações ou imagens depreciativas ou injuriosas inerentes à pessoa do idoso.

Alguns pontos merecem consideração: a) significado de exibir e veicular; b) quais podem ser os meios de comunicação; c) o que são informações ou imagens depreciativas ou injuriosas.

No que tange aos verbos presentes no tipo penal em exame, encontramos:

Exibir: "1. Tornar visível ou perceptível a outrem, de maneira intencional; apresentar, mostrar 2. Expor ou fazer a apresentação de"[332].

Veicular "1. [...] 3. Fazer a difusão de; propagar, transmitir"[333].

Em relação aos meios de comunicação, vê-se que podem ser por meio televisivo, radiofônico, fotográfico, jornalístico, meio ambiente digital etc.

As informações ou imagens exibidas ou veiculadas devem ser depreciativas ou injuriosas. *Depreciar* é "rebaixar o valor, a qualidade, a virtude de algo ou de alguém, desprezar, menoscabar"[334], enquanto *injuriar* é a ofensa ao decoro

---

[332] HOUAISS, Antonio. *Dicionário Houaiss da língua portuguesa*, op. cit., p. 1.284.
[333] Ibidem, p. 2.836.
[334] Ibidem, p. 942.

ou à dignidade de alguém, atingindo a sua honra subjetiva (sentimento que cada um tem sobre si mesmo de seu decoro ou dignidade)[335].

b) Elemento subjetivo

Dolo genérico configurado na vontade livre e consciente de exibir ou veicular informações ou imagens depreciativas ou injuriosas ao idoso. Não se pune a conduta se praticada culposamente.

c) Confronto com a liberdade de expressão e de imprensa prevista no art. 5º da Carta Magna

Se as informações tiverem caráter informativo sem notas depreciativas ou injuriosas, o fato restará atípico. Portanto, o direito à liberdade de informação deve respeitar os demais direitos inerentes à imagem, honra, enfim, a dignidade do idoso para que não se verifiquem situações antinômicas.

d) Sujeito ativo do delito

O crime em tela pode ser praticado por qualquer pessoa (crime comum).

e) Sujeito passivo do delito

É a pessoa idosa que tem sua imagem e honra subjetiva violadas.

f) Objetividade jurídica

A norma penal tutela a imagem, honra subjetiva e a dignidade da pessoa idosa.

g) Tentativa

É admissível a forma tentada do delito, *v.g.*, quando, ao veicular a informação injuriosa em alguma rede social, não o faz por circunstâncias alheias à sua vontade.

h) Consumação

A consumação ocorre com a exibição ou veiculação das imagens ou informações depreciativas ou injuriosas.

i) Ação e procedimento penal

A ação é pública incondicionada, sendo caracterizada como crime de menor potencial ofensivo. No que tange à aplicação dos institutos despenalizadores, vide observações mencionadas no art. 94 do Estatuto do Idoso.

---

[335] DELMANTO, Celso et al. *Código Penal comentado*, op. cit., p. 140.

Art. 106. *Induzir pessoa idosa sem discernimento de seus atos a outorgar procuração para fins de administração de bens ou deles dispor livremente:*
Pena – *reclusão de 2 (dois) a 4 (quatro) anos.*

a) Elementos objetivos

O tipo penal descreve a conduta de induzir pessoa idosa sem discernimento à outorga de procuração. Induzir é fazer nascer o propósito de realizar algo, sob um discurso persuasivo e que leva ao convencimento de que algo precisa ser realizado. Instigar é reforçar o propósito delitivo já latente, e não se confunde, portanto, com o ato de induzimento.

Dois aspectos merecem atenção, a saber: a) a procuração pode ser pública ou privada, já que o legislador não pontuou a natureza de tal instrumento; b) o idoso não necessita estar judicialmente interditado, sendo suficiente que não seja capaz de autodeterminar-se conforme seu entendimento.

Sobre o assunto, segue à colação o julgado abaixo:

APELAÇÃO CRIMINAL. ESTATUTO DO IDOSO. CRIMES DE EXPOSIÇÃO A PERIGO A INTEGRIDADE E A SAÚDE DO IDOSO, SUBMETENDO-O A CONDIÇÕES DESUMANAS OU DEGRADANTES, APROPRIAÇÃO DE RENDIMENTOS DE IDOSO PARA APLICAÇÃO DIVERSA DE SUA FINALIDADE E INDUZIMENTO DE PESSOA IDOSA À OUTORGA DE PROCURAÇÃO (ARTS. 99, 102 E 106 DA LEI 10.741/03). CRIMES DE CÁRCERE PRIVADO E ABANDONO DE INCAPAZ (ARTS. 148, § 1º, I, E 133, § 3º, III, AMBOS DO CÓDIGO PENAL). SENTENÇA ABSOLUTÓRIA. RECURSO DO MINISTÉRIO PÚBLICO. PRESCRIÇÃO RECONHECIDA EM RELAÇÃO AO CRIME PREVISTO NO ART. 99 DO ESTATUTO DO IDOSO. EXTINÇÃO DA PUNIBILIDADE QUE SE IMPÕE. MÉRITO. PRETENDIDA A CONDENAÇÃO. PEDIDO ACOLHIDO EM PARTE. *AGENTE QUE INDUZ SEU PAI, PESSOA IDOSA E ADOECIDA, A OUTORGAR-LHE PROCURAÇÃO, FAZENDO USO DOS PROVENTOS DO GENITOR E DANDO-LHES APLICAÇÃO DIVERSA DA SUA FINALIDADE. DELITOS DOS ARTS. 102 E 106 DO ESTATUTO DO IDOSO PLENAMENTE CARACTERIZADOS.* CONDUTA DESCRITA NO ART. 148, § 1º, I, DO CÓDIGO PENAL, TODAVIA, QUE CARECE DE UM DOS ELEMENTOS DO TIPO PENAL. PRIVAÇÃO DA LIBERDADE QUE TINHA O INTUITO DE CONTER A *VÍTIMA, QUE PADECIA DE MAL DE ALZHEIMER.* INEXIGIBILIDADE DE CONDUTA DIVERSA. ABANDONO DE INCAPAZ NÃO CARAC-

TERIZADO. NECESSIDADE DE CONDUTA OMISSIVA, COM AFASTAMENTO FÍSICO. RÉU QUE NÃO SE AFASTA FISICAMENTE DO PAI. ABSOLVIÇÃO QUE SE IMPÕE. SENTENÇA REFORMADA EM PARTE. RECURSO PARCIALMENTE PROVIDO (TJSC, Ap. Criminal 2011.059433-6, 1ª Câm. Criminal, Rel. Des. Paulo Roberto Sartorato, julgamento em 15-7-2014) (grifos nossos).

b) *Elemento subjetivo*

Dolo específico consistente na vontade livre e consciente de induzir pessoa idosa sem discernimento a outorgar procuração com a finalidade de administrar-lhe bens ou deles dispor livremente.

Sobre o assunto, segue o acórdão:

> APELAÇÃO CRIMINAL. CRIME CONTRA O PATRIMÔNIO. ESTELIONATO EM CONTINUIDADE DELITIVA. CRIMES CONTRA O IDOSO. ARTIGOS 102 E 106 DA LEI 10.741/2003 EM CONCURSO MATERIAL. PRELIMINAR. INCIDÊNCIA DO PRINCÍPIO DA INSIGNIFICÂNCIA. REJEIÇÃO. MÉRITO. PLEITO ABSOLUTÓRIO POR INSUFICIÊNCIA DE PROVAS QUANTO AOS FATOS 02, 03 E 04. ACOLHIMENTO. MANUTENÇÃO DA CONDENAÇÃO ATINENTE AOS FATOS 06 E 07. REDIMENSIONAMENTO DA PENA. SENTENÇA CONDENATÓRIA PARCIALMENTE REFORMADA. Preliminar. Não há falar em incidência do princípio da insignificância ao caso dos autos, tendo em vista que não existe qualquer fundamentação nesse sentido pela defesa. Mérito. [...]. *Caso dos autos em que o acusado induziu o ofendido Vilibaldo, seu genitor, a firmar procuração com a finalidade de administrar e dispor livremente de seus bens, mediante a alegação de que necessitava da autorização do idoso para efetuar depósito de quantia em sua conta bancária (fato 06). Após, na posse de referido documento, bem como do cartão bancário e senha pertencentes à vítima Vilibaldo, o acusado efetuou o saque de quantia em dinheiro constante em sua conta poupança* (fato 07). [...] Apelação parcialmente provida (TJRS, Ap. Crim. 70.057.867.913, 7ª Câm. Criminal, Rel. Des. José Antônio Daltoe Cezar, julgamento em 15-5-2014) (grifos nossos).

c) *Sujeito ativo do delito*

Pode ser praticado por qualquer pessoa (crime comum).

d) *Sujeito passivo do delito*

Pessoa idosa sem discernimento, ou seja, sem compreensão e consciência sobre as consequências de seu ato. Não há necessidade de que essa pessoa tenha sido interditada judicialmente.

e) Objetividade jurídica

Tutela-se o patrimônio da pessoa idosa.

f) Tentativa

O crime se perfaz com o mero induzimento do agente para que a vítima lhe outorgue a procuração. Assim, há o induzimento e o crime está consumado ou não havendo este, o fato resta atípico.

Contudo, é possível levantar a tese de que a consumação se perfaz com a efetiva outorga da procuração. Nesse caso, possível seria a tentativa, quando, *v.g.*, o agente, após induzir a vítima, não conseguir obter a outorga de procuração, em razão de aquela ter sido alertada por terceiro.

Entendemos que o crime é formal, sendo despiciendo para a sua consumação o resultado concretizado na outorga.

g) Consumação

Vide comentários acima realizados sobre a tentativa.

h) Ação e procedimento penal

O crime é de ação penal pública incondicionada, devendo-se considerar as observações realizadas quando da análise do art. 94 do Estatuto do Idoso.

Art. 107. *Coagir, de qualquer modo, o idoso a doar, contratar, testar ou outorgar procuração:*

Pena – *reclusão de 2 (dois) a 5 (cinco) anos.*

---

a) Elemento objetivo

O tipo penal define a conduta de coagir, de qualquer modo, o idoso a doar, contratar, testar ou outorgar procuração.

A coação pode ser praticada de "qualquer modo", é dizer, pode ser física, moral ou psíquica, reveladora de ato que obrigue o idoso a fazer algo a favor do agente do delito em detrimento do idoso, retirando-lhe a própria vontade ou sua liberdade de agir.

b) Elemento subjetivo

Dolo específico consistente na vontade livre e consciente de coagir, de qualquer modo, o idoso para que venha a praticar atos de doação, contratos típicos ou atípicos, testamento ou outorga de procuração. Sobre esse último ponto, vale lembrar que ele difere do artigo anterior no que tange ao núcleo do tipo: induzir. Ademais, há diferença também em relação à finalidade do agente.

c) *Sujeito ativo do delito*

Pode ser praticado por qualquer pessoa (crime comum).

d) *Sujeito passivo do delito*

É a pessoa idosa subjugada pela coação do agente delitivo.

e) *Objetividade jurídica*

Tutela-se a liberdade e o patrimônio da pessoa idosa.

f) *Tentativa*

É admitida se o agente, tendo iniciado a execução, não consegue perfazê--la até a consumação por circunstâncias alheias à sua vontade, *v.g.*, a situação daquele que imprime a coação ao idoso, mas não chega a conseguir realizar a contratação em um determinado negócio jurídico.

g) *Consumação*

O delito se consuma com o efetivo ato de doar, contratar, testar ou outorgar a procuração em benefício do agente delitivo ou de outrem.

h) *Ação e procedimento penal*

A ação é pública incondicionada e segue o rito ordinário, tendo em vista que a pena máxima cominada em abstrato é superior a 4 (quatro) anos.

Art. 108. *Lavrar ato notarial que envolva pessoa idosa sem discernimento de seus atos, sem a devida representação legal:*

Pena – *reclusão de 2 (dois) a 4 (quatro) anos.*

---

a) *Elemento objetivo*

O tipo penal descreve a conduta de lavrar ato notarial, o que significa exarar via escrita ato de competência (exclusiva) de escrivães e seus serventuários, *v.g.*, lavrar escritura pública; testamento, procuração etc.

b) *Elemento subjetivo*

O dolo genérico consistente na vontade livre e consciente de lavrar ato notarial envolvendo pessoa idosa sem discernimento e sem representação legal.

Não há forma culposa, por inexistência expressa no tipo penal desta modalidade.

c) Elemento normativo do tipo

Corresponde à expressão cunhada "sem a devida representação legal", cabendo ao juiz proceder ao juízo de valoração no caso concreto, a fim de analisar se o terceiro presente na lavratura do ato notarial não era seu representante legal.

d) Sujeito ativo do delito

O crime descreve a conduta de lavrar ato notarial. Assim, o crime é próprio, pois recai somente sobre quem tem a competência exclusiva de fazê-lo, como o escrivão de cartório e seus funcionários.

e) Sujeito passivo do delito

O sujeito passivo imediato é a Administração Pública; o mediato, o idoso sem discernimento para a prática de seus atos.

f) Objetividade jurídica

Tutela-se o elemento fé pública dos atos notariais (Administração Pública) e o patrimônio do idoso sem discernimento.

g) Tentativa

É admitida se o agente, iniciando a execução do delito, vem a interrompê-la por circunstâncias alheias à sua vontade, *v.g.*, o escrivão, iniciando a lavratura de uma escritura de compra e venda de bem imóvel, vem a interrompê-la por ser surpreendido pela chegada de um representante ministerial no cartório.

h) Consumação

O delito se consuma com a efetiva lavratura do ato notarial.

i) Ação e procedimento penal

A ação é pública incondicionada e segue o rito ordinário, visto ser a pena máxima cominada abstratamente superior a 4 (quatro) anos.

Título VII
Disposições finais e transitórias*

Art. 109. *Impedir ou embaraçar ato do representante do Ministério Público ou de qualquer outro agente fiscalizador:*
Pena – *reclusão de 6 (seis) meses a 1 (um) ano e multa.*

---

* Arts. 109 a 113 por Greice Patrícia Fuller.
  Arts. 114 a 118 por Lauro Luiz Gomes Ribeiro.

a) Elementos objetivos

Compreendem os verbos "impedir" (opor-se) ou "embaraçar" (criar obstáculos não existentes para a prática de determinado ato).

O "outro órgão fiscalizador" previsto no artigo pode ser o Conselho Municipal do idoso, o Conselho Estadual da pessoa idosa etc.

b) Elemento subjetivo

Dolo genérico manifestado na vontade livre e consciente de impedir ou embaraçar ato de órgãos fiscalizadores.

c) Sujeito ativo do delito

Pode ser qualquer pessoa (crime comum).

d) Sujeito passivo do delito

O sujeito passivo imediato é a Administração Pública e mediatos os órgãos fiscalizadores dos direitos do idoso: Ministério Público e demais.

e) Objetividade jurídica

A norma penal tutela a Administração Pública e a atuação do Ministério Público e demais órgãos fiscalizadores dos direitos e garantias dos idosos.

f) Tentativa

A tentativa é admissível.

g) Consumação

O crime é formal, logo a consumação se dá com a conduta do agente em impedir ou embaraçar a atuação do Ministério Público e dos demais órgãos fiscalizadores.

h) Ação e procedimento penal

A ação é pública incondicionada. O rito é o previsto no JECRIM. *Vide* as anotações descritas no art. 94 do Estatuto do Idoso.

Art. 110. *O Decreto-Lei n. 2.848, de 7 de dezembro de 1940, Código Penal, passa a vigorar com as seguintes alterações:*

O art. 110 alterou alguns dispositivos presentes no Código Penal, a saber: arts. 61, 121, 133, 140, 141, 148, 159, 183 e 244, todos do citado diploma legal.

"Art. 61.

[...]

II – [...]

h) contra criança, maior de 60 (sessenta) anos, enfermo ou mulher grávida;"

O art. 110 iniciou alterando a redação do art. 61, II, *h*, do Código Penal, introduzindo agravante genérica que deverá incidir sobre qualquer crime praticado contra maior de 60 anos.

A bem da verdade, o que houve foi uma modificação de vocábulo utilizada, pois a redação anterior do Código Penal estabelecia o termo "velho"[336], o que gerava inúmeras críticas e discussões, pois não se tinha uma determinação clara sobre seu conteúdo e elementos claros para o seu preenchimento: critério idade, capacidade de discernimento etc.

> ESTELIONATO. ART. 171, *CAPUT*, DO CÓDIGO PENAL. CONTO DO BILHETE PREMIADO. PROVA. AGRAVANTE. *ART. 61, II,* H. *APLICABILIDADE. LEI NOVA QUE APENAS ALTEROU O CRITÉRIO PARA DEFINIÇÃO DO QUE PODERIA CORRESPONDER A VELHO.* Prova. Vítima, anciã, com 69 anos de idade, que reconheceu a ré, em audiência, como sendo aquela que lhe iludiu com o conto de bilhete premiado, fazendo que lhe entregasse a importância de $ 8.000,00. Ré, ademais, que admitiu sua participação, apenas que, sem maior carga de verossimilhança, tentando atribuir-lhe conotação outra [...]. A agravante de crime praticado contra idoso. *A Lei 10.741, que entrou em vigor em 1º de outubro de 2003, posterior ao fato de que se trata, ocorrido em 5 de maio de 2003, não introduziu a agravante do crime contra velho, apenas que trazendo novo critério, agora biológico, demarcado pela idade, de 60 anos, da vítima,* de modo que não será pela consideração da impossibilidade de retroação que se haverá de não aplicar agravante já prevista no Código Penal ao tempo do cometimento do crime. A Lei em questão, ao contrário, até alargou o espectro da agravante. Regime. [...] Apelos do Ministério Público parcialmente provido, para consideração da agravante e majoração das sanções, com o não provimento do que manifestado pela defesa

---

[336] Havia uma tendência em considerar "velho" aquele que completou 70 anos (*JUTACrim* 54/223). Não obstante, em determinados casos, mesmo quem tivesse menos de 70 anos, mas considerado senil e dependendo de suas condições de saúde física, poderia ser subsumido à expressão em comento (*JUTACrim* 92/336).

(TJRS, Ap. Crime 70.015.840.358, 7ª Câm. Criminal, Rel. Des. Marcelo Bandeira Pereira, julgamento em 29-11-2006) (grifos nossos).

Importante notar que o legislador no presente artigo em estudo, em desconformidade com o conceito de pessoa idosa (pessoa com idade igual ou superior a 60 anos), apenas asseverou a aplicação da pena a pessoas maiores de 60 anos. Se houve erro de ordem material, este não poderá ser convalidado pelo emprego da analogia, vedada no direito penal se for para prejudicar o réu.

Sobre o assunto, seguem alguns julgados:

PENAL. RECURSO ESPECIAL. LATROCÍNIO. AGRAVANTE. PESSOA MAIOR DE SESSENTA ANOS. A partir da alteração promovida pela Lei n. 10.741/2003, a agravante inserta no art. 61, II, alínea *h*, do Código Penal, aplica-se na hipótese *de crime cometido contra vítima maior de 60 (sessenta) anos de idade, considerando-se, unicamente, o critério cronológico.* Recurso especial provido (STJ, REsp 1.111.688/SC, 5ª T., Rel. Min. Felix Fischer, julgamento em 1º-10-2009) (grifo nosso).

HABEAS CORPUS. EXTORSÃO MEDIANTE SEQUESTRO. ART. 159, § 1º, DO CÓDIGO PENAL. DOSIMETRIA DA PENA. FUNDAMENTAÇÃO. SEQUESTRO PROLONGADO. CIRCUNSTÂNCIA JUDICIAL DESFAVORÁVEL. CRIME CONTRA IDOSO. AGRAVANTE LEGAL PREVISTA NO ART. 61, II, H, DO MESMO DIPLOMA. RAZOABILIDADE. ORDEM DENEGADA (HC 43.953/RJ, 6ª T., Rel. Min. Paulo Gallotti, julgamento em 7-3-2006).

APELAÇÃO CRIME. CRIMES CONTRA O PATRIMÔNIO. ROUBO DUPLAMENTE MAJORADO. MATERIALIDADE E AUTORIA EVIDENCIADAS. CONDENAÇÃO MANTIDA. O acervo probatório revela a materialidade e a autoria do roubo descrito na denúncia. Evidencia que o acusado subtraiu coisa móvel pertencente à vítima mediante violência e grave ameaça potencializadas pelo emprego de arma e concurso de agentes. Confirmação do édito condenatório [...]. *AGRAVANTE DO ART. 61, INC. II, ALÍNEA H DO CÓDIGO PENAL. A prática de crime contra pessoa maior de 60 anos à data do fato determina o agravamento da pena privativa de liberdade em segunda fase dosimétrica.* Inteligência do artigo 61, inciso II, alínea *h*, do CP. [...]. APELO DESPROVIDO (TJRS, Ap. Criminal 70.058.259.607, 8ª Câm. Criminal, Rel. Des. Naele Ochoa Piazzeta, julgamento em 10-9-2014) (grifo nosso).

APELAÇÃO. CRIME DE ROUBO. PROVA SUFICIENTE PARA A CONDENAÇÃO. 1. Impertinentes as irresignações defensivas, pois a prova é robusta no sentido de apontar que o réu praticou o crime de roubo contra a vítima, idoso, com 77 anos na época dos fatos, desferindo-lhe socos e pontapés. 2. A inobservância das formalidades do artigo 226 CPP não invalida o reconhecimento, que deve ser analisado em conjunto com os demais elementos de prova. *AGRAVANTE. ART. 61, II, h, do CP. Descabida a pretensão de afastamento da agravante prevista no art. 61, II, alínea h, do Código Penal, pois a vítima tinha 77 anos na época dos fatos, cuja idade está comprovada por meio da cópia da carteira de trabalho, documento hábil para demonstrar a qualificação civil do idoso.* [...]. Apelação parcialmente provida (TJRS, Ap. Crime 70.061.047.577, 7ª Câm. Criminal, Rel. Jucelana Lurdes Pereira dos Santos, julgamento em 28-8-2014) (grifo nosso).

Resta ainda esclarecer que a agravante em estudo somente se aplica aos crimes dolosos, não sendo possível quando da prática de crimes culposos.

Seguindo a doutrina, os tribunais assim aduzem:

> PENAL. CRIME DE TRÂNSITO. ART. 302 DA LEI N. 9.503/97. SUFICIÊNCIA DE PROVAS. INOBSERVÂNCIA DO DEVER DE CUIDADO *OBJETIVO.* IMPRUDÊNCIA. RECURSO DO MINISTÉRIO PÚBLICO. INCIDÊNCIA DE CIRCUNSTÂNCIAS AGRAVANTES. CRIME PRATICADO CONTRA IDOSO E DANO POTENCIAL PARA DUAS OU MAIS PESSOAS OU COM GRANDE RISCO DE GRAVE DANO PATRIMONIAL A TERCEIROS. I – Age com imprudência o agente que, ao realizar manobra irregular, dá causa a acidente de trânsito que resulta em morte. II – Demonstrada a inobservância do dever de cuidado objetivo na condução do veículo, não pode haver absolvição. *III – Em se tratando de delito culposo, as consequências não devem influir na pena-base. Salvo a reincidência (CP, art. 61, I), todas as demais circunstâncias agravantes só incidem nos crimes dolosos e não nos culposos. IV – No tocante à agravante do art. 61, II, h, o legislador procurou majorar a reprimenda, nos casos em que o réu pratica o delito, prevalecendo-se da inferior capacidade defensiva das vítimas elencadas naquele inciso. Não incide a aludida agravante quando verificado acontecimento fortuito, despido de qualquer intenção.* [...] VI – Improvido o recurso da defesa. Provido parcialmente o apelo do Ministério Público, a fim de majorar em razão da agravante acima declinada (TJDF, Ap. Criminal 314022, 1ª T. Criminal, Rel. Des. Sandra de Santis, julgamento em 7-7-2008) (grifos nossos).

> PENAL. CÓDIGO DE TRÂNSITO. HOMICÍDIO CULPOSO. CIRCUNSTÂNCIA AGRAVANTE. INAPLICABILIDADE. SUSPENSÃO DIREÇÃO. PRAZO. PROPORCIONAL. *1. As circunstâncias agravantes previstas no inciso II, do art. 61, do Código Penal, somente são aplicáveis aos crimes dolo-*

sos, por absoluta incompatibilidade com o delito culposo, cujo resultado é involuntário. 2. O prazo de suspensão da habilitação para dirigir deve guardar compatibilidade com as circunstâncias judiciais do art. 59 do Código Penal. 3. Recurso provido (TJDF, Ap. Criminal 330340, Rel. Des. João Timoteo de Oliveira, julgamento em 16-10-2008, DJe 9-12-2008) (grifo nosso).

"*Art. 121.*

[...]

§ 4º No homicídio culposo, a pena é aumentada de 1/3 (um terço), se o crime resulta de inobservância de regra técnica de profissão, arte ou ofício, ou se o agente deixa de prestar imediato socorro à vítima, não procura diminuir as consequências do seu ato, ou foge para evitar prisão em flagrante. Sendo doloso o homicídio, a pena é aumentada de 1/3 (um terço) se o crime é praticado contra pessoa menor de 14 (quatorze) ou maior de 60 (sessenta) anos."

Trata-se de uma causa de aumento de pena aplicável ao crime de homicídio doloso (simples, privilegiado ou qualificado).

Outro dado importante é que o crime tenha sido praticado no dia em que a vítima já possuía mais de 60 anos. Assim, se quando da prática da ação delitiva a vítima possuía exatamente 60 anos, vindo a morrer quando completasse, *v.g.*, 61 anos, a causa de aumento não seria aplicada em razão da teoria da atividade, prevista no art. 4º do Código Penal (o crime considera-se praticado no momento da conduta comissiva ou omissiva)[337].

Sobre o tema, indaga-se: e se o agente não tinha conhecimento da idade da vítima por ocasião de sua conduta? Pode-se, nesse caso, argumentar-se com a incidência de erro de tipo escusável (visto recair sobre uma circunstância do tipo: pessoa maior de 60 anos) que levará à exclusão da circunstância que aumenta a pena.

"*Art. 133.*

[...]

---

[337] Vale lembrar que o Código Penal adotou a teoria da atividade (art. 4º) em relação à determinação do tempo do crime: "Considera-se praticado o crime no momento da ação ou omissão, ainda que outro seja o momento do resultado".

§ 3º [...]
III – *se a vítima é maior de 60 (sessenta) anos."*

O crime em tela é o de abandono de incapaz:"Abandonar pessoa que está sob seu cuidado, guarda, vigilância ou autoridade, e, por qualquer motivo, incapaz de defender-se dos riscos resultantes do abandono".

Trata-se de crime próprio, exigindo do agente uma especial relação de assistência e dever jurídico de cuidado e considerado de perigo concreto.

O Estatuto acrescentou o inciso III como causa de aumento da pena, fazendo com que ela seja majorada de um terço.

Ocorre que se o agente delitivo abandona idoso em hospitais, casas de saúde, entidades de longa permanência ou congêneres, ou não provê as suas necessidades básicas, quando assim é obrigado por lei, a conduta será tipificada no art. 98 do Estatuto do Idoso (a pena será de detenção, de seis meses a três anos, e multa).

"Art. 140.
[...]
§ 3º *Se a injúria consiste na utilização de elementos referentes à raça, cor, etnia, religião, origem ou a condição de pessoa idosa ou portadora de deficiência:"*[338]

O art. 140, § 3º, do Código Penal tipifica a chamada injúria qualificada, prevendo a pena de reclusão, de um a três anos, e multa.

Nesse parágrafo, o legislador andou bem ao prever "pessoa idosa", pois remete-nos ao conceito preceituado no art. 1º do Estatuto do Idoso, que nos deixa clara a proteção de pessoas com 60 anos ou mais.

A injúria qualificada neste dispositivo não se confunde com o crime previsto no art. 96 do Estatuto do Idoso (crime de discriminação do idoso). A distinção já foi objeto de estudo quando realizados os comentários desse último dispositivo.

---

[338] A anterior redação se omitia no tocante à pessoa portadora de deficiência e idosa.

"Art. 141.
[...]
***IV** – contra pessoa maior de 60 (sessenta) anos ou portadora de deficiência, exceto no caso de injúria."*

Os dispositivos acima disciplinam causas de aumento aos crimes de calúnia e difamação quando praticados contra pessoa maior de 60 anos. Neste tocante, novamente a lei restringiu a causa de aumento para pessoas maiores de 60 anos em desconformidade com o conceito legal estabelecido no art. 1º do Estatuto do Idoso.

É de salientar que essa causa de aumento não se aplica à injúria, pois o art. 140, § 3º, já prevê a figura da injúria qualificada, e não seria permitida a incidência conjunta prevista nesse parágrafo com a causa de aumento do art. 141, IV, porque acarretaria a aplicação de *bis in idem*, o que não se coaduna com o direito penal.

"Art. 148.
[...]
§ 1º [...]
***I** – se a vítima é ascendente, descendente, cônjuge ou companheiro do agente ou maior de 60 (sessenta) anos."*

Novamente aqui o legislador restringiu a proteção do idoso, assegurando a qualificadora em questão ao maior de 60 anos.

É importante gizar que o dolo do agente nessa prática delitiva deve alcançar o conhecimento sobre a idade da vítima, pois, caso contrário, possível será a argumentação da incidência de erro de tipo escusável (circunstância do tipo caracterizada pela idade da vítima), afastando-se a qualificadora em questão.

"Art. 159.
[...]
§ 1º Se o sequestro dura mais de 24 (vinte e quatro) horas, se o sequestrado é menor de 18 (dezoito) ou maior de 60 (sessenta) anos, ou se o crime é cometido por bando ou quadrilha."

Alguns pontos merecem nota:

a) Essa qualificadora incidirá em relação à pessoa maior de 60 anos, deixando novamente de lado o conceito aludido no art. 1º do Estatuto do Idoso, que determina pessoa com idade igual ou superior a 60 anos. A dúvida que resta é saber o porquê o legislador, nesse artigo, assim como em outros, fez essa distinção no tratamento, já que a qualificadora foi regulada no Estatuto do Idoso, que prevê um microssistema direcionado a pessoas com idade igual ou superior a 60 anos. Neste ponto, impossível a aplicação de analogia *in malam partem* no direito penal para abranger aqueles com idade igual a 60 anos.

b) Como se resolverá a questão se houver a incidência de duas qualificadoras ao caso concreto, *v.g.*, sequestro que já dura 72 horas e cuja vítima seja maior de 60 anos? Nesse caso, o juiz poderá utilizar-se de uma das qualificadoras para fixar os limites dentre dos quais situará a pena, passando a outra qualificadora a funcionar como agravante genérica (sendo considerada, portanto, na segunda fase de fixação de pena). Assim, no exemplo proposto, o juiz acolheria a qualificadora sobre a duração do sequestro e utilizaria a idade da vítima como agravante genérica[339].

Segue o julgado abaixo sobre o assunto:

> *HABEAS CORPUS*. EXTORSÃO MEDIANTE SEQUESTRO. ART. 159, § 1º, DO CÓDIGO PENAL. DOSIMETRIA DA PENA. FUNDAMENTAÇÃO. SEQUESTRO PROLONGADO. CIRCUNSTÂNCIA JUDICIAL DESFAVORÁVEL. CRIME CONTRA IDOSO. AGRAVANTE LEGAL PREVISTA NO ART. 61, II, H, DO MESMO DIPLOMA. RAZOABILIDADE. ORDEM DENEGADA. 1. Sendo de 12 a 20 anos de reclusão a pena cominada ao delito de *extorsão mediante sequestro, na forma qualificada, e diante da existência de circunstância judicial desfavorável e de agravante legal*, revela-se razoável a pena aplicada no acórdão atacado, de 15 anos de reclusão. 2. Ordem denegada (STJ, HC 43.953/RJ, 6ª T., Rel. Min. Paulo Gallotti, julgamento em 7-3-2006) (grifo nosso).

"*Art. 183.*

[...]

---

[339] Contudo, há outra posição que estabelece que as demais qualificadoras devem ser aplicadas como circunstâncias judiciais (art. 59 do Código Penal), na primeira fase da dosimetria da pena, em razão da literalidade do art. 61, *caput*, do Código Penal.

III – se o crime é praticado contra pessoa com idade igual ou superior a 60 (sessenta) anos."

O artigo estabelece que não será aplicável o disposto no art. 181 (que disciplina hipóteses de isenção de pena aos crimes cometidos contra o patrimônio) nas hipóteses nele presentes nos incisos I, II e III que introduziu a previsão de crime praticado contra pessoa idosa.

O artigo em comento já foi objeto de análise quando dos comentários inerentes ao art. 95 do Estatuto do Idoso.

"Art. 244. Deixar, sem justa causa, de prover a subsistência do cônjuge, ou de filho menor de 18 (dezoito) anos ou inapto para o trabalho, ou de ascendente inválido ou maior de 60 (sessenta) anos, não lhes proporcionando os recursos necessários ou faltando ao pagamento de pensão alimentícia judicialmente acordada, fixada ou majorada; deixar, sem justa causa, de socorrer descendente ou ascendente, gravemente enfermo:"

Note-se que aqui houve novamente a exclusão da pessoa com idade igual a 60 anos.

Art. 111. *O art. 21 do Decreto-Lei n. 3.688, de 3 de outubro de 1941, Lei das Contravenções Penais, passa a vigorar acrescido do seguinte parágrafo único:*
"Art. 21.
[...]
Parágrafo único. *Aumenta-se a pena de 1/3 (um terço) até a metade se a vítima é maior de 60 (sessenta) anos."*

A contravenção penal em tela é praticar vias de fato, cuja pena é prisão de 15 dias a três meses de prisão simples, ou multa.

Novamente, o legislador exclui a pessoa com idade igual a 60 anos. Portanto, a causa de aumento de pena de 1/3 até a metade somente será aplicada ao maior de 60 anos.

Art. 112. *O inciso II do § 4º do art. 1º da Lei n. 9.455, de 7 de abril de 1997, passa a vigorar com a seguinte redação:*

"*Art. 1º*

[...]

§ 4º [...]

II – se o crime é cometido contra criança, gestante, portador de deficiência, adolescente ou maior de 60 (sessenta) anos."

A lei em questão versa sobre uma nova causa de aumento de pena no crime de tortura praticado contra pessoa maior de 60 anos. Vê-se que, novamente, o legislador deixou em desamparo a pessoa com idade igual a 60 anos, considerada idosa nos termos do art. 1º do Estatuto do Idoso.

Art. 113. O inciso III do art. 18 da Lei n. 6.368, de 21 de outubro de 1976, passa a vigorar com a seguinte redação:

"*Art. 18.*

[...]

III – se qualquer deles decorrer de associação ou visar a menores de 21 (vinte e um) anos ou a pessoa com idade igual ou superior a 60 (sessenta) anos ou a quem tenha, por qualquer causa, diminuída ou suprimida a capacidade de discernimento ou de autodeterminação:"

Aqui o legislador trata de alteração prevista no art. 18 da Lei de Entorpecentes, que tinha em sua redação original o vocábulo "idoso" e hoje, com a alteração, passou a determinar que a causa de aumento incidirá em relação a pessoa de idade igual ou superior a 60 anos.

Entretanto, houve a publicação da nova Lei de Drogas (Lei n. 11.343/2006), que passou a regulamentar totalmente a matéria sobre drogas, conforme disposto no art. 75, que revogou expressamente a Lei n. 6.368/76.

Atualmente, o que se verifica é que houve a mantença da causa de aumento de pena apenas em relação aos crimes de drogas que envolvam crianças e adolescentes, ou a quem tenha, por qualquer motivo, diminuída ou suprimida a capacidade de entendimento e determinação. Dessa forma, se o idoso não tiver diminuída ou suprimida sua capacidade de consciência e de autodeterminação, ele não terá a proteção legal que adredemente possuía.

Com isso, nota-se um descuido nessa previsão legal do legislador em relação à tutela protetiva da pessoa idosa na nova Lei de Drogas.

Art. 114. *O art. 1º da Lei n. 10.048, de 8 de novembro de 2000, passa a vigorar com a seguinte redação:*

"Art. 1º As pessoas portadoras de deficiência, os idosos com idade igual ou superior a 60 (sessenta) anos, as gestantes, as lactantes e as pessoas acompanhadas por crianças de colo terão atendimento prioritário, nos termos desta Lei."

Este dispositivo veio apenas corrigir o limite de idade segundo o qual se considera pessoa idosa (a partir dos 60 anos), já que o dispositivo alterado referia-se a pessoa com idade igual ou superior a 65 anos.

Art. 115. *O Orçamento da Seguridade Social destinará ao Fundo Nacional de Assistência Social, até que o Fundo Nacional do Idoso seja criado, os recursos necessários, em cada exercício financeiro, para aplicação em programas e ações relativos ao idoso.*

Trata-se de uma regra de transição importante para garantir verba destinada a programas e ações em defesa da população idosa, sob o manto da proteção integral, isso porque a concretização de direitos sociais custa caro e precisa de lastro financeiro e orçamentário, ainda que seja para a garantia do mínimo existencial.

O financiamento de programas de atenção ao idoso depende, em grande medida, do bom desempenho do poder econômico do Estado. Se a economia está em recesso, isso reflete em várias atividades comerciais e industriais, com a redução da arrecadação de impostos pela União, que, consequentemente, destinará menos recursos ao Fundo. Portanto, é fundamental uma economia com crescimento positivo para o desenvolvimento de políticas de proteção à pessoa idosa.

O Fundo Nacional do Idoso foi criado pela Lei n. 12.213/2010, que estabelece seus objetivos, a forma de sua constituição e sua fiscalização, destacando-se o que segue:

> Art. 1º Fica instituído o Fundo Nacional do Idoso, destinado a financiar os programas e as ações relativas ao idoso com vistas em assegurar os seus direitos sociais e criar condições para promover sua autonomia, integração e participação efetiva na sociedade.

Parágrafo único. O Fundo a que se refere o *caput* deste artigo terá como receita:

I – os recursos que, em conformidade com o art. 115 da Lei n. 10.741, de 1º de outubro de 2003, foram destinados ao Fundo Nacional de Assistência Social, para aplicação em programas e ações relativos ao idoso;

II – as contribuições referidas nos arts. 2º e 3º desta Lei, que lhe forem destinadas;

III – os recursos que lhe forem destinados no orçamento da União;

IV – contribuições dos governos e organismos estrangeiros e internacionais;

V – o resultado de aplicações do governo e organismo estrangeiros e internacionais;

VI – o resultado de aplicações no mercado financeiro, observada a legislação pertinente;

VII – outros recursos que lhe forem destinados.

[...]

Art. 3º A pessoa jurídica poderá deduzir do imposto de renda devido, em cada período de apuração, o total das doações feitas aos Fundos Nacional, Estaduais ou Municipais do Idoso devidamente comprovadas, vedada a dedução como despesa operacional.

Parágrafo único. A dedução a que se refere o *caput* deste artigo, somada à dedução relativa às doações efetuadas aos Fundos dos Direitos da Criança e do Adolescente, a que se refere o art. 260 da Lei n. 8.069, de 13 de julho de 1990, com a redação dada pelo art. 10 da Lei n. 8.242, de 12 de outubro de 1991, não poderá ultrapassar 1% (um por cento) do imposto devido.

Art. 4º É competência do Conselho Nacional dos Direitos da Pessoa Idosa – CNDI gerir o Fundo Nacional do Idoso e fixar os critérios para sua utilização.

Art. 116. *Serão incluídos nos censos demográficos dados relativos à população idosa do País.*

Um censo ou recenseamento de população pode ser entendido como o conjunto das operações que consistem em recolher, agrupar e publicar dados demográficos, econômicos e sociais, tais como números de homens, mulheres, crianças, idosos, relativos a um momento determinado ou em certos períodos, a todos os habitantes de um país ou território.

É importante instrumento de conhecimento da realidade brasileira e/ou local (estadual ou municipal) que contribui com o Poder Público para o estabelecimento de políticas públicas adequadas. Esse estudo é realizado, em regra, a cada dez anos.

Art. 117. O Poder Executivo encaminhará ao Congresso Nacional projeto de lei revendo os critérios de concessão do Benefício de Prestação Continuada previsto na Lei Orgânica da Assistência Social, de forma a garantir que o acesso ao direito seja condizente com o estágio de desenvolvimento socioeconômico alcançado pelo País.

O presente dispositivo trata do benefício comumente conhecido por "bpc" (benefício de prestação continuada) previsto no art. 203, V, da CF/88, regulado pela Lei Orgânica de Assistência Social (n. 8.742/93) e pelo Decreto n. 6.214/2007 e tratado no art. 34 deste estatuto, para onde remetemos o leitor.

Garante o pagamento de um salário mínimo ao idoso, a partir dos 65, que não possuir meios de prover a própria subsistência ou tê-la provida pela família.

Enquadra-se nessa condição a pessoa idosa com 65 anos ou mais cuja renda *per capita* da família ou grupo familiar (assim entendidos aqueles que vivem na mesma casa e que são o requerente, cônjuge, ou companheiro(a), os pais, e na ausência de um deles, a madrasta ou o padrasto, os irmãos solteiros, os filhos e enteados solteiros e os menores tutelados, desde que vivam sob o mesmo teto) seja igual ou inferior a 1/4 do salário mínimo.

A Assistência Social, como uma política pública, consubstanciada por um conjunto de ações de iniciativa pública e da própria sociedade, visa prover aos brasileiros com renda inferior aos mínimos legais condições de inclusão social mediante o atendimento de suas necessidades básicas, para o efetivo exercício dos direitos de cidadão. Justamente por isso não vem pautada no princípio da contrapartida, de maneira que o benefício é concedido a quem dele necessitar, sem que haja uma contribuição respectiva, como ocorre com os benefícios previdenciários.

Justamente por essa natureza de socorro ao mais necessitado, estabelece o artigo ora comentado o dever do Poder Executivo de encaminhar ao Poder Legislativo (Congresso Nacional) proposta de aprimoramento dos critérios de concessão que sejam compatíveis com o avanço socioeconômico do país, lembrando que atualmente os critérios são extremamente restritivos, quase exigindo uma condição de penúria.

Art. 118. *Esta Lei entra em vigor decorridos 90 (noventa) dias da sua publicação, ressalvado o disposto no* caput *do art. 36, que vigorará a partir de 1º de janeiro de 2004.*

Dispõe o art. 1º da Lei de Introdução às Normas do Direito Brasileiro (Decreto-lei n. 4.657/42, ainda em vigor e que, diferentemente do que se possa imaginar, tem aplicação em relação a todas as leis, e não só ao Código Civil) que, "Salvo disposição em contrário, a lei começa a vigorar em todo o País 45 (quarenta e cinco) dias depois de oficialmente publicada".

No caso do estatuto, a *vacatio legis* foi ampliada para 90 dias, salvo o disposto no *caput* do art. 36:"O acolhimento de idosos em situação de risco social, por adulto ou núcleo familiar caracteriza a dependência econômica, para os efeitos legais", que entrou em vigor em 1º de janeiro de 2004.

O prazo conta-se na forma do art. 8º, § 1º, da Lei Complementar n. 95/98: "§ 1º A contagem do prazo para entrada em vigor das leis que estabeleçam período de vacância far-se-á com a inclusão da data da publicação e do último dia do prazo, entrando em vigor no dia subsequente à sua consumação integral".

Durante esse período, não se aplica a lei nova, e ela não obriga ou cria direitos nem deveres.

Brasília, 1º de outubro de 2003; 182º da Independência e 115º da República.

Referências

ABBAGNANO, Nicola. *Dicionário de filosofia*. São Paulo: Martins Fontes, 1999.

ABRÃO, Paulo de Tarso Siqueira. Comentários ao art. 230. In: COSTA MACHADO, Antonio Claudio da (Org.); FERRAZ, Anna Cândida da Cunha (Coord.). *Constituição Federal interpretada*. São Paulo: Manole, 2012.

AITH, Fernando. Políticas públicas de estado e de governo: instrumentos de consolidação do estado democrático de direito e de promoção e proteção dos direitos humanos. In: BUCCI, Maria Paula Dallari (Org.). *Políticas públicas*: reflexões sobre o conceito jurídico. São Paulo: Saraiva, 2006.

ALMEIDA, Patricia Donati. O Estatuto do Idoso, em seu art. 96, § 1º, prevê como crime a humilhação ao idoso. Pergunta-se: quais as diferenças entre esse delito e o de injúria ao idoso? Disponível em: <http://lfg.jusbrasil.com.br/noticias/2984853/o-estatuto-do-idoso-em-seu-art-96-1-preve-como-crime-a-humilhacao-ao-idoso-pergunta-se-quais-as-diferencas-entre-esse-delito-e-o-de-injuria-ao-idoso-patricia-donati-de-almeida>.

ALVIM, Arruda. *Manual de direito processual civil*. 16. ed. rev., atual. e ampl. São Paulo: Revista dos Tribunais, 2013.

AMARAL, Cynthia Pardo Andrade; GUIMARÃES, Daniel Serra Azul. Inquérito civil: poderes investigatórios e controle interno. In: *Ministério Público*: vinte e cinco anos do novo perfil constitucional – Constituinte e CF/1988 (Memórias e História) – A criação de uma identidade (Doutrina). São Paulo: Malheiros, 2013.

ANDRADE, José Carlos Vieira de. *Os direitos fundamentais na Constituição portuguesa de 1976*. Coimbra: Almedina, 1998.

ANDREUCCI, Ricardo Antônio. *Legislação penal especial*. São Paulo: Saraiva.

ARANEDA, Nelson Garcia. Violência contra pessoas idosas: uma realidade oculta. *Caderno de violência contra a pessoa idosa* (Série Cadernos Violência e Saúde). Volume 3 – Violência contra a Pessoa Idosa. Secretaria Municipal de

Saúde de São Paulo, 2007. Disponível em: <http://midia.pgr.mpf.gov.br/pfdc/15dejunho/caderno_violencia_idoso_atualizado_19jun.pdf>.

ARENDT, Hannah. *Entre o passado e o futuro*. São Paulo: Perspectiva, 1979.

AZEVEDO, Vitor Emanuel de Medeiro. In: PINHEIRO, Naide Maria (Coord.). *Estatuto do Idoso comentado*. 3. ed. Campinas: Servanda, 2014.

BANDEIRA DE MELLO, Celso Antônio. *O conteúdo jurídico do princípio da igualdade*. São Paulo: Revista dos Tribunais, 1978.

_____. *O conteúdo jurídico do princípio da igualdade*. 3. ed., 17. tir. São Paulo: Malheiros, 2009.

_____. *Curso de direito administrativo*. 16. ed. São Paulo: Malheiros, 2003.

_____. *Elementos de direito administrativo*. São Paulo: Revista dos Tribunais, 1987.

BAUMAN, Zygmund. *La sociedad sitiada*. México: Fondo de Cultura Económica, 2004.

BOAS, Marco Antonio Vilas. *Estatuto do Idoso comentado*. 4. ed. rev. e atual. Rio de Janeiro: Forense, 2014.

BOBBIO, Norberto. *A era dos direitos*. Trad. Carlos Nelson Coutinho. Rio de Janeiro: Campus, 1992.

BRAGA, Pérola Melissa Vianna. *Curso de direito do idoso*. São Paulo: Atlas, 2011.

BRASIL. Presidência da República. Subsecretaria de Direitos Humanos. Plano de Ação para o Enfrentamento de Violência contra a Pessoa Idosa. Brasília: Subsecretaria de Direitos Humanos, 2005.

BUCCI, Maria Paula Dallari. *Direito administrativo e políticas públicas*. São Paulo: Saraiva, 2002.

_____. *Direito administrativo e políticas públicas*. 1. ed., 2. tir. São Paulo: Saraiva, 2006.

CAHALI, Yussef Said. *Dos alimentos*. 4. ed. São Paulo: Revista dos Tribunais, 2002.

CÂMARA, Jussara. Longevidade em perigo. Direito do idoso. Disponível em: <http://www.Direitodoidoso.com.br/01/artigo012.htm>.

CÍCERO. *A velhice saudável*. Título original latino: *De senectude*. São Paulo: Escala, 2006.

COMPARATO, Fábio Konder. *A afirmação histórica dos direitos humanos*. 3. ed. rev. e ampl. São Paulo: Saraiva, 2003.

CUIDADO Paliativo. *Cadernos CREMESP* (Conselho Regional de Medicina do Estado de São Paulo). Coordenação Institucional de Reinaldo Ayer. São Paulo: Conselho Regional de Medicina do Estado de São Paulo, 2008.

CURY, Munir (Coord.). *Estatuto da Criança e do Adolescente comentado*: comentários jurídicos e sociais. 9. ed. São Paulo: Malheiros, 2008.

DALLARI, Dalmo A. *Elementos de teoria geral do estado*. São Paulo: Saraiva, 2012.

DE CUPIS, Adriano. *Os direitos da personalidade*. Lisboa: Morais, 1961.

DE PLÁCIDO E SILVA. *Vocabulário jurídico*. Atualização de Nagib Slabi Filho e Priscila Pereira Vasques Gomes. 29. ed. Rio de Janeiro: Forense, 2012.

DELMANTO, Celso et al. *Código Penal comentado*. São Paulo: Saraiva, 2013.

DIAS, Maria Berenice. *Manual de direito das famílias*. 7. ed. São Paulo: Revista dos Tribunais, 2010.

Dicionário básico da língua portuguesa Folha/Aurélio. Rio de Janeiro: Nova Fronteira.

Dicionário brasileiro da língua portuguesa. 9. ed. São Paulo: Enciclopédia Britânica do Brasil, 1987.

DIMOULIS, Dimitri; MARTINS, Leonardo. *Teoria geral dos direitos fundamentais*. São Paulo: Revista dos Tribunais, 2011.

DINIZ, Adriana Melo. Comentário ao artigo 5º. In: PINHEIRO, Naide Maria (Coord.). *Estatuto do Idoso comentado*. 3. ed. rev., atual. e ampl. Campinas: Servanda, 2012.

DINIZ, Maria Helena. *O estado atual do biodireito*. São Paulo: Saraiva, 2001.

_____. *Conflito de normas*. 3. ed. rev. São Paulo: Saraiva, 1998.

FERRAJOLI, Luigi. *Por uma teoria dos direitos e dos bens fundamentais*. Tradução Alexandre Salim, Alfredo Copetti Neto, Daniela Cademartori, Hermes Zaneti Júnior e Sérgio Cademortori. Porto Alegre: Livraria do Advogado, 2011.

FOUCAULT, Michel. *A hermenêutica do sujeito*. 2. ed. São Paulo: Martins Fontes, 2006.

_____. *A hermenêutica do sujeito*. São Paulo: Martins Fontes, 2011.

FRANÇA, Lucia Helena; STEPANSKY, Daizy Valmorbida. Educação permanente para trabalhadores idosos – o retorno à rede social. Disponível em: <http://www.senac.br/informativo/BTS/312/boltec312e.htm>.

FREITAS JÚNIOR, Roberto Mendes de. *Direitos e garantias do idoso*: doutrina, jurisprudência e legislação. 2. ed. São Paulo: Atlas, 2011.

FULLER, Greice Patrícia. O meio ambiente hospitalar em face da dignidade da pessoa humana no direito ambiental brasileiro. *Revista Brasileira de Direito Ambiental*. São Paulo: Fiuza, 2011.

GASPARINI, Diógenes. *Direito administrativo*. 17. ed. São Paulo: Saraiva, 2012.

GERIATRIA E GERONTOLOGIA. Disponível em: <http://pt.wikipedia.org/wiki/Geriatria>.

GOMES, Luiz Flávio; MAZZUOLI,Valerio de Oliveira. Direito supraconstitucional: do absolutismo ao estado constitucional e humanista de direito. In: BIANCHINI, Alice; GOMES, Luiz Flávio; OLIVEIRA, William Terra de (Coords.). *Coleção Direito e Ciências afins*. São Paulo: Revista dos Tribunais, 2010. v. 5.

_____; CERQUEIRA, Thales Tácito Pontes Luz de Pádua. O Estatuto do Idoso ampliou o conceito de menor potencial ofensivo? Disponível em: <http://www.mundojurídico.adv.br>.

GONÇALVES, Carlos Roberto. *Direito civil brasileiro*. 11. ed. São Paulo: Saraiva, 2014. v. 6.

GONDIM, Lillian Virginia Carneiro. Sociedade em debate. *MPMG – Jurídico*, n. 19, 2010.

GROENINGA, Giselle C. Os direitos da personalidade e o direito a ter uma personalidade. In: ZIMERMAN, David E.; COLTRO, Antonio Carlos Mathias (Orgs.). *Aspectos psicológicos na prática jurídica*. Campinas: Millennium, 2008.

HORVATH JR., Miguel. *Direito previdenciário*. 10. ed. São Paulo: Quartier Latin, 2014.

HOUAISS, Antonio. *Minidicionário da língua portuguesa*. Rio de Janeiro: Objetiva, 2010.

INDALENCIO, Maristela Nascimento. O termo de acordo extrajudicial de alimentos em prol da pessoa idosa, seu referendo pelo Ministério Público e aspectos de sua executividade: a possibilidade de prisão civil. *Revista Brasileira de Direito das Famílias e Sucessões*. Belo Horizonte: Magister, ago./set. 2008.

JACOB, Elias Antonio. *Leis penais especiais*. São Paulo: Juarez de Oliveira, 2006.

JAEGER, Werner. *Alabanza de la ley*. Madrid: Centro de Estudios Constitucionales, 1982.

JENKINS, C. David. *Construindo uma saúde melhor*: um guia para mudança de comportamento. Porto Alegre: Artmed, 2003.

JESUS, Damásio E. de. Notas críticas a algumas disposições criminais do Estatuto do Idoso – Lei 10.741, de 1º de outubro de 2003. *Revista Ministério Público*. Porto Alegre, n. 52, jan./abr. 2004.

REFERÊNCIAS 377

JOPPERT, Alexandre Couto. Ampliação do conceito de infração de menor potencial ofensivo e Lei 10.741/03. Disponível em: <http://www1.jus.com.br/doutrina/texto.asp?id+4921>.

JORNAL *O Estado de S. Paulo*, 19-6-2014, p. A15.

KEINERT, Tânia Margarete Mezzomo; ROSA, Tereza Etsuko da Costa. Direitos humanos, envelhecimento ativo e saúde da pessoa idosa: marco legal e institucional. *Bis* (Boletim Instituto de Saúde), n. 47, 2009.

LAFER, Celso. *A reconstrução dos direitos humanos:* um diálogo com o pensamento de Hannah Arendt. São Paulo: Cia. das Letras, 1998.

LEITE, Flávia Piva Almeida. *Cidades acessíveis*. São Paulo: SRS, 2012.

LEONEL, Ricardo de Barros. *Manual do processo coletivo*: de acordo com a Lei 10.444/01. São Paulo: Revista dos Tribunais, 2002.

LOUREIRO, Francisco Eduardo; FRAÇÃO, Amanda Palmieri. O princípio constitucional da solidariedade e sua aplicação no direito privado. *Revista do Advogado*. Ano XXXII, n. 117, 2012.

MACIEL, Silvio. O preconceito do Estatuto do Idoso. Disponível em: <http://atualidadesdodireito.com.br/silviomaciel/2011/09/06/o-preconceito--do-estatuto-do-idoso/>.

MAIO, Iadya Gama. Comentário ao artigo 57 do Estatuto do Idoso. In: PINHEIRO, Naide Maria (Coord.). *Estatuto do Idoso comentado*. Campinas: Servanda, 2012.

MARINONI, Luiz Guilherme. In: CANOTILHO, J. J. GOMES; MENDES, Gilmar Ferreira; SARLET, Ingo Wolfgang; STRECK, Lenio Luiz (Coords.). *Comentários à Constituição do Brasil*. São Paulo: Saraiva, 2014.

MARQUES, Claudia Lima; BENJAMIN, Antonio Herman V.; MIRAGEM, Bruno. *Comentários ao Código de Defesa do Consumidor*. 4. ed. rev., atual. e ampl. São Paulo: Revista dos Tribunais, 2003.

MARTINEZ, Wladimir Novaes. *Comentários ao Estatuto do Idoso*. 2. ed. São Paulo: LTr, 2005.

_____. *Direito dos idosos*. São Paulo: LTr, 1997.

MAZZILLI, Hugo Nigro. *A defesa dos interesses difusos em juízo*. São Paulo: Saraiva, 2013.

MEDAUAR, Odete. *Direito administrativo moderno*. 3. ed. São Paulo: Revista dos Tribunais, 1999.

MEDEIROS NETO, Tiago de. Comentário ao artigo 26 do Estatuto do Idoso. In: PINHEIRO, Naide Maria (Coord.). *Estatuto do Idoso comentado*. Campinas: Servanda, 2012.

MEIRELLES, Cecília. *O romanceiro da Inconfidência*. Romance XXIV.

MEIRELLES, Hely Lopes. *Direito administrativo brasileiro*. 17. ed. atual. São Paulo: Malheiros, 1990.

MENDES, Márcia R. S. S. Barbosa; GUSMÃO, Josiane Lima de; MANCUSSI E FARO, Ana Cristina; LEITE, Rita de Cássia Brugos de O. A situação social do idoso no Brasil: uma breve consideração. *Acta Paul Enfem.*: 18(4): 2005.

MILARÉ, Édis. In: CURY, Munir (Coord.). *Estatuto da Criança e do Adolescente comentado*: comentários jurídicos e sociais. 12. ed. São Paulo: Malheiros, 2013.

MINAYO, Maria Cecília. *Violência contra idosos*: o avesso do respeito à experiência e sabedoria. 2. ed. Brasília: Secretaria Especial de Direitos Humanos, 2005.

MONTESQUIEU. *O espírito das leis*. São Paulo: Saraiva, 1987.

MORA, Francisco. *El sueño de la inmortalidad*. Madrid: Alianza, 2008.

MORAES, Alexandre de. *Constituição do Brasil interpretada*. São Paulo: Atlas, 2002.

MORANGE, Jean. *Les libertés publiques*. Paris: Puf, 1993.

MORENO, Denise Gasparini. *O Estatuto do Idoso*: o idoso e sua proteção jurídica. Rio de Janeiro: Forense, 2007.

NEGRÃO, Theotonio. *Código de Processo Civil e legislação processual em vigor*. 42. ed. atual. ref. São Paulo: Saraiva, 2010.

NERY, Alinne. Negado HC a administradora presa por maus-tratos a idosos em Águas Lindas de Goiás. Disponível em: <http://tjgo.jus.br/index.php/home/imprensa/noticias/161-destaque1/6509-abrigos-de-aguas-lindas-justica-nega-hc-a-administradora-presa-por-maus-tratos>.

NERY JR., Nelson; MACHADO, Martha de Toledo. O Estatuto da Criança e do Adolescente e o novo Código Civil à luz da Constituição Federal: princípio da especialidade e direito intertemporal. *Revista de Direito Privado*. São Paulo: Revista dos Tribunais, n. 12, out./dez. 2002.

_____; NERY, Rosa Maria de Andrade. *Código de Processo Civil comentado e legislação extravagante*. 11. ed. rev., ampl. e atual. São Paulo: Revista dos Tribunais, 2010.

NETO, Xisto Tiago de Medeiros. *Dano moral coletivo*. São Paulo: LTr, 2004.

NORONHA, Magalhães. *Direito penal*. São Paulo: Saraiva, 1995.

NUCCI, Guilherme de Souza. *Leis penais e processuais penais comentadas*. 7. ed. Rio de Janeiro: Forense, 2013. v. 1.

NUNES JR., Vidal Serrano (Coord.). *Manual de direitos difusos*. São Paulo: Verbatim, 2009.

OLIVEIRA, Nythamar. *Rawls*. Rio de Janeiro: Jorge Zahar Editor, 2003.

OST, François. *Droit et intérêt*. Bruxelles: Facultés Universitaires Saint-Louis, 1990. v. 2.

OUSTELLE, Jacques. *Los cuatro soles*: origen y ocaso de las culturas. Madrid: Guadarrama, 1969.

PAES, José Eduardo Sabo. O terceiro setor, reorganização, autogestionária da sociedade civil ou neoliberalismo disfarçado? In: *Fundações e entidades de interesse social*. 3. ed. Brasília: Brasília Jurídica, 2001.

PASINATO, Maria Tereza; CAMARANO, Ana Amélia e MACHADO, Laura. *Idosos vítimas de maus-tratos domésticos*: estudo exploratório das informações levantadas nos serviços de denúncia. Rio de Janeiro: IPEA, 2006.

PÉREZ LUÑO, Antonio Enrique. *Derechos humanos, estado de derecho y constitución*. 8. ed. Madrid: Tecnos, 2003.

PIMENTEL, Érica. *A competência do JECRIM no Estatuto do Idoso*. Vitória: Instituto Capixaba de Estudos, 2004.

PIOVESAN, Flávia. Ações afirmativas da perspectiva dos direitos humanos. *Cadernos de Pesquisa*. Fundação Carlos Chagas, São Paulo, v. 35, n. 124, p. 43-56, 2005.

_____. *Direitos humanos e o direito constitucional internacional*. 4. ed. São Paulo: Max Limonad, 2000.

POLETTINI, Márcia Regina Negrisoli Fernandez. Idoso: proteção e discriminação no mercado de trabalho. Artigo aprovado e apresentado no CONPEDI. Disponível em: <http://www.conpedi.org.br/manaus/arquivos/anais/bh/marcia_regina_negrisoli_fernandez_polettini.pdf>.

PONTES, Patrícia Albino Galvão. Comentário ao artigo 2º do Estatuto do Idoso. In: PINHEIRO, Naide Maria (Coord.). *Estatuto do Idoso comentado*. 3. ed. rev., atual. e ampl. Campinas: Servanda, 2012.

_____. Comentário ao artigo 3º da Lei n. 10.741/2003. In: PINHEIRO, Naide Maria (Coord.). *Estatuto do Idoso comentado*. 3. ed. rev., atual. e ampl. Campinas: Servanda, 2012.

QUARESMA, Regina; OLIVEIRA, Maria Lúcia de Paula; OLIVEIRA, Farlei Martins Riccio. *Neoconstitucionalismo*. Rio de Janeiro: Forense, 2009.

RAMAYANA, Marcos. *Estatuto do Idoso comentado*. Rio de Janeiro: Roma Victor, 2004.

RAMOS, Paulo Roberto Barbosa. Aspectos penais do "Estatuto do Idoso". Disponível em: <http://www.direitodoidoso.com.br/01/artigo022.html>.

_____. *Curso de direito do idoso*. São Paulo: Saraiva, 2014.

_____. O Estatuto do Idoso: primeiras notas para um debate. *Revista de Políticas Públicas*. Disponível em: <http://www.revistapoliticaspublicas.ufma.br/site/download.php?id_publicacao=102>.

REABILITAÇÃO. Conceitos extraídos da apresentação da Dra. Maria de Mello, integrante do CIAPE sobre fundamentos da reabilitação com ênfase na reabilitação do idoso. 2012.

ROCHA COUTINHO, Maria Lúcia. Transmissão geracional e família na contemporaneidade. In: BARROS, Myriam Lins de (Org.). *Família e gerações*. Rio de Janeiro: FGV, 2006.

RODRIGUES, Márcia. Idosos voltam ao mercado de trabalho. Jornal *O Estado de São Paulo*. Caderno Economia. Data 18-3-2012. Disponível em: <http://economia.estadao.com.br/noticias/geral,idosos-voltam-ao-mercado-de-trabalho-imp-,850072>.

RODRIGUES, Oswaldo Peregrina. Estatuto do Idoso: aspectos teóricos, práticos e polêmicos e o direito de família. In: PEREIRA, Rodrigo da Cunha (Coord.). *Anais do V Congresso Brasileiro de Direito de Família*. São Paulo: IOB Thomson, 2006.

ROSA, Márcio Fernando Elias. O Ministério Público e a defesa do regime democrático, da ordem jurídica e dos interesses sociais e individuais indisponíveis: Anotações. In: SABELLA, Walter Paulo; DAL POZZO, Antonio Araldo Ferraz; BURLE FILHO, José Emmanuel (Coords.). *Ministério Público*: vinte e cinco anos do novo perfil constitucional – Constituinte e CF/1988 (Memórias e História) – A criação de uma identidade (Doutrina). São Paulo: Malheiros, 2013.

SANTOS, Fernando Ferreira. *O princípio constitucional da dignidade da pessoa humana*. São Paulo: Celso Bastos, 1999.

SARLET, Ingo Wolfgang. *A eficácia dos direitos fundamentais*. 3. ed. rev., atual. e ampl. Porto Alegre: Livraria do Advogado, 2003.

_____. *Dignidade da pessoa humana e direitos fundamentais*. 4. ed. Porto Alegre: Livraria do Advogado, 2006.

_____. *Dimensões da dignidade*: ensaios de filosofia do direito e direito constitucional. Porto Alegre: Livraria do Advogado, 2005.

SILVA, José Afonso da. *Comentário contextual à Constituição*. 6. ed. São Paulo: Malheiros, 2009.

_____. *Curso de direito constitucional positivo*. São Paulo: Malheiros, 2006.

SILVA, José Luiz Mônaco da. *Inquérito civil*: doutrina, legislação, modelos. São Paulo: Edipro, 2000.

SIQUEIRA, Luiz Eduardo Alves de. *Estatuto do Idoso de A a Z*. São Paulo: Ideias e Letras, 2004.

SOUZA, Motauri Ciocchetti de. *Ação civil pública e inquérito civil*. São Paulo: Saraiva, 2001.

STEPANSKY, Daizy Valmorbida; COSTA FILHO, Waldir Macieira; MULLER, Neusa Pivatto (Orgs.). *Estatuto do Idoso*: dignidade humana como foco. Brasília: Secretaria de Direitos Humanos, 2013.

TAVARES, José de Freitas. *Estatuto do Idoso*. Rio de Janeiro: Forense, 2006.

VASAK, Karen apud SAMPAIO, José Adércio Leite. *Direitos fundamentais*: retórica e historicidade. Belo Horizonte: Del Rey, 2004.

VIDA BOA PARA IDOSOS. *Revista de Informação e debates do IPEA*, n. 11, ano 2, 1º-6-2005. Disponível em: <http://www.ipea.gov.br/desafios/index.php?option=com_content&view=article&id=1416:catid=28&Itemid=23>.

VILAS BOAS, Marco Antonio. *Estatuto do Idoso comentado*: artigo por artigo. 4. ed. rev. e atual. Rio de Janeiro: Forense, 2005.

VON BERTALANFFY, Ludwig. *Teoria geral dos sistemas*. Petrópolis: Vozes, 1975.

Sites consultados:

<http/www.stj.gov.br/portal_stj/publicacao/engine.wsp?tmp.area=398&tmp.texto=106083>.

<http://www.fapto.org.br/component/content/article/11-galeria-de-projetos/29-universidade-da-maturidade-uma>.

<http://bvsms.saude.gov.br/bvs/publicacoes/envelhecimento_ativo.pdf>.